唤醒学生的经验

步根海 语文教育论集

陈振 主编

上海教育出版社

步根海老师

目 录 contents

步 根 海 语 文 教 育 论 集

下编

1990 年 8 月下旬的一个午后，热。

推开办公室的门，进来的是孙元清主任。身后跟着一人，脸上、敞开衣领的脖颈处泛着酡红。老孙说，我找了步根海来帮你，杂志的事你和他谈。说完，转身离开。

于是，我们坐下聊天。我说，我知道，我们是校友，徐振维老师他们多次说起你，今天终于得见本尊了。他笑说，我也不止一次听说过你。那天下午，我们在办公室，聊大学的老师，聊他那些成为我的老师的同学，聊读书时的趣事，也聊办杂志的想法……直到天黑，他才带着一叠稿子骑车而去。

当年，步根海原本准备报考数学系，经不住厂里同伴的撺掇，改填了中文系，竟然录取了。大学实习时，因不满实习学校的语文课，便立志做一名语文老师。大学毕业，他被分配去上海人民广播电台，弃之，转而去了复旦附中。不久，赴新疆支教两年。1987 年，以《警察与赞美诗》一课，获首届上海市中青年教师教学评比第一名，深得市语文教研员徐振维老师的青睐。此后，与张鸿昌等一批有志于语文教学改革的青年教师组织成立了"青语会",开展语文教学研究,一时风生水起。1989 年,协助徐振维老师编写 H 版高中语文教材。

从那天起,我们共事长达三十多年。那时,我和他每月至少去丹阳印刷厂一次,对红,签字付印。几次以后,根海便对我的生活习惯、兴趣爱好了如指掌,住在丹阳时,每每迁就我,如同对待自己的兄弟。在往返的火车上,在印刷厂的工余时间,我们大多说的是与教学相关的话题,达成了不少共识。这些共识,我们用了一个共同的笔名,采用语录体的形式记录下来,作为杂志的补白,居然收获了不少共鸣,尽管现在看来,其中的一些内容,不过是空洞的概括。

根海有很多朋友,一来是因为他好酒,酒桌自然是结交朋友的好地方。他酒品好,喝酒时从不劝人酒,自言只喝罚酒,不喝敬酒;二来是因为他仗义,遇事敢担当。但凡人有所请托,基本没有回绝的,即使很多事情他也需要再托人。通过根海,我结识了他的不少朋友,为杂志的组稿带来方便。

《上海教学研究》成为我们开展研究、驰骋理想的舞台。1991 年和1992 年,我们和潘鸿新、李静艳、徐淀芳三位学科教研员一起组织了两次中小学语文、中学物理青年教师暑假培训活动。1994 年,我们策划并组织编写了国内首创的各学科《教学目标与课堂教学设计》,中学语文的每册书中都有不少课文的教学设计是因根海不满意底稿而亲自撰写的。

1998 年,上海开始"二期"课改,根海和我是领导指名要求参加语文学科课程标准研制的。不久,根海接替退休的潘鸿新老师担任中学语文教研员。

2003 年,教研室安排我兼职协助薛峰老师开展小学语文的课改推进工作。小学语文的课改力度大,试点工作繁重而困难,加上 1998 年第二次语文大讨论的余波，反映在课堂教学，主要是教师不知道如何上课了。很多有经验的语文教师和专家认为，语文课没有了"语文味"。我和薛峰也对语文课堂的一些现象深感忧虑。于是决定，一方面从研究与课改理念相适应的教学策略入手，解决课堂教学的当务之急；一方面进行文献研究，梳理语文课程的发展史，学习最新的学习科学研究成果，重新审视当时的一些语文教学主张。那时，根海、薛峰和我在一个办公室，交流十分方便。我和薛峰经常将在课堂中发现的问题以及解决策略和根海沟通，根海有时默不作声地听，有时会发表他的意见。有一段时间，研究遇到了瓶颈，不知如何找到突破口。我对根海说想要听听中学老师的课，以获得一些启发。根海想了想，说：你们去听听张大文老师的课吧，再和他聊聊。我来帮你们安排。此后，我、薛峰，还有几位小学老师就经常出现在张老师的课堂。每次听完张老师的课，以及课后阐释，大家都会讨论，内容涉及对当时的一些语文教学主张的重新审视，对语文课程的教学内容、语文课程的价值所在的再思考，以及张老师的教学设计对小学课堂教学的借鉴意义，等等。经此过程，小学语文的课堂教学改革方向和推进路线渐趋清晰。

2005 年起，针对阅读教学中的现象，我们适时地提出语文教学的主张：文本细读是语文教师的基本功、充分关注表达、语言素养是语文课程的核心素养等等。根海总是认真听完我们的论述，给出他的意见，然后给予支持。根海的指导，于我们，当然是大有启发，而他自己也在不少场合多次论述这些主张。有时候，他会主动和我讨论一些语文的话题，我知道，他是想听听我的意见。

根海对语文课程的认识是在 2015 年前后，才逐渐变得清晰、完整和稳定。

他认为，中小学语文课程的核心的价值在于激发学生对祖国语言文字的热爱，提升学生的思维品质，培养学生的文化意识。而各学段语文课程的学习目的，小学阶段以积累为主，主要积累语文学科的相关知识。语言积累是一种经验的积累，所以小学阶段需要有大量的读写的经验。初中阶段，以理解为主。学生在有了一定的经验之后，通过不断地唤醒、调动，从而对某些语言现象形成一定的理性认识，并将这种认识用文字阐释出来。尤其是对偶然使用的比较特殊的，包含着文学因素的语言现象。高中阶段以"建构"为主，就是促使学生将积累的语言重新结构化，逐步形成自己的语言。

根海多次说起，教学评比胜出后，徐振维老师找到他，说，你对文章的分析很到位，课也上得很好，只是你的学生什么时候能像你那样分析文章呢？他听后，如同醍醐灌顶，忽然明白语文教学的目的了。从此，他觉得徐振维老师就是他的老师，他也以"授之以渔"作为语文课堂的追求。有段时间，他寓居徐老师处，每天晚饭后，就是他和徐老师讨论语文教材和教学的时候。我也有幸参与过几次。成为语文教研员后，他秉承徐老师的衣钵，研究路径不同于一般的语文课程研究者，而是将学、思融入实践，再从实践中不断反思提升认识的螺旋式发展过程。

课堂是根海钟爱的地方，是他将对语文的认识付诸实践的场所。他认为，学生是在母语的环境中学习语文，对很多语言现象并非一无所知，只是习而不察，因此，语文教学就要不断唤醒学生的记忆，或变无意识为有意识，或引发认知冲突而形成新知。学习过程中，教师要通过读写贯通等方式，促使学生从知到能的转化。他的教学风格，起初是以学生的问题来组织教学。他将学生的问题全部写在黑板上，然后这里画一条线，那里画一个圈，梳理出本堂课要解决的问题，再组织学生讨论解惑。有一次他上完课，我和他在校门口边抽烟边聊课。我说，你用让学生提问的方式来培养他们主动阅读的习惯，这是很有意义的。只是学生并不知道对于阅读同类文章，什么问题是有价值的。如果能给学生一个思考的框架，这样，他们提出的问题可能会更有质量。再者，你用学生的问题来组织教学，对于想要学习的老师而言，模仿的难度太大，而教学环节清晰的课，可能对老师们的帮助更大。他微微地点头。过了一段时间，我再听他的课时，他的教学风格变得多样，即使是让学生提问的，也是先提示他们提问的角度，再梳理问题组织教学。不久，根海明确提出了在阅读教学中采用核心问题以及与解决核心问题相关的问题链来组织教学的主张。这一主张，是根海多年来思考阅读教学内容的结果，其实质是指向阅读的方法或策略的，也就是阅读的思维过程的。这一主张，也已经溢出了语文课程，为其他学科所采纳。

2023 年 4 月 11 日下午，得知根海辞世消息的那一刻，我很平静。随即，便觉悲从中来。2012 年教师节，是根海从教 30 周年。教研室在庆祝活动中安排了向他献花致敬，然后，主持人让他说说 30 年来教学和课改的感想，他顿了一下，说了"举步维艰"四个字，引来台下的共鸣和唏嘘。然而，根海并不因此而颓唐，依然孜孜矻矻地在语文课程领域耕耘。

根海在教学上像个赤子，不计毁誉地不断探索、实践，永不满足于现状，绝不重复自己。根海是个才子，对于一些必须回应的教学主张，他总能用自己的话语给出诠释，为己所用。根海重情，故能相识满天下。根海认理，故能兼收并蓄，堂庑乃大。

根海对语文课程的阐释，"或有时而可商"，但他所付出的这些努力，不会成为水画冰镂。故将其思考所得和课堂教学实践裒为一册，借以沾溉后来者。

陈 祾

2023 年 11 月 26 日改

步根海语文教育论集

———

上编

发现、发掘教材的教学价值
——谈语文课堂教学内容的确定

　　"教学内容的确定"，似乎是不成问题的问题，然而却恰恰是影响课堂教学效益的大问题。从目前课堂教学的实际状况来看，教学内容看似确定，其实是不定的，大多是教师（也可能是教师的小团队，如备课组）依据自己的经验来定的，尤其是教以"主题组元"方式编写的新教材，课堂教学的内容更是五花八门，在同一类型学校的同一年级教同一篇课文，教学内容竟有很大的区别！

　　也许有人会说，学生是有差异的，教学内容的确定，应依据学生的实际情况而有所区别。这话固然有一定的道理，但是，任何一门学科教学，总有一些通识通论是需要学生获得并掌握的，学生的学习，是应该有相对统一的水平起点的，在这个水平起点上，可以因学生的差异而确定不同的教学内容。一般地说，在基础型课程的学习中，当以相对统一的水平起点为主。

　　近几年来，教师中流行着这样一句口号：不是教教材，而是用教材教。这话初听，似甚有道理，因为教材无非是个例子嘛，我们的着眼点是学生的发展，教材要为学生的发展服务。但是，再细想一想，就会发现问题：教材本是依据课程标准而编制的，从某种意义来说，它是课程标准内容的具体化，或者说是达成课程目标、课程内容与要求的重要学习内容，学生学习能力的形成，以及与之相关的思想、情感的培养，固然不只取决于教材，但是，教材起着很大的作用，所谓的一隅三反，这个"一"，主要就是教材，因此，不教教材，那教什么呢？

我们当有这样一个基本认识：教学内容的确定首先要考虑教材因素，要发现教材本身的教学价值。一般地说，选入教材的阅读篇目，都具有一定的典范性，要使学生由口语向书面语转换，就要让学生走进"阅读"，让学生通过大量的阅读获取知识，培养语感，陶冶情操，提高思想认识水平，形成价值观，而学生这个发展过程的主线是语言的学习与运用——这里所说的语言，不是静态的语言知识，而是动态的语言规律的发现与掌握。因此，教材的教学价值，首先就在于语言学习的价值，以及与之密切相关的思维能力培养的价值。

需要注意的是，教教材，或者依据教材确定教材内容，与教课文内容不是一回事。现在的语文课堂教学存在着这样一个问题：教师往往围绕着课文内容做文章。虽然不是千篇一律的段落大意、中心思想，但总离不开人物特点、主题思想或论点、论据、论证等分析。更有甚者，被课文内容牵着鼻子走，课文涉及音乐内容的，必然要放几段音乐作品让学生欣赏，课文涉及历史事件、历史人物的，必然有大量的背景资料的介绍……学《唐诗过后是宋词》，可以不读文本，而大唱流行歌曲；学《告别权力的瞬间》，必要补充大量的华盛顿其人其事的材料——语文课成了历史课。语文课读课文，主要目的不是读懂、掌握一篇篇课文的内容，而是通过一篇篇课文来学习语言，要发现不同内容、相近内容的不同的语言表现形式，发现不同文体的语言表现形式的个性特点。如果只是围绕着课文内容来组织教学，就不可能有语文的个性，难怪社会上批评我们的语文课是"泛语文""非语文"。

要体现语文的个性，就要发现不同文体的个性。同样的思想感情，可以通过不同的文体形式来表达，因此，学习不同文体的文章，就要体会其不同的语言表现形式。例如，小说的学习与散文的学习，就不尽相同，而议论文、说明文，差别就更大。要确定教学内容，教师在研读文本的时候，就要敏锐地感受到不同文体的个性特点，要知道学生学某一类文体时，当掌握哪些最基本的东西。语文课程改革的初始阶段，曾流行过一些片面的说法，其中有一个说法就是"淡化文体"，如果文体真正淡化了，那么学生通过阅读来学什么呢？

要体现语文的个性，就要把学生语言素养、文化眼光的培养放到重要位置。语言素养、文化眼光的培养，需要一定的语言知识的学习，一定的语言材料的积累，但是，绝不是死记硬背知识概念，不是机械地背诵一些好词佳句或名篇名段，而是要让学生在动态的语言环境中体验、感悟语言形式，并在这个过程中培养思维能力，尤其是逻辑思维的能力，要通过一篇篇具体的课文，让学生学习、吸收、内化优美而典范的语言，并在表达的过程中，由不自觉到自觉地运用这些语言。

当然，教学内容的确定，必须考虑学生的需求。不同学段、不同层次的学生，他们的需求是不一样的，怎样依据学生的个性特点来处理教材，也是要重点考虑的，尤其是在达到通识、通论的教学目的之后，要着眼于学生的兴趣点、障碍点、发展点，要把知识的学习、掌握、运用与学习习惯的培养、学习方法的掌握结合在一起，要发现学生的已有水平，在教学过程中，尤其是在学习新知的过程中，不断唤醒学生沉睡的记忆，调动学生已有的积累，让学生通过已知来认识未知，在不断反复的过程中巩固旧知，建构新的知识体系。

课程目标与内容、教材、学生，这就是确定教学内容时主要考虑的因素，只有有了相对确定的教学内容，再加上教师在教学过程中新的发现与调整，教学效益才有突破、提高的可能。

（原刊于《语文学习》2009 年第 9 期。略有改动）

重新认识钱梦龙老师的训练观

我认为当前应该重新认识钱老师的训练观。所谓"重新认识"表现在三个方面。第一，纠偏。把钱老师提倡的训练观与为了巩固知识形成某些低级技能而进行的练习、为了应试而进行的大量的操作等同起来是错误的。钱老师再三地阐释了他的训练观，实际上他的训练观就是从叶老的训练思想那里来的，即"特设语文课以训练之"，而这个训练本身包含着各种技能、各种能力、各种心理乃至思想品德的培养。它是一个概念，是贯串语文活动的全过程的。因此，我们讲重新认识，首先就是要知道，钱老师的训练观的核心是什么，而不要认为应试训练和题海战术就是钱老师的训练观，并自说自话地将它们等同。

第二，要认识训练在今天课改背景下的意义与价值，这才是核心。首先，无论是全国的课程标准，还是上海的课程标准，对语文这门课程的定位都很清楚：语文是一门以语言运用为主的综合性、实践性很强的课程。既然是以语言运用为主，要体现它的实践性，那么光靠所谓的感悟、感化、讨论，是不可能实现的。语言运用中，怎么把学生获得的东西转化为学生运用的东西，怎样让学生遵循汉语言的规律来运用语言，必须通过科学有效的训练。因此，钱老师的这个训练观，是符合课程标准思想的，是能够纠正目前语文课堂存在的种种不正常现象，或者叫无效现象的。所谓不正常，所谓无效，就是语文课堂误以为训练就是学生你说我说大家说，然后自己感悟，讨论讨论；误认为阅读教学只要让学生知道讲了什么内容，然后这个内容你同意他同意大家同意都可以。这样的课堂讨论，这样的教学内容，学生学了之后可能有收获吗？结果是学生说似乎说了，但就语言运用而言，他们并没有获得多少。中学语文教师都知道，尤其到了高中，从高一到高三，学生的语文能力到底提高了多少，他们在阅读上突破了什么，他们在写作上达到了什么水平，谁能够把它描述出来？没有人能描述出来。因此，课堂上看似热闹的场面，细细思考其实是没有用的。因此，我们一篇一篇文章地阅读，一类一类文章地阅读，要给学生一定的路径，这就需要训练。学生知道这类文章怎么读，那类文章怎么读，然后转化为自己的表达，这个叫训练。

　　第三，上海在重新思考调整课程标准的过程中，提出了要关注学生的学习经历。学生的学习经历当然是多方面的，但其中有一个很重要的经历就是要通过一定的、必要的活动来提升学生的认识水平、能力和素养。而在这个必要的活动过程中，要让学生知道哪些知识能够建立前后的联系，哪些知识必须重组，哪些知识必须调整，哪些知识必须补充，而哪些又必须转换，这些学习经历都必须通过教师有目的、有意识、有计划、有程序的训练，才能得以实现。比如，小说类的文章初中生应该怎么读，高中生应该怎么读。以此类推，散文类的文章、说明类的文章、议论类的文章应该怎么读，应该是有基本方法的，因为我们学习语言的过程，首先是一个学习语言运用的规范的过程。既然是规范，一定是有规律的；既然是有规律的，一定是通过有意识的训练才能实现。当然，这个训练不是简单地做练习，而是要不断地培养学生的问题意识。观察钱老师的课堂，几乎所有的课都是让学生先提出一些问题，然后钱老师梳理、筛选学生的问题，引导学生思考怎么解决问题，这些必须通过训练才能达成。现在的课堂教学看起来学生也在提问，然而学生大多数问的是无效问题，或者叫假问题。比如，这个词是什么意思，这个句子是什么意思，这运用了什么手法……这个叫训练吗？因此，要以教师的问题引发学生的问题，以教师对问题的处理，引发学生探究思考问题、解决问题的方法与途径，以教师提出、思考、解决问题的流程，引发学生更深入的思考，这就是训练。

（原刊于《语文学习》2016 年第 6 期。略有改动）

《学科德育探微——语文学科德育案例集》绪论

一

语文学科是一门综合性、实践性很强的学科。学科的性质、课程的特征，决定了语文学科的教学内容必然包含着德育的因素，尤其是民族精神教育和生命教育，本是语文学科的重要教学内容。

从语文作为一门课程开始，无论是小学还是初中、高中，所使用的教材基本是以"文选"阅读为主的。尽管教材体系不尽相同，单元的构成都是以若干篇文章的组合为主的。而一篇篇文章，包含着丰富的德育内容，学生读着这些文章，自然而然地受到优秀的中华传统文化和世界文化的熏陶，受到思想品德的教育，潜移默化地提升着审美的情趣和文化修养。

然而，我们所说的语文学科德育，主要不是指一篇篇课文所蕴含的德育内容——虽然这些内容也属于语文学科德育的一部分——而是指在课程活动、教学活动的过程中，动态地发挥着语文学科的育德功能，有目标、有序列地培养、提高学生的思想政治素养和道德文化品质。

早在 20 世纪 80 年代，上海课程改革一期工程启动时就明确提出，要从以升学为中心的"应试教育"转变到以学生素质全面提高、个性健康发展为中心的素质教育。语文课程则提出"以训练阅读能力为主线，全面提高学生的语文素养"的课程理念，具体阐释为"注重积累、指导学法、培养习惯、训练思维、渗透德育"的二十字。21世纪初启动的"二期课改"，更是明确了"以德育为核心，以创新精神和实践能力的培养为重点"的课改理念。后又具体化为"民族精神教育"和"生命教育"的"纲要"，而语文课程则提出了以"提升学生语言素养和文化眼光"为主的课程理念。

自20世纪80年代的课改至今，语文教学虽仍然存在着这样那样的问题，但毕竟在探索的过程中形成了一定的共识，积累了较为丰富的经验，取得了为社会认可的成绩。反思这几十年走过的路，提炼有关经验，发现问题，探寻学科德育的基本思路、方法和途径，是十分有意义的。

二

语文学科教学过程中，德育内容在目标上当显性化、序列化，而过程则应无痕化，这是语文教师的共识之一。

目标上"显性化、序列化"，是指在确定一节课、一个单元的课、某一阶段的课的教学目标时，要充分考虑到德育的因素，即一堂课、一个单元的课或一定阶段的课，应使学生认识、理解哪些与德育相关的知识，如责任、宽容、关爱等概念，使学生感受、体验、认同哪些情境，如思乡之情等，以及可转化为学生的哪些行为，或者升华为学生的怎样的情感等。

近几年来，上海的语文教师都在思考教学内容确定的问题，而教学内容的确定，应综合考虑学科知识、教材特点、学生需求等诸多因素，同时，还得合理把握"三个维度"。"情感态度与价值观"本与德育融为一体，自不必赘述。"过程与方法"也包含着德育的因素，例如，培养、形成哪些习惯，怎样来思考问题，怎样来比较鉴别，等等，不都跟德育有着密切的联系吗？即使是"知识与能力"，也同样有德育的因素，如前已提及的一些国家观念、公民人格（品德）以及文化认同的概念，就是"知识与能力"这一维度的，但也是德育的相关知识。有些时候，一些教师误把知识概念范畴的德育因素归入"情感态度与价值观"这一维度，这恐怕是值得反思的。

综合考虑学科、教材、学生的因素，合理把握"三个维度"，就不会被一篇篇课文内容牵着鼻子走。应当承认，在比较长一段时间内，大多语文教师是被课文内容牵着鼻子走的，阅读教学的教学内容，几乎就是课文内容。课文涉及音乐，就放相关的曲子；涉及建筑，就分析建筑；更有甚者，因为某一篇课文与数学有关，语文教师竟然敢梳理数学的概念（当然，结果是错的）。经过这四五年的探讨，语文教师大多明白了，一个文本的价值是多层次、多方面的，有文本的原始价值、实用价值、审美价值、教育价值等等，即使是教育价值，也有不同文体、不同学习阶段、不同目标下的核心价值等。一篇文章的教学，主要考虑的当然就是教育价值。因此，教师在读一篇课文，设计教学内容、教学目标的时候，就要依据文本特点和学生需求来认识、把握这一文本的核心价值。并把这一篇课文（或这一节课）的教学，与其他课文的教学相联系，形成一定的序列。既发掘一篇篇课文中蕴含的德育因素，又确定不同课文教学的不同价值取向，又有"若离实即"的目标系列，这就体现了目标上的"显性化、序列化"。

"过程的无痕化"，主要指在语文教学的过程中，尤其是课堂教学的展开过程中，不要将相关的德育内容静态化、口号化、形式化甚至庸俗化。语文课程毕竟不是"思品""品社"或"思想政治"课，不是校班会课（其实，上述这些课也在力求避免固化、僵化、形式化，而如果这些课有一些概念甚至口号，也当在合理范畴内），语文课必须体现语文课程的特点，要将语言特点、文本意义、文章结构形式、文化内涵以及与之相关的思想品德或思想政治等德育内容融合在一起，在提高学生思想认识水平的同时，提高学生的语言感受力和表达力。在比较长一段时间内，由于在思想认识上出现了一些偏差，有些教师误以为在课堂教学过程中表述了一些概念，如诚实、友爱等，并让学生记住了一些概念，就落实了"情感态度与价值观"这一维度的要求，或者说，就达成了教学目标中的德育目标。于是，课堂上常常出现这样的情况：在分析完某篇课文之后，留出 10 分钟左右的时间，让学生讨论一些"德育"的问题。例如：上完《沉船之前》，让学生讨论"怎样面对汶川大地震"（几年前）；上完《我不是懦夫》，要求学生分别说"怎样做一个生活的强者"；等等。这些讨论看起来似乎不是记住概念，而是要加入一些自己的感受，但实际上学生的所谓"感受"，就是一些泛话、空话、套话，甚至是假话，"只言片语"谈感受，哪里有什么真实的感受，最后不过变成了几句口号。至若凡及"母爱"话题，必提炼一点"母亲"形象特点，而当概念形成，"母亲"也就没了个性。《秋天的怀念》（《合欢树》）里的母亲，与《我们是怎样过母亲节的》里的母亲，板书上提炼的概念几乎一样：无私、伟大、任劳任怨……而实际呢，她们是不同个性的两位母亲！强化概念、贴标签、喊口号，乃至固化、程式化某些分析，就是过程的德育"窘相"，"无痕化"全然不是这样的。

"无痕化"课堂教学，教师往往不急于把"预设"抛给学生，不只在黑板上留下看似概括其实泛化的概念，更要千方百计地引导学生沉入文本，只有在细细品读的过程中，才能引发内心的情绪，或者说才有随文而产生的喜怒哀乐。要唤醒学生沉睡的记忆，调动学生已有的积累，用已有经验来体验文本所及的人、事、物，文本所表达的作者情绪乃至思想情感，文本所蕴含的文化内涵。在体验过程中，或因已有知识或经验得到印证而与作者共鸣，或因与作者感受、认识、见解相左而心生疑惑，并在不断地"共鸣"或"质疑"中调整认知结构和思想情感，形成自己的独立感受（甚至感悟），从而逐步形成价值尺度。这是阅读能力的提升，也是思想认识水平和文化修养的升华，德育的"无痕化"在这样的过程中才能真正地体现出来。

三

语文学科的德育，尤其是以爱国主义为核心的民族精神教育，最基本、也最重要的，就是激发学生对祖国语言文字的情感。

　　汉字是世界上最美、内涵最丰富的文字，一个个汉字所代表的意义，是与图像美、音乐美融为一体的，学汉字、运用汉字，就要能感受到文字背后所蕴含的文化内涵和审美价值。语言文字固然是用以交际的，说它是人类交际的工具，当然是对的。但是，语言文字不只是用以交际的，它更是一个作为社会的人，认识客观世界、丰富内心世界的重要载体，它是人类文化的重要组成部分。

　　要让学生感受文字背后所蕴含的文化内涵和审美价值，激发对祖国语言文字的感情，就需要语文教师在教学过程中让学生体验语言的魅力。

　　要培养学生的语言敏感性，使他们能感受到作者的用词、选句、安排语序等所体现的情感。有时候，作者用这样的词或句子形式，与作者特定的心境、作者的境遇及与之相关的文化修养密切联系。例如，柳宗元写《小石潭记》，有两个"乐"字，很值得体味："……闻水声，如鸣佩环，心乐之""……似与游者相乐"。从表面来看，作者似乎心境很好，但细细品读，却能从"乐"中读出悲来。闻水声之乐，固然是自然之美使然，但也是较长一段时间的内心抑郁使然，因而此时的"心乐之"是暂时的，是苦中作乐，求得片刻的摆脱；至见鱼之自由、闲暇，"似与游者相乐"，不由得勾起内心之愁苦，快乐是鱼儿们的，自己什么也没有，于是，寂寞感、凄寒感、悲怆感，一齐涌上心头，"以其境过清，不可久居，乃记之而去"。古代文人许多看似写乐的文字，其实都含着悲，或因个人际遇，或因社会动荡，或因睹物思人。如王羲之的《兰亭集序》，也是从"乐"字开始的：一批文人雅士，为"修禊事"聚于兰亭，曲水流觞，一诗一咏，相互唱和，再加上天朗气清，惠风和畅，"信可乐也"！但是，这些文人，真的就是为了寻欢作乐而聚于一处吗？首先，聚之因是"修禊事"，是为了祈福消灾！当时的社会战争不断，再加上高压统治和病灾连连，实在是民不聊生！文人之聚，为国事、为民生，当然也为自己的前途，因为字见乐而心实苦，作者在写到种种"乐"之后，笔锋陡然一转，悲从中来，人生于世的种种不如意，尤其是有志于为国家、为社会尽一点责任，有一点作为，到头来皆不能，看到的还只是哀鸿遍野。孔子曰：死生亦大矣。岂不痛哉！今之观古，犹后之观今，悲夫！

培养学生的语言敏感性，使他们体验语言的魅力，就要培养学生的整体意识。我们在读文学作品的时候，经常会说"知人论世"，这是对的，例如读《小石潭记》，读《兰亭集序》，的确需要知人论世。但从阅读文本的角度来说，还需懂得"以意逆志"，也就是通过语言的前后联系，读出作者的情感、态度、志向以及与之相关的观点、见解等。例如，读《大芦荡，你还在守望吗》一文，固然可以联系作者的写作背景，读出作者的环保意识，但从相关的语句及语言环境，我们可以深切地感受到比环保意识更深的含义。从第3段的抒情句"尽情舒着的萧瑟啊"始，阅读者就要思考，"萧瑟"一词蕴含着作者哪些深厚的情感呢？它只是对生存环境的思考吗？再读下去，就越能感受到内涵之丰富，能越来越深地体验到作者对人的生命意义、生存价值的质疑，破坏生存环境只是一种表现，实际上，人在满足自身利益，所谓"征服"自然的过程中，越发丧失人之本性，忘记了只有人才有的"思想"，变得"不去思想、不会思想、不想思想"了，贯串全文的一连串的质询和抒情，把旨意层层深入地揭示，最后喝问："大芦荡，你还在守望吗？"即使不联系时代背景、作者境遇等，就从字里行间，尤其是抒情性语句的前后联系与情感的递进中，也能读出作者的旨意。

"以意逆志"有时还可以从文章的结构以及材料的选用中来体现。例如，《小狗包弟》一文，文本内容涉及"文化大革命"的时代背景，而学生对于这一背景基本是全然不知的，那么，上课时是否必须补充"文化大革命"的背景资料呢？在课堂教学过程中，也的确有不少老师，用不少时间来介绍"文化大革命"，学生听后，仍然无法体会"文化大革命"究竟是怎么回事。其实，只要引导学生沉入文本，就可以大体感受到那个时代的一些特点及作者贯串全文的深深的忏悔之情。可以引导学生思考：作者写的是小狗包弟，为什么要先从一位艺术家的遭遇写起？联系全文作者始终摆脱不掉的心灵的拷问，就可以知道，写"艺术家"不只是作为一个引子，引出小狗包弟的话题，还能让读者感受这一段特定的历史，这一特定历史中人性的丧失。而"艺术家"在这一时期，还能保持一点自我，能在被释放出来后买肉探望那条关爱自己的小狗。相比之下，作者对包弟的做法，的确需要反思，需要受到良心的责备，因而也必定会长时间地背着精神包袱。

培养学生的语言敏感性，就必须培养学生的整体意识，关注关键词句也好，知人论世也好，以意逆志也好，都与阅读过程中的整体感相关，前面所列举的种种例子，其实都是建立在整体感基础上的，只有前后联系地阅读，只有不断唤醒沉睡的记忆，调动已有的积累，才能不断增强语言敏感性，才能感受到语言的魅力。

建立阅读中的整体感，还当有一定的文体意识。文言文阅读与现代文阅读，就有所不同。先说文言文阅读，它与现代文阅读的区别之一，就是得过文字关。从字的音形角度来说，似乎没有差很多，但文言文中的字义，内涵更丰富，有时，虽能知其读音，但其字义却需依据相关语言环境来断定。而过文字关，也不能只是知道字的义项，还必须了解字、词、句的组合规则，并且联系一定的语言环境。文言文的学习，当是文字、文章、文学、文化的融合。在有些文言文阅读教学的过程中，教师习惯于把文字疏通与文章内容分析、文学鉴赏等分解开来，一般来说，先弄懂字义，有时包括词法、句式、虚词作用等，而后是翻译，翻译之后再作文章分析等。实践证明，这样的教学难以真正有效，既不能培养学生对语言的敏感，也难以实现文言教学的德育目标。例如，读《项脊轩志》，一般都是先解决字词句的问题，再分析"多可喜，亦多可悲"，尤其是分析"多可悲"的种种，再联系文化，分析作者的思想。这样的教学，学生也能了解一些字义、词义，了解这一篇文章的主要内容和文化特点，但都是零星的、静态的，很难留下深刻印象，而如果将文字、文章、文学、文化融合起来，学生的感受就不一样了。如，可以结合文章第2段"然余居于此，多可喜，亦多可悲"，来把全篇内容、表现内容的语言形式并蕴含在内容中的作者思想，以及与之相关的文化内涵融合起来。"然"字，可关注第1段所写的内容和作者的心情，以及表现内容和心情的关键词句；"多可喜"，不仅照应第1段，而且包含第2段以后的内容和作者心境，如曾经和睦的家族环境，母亲无微不至的关爱，大母的关心和期盼，甚至包括后来补写的文字中夫妇生活的和谐、温暖、幸福；探究"多可悲"，不只罗列一些"悲痛"情景，还要结合作者的思想，主要是清流之人"齐家治国平天下"的儒家思想，例如，为什么把"诸父异爨"作为"悲"的第一大事，把未能实现祖母期盼作为大憾事，等等。这样的思考，就是建立在整体感基础上的。在文言文教学中，文和"诗"也当有所不同，不能把诗词转换成"散文"作分析，而是要把诗词的声韵、节奏与意象、意境、意蕴结合在一起来理解、分析、鉴赏。

现代文阅读同样要有文体意识。例如，读散文与读小说，从教学内容的角度来说，应该是有所不同的。读散文，主要体会作者对现实生活中的人、事、物的基本认识、基本态度、基本见解，能捕捉到作者的情感脉络，能品味文中的语言的个性，前面所列举的文章，都属于散文，都有散文阅读的要素。读小说，要能发现作者在虚构的人、事、物中所要表达的理想追求，或与理想追求有关的对社会问题的揭示与批判，要关注文中所描写的细节。例如，读《雁》这篇小说，不光要读得出作者对雁的赞美、歌颂之情，赞颂雁对爱情的坚守、对尊严的维护、对自由的向往，而且还要读得出作者对人性淡漠的失望与批判。为什么小说要从"人们"的角度写起，要把"人们"的"不解"与鹅群的"惘然"结合在一起？为什么用大量的笔墨写"人们"的聚集、议论、嬉笑？为什么称两只雁为夫妻，称张家的夫妇为"男人女人"或"男女主人"，而不用"夫妻"一词？通过对这些细节的分析，就可以感受到作者对作品中的这些人，乃至推而广之对社会中的这些人类应有之情的丧失的批判，从而引发每一个人的思考。

要激发学生对祖国的语言文字的感情，就要在培养学生语言运用能力的同时，提升学生的文学语言素养，让他们既掌握语言运用规范，又提高思想文化素养，逐步地形成语言的个性。

四

语文学科既然是一门综合性、实践性很强的学科，在教学过程中就必须充分关注学生的学习经历，帮助学生形成适合自身发展的学习策略。在这个过程中，教师永远代替不了学生自己的感受与体验，教师要发现、引发学生的期待感，要让学生在期待得到满足的同时，有遭遇障碍、跨越障碍的快乐，要能随时调整学习动机。例如，要有意识地激发、培养学生的问题意识，要培养学生的批判性思维。现在的课堂教学，从形式上看，已经有学生质疑的形式，这是好的，但深入探究一下，就可以发现，学生的所谓质疑，大多停留在如同中考、高考题目那样的提问层次，换句话说，停留在文章内容或知识概念提问上，而不是有自己真实体悟的质疑。如，读《二十年后》，学生的问题大多是"鲍勃是一个怎样的人"，或者这一句、那一句是什么意思之类，很少有探究作者为什么要塑造"鲍勃"这样一个人物，作者营造了怎样的社会背景等问题。在学生未能作深层思考时，教师在设计教学问题，在形成问题链的过程中，就要想到怎样以教师的问题引发学生的思考，怎样在解决问题的过程中，有"上位问题"与"下位问题"的意识，能有一定的思想方法和途径，有一定的存疑意识。只有真正让学生有了问题意识，才能从根本上提高学生的语言素养，以及与之不可分割的思想文化素养，才能真正落实德育目标。

《学科德育探微——语文学科德育案例集》，就是立足实践，选取了不同模块（如阅读、写作）、不同年级、不同文体（文本）的教学案例，在一定理论的指导下，作具体的阐释、分析，并融入了撰写者自己的思考，期望能引发更多的语文教师的思考，从而把语文学科的德育落到实处。

（《学科德育探微——语文学科德育案例集》上海教育出版社 2015年版。略有改动）

《探索文本解读的路径》序

　　语言是思想的本体，是文化的重要组成部分。语文课程的核心是学习语言。语文课程的价值是指导学生在学习语言的过程中提升语言素养。语言素养包括对祖国语言文字的感情激发、语言的积累、语言能力的提高、文化修养及审美能力的提升。阅读教学是语文课程的重要组成部分，其主要任务是引导学生学习并掌握语言知识，理解语言运用的基本规律，在语言运用的过程中提高文本解读能力，提升其语言素养。

　　掌握文本解读路径是提高文本解读能力从而提升语言素养的基本路径。文本解读的路径是指聚焦特定的阅读目的而形成的解读文本的思考过程及伴随这个过程的思考方法。思考源于问题，伴随着问题的不断深入，思考不断向纵深推进。在文本解读的过程中，根据阅读目的，首先要形成一个核心问题，然后分解这个核心问题，产生若干个下位问题，构建起这些问题之间的逻辑关联，形成一条解决核心问题的问题链。每一个问题都表征了一个思考角度，这一条问题链表征了解决核心问题、达成阅读目的的思考过程及伴随过程的思考方法。因此，文本解读的路径可以表征为一系列有逻辑关联的问题链。探索文本解读的路径实则是在探索如何在阅读过程中发现问题、解决问题的方法。

从阅读教学的角度来思考，读懂文本内容不是目的，理解表现内容的语言形式，进而理解语言形式所蕴含的思想情感，以及背后的文化内涵才是目的。因此，探索文本解读的路径应首先关注语言形式，看作者是用怎样的语言形式来表述的，为什么要用这样的语言形式来表述。关注语言形式不是孤零零地分析一词、一句的含义，不是局部地分析词语的搭配、句式的组合、修辞的效果等等，而是要把这些因素放到特定的语言环境，尤其是这一作者的这一篇文章的语言个性中，从语言前后的内在联系来思考，感受作者的用词、选句、设定语序、安排结构等所体现的思想情感、所蕴含的文化内涵。

不同的文体有不同的体式特征，包括表达方式、结构形式、语言特点等，体式特征中隐含了某类文体的写作目的以及思考方法。阅读与写作的思维过程是互逆的。某一类文体的写作目的及思考方法，很大程度上决定了某一类文体特定的阅读目的与思考方法。因此，探索文本解读的路径还应确立文体意识，根据某一类文体的特定的阅读目的及体式特征，确立核心问题，构建破解核心问题的问题链，解读一篇篇文本，发现不同内容、相近内容的不同的语言表现形式，发现不同文体语言表现形式的个性特点，类化某一类文本阅读的基本路径，如记叙文的解读方法、说明文的解读方法、议论文的解读方法，以及与之相关的文学类作品的解读方法，等等。

语文课程与教学内容涉及语文知识，包括语法知识、修辞知识、逻辑知识、文章学知识等，将来还可能融入一些新的语言学知识、文学知识等。这些语文知识是学科专家研究各种语言现象后给出的一种解释。这种解释蕴含了学科专家观察语言现象、分析语言现象、诠释语言现象的思考方法。静态地记忆、辨析这些知识概念，意义不大，语文知识应为提高语言能力所用，要破解这些知识中蕴含的思考方法，在完成具体文本解读的任务中运用这些知识中隐含的思考方法分析问题、解决问题，内化为自己的思考方法，转化为敏锐的语感。因此，探索文本解读的路径还需要将概念性知识（或描述性知识），转换为程序性知识（或阐释性知识），阐释语言现象，把握语言运用规律。

阅读教学不只是"读"，因为"读"与"写"本是不可分割的一个整体，应该立足于"读"，着眼于"写"，让学生学习、吸收、内化优美而典范的语言，并在表达的过程中，由不自觉到自觉地运用这些语言，以使表达更为准确、严谨、得体、丰富。探索文本解读的路径必须注重读写的不可分割的内在联系，探寻提炼、重组、补充、转换语言的方法，特别是文体转换的方法，把握语言运用的规范与"这一篇"的个性。

文本解读的路径揭示了文本解读的思考过程、思考方法，同时也隐含了语文课程必需的学习策略，如建立阅读的整体感、培养语言的敏感性、形成联系的意识、培养问题意识、掌握读写的转换等；还隐含了语文课程的一些价值观，如实证的意识与理性的精神，即任何文本解读的结论都要在文本中有足够的语言材料作为依据，且要有合乎逻辑的推理过程，又如谦虚、持正、坚毅，即放弃过度的概括或标签式的解读，放弃预设的成见，耐心地收集更多的语言信息，多角度地思考问题，使阅读不断地走向深入。

《探索文本解读的路径》就是立足实践，提供了教材中不同年级、不同文体的文本解读案例，在一定理论的指导下，作具体的阐释、分析，归纳出一类文体的解读方法。读这本书，可以学习仿效曹刚老师对某些篇目的解读路径与思考方式，但不能停留在具体路径与方式的再现，而要从中体会、领悟到此中蕴含的思想方法，从而建构新的阅读模型。相信这本书能引发更多语文教师的思考，从而把提升学生的语言素养落到实处。

（《探索文本解读的路径》上海教育出版社 2020 年版。略有改动）

《反思论证过程》序

    议论文写作，是高中阶段语文教学的重要内容。功利地说，为高考，因为十多年来，高考中占 70 分的写作，文体多偏向议论文。从学生语文素养角度说，议论文写作，是提升学生语言建构与运用能力、思维能力的重要途径。因此，在议论文写作上，多花一些功夫进行训练，十分正常，也非常必要。

    但是，怎么进行训练呢？大多高中语文教师的做法是：关注素材的积累和文章的架构。这本也不错，但如果将素材的运用与结构的搭建"模式化""机械化"，恐怕就很成问题了。

    所谓"模式化""机械化"，就是把学生灵动的思维定格、僵化。例如，将议论文写作训练变成"观点 + 材料"的训练，即在分析命题之后，提炼出观点，然后用一些材料（大多是具体的例子），从正面、反面进行所谓的论证，最后用总结性的语言收束。近些年来，又有所发展，"材料"逐渐丰富起来，除了事例，还有事理；结构也开始复杂起来，除了正反对比，还有"辩证"分析。于是五段式升华为七段式、九段式，连怎么开头，怎么过渡，怎么转换，怎么收束，都有了一定的模式。但是，学生的议论文写作的水平，仍然在原地徘徊，因为，学生写作的过程是缺乏真正的思考的，夸张地说，学生在被"模式"控制着，机械地堆砌着文字，甚至连运用的材料都大同小异。

是到了该反思的时候了！

议论文写作的要素到底是什么？论点、论据、论证？这些当然重要，但是，太抽象。例如，提出论点的起点是什么？论据，除了材料之外还包括什么？论据怎么来证明论点？论证的过程应是怎样的一种思维轨迹？怎样将思维轨迹转换成不同的结构形式？

上海市教委教研室的高中语文教研员范飚老师，用一年多时间，带领上海市各区教研员和部分高中骨干教师，以"反思论证过程"为突破口，在五个区、九所高中进行课堂教学探索，取得了阶段性成果，对高中阶段的议论文写作指导，很有价值。

探索的价值之一：细化了三个概念（或可称为三个视角），尤其是明确了论点、论据之间的内在逻辑联系。例如，反思提出论点的起点，这个起点既基于命题（包括命题中所包含的材料），又缘于"假设前提"，尽管这个"假设前提"并不出现在文字表述过程中，但却存在于"无意识"的思维过程中。如有人认为，高中生应少读一些悲剧作品，这种观点其实还包含了一个假设前提，即高中生多读悲剧作品会影响他的心理，妨碍他的健康发展。这个假设前提是基于思想认识水平的无意识的思维，如果对观点进行反思，自然就将无意识的思维外显出来了，而后就能判定，这样的前提本身是否站得住脚。多进行这样的反思，能确保观点本身有逻辑性。又如，反思论点与论据之间的关系。先是分解论据，即将论据分解为理由与证据，理由支撑观点，证据支撑理由，这样，论证过程就形成了一条相对严密的逻辑链。

范飚老师将细化的三个概念，归结为十一个内容重点，清楚地阐释了假设前提、观点、理由、证据之间的逻辑关系，以及每一概念的内涵和使用概念时的要求。这十一个内容重点，虽然不等同于议论文结构，但已包含着结构因素，至少，可以保证行文思路的清晰和表述逻辑的严密。不仅如此。这十一个内容重点，本身具有可操作性，由于十一个内容重点有着逻辑的关联，因此，反思论证过程，提供的就是反思路径，从观点的检验，到理由的反思，再到证据辨析，环环相扣。

探索的价值之二：厘清了一些概念。例如，反思，是针对已有的思考，是将论证过程中的路径和方法，转化为学生的经验、习惯和能力，而不是简单、机械地再现。又如，论据，是确立观点的依据，包括理由与证据，有议论，有阐释，有事理，有事实；论据中的理由，不等同于教学中习惯说的分论点，因为分论点是对总论点的分解（并不是所有的议论文都有总论点或中心论点的），总论点与分论点是种属关系，而理由是论点确立之因，与论点是因果关系。厘清一些关键概念，不仅对"反思论证过程"有意义，而且对写好议论文和有针对性地指导议论文的写作，有重要意义。

探索的价值之三：将抽象的思维可视化。在一年多的探索过程中，每一堂课的展示、评说，都不是概念的演绎，而是通过课堂的师生、生生之间的认知冲突，让课堂中的学生、听课的教师感受到概念确定、思路形成的过程，尤其是，当学生思路受阻、概念有所混淆时，教师常常会运用一些工具，让学生的思维清晰起来，并适时地指导学生不断地否定一些已有的观点和支撑观点的理由，并在否定过程中，既发现正确的东西，又不断地调整思路。整个的探索过程，就是不断地使概念准确、思路清晰的过程，也是探索思维可视化的过程。

针对一年多的课堂教学，范飚老师与所有研讨人员一起，确定了四大原则和六个注意点，这些原则和注意点，都指向思维的可视化。例如，聚焦一个文本，建立读者意识，借助思维工具、运思动笔等，都在关注学生思维的发展，而思维发展的外显标志，就是能不断抓住一些可描述、阐释并可随时调整的概念和思考路径、方法。

　　这一年多探索的是以"反思论证过程"为突破口的议论文写作，但其价值远远不止上面的三点，它对高中阶段的阅读、写作，乃至于高中阶段语感的形成，以及与之相关的思维发展与提升，都有启示意义和指导意义。

（《反思论证过程》上海教育出版社 2020 年版。略有改动）

《上海名师课堂　小学语文　王雅琴卷》序

　　王雅琴老师是徐根荣名师培养基地的学员。最近，她将自己在"二期课改"中所作的课堂教学的探索进行了梳理和反思，挑选出了十余节课堂教学的实录和教学札记，结集成册，由上海教育出版社出版。

　　这些课堂教学实录和教学札记虽不足以反映王雅琴老师探索的全过程，但也可依稀从中发现她探索过程中所经历的徘徊，甚至痛苦，可以体悟她痛苦之后的快乐。这本集子的意义，不是起示范作用，而是给人以思考与启迪，因为其中有着许许多多探索着的小学语文教师的影子。

　　徘徊、痛苦之一，是对文本的把握。近几年来，小学语文课堂教学研讨，很关注"文本细读"问题，这是很值得关注的问题，因为大量的课堂教学实际情况说明，教学效益不够理想与教师研读文本不到位密切相关。例如，读《月光曲》，读出的是贝多芬"对劳苦人民的关心、同情和热爱"。固然，文中也许隐含一点贝多芬的平民意识，但这绝不是这篇作品的主旨所在。贝多芬为什么会走进茅屋？他是为琴声所吸引，是不知不觉走进茅屋的；他是为兄妹的对话所感动，是推门而入的——兄妹俩生活如此贫困，对音乐居然如是之热爱，实在令人感动！此时，贝多芬与兄妹俩的心意是相通的，正是这相通的心意，触发了音乐家的灵感。音乐家眼中的兄妹俩，是无贵无贱、无富无贫的，是真正的知音。哥哥眼中的景象，妹妹眼中的景象，是音乐的魅力使然，更是兄妹的音乐素养使然。因此，仅仅读出平民关爱是远远不够的，这是用概念来破坏美的和谐。文本细读，就要读出语言的前后联系，读出行文的思路，读出美感。又如《鸟的天堂》，只是读出树的高大、繁茂，鸟的欢乐，是远远不够的。树与鸟是怎样融为不可分割的一体的？结尾句"昨天是我的眼睛骗了我，那'鸟的天堂'的确是鸟的天堂啊"是怎样总括而又提挈全文的？不仅要关注文章内容，更要关注语言形式，甚至是标点符号。读读王雅琴老师关于《母亲的谎言》《月光曲》《鸟的天堂》的教学笔记和相关的课堂实录，既可体会到王老师当时所经历的痛苦，又可从中得到一些有益的启示。

徘徊、痛苦之二，是教学内容的确定和实施。从十余节课堂教学实录可以发现，王老师已经从对课文内容的关注，转向对负载课文内容的语言形式和隐含在语言形式背后的文化内涵、审美价值的关注了，这一步的迈出是何等之艰苦啊！尽管，现在的教师人人都会说，要从"教教材"转向"用教材来教"，但教学实际未必如此，大部分课仍然围绕着课文内容在解读、讨论、训练。"教学目标"的设定是知文中之人、之事、之物，知文中所及之品质、精神、风格；教学展开过程是课文内容的重复、重复、再重复，即使有一点语言的训练，也是为读懂课文内容服务的。例如，读《半截蜡烛》，教师总围绕着故事情节让学生复述：伯诺德夫人的举动、大儿子的做法、小女儿的做法……在复述之后，提炼一些文章主旨、人物特点之类的概念。这样教学的结果是，学生读清楚的是这一篇文章的内容，了解的是这个故事的情节——这一些，如果不教，学生也是明白的——而对支撑内容的语言形式，包括文章的结构，作者在行文过程中的感情倾向，是缺乏足够的体验的，语文教学，恰恰应把重点放在这里。

从十余节课堂教学实录来看，王雅琴老师已逐步体会到了教学内容确定的基本思路，当然，其中也有值得进一步探讨的问题。以语言的感受力为例作一些探讨。王老师在上《登泰山观日出》时有两处训练，一是"云海"画面的描述，二是"日出"前后的画面描写，两处的训练都是填空的形式，是课文相关描写性语句的再现。让学生体验文本语言，从而有一定的语言材料的积累，这样的思考是对的，但是，描写性的语言与作者的感情、思想、语感等密切相关，只是让学生记住文章具体描写的内容，或者是一些所谓的好词佳句，意义并不大，因为学生是很难进入这一情景的，没有共鸣，更无疑义，光记住这些"好词佳句"是产生不了语言感觉的。类似的训练，在实录中还可以看到一些。这既说明了王老师的徘徊、认识过程，也说明了教师真正改变观念的艰苦。现在的语文课堂教学，不乏这样的训练，为什么要进行这样的训练，经过这样的训练学生究竟获得了什么，似考虑得不多。好在王老师没有停留在这样的训练上，她似乎感受到了一些其他的东西。例如，在上《鸟的天堂》的时候，有些环节很值得称道。在学生感受文本内容的时候，王老师要求学生具体细微地表述作者两次经过"鸟的天堂"的时间，尤其是"傍晚"和"早上"，这不仅是对"细致"的读书习惯的培养，而且是对表述的逻辑性的感受，语感往往是从对细微处的发现入手而逐步培养出来的；同理，在让学生体会"枝干的数目不可计数"时，引导学生关注一些平凡而又重要的动词——生、垂、伸等——使学生对概念性的词语语义有了动态的感觉。

当然，要将课文内容转化为教学内容，光关注词语、句子是远远不够的，还要关注对语言知识的处理，对语言表达的逻辑性的感受，对结构形式的推敲，对行文线索的捕捉……还有这些知识和能力所负载的文化、情趣、思想。王雅琴老师对此已有所感悟，她在《一颗小豌豆》教学笔记中有这样一些话很值得体味："安徒生的《一颗小豌豆》在课堂里播下了，可是要这颗阅读的种子开花、长叶，哪是一个课堂可以完成的？""当一个童话成为一篇课文，我们不仅要拿它来朗读，还要用它来进行思考、体验、感悟……"

徘徊、痛苦之三，是对读写关系的认识与处理。"读写结合"问题，二十世纪三四十年代就开始提出，至七十年代末八十年代初，又进行了较为深入的讨论，就这一概念而言，似已没有太多的异议。但是，结合的内容是什么，该怎样结合，似不甚统一。从目前的操作来看，主要是一些内容主题上的结合（如学习有关母爱主题的课文，就让学生回顾母爱，并模仿写作）和某些表现形式的结合（如仿修辞手法的运用、仿描摹、仿选材组材等），这样的结合，有一定的道理，但不能仅仅停留于此，且内容的结合，有时会流于概念化，而机械模仿，有时会造成辞藻堆砌的现象，尤其是读什么写什么，往往过于功利，其效果也会适得其反。真正的"读写结合"，首先是语感的培养，要促使学生从不自觉到自觉地学习、吸收、内化优秀的、典范的语言，逐步地认识、运用、掌握语言运用的规律。这里所谈的语言，不是窄化的静态语言，而是在文章构成过程中的语句的选用和前后的联系，要能通顺、清楚地表达（当然，初始阶段，有一些静态语言的感受也是需要的）。教师应有意识地引导学生积累一定的语言材料，在积累的过程中对语言运用的规范有感性的认识，在培养语感的同时，让学生体验语言中所包含的感情、思想、见解，并进一步感受作者的感情、思想、见解是用怎样的语言形式（包括遣词造句、层次结构安排、线索的设置等）表现出来的，并指导学生有意无意地关注语言与思想、与内容的关系。"读写结合"主要不是功利的短期的行为，而是潜移默化的长期行为。从课堂实录和教学笔记来看，王老师的确有过困惑，有过痛苦，目前正有一定的感受，这可从《登泰山观日出》《无言的爱》的教学笔记中读到，其中所说的"例文""点""局部""面"等概念很值得推敲。

是不是不少语文教师都经历过或正在经历着这样的徘徊、痛苦呢？

至于教学方法、教学手段的运用，教学过程中师生的互动、和谐氛围的形成，以及学生问题意识的培养等，都可从实录和笔记中得到一些有意义的启示。这些因素，对提高课堂教学的效益与质量，都很重要，但就目前课堂教学的实际情况来看，解决前三个问题恐怕更为重要，因为这些都是与课程内容紧密相关的，在教学中，内容永远都是第一位的，教学方法、手段都是为内容服务的。

　　以上是我读王雅琴老师的课堂实录与教学笔记的体会，如果小学语文教师也能沉下心来读一读，一定会有自己的体会。

　　（《上海名师课堂　小学语文　王雅琴卷》上海教育出版社 2009 年版。略有改动）

关注语言形式，感受思想情感及文化内涵

　　读现代文的主要目的是探究表现内容的语言形式，读出语言形式背后的思想感情及文化内涵。语言形式至少有两层意思，一是语言运用的规范，二是语言表现的个性，也就是我们平时经常说的规范的语言和文学语言。要在读现代文的过程中发现、学习、掌握语言运用的基本规范和文章构成的基本元素，并使之转化为自己的表达；要认识、体验、感悟凝聚在字里行间的作者的美好情感，以及与之相关的文化内涵和审美意义，也就是要体验基于规范的文学语言的个性，从而陶冶自己的情操，提升思想文化修养。

　　语言运用的基本规范和文章构成的基本要素，首先是通过"文章"（现一般称"实用类文体"）的阅读来实现的，但也不限于实用类文体，因为文学作品也是基于规范的。大家知道，一篇篇文章的内容都是通过具体的语言形式来表现的，要理解文本内容先要感受语言的形式，并透过语言形式，发现语言中所蕴含的思想、情感以及价值判断、文化内涵等。例如，不同的词句所体现的不同思想感情，不同的语序所表达的不同的感情倾向；作者为什么用这样的语言形式来表达，而不是用那样的语言形式来表达；这一语言形式包含了哪些信息，显性的是什么，隐性的是什么；等等。若能

不断地作这样的思考，并不断地调整思考过程中的偏差，就能真正发现一些语言中的规律，从空泛的内容抽象，转变到对语言的具体感受，在具体而微的语言环境中体验、学习、吸收，在内化的过程中规范自己的语言表达。

探究语言形式，就必须在阅读过程中培养语言感受力。语言感受力虽是蕴于内心的，难以显性地描述的，但在一定积累之后，会发现一些标志性的形式，如结构上的递进、转折、照应等，在阅读过程中，主动捕捉、重组补充、转换相关的语言信息。重要的语言信息，不等同于我们平时所理解的所谓关键词句，有时，往往表现于普通的词句中，必须结合语境来体会相关词句，并与学习、运用语言知识有机地融为一体。长期以来，学习语言知识往往是静态地识记、分析，而不是动态地体验、思辨。例如，一说语法，想到的便是单句、复句、成分、关系等，对它们在语言环境中的作用则缺乏思考。鲁迅的散文《风筝》（初中试验教材），第 2 段有这样一些语句："但此时地上的杨柳已经发芽，早的山桃也多吐蕾……"表转折的关联词"但"很值得推敲：此前的文字是写故乡二月的不同形状、不同趣味的风筝，与接下来要表达的大地的春意应是和谐的、一致的，怎么会用转折呢？细想一想，便可发现，此处的转折，其实与第 1 段见到北京天空中浮动的风筝有关，在北京见到风筝是还有积雪的冬季，但故乡则是万木复苏的春天，于是"惊异"也就有了着落。

再举一个例子，《大芦荡，你还在守望吗？》（初中试验教材）一文，作者由对"尽情舒展的萧瑟"的感叹，转为对"大芦荡""你在守望什么"的质询，到"人类你还有希望吗"的喝问，再转入"大芦荡的困惑"的叹息，最后以"大芦荡你还在守望吗"作结，这样跌宕究竟为表达什么？难道仅仅是环保意识的唤醒吗？这样的结构形式与作者要表达的情感是怎样融为一体的？中学教材中的大多文章，都值得我们反复咀嚼、反复吟咏，比如《春风》（初中试验教材）、《胡同文化》（高中试验教材）、《我所认识的蔡子民先生》（高中试验教材）等等。精读这些文章，对提高我们的现代文阅读能力大有裨益。

再说"文学作品"，一般把散文、小说、诗歌、剧本等作品称为文学作品。如果说"实用类文体"（也包括一些文学作品）的阅读主要是学习、掌握、内化、迁移语言运用的规范，既在阅读过程中提升语言敏感性，又在阅读过程中由不自觉到自觉地运用语言规范，提高书面表达能力，那么，文学作品的阅读，则是感受文学语言，体验作者的个性，是运用获得的知识、形成的技能去赏析、评价作品的思想内容和艺术价值，同时，也通过读文学作品陶冶情操，塑造美好心灵，形成审美意识、审美情趣，提高审美能力和思想文化修养。例如《外婆的手纹》（初中试验教材）中有这样的文字："紧贴我身体的，是外婆密密的手纹，是她密密的心情。""手纹"与"手艺"有什么异同？作者怎样从写外婆的手艺转到写外婆的手纹？手纹与手艺乃至心情、心境、温度如何融为一体？如何感受作者的感情、见解？读文学作品，固然也需要相关的知识，但更重要的是文化积淀和文化眼光，需要有自己的价值尺度，需要经典作品的阅读量。读文学作品，要依据不同文类的特点来理解、鉴赏，例如诗歌的节奏、韵律、意境，小说的视角、细节以及与之相关的作者的理想、追求等。

《上海中学生报》举办一届届"现代文阅读大赛"，相信能对阅读内容、阅读途径、阅读策略起到积极的导向作用。

（原刊于《上海中学生报》。略有改动）

记诵、沉浸文本　提升文化敏感性

　　古诗文阅读大赛已历十六届，许多热爱古诗文的学生在大赛中展现了他们的文化功底和睿智才华，大大激发了阅读古典作品的兴趣，并在阅读、思考的过程中感受到了祖国语言文字的魅力和中华优秀传统文化的博大精深。

　　古诗文的语言形式不同于现代汉语，要读懂古诗文，就要过文字关，而过文字关，首先要有量的保证。有了一定量的积累，文字障碍逐步减少，这时，就应扩大阅读量。可先结合课文的内容，选读一些选本，从先秦到明清，从韵文到散文，从史传文学到笔记小品……有兴趣的还可读一点儿原著，《论语》《孟子》《庄子》《左传》《史记》，乃至唐宋明清的文人专集等。当然，光有量的递增是不够的，还当在读的过程中探求阅读的方法，发现一些规律。例如，一开始不必字字落实、句句疏通，而是要有一个细细体会的过程；在这个过程中，朗读能增强语感，能读出一些一时难以言喻的含义，从而体会到汉语的声韵之美、节奏之美。有了一定的积累之后，有些内容便理解了，与内容相关的某些知识概念也自然而然地掌握了。

　　读古典作品，还要有文化敏感性。文化内涵有时是通过文化知识的载体来体现的，因此，在古诗文的阅读过程中，理解、掌握一定的文化知识是很有必要的。例如，古诗文中经常会出现"六艺经传""风骚""三教九流"等概念，这些概念其实就是一些传统文化的高度凝聚。我们要了解、认识、认同传统文化，就应当理解、掌握这些概念。

当然，光有这些知识储备仍是不够的，还必须结合一篇篇具体的作品，理解作品中所蕴含的思想，理解传统文化的精华。例如，儒家的"仁、义、礼、智、信""王道""民本"等思想、道家的"顺其自然""无为而治"等思想。尤其是读古诗词，要充分理解"诗教"的作用，如《诗》三百，一言以蔽之，曰：思无邪""上以诗化之，下以诗讽之""诗可以兴，可以观，可以群，可以怨"，等等。另外，在诗中所体现的诗人的情怀，尤其是家国情怀，在读诗的过程中，更要细细品读，从而不断提高自己的思想文化修养。

读古诗文需要从作品的内容到形式深入探究。读一首诗、一篇文章，知道作者说了什么，只是浅层次的了解，还必须体会到作者是用怎样的形式来表达的，包括语序、结构、思路、表现技巧、语言个性等，这既是理解力，也是鉴赏力、审美力、思维力、批判力，是文化眼光的提升。读而感，读而思，读而品，读而悟，这是古诗文阅读的必然途径。

古诗文大赛的试题，内容丰富，形式多样，为有才华的学生搭建了展示的平台，也给中学生读古典作品以一定的导向。如果能真正沉入作品中反复涵泳，就会领悟其中的语言魅力、审美情趣和文化内涵，并在不知不觉中探寻到适合自身发展的方法与途径。

（原刊于《当代学生2018年增刊　第十七届中学生古诗文阅读大赛专辑》。略有改动）

如何让热爱阅读的天性伴随孩子终生

同学们、老师们、家长们，大家好！今天我以阅读热情为话题，跟大家做一些交流。

一、对阅读的渴望是人的天性

首先我要说，每一个正常的孩子内心都聚集着对阅读的感情，尤其是对文学的感情。比如我们的孩子刚刚有点懂事，最喜欢的就是听大人讲故事，而喜欢听故事，其实就是喜欢阅读的雏形。

当孩子们进了学校，识了字，就急不可待地自己走进书本，去了解他们想了解的社会。最初的时候主要还是文学，随着他们的成长，个人的个性、兴趣会渐渐产生一些差异。于是除了文学，历史的、数理的、军事的，各种各样的文章内容，都成为他们选择的对象。

这种热情理论上说应该一直延续下去，贯串他们的终身。但是由于种种原因，尤其是近一二十年，家长对分数的渴望程度越来越高，社会对分数的期望价值越来越高。因此学生（或者叫孩子）本身对阅读的渴望，不知不觉地受到了压抑。

有些家长甚至认为，孩子读一些课外的书，尤其是长篇的小说，是在浪费时间，因为它不能马上产生分数。这是一个现实，也是我们现在的孩子的阅读量逐渐减少的重要的原因之一。

出于对家长的理解，对他们的愿望我们不加褒贬。但现实是学生的阅读量越来越少，学生对文学的感情越来越淡。

刚才梅子涵教授说，我们这些 20 世纪 40 年代末 50 年代初出生的人，由于特殊的原因，某一个阶段我们根本找不到书。于是拼命地找书、借书、交换书，那是我们的那个特殊年代。

其实在 20 世纪 80 年代读书的学生，同样有着这样的热望。80 年代我在复旦大学附属中学任语文教师，那时我的学生在上课的时候，还会偷偷地拿出书来自己阅读；晚自修的时候，会跑到复旦大学图书馆去读书。

这就是一个人的天性，对阅读的渴求，对书的这种热望，是他内在的东西。好在社会走到今天，情况有了很大的变化，尽管应试教育仍然产生一定的影响，但是整本书的阅读已经从课外走入我们的课堂，已经成为课堂教学的内容之一。

二、从阅读的热情到阅读的自觉

在这样一个背景下，学生的阅读就成了必需的、正当的行为。最近的一两年，我曾经在闵行的一些学校，比如莘庄中学、莘松中学、莘城中学、明星中学等，跟孩子们一起进行整本书阅读的交流。

在交流的过程当中，我越来越明显地感觉到学生的阅读的愿望在增长，他们的热情在释放。我说的愿望、热情，是基于个体的阅读的这样一种兴趣。

一般来说，过去我们暑假、寒假，家长、老师总喜欢让孩子们做一些作业，至少要完成老师、学校规定的暑假、寒假作业。而我所接触的这些学生在假期里面读了大量的书，除了老师开出的书目，比如一个暑假读两本、三本，一个寒假读一本、两本，他们自己还找了大量的书，并制订了阅读计划。

我还注意到许多家长也愿意与孩子共同学习，共同交流。在这样一个大环境下，学生的热情自然更会得到释放。学生沉浸到文本当中去了，不是功利式的、为了获得多少分数阅读，而是为了自己的兴趣，为了自己的发展，也为了将课内课外有机地融为一体，他们阅读的自觉性越来越高。

三、小组合作激活深度阅读

从阅读的热情转化为阅读的自觉，这是个体的；进入课堂之后，固然还是需要以个体的阅读为主，但是孩子们已经不满足于个体的阅读，于是组成了一个一个合作小组，进行小组合作式的阅读。而小组合作式的阅读，既是个体阅读经验的、感觉的、困惑的交流，更是对某些问题更为深入的探讨。

比如读《鲁滨孙漂流记》，如果仅仅是讲故事情节的话，那么这部书的情节远不如其他的冒险故事来得生动。但是当学生进入这个文本当中，当学生内心产生了撞击，形成了认知冲突之后，他们的阅读的热情就大不一样了。

在小组合作的过程中，大家关心的不只是情节本身，或者说不只是关注鲁滨孙的经历，还要探讨这个经历背后作者要表达的思想是什么，创作意图何在。

因此在小组合作阅读的过程当中，大家除了梳理出必要的鲁滨孙的经历或者他的漂流轨迹之外，更多的是探讨上了这个岛之后，他的心理产生了怎样的变化；心理变化之后，他对这个无名小岛有了怎样的感觉。

再往下，除了这些心理变化，还要探讨鲁滨孙在岛上能够生存的条件有哪些；这些生存的条件之中，哪些是核心条件——要探讨的核心条件，不只是指每一个人生存所需要的条件，比如吃、穿、住、行，这是每个人生存的基本条件——而鲁滨孙在岛上能够生存下来，后来主宰了这个岛，其背后作者想表达的是什么；作者这样表达，对我们读懂这本著作的价值意义在哪里。

通过这样的小组合作学习，学生不只是提升了个体的阅读理解能力，不只是比较深入地把握住了作品的一些要点，更是将自己移情到作品当中，在相互撞击、在认知冲突的过程当中，产生了新的认识、新的感觉。我觉得这是孩子们释放阅读的能量、阅读的热情的重要方面。

这讲的是文学作品，学生读的书有些未必属于文学作品。比如高中阶段整本书阅读，有一本叫作《乡土中国》，如果仅仅从文学兴趣角度去读这部书的话，恐怕很难走进去。因为这是一部社会科学类的作品，探讨的是社会学的问题。而我们的高中生在这个年龄段虽然也读过一点跟社会相关的作品，上过一点类似的课，但是像这样一部学术性比较强的作品，很难真正读进去。

而通过小组合作，大家找到共同关注的一些问题，形成一定的矛盾、分歧，也就是我刚才提到过的，叫认知的冲突。我们讲的认知冲突，不只是指学生与学生之间形成的不同意见，形成一点争论，它同时也是个体不断发展的过程，也就是阅读者与作者之间的冲突，也是阅读者的前期与后期的冲突。

因此读《乡土中国》这样一部社会类的作品，不是去看热闹的，也没有多少情节可看。而是要从逻辑的角度、从社会学的角度、从社会的最基层的角度、从最基层的这些人的关系与我们传统文化形成的关系角度等，形成冲突，深入思考。

在个体的认知冲突过程中，在小组共同体的认知冲突过程中，学生产生了阅读的兴趣。这个兴趣不是对情节的关注，而是对社会的关注，对人生的思考，是思维的逻辑链的形成。

读这一类的书，首先有一个概念的梳理。《乡土中国》是一部社会学的著作，很多概念是陌生的，因此必须首先对概念做一些梳理，做一些阐释。

由于个人的经历不同，个人的兴趣爱好不同，个人的认知水平不同，对概念的理解也会产生偏差。这个时候的认知冲突还是小层次的，同学之间相互探讨，相互补充，对概念会有一定的认识。

光是知道一些概念还不够，还要能够找到概念与概念之间的内在的联系。而这个概念与概念之间的内在的联系，是与对社会的了解，对社会学的理解，紧密地结合在一起的。

在阐释了概念之后，不同的小组找到了不同的概念链，而且每个突破点都不一样。比如有从伦理出发的、从规矩出发的、从法律出发的、从血缘地缘出发的。

尽管突破点都不一样，但是抓住了这些突破点，找到了概念与概念之间的内在的联系，就能梳理出社会的最基层的人与人之间的关系、社会的结构，以及这些人与人的关系、社会的结构，对中国传统文化的形成的价值与意义。并从探讨这样的一种文化的形成，逐步提升为一种文化的自觉，提升为一种文化的自信。

通过这样的小组的合作，学生的阅读是一种深度的、内在的阅读，而不是外在的、浅层次的、情节式的阅读。

我说中学生的阅读的热情正在释放，也就是说他们会更迫切需要阅读，更自觉地阅读。我相信这样的一种阅读的热情会伴随我们孩子终身。

好，今天我就说到这儿。谢谢大家！

（原刊于《第一教育》2020 年 5 月 12 日。略有改动）

关注学生语言素养的发展

（2011 年 5 月 4 日）

各位老师，今天，我主要着眼于语文课程或语文教学，谈谈对语文课程的一些思考和认识。

一、语文课程的核心问题

语文课标中提出了要培养学生的语文素养，那么，我们在中小学语文教学的过程中，除了进行听、说、读、写的能力训练之外，具体怎么来落实语文素养的培养？我觉得有三个方面的核心内容。

（一）学生对于语言文字的感情

如果一名学生对于祖国的语言文字是没有感情的，那么他的一切的学习基本上是无效的，所以，首先是要激发他的感情。

（二）语言素养和思维品质

1. 语言的素养（核心之核心）

现在我们的语文教学，我觉得是蛮可悲的。语文领域中最具权威的"三老"中的吕老，在 20 世纪 70 年代末提出了所谓语文学科耗时最多、收效最低的问题。时至今日，最突出的问题却是我们现在的语文的课堂教学，不知道在做什么，不知道教师到底要教什么，学生来学什么。尤其是进入中学以后，学生到底来学什么？

小学阶段相对好一些。小学一、二年级，学生从不识字到识字，这个效益很明显；学生从不会写文章到写文章，到会写文章，这个效益也是很明显的。但是，学生进入初中，尤其到了八、九年级之后，学生进入高中，我们的语文教学到底在干什么？让学生获得什么？因此，这里就有一个语言素养的问题。语言素养可以从很多方面来分类，我们先从最基本的思维角度来考虑。我们现在不是很提倡想象力、创新精神、创造能力吗？这些跟文学语言素养是密切相关的。

从形式上看——这个形式包括教材的，包括我们教学的主要内容，包括学生学习的重点——好像我们很关注学生的文学语言素养的培养。比如我们所读的文章，绝大部分是文学作品；学生的写作，绝大部分是以创作为主的；包括我们的中考、我们的高考，尤其是那个评分标准，基本上是以创作这个高标准来要求的。严格地说，这不是写文章，而是搞创作。看起来，我们似乎很重视学生的文学语言素养的培养，而其实不然。

为什么说其实不然呢？这是因为我们在很多状况下，用一些标准化的东西、统一的东西来教我们的学生，尽管他们读的是文学的东西，写的也似乎是文学的东西，但实际上哪里有文学可言？没有了文学性，怎么去培养学生的文学语言素养呢？

2. 思维的品质

思维品质中很关键的一种，是逻辑思维能力。这个方面，恐怕我们的教师更缺乏，或者说我们的课堂教学更缺乏。我们的课堂教学，尤其是到了初三、高三，那些所谓的试卷讲评里面，哪里有逻辑性？只是给出一个答案。我且不说这个答案对不对，就算对，光给一个答案有什么意义？学生没有自身的逻辑思考的过程。所以，我们要提高学生的语言素养，就应先从思维训练的角度出发，培养学生真正的想象力、表现力和逻辑思维能力，而不是简单的听、说、读、写的能力。

（三）文化的眼光

第三个就是文化的眼光，也就是一个人的价值尺度。现在看起来，无论是我们的教学设计，还是我们的说课，好像一开口都是三维目标。我们似乎很关注情感态度与价值观，但是我们到底应该关注怎样的情感态度与价值观？口号式的，概念式的，并不是真正的情感态度与价值观。

个人的判断力，这个当然也是语文。一个人是用语言来思维的，对一件事情的好坏、优劣、高下，应该有属于他自己的判断。现在，我们的学生几乎没有自身的价值尺度，他们的价值尺度是空的、泛的，不能够具体地对某一件事情做出评判。而这个价值尺度的形成，跟学生的文化眼光密切相关。文化眼光是跟学生的文化积淀、审美的意识、审美的情趣、审美的能力、对作品的鉴别力密切相关的。

因此我觉得，中小学语文课程的核心的价值就在于激发学生对祖国语言文字的感情，提升学生的语言素养和思维品质，培养学生的文化眼光。

二、语文的知识问题

我看到许多文章，都谈到了关于淡化知识，淡化语法，淡化文体，淡化训练等说法。尤其是"二期课改"以后，包括全国第八次课程改革之后，这些口号满天飞。这些口号飞一个阶段是可以的，但到了今天，我们恐怕得静心思考了，怎么来看待语文的知识问题。

1. 课程标准、教材、中考高考的误导，教师的误操作

事实上，我们从来没有提出过要淡化语法，淡化知识，淡化文体，淡化训练。但是，某些专家，尤其是"全国"的一些专家，包括制定全国课程标准的专家，宣讲全国课程标准的专家，在不少场合，都说了相关的意思。再加上我们现在的教材，它是以内容来组织的，这有一定的道理，有

些发达国家的母语学习也是这么来组合的，但是在这个过程中，我们是否考虑过语文知识的问题？这样，教材给我们一种假象：我们似乎对于语文知识不那么关注了。

轻视语文知识问题的成因，第一个是课程标准本身及相关解读给大家的误导；第二个是教材本身给大家的误导；第三个是上海的中考、高考造成的误解。

上海的中考、高考，在形式上给我们一个误解，那就是我们似乎已经基本取消了对基础知识的考查，全国的高考至少还单列一项基础知识，上海是没有的。这并不是说上海中考、高考中没有知识，而是从命题上来说，纯粹以知识形式出现的命题很少见，因此，也给了大家一个错误的信息：上海的中考、高考不再重视，或者不再关注语文知识的问题。

第四个是教师的误操作。尽管教师都是大学毕业的，在大学里面都比较系统地学过语言学的知识，但是，进入中学之后，由于刚才说的种种情况，教师自身对这些也不太关注了。也就是教师在备课的过程当中，是否真正考虑过知识的因素，这恐怕是存在一定问题的。而且，即使是考虑了，即使是操作了，教师实际表现出来的，恐怕也不是我们所期待的。

2. 关于课程标准及其解析

《上海市中小学语文课程标准》的描述是这样的：汉语知识的学习不求系统，而是让学生随文学习适度、有用的语言知识，重在提高语言运用能力。

（1）系统

这段话里有几个核心词，第一个——"系统"。这个"系统"指的是语言学本身的一个系统，我们的确不需要那么烦琐的一个系统，因为那是搞语言研究的专业人员研究的内容，而我们中小学的语文学习是以运用为主的，不是以研究为主的。如同吃饭，你不可能先教好他怎么吃，第一步怎么样，第二步怎么样，第三步怎么样，然后才来吃，不需要。他在吃的过程中自然而然就知道了。我们的语文学习也是这样，学生不需要那么"系统"，所以我们叫"不求系统"。

（2）随文

第二个——"随文"。这跟第一个"系统"是相关的。因为不需要那么"系统"，而重在语言运用，有的知识需要让学生知道，那就让他们学习，让他们掌握，有的知识不需要掌握，那就泛泛了解。所以不需要专门开设语言课，来讲清关于语言的问题。这个叫"随文"。

（3）适度、有用

第三个——"适度、有用"。"适度、有用"从字面上是很好理解的，那就是对学生运用语言有意义，学生可以接受，就是"适度、有用"。但这只是最简单的层面，我们所说的"适度、有用"还在于这个知识在某一阶段是以怎样的形式来呈现的。比如逻辑。

逻辑知识本身也是跟语言相关的。对于逻辑的学习，不像过去专门学形式逻辑一样，需要学概念、判断、推理等等，我们不需要那么多烦琐的概念，但这不等于说学生的逻辑知识是不需要学习的。对学生来说，逻辑知识更多的是通过语言材料，或者是语言实践的形式来学习的。这一类的语言形式接触得多了，实际上，学生的逻辑知识便已经有了，不过没有表现为概念而已。这是隐性的。那么什么时候应该显性呢？哪些知识，在哪个阶段，应该是显性的？比如词性问题、句子成分问题、复句关系问题，这些内容恐怕是在教学中需要显性考虑的。这就叫"适度、有用"。最后落实到"运用"。

（4）运用

① 语言知识

第一个概念，关于语言知识。"运用"的核心是应该动态地来学习，而不是静态地背诵一些概念的东西。所以我们现在的考试，没有完全从概念角度出发，这是对的。关键是命题者在命题的过程当中，是否清晰地考虑到了这个题目要运用哪些知识。因此，对于语言知识，你要淡化它，是不成立的，关键是你怎么去运用，这个等一下讲具体案例的时候，再说。

② 文体：语体文，文学作品

第二个概念，关于文体。文体问题在上海的"一期课改"中就有过争论，一直到今天，恐怕还没有认识清楚。中小学阶段的语文学习，到底要不要文体概念，要不要文体意识？我觉得语文教学走到今天，答案应该是比较明确了——要的。关键是怎么认识。文体是大的概念，一般可下分为两类。

第一类，就是叶老他们提出的"语体文"，也就是我们通常所说的记叙文、议论文、说明文；另一类我们统称为文学作品。这两类是有联系的，但是教学功能是不一样的。

语体文的主要功能是让学生掌握语言运用的规范，它要让口语转换为书面语，并形成规范。因此，从这样一个基本思考出发，语体文的教学应该是相对规范的，有相对统一的内容。从考试角度来说，它的答案相对客观。我们讲的记叙文、说明文、议论文，是属于这一类。当然，记叙文、说明文、议论文这三类文体都有其自身的基本规范，所以我们过去说记叙文几要素啊，议论文几要素啊，说明文几要素啊，还是成立的，不是要全部抛弃。语体文的考试答案相对简单，比较规范。从某种程度来说，对初三、高三的学生，这一类题目，都是可以得满分的。

第二类，文学作品。文学作品和语体文的功能就不一样，它重在培养学生的一种审美的能力，对学生价值尺度的形成起着至关重要的作用。因此，在文学作品阅读过程当中，没有必要把过多的语体文的相关知识放在这类文章中要求学生掌握，不要在文学作品阅读过程当中，不时出现这里论证方法是什么，那里说明方法是什么，这里表达方式是什么，不需要有这些概念。这些概念是学生自觉运用的，不是教师给学生的，所以这类课文的教学中不要反复讲这些知识，而是要引导学生运用他们在语体文学习过程当中学到的、掌握的、内化的基本知识来鉴赏文学作品。因为文学作品的功能不一样，所以很多课，尤其是文学作品的，比如小说啊、散文啊，这一类的阅读课，我们讲得太细，太死，毫无意义，而且可能因指向唯一带来消极影响。

比如一提到《我的叔叔于勒》，就一定是批判金钱至上的思想，是缺少人情味的东西。真是这样吗？恐怕不是。把记叙文阅读的那一套拿到小说阅读上来，那怎么行？从某种意义上来说，文学作品的阅读，除非大方向完全错了，明明是黑的，非说是白的，否则只要是进入这个文本的，有一定的感觉的，都可以。每个人的文化素养不一样，思想认识水平不一样，语言能力不一样，那么，表现出来的鉴赏力也不一样。在这个意义上，文学作品的某些题目没有正误，没有这是对的、那是错的，只有高下之分。

关于文学作品的阅读，也有下位文体概念，诗歌和戏剧比较特殊，在实际教学过程当中，这方面其实也是存在问题的。比如我们基本上把诗歌当散文来教：这句话是什么意思，那句话是什么意思，这里表达了什么感情，那里表达了什么感情……这不是在读诗歌，这是在读散文。

《再别康桥》，不就是当散文来教吗？这个意象怎么样，那个意象怎么样，包括我们教材下面的"思考与练习"，什么把"作别西天的云彩"改成"作别东方的朝阳"好不好。这哪里是诗歌的题目？就算是散文，把"金柳"换成什么树好不好，这样的思考与练习有什么意义啊？我们把诗歌当散文来教，甚至当记叙文来教，那么哪里有文学作品？

诗歌有它内在的规律性。比如诗的节奏问题，比如诗的韵的问题、音节问题，当然也有意象，有意境，有意蕴。尤其是读古诗，如果把它变成了现代文的东西，哪里有古诗的味道？诗歌有诗歌的个性。我们上一些朦胧诗的课，比如高中的《双桅船》，一个一个意象给它定位：风是什么，雾是什么，桨是什么，帆是什么，岸是什么……都定位了，哪里来的朦胧？

都认为它是对生活的一种追求，对爱情的一种追求了，哪里还有朦胧？又哪里有诗歌可言？诗歌有它自己独特的个性和魅力，诗歌不同于我们读到的小说、散文。

小说，我们也要知道它的个性。小说，它是表现一种理想和追求，不管这个理想追求是正理想，还是负理想。负理想虽然要批判，但它也是一种理想，表现一种理想追求。这里我说的小说指的是传统小说，意识流的、荒诞派的小说例外。传统小说总是通过一些人物形象，通过一些事件，把理想表现出来。而这些人物、事件是虚构的，也就是生活当中没有的，是小说的一种创造。

而散文不是。散文所表现的是现实生活当中的人、事、物，而这个人、事、物是带着作者的感情的。作者在文章中有他的见解，有他的感情，同时，用他的语言把它们表达出来，用他的话语方式加以表现。这就是散文和小说的不同之处。

因此，你读小说，要知道作者到底在追求什么。比如《我的叔叔于勒》，你要看到作者有大量关于"我"家生活之拮据的描写，写了许多对未见到的于勒的盼望。这种企盼跟"我"的生活环境有关。小说一开始，"我"给乞丐五个法郎，朋友说"我"给的太多了，给他那么多做什么。然后"我"讲了一段故事，就是"我"的叔叔于勒这段故事。最后，"我"说如果下次还遇到，"我"还给乞丐五个法郎。这里对"我"的父母亲寄予着大量的同情和怜悯，期望能够改变这种状况，不是简单地批判了之的。作者在小说中通过对一些人物、事件的叙述，来表达他的思考。我们读小说要知道，作者想要表达的是什么，是怎么表现出来的。

而读散文，要知道贯串始终的感情脉络是什么。这需要梳理清楚，现实生活当中我们都知道的那些人、事、物在作者眼中是怎样的，而这种个性，是用怎样的一种语言表现出来的。因此，散文的阅读，恐怕更关注语言表现形式。关于语言表现形式，等一下再说。

所以文学作品的阅读，从下位来说，也是有个性的。也许有人会提出，记叙文跟散文好像没有区别嘛。甚至有些议论文、说明文，也是很散文化的。是的，是这么回事。我们把文章分为记叙文、散文，是从教学角度出发，只是一种教学处理，不是来判断这篇文章实质是散文还是记叙文，这个谁也没法判断。我们把文章当作基本语言规范来教学，如果要处理成记叙文，那么所确定的教学内容与处理成散文所确定的教学内容是完全不一样的。

所以我觉得第二个概念，关于文体，语文教师是需要有文体意识的。就现在来说，尤其在高中阶段，恐怕更要关注文学作品的阅读，现在我们的文学作品阅读跟记叙文阅读没有区别。今后，在这一块上，是要下一点功夫的。

③ 训练

第三个概念——训练。现在提到"训练"这个词语，大家都表现得很奇怪。从发表的文章，包括最具权威的专家的发言来看，我们好像不太敢提"训练"一词，都要提倡学生的体验啊，感悟啊，自主啊，等等。这个当然有一定的道理。但是体验、感悟，与训练不构成对立关系，两者是相辅相成的。在一般的文章当中，在专家的演讲当中，好像羞提训练，害怕训练。然而在实际操作过程当中，我们又在进行着大量的训练，尤其在初三、高三阶段。所以我们恐怕要重新认识训练。

第一个方面，训练不等同于练习。练习是一种训练，但是训练不等同于练习。训练更多的是一种思维的训练。我注意到，现在很多教学过程当中，都开始实施让学生提问题、让学生讨论这样的一种教学形式。但是学生的提问也好，学生的讨论也好，最终的指向，跟练习没有多大区别，学生的提问就是教师提问，甚至是教师出的练习的再现。这个词语什么意思啊，那个词语什么意思啊，这个词换成那个词好不好，这个句子什么作用啊……就是这一类的。这是一种机械的训练。

前不久我到一个区进行教学调研，听了很多课，感觉是一致的。他们似乎把训练落得很实，但是训练的内容是没有价值的，不是真正意义的思维训练，纯粹是为概念而概念的训练。尤其是文言文教学的训练，我注意到他们的许多作业，包括学生的预习，包括学生的课后练习，都是没有价值的训练。

比如词语积累。对于高一的学生，教师就要他们梳理十个、二十个词语，然后全部罗列出来。这种训练有什么意义？这是毫无效果可言的。现代文阅读也是如此，训练都是一种静态的训练：这个句子什么意思；这个句子如果从语法分析上来看，成分是什么；复句的关系是什么……好像都有训练，但这些训练没有真正的思维容量。真正的训练要引导学生做逻辑的思考，知道语言前后的联系，这是第一个方面。

第二个方面，真正的训练要培养学生的想象力。这个想象力哪怕是有点不那么靠谱的，那也是有意义的。这个才是真正意义上的思维的训练，应该出现在教学的过程当中，不只是布置在练习当中，我们课堂教学当中教师的问题设计，也应有所体现。

比如我听了一堂课，教师上舒婷的《在那颗星子下》。教师提问："为什么作者把这个外语老师称作星子？"请学生思考这个问题，这当然不错。然而整节课的教学中，教师始终围着这样的一个问题在绕圈子：这一段课文内容说这个，那一段课文内容说那个……最后就算得出了一个结论，又怎么样呢？这个结论对学生来说有意义吗？毫无意义。我们过于追求问题的答案。其实在课堂教学过程当中，不管是教师的提问，还是教师设计的练习，或者是学生的提问，答案并不重要，答题的思路、思想的过程和运用的方法，恐怕更重要。但是我们现在的训练，太注重结果了，缺乏对学生的思维的指导，缺乏对学生的学习策略的指导，这种训练有什么意义呢？尽管我们现在不提钱梦龙先生提出的"训练为主线"，但是训练总应该是贯串我们教学的全过程的，关键是你对训练的认识。

④ 育人价值

几年之前，我们提出了"两纲"，最近又提出了学科的育人价值。我们对语文学科的育人价值的认识，恐怕存在着比较大的问题。什么叫学科的育人价值？如果完全把思想教育的那些价值概念用过来，那么什么叫学科育人呢？很多时候，在我们的课堂上，出现的情况是文章内容管文章内容讲，语言训练管语言训练做，这些完成了，就要联系，尤其是有领导来听课，尤其是教育单位的领导来听课，一定要联系一点所谓的实际问题。

我听了不少这样的课。比如教师教《我不是懦夫》，都要留出十分钟，甚至更多的时间，让学生来讨论，怎么做一个生活的强者；读《冰海沉船》，一定要学生讨论，怎么面对汶川大地震。我不是说这些内容我们都反对，不是这个概念，而是教师自己要明确这是在上语文课，不是在上班会课，也不是在组织一节活动课，既然上的是语文课，怎么做一个生活的强者，跟教学内容有什么关系呢？我没有说怎么做一个生活的强者这样的问题是不需要的，我说的是这一堂语文课不需要这样的问题。

我们对德育的理解，存在太多问题。包括我们的教学设计、我们的教案，在第三个维度——情感态度与价值观中，一定要加上一些口号式的东西，热爱祖国啊，热爱家乡啊，勇敢啊，无私啊，舍身啊，等等，一定要加上这些概念。我且不说这些概念对不对，我要问的是这些概念是情感态度与价值观吗？你说这里要让学生认识到热爱祖国、热爱家乡的意义，这就是德育了吗？这是其一。其二，教师这么讲了，学生就有了认识吗？难道他们原来不知道，现在才刚知道吗？这不是情感态度与价值观，这是思想品德的知识概念。概念是记得住的，但是培养热爱祖国的感情的问题是这堂课解决不了的。因此，我们在情感态度与价值观这个维度，定出来的这个目标，是假的。

严格地说，我们现在所谓的三个维度其实就只有一个维度，都是知识的维度。过程与方法也是一个维度，会圈、会画、会评、会做卡片，这就是所谓的过程与方法了吗？根本不是。过程与方法是要引导学生自己来学习、自己来感受、自己来体验、自己来碰壁，这才叫过程。方法是一种思想方法，不是一种概念，古人留下的所谓经验，就是方法吗？不是，这个还是知识，不过是用另外一种形式呈现知识而已。所以，我们现在所谓的三个维度，其实只有一个维度，就是知识这个维度。过程与方法也是一个知识概念，情感态度与价值观也是一个知识概念，不过这个知识概念不是语文本身的内在的知识概念，而是带有思想品德意义的，甚至带有政治意义的知识概念。那么，去获得这样的一种知识概念，是语文课应该做的事吗？

因此，我们讲"两纲"教育是对的，学科育人价值的确是要关注的，但是它的核心之核心要关注的，是语文学科在育人价值上，承担着怎样的责任、怎样的任务。比如对祖国的语言文字的感情问题，这个感情问题，怎么培养，就要从他们的态度，从他们的习惯：读的习惯，写的习惯，尤其是写字，从这些基本习惯的培养开始。这样才有感情，有了一定量的积累，有了感受之后，才能够体会我们的语言文字背后所蕴含的文化的内涵和审美的价值。这是语文学科的育人价值之所在，这才是真正教作文、教做人。

现在学生的作文是什么作文啊？根本不是真正的作文，不过是用一个现成的框架套一套。你看现在高三学生的作文，为什么平均分基本在 47、48 分，而且大部分是集中在这样一个分数段？我觉得这个打分是正确的，非常正确。正确在于学生就是这样一个水平，拉不开差距。学生作文基本是一个模式的，哪里有情感态度与价值观？哪里有所谓的育人价值？

作文首先要表达真情实感，要有自己的认识，哪怕这个认识在某一阶段是不那么正确的，也没有关系。首先要让学生诚实地把自己的想法表达出来，把自己的感受表达出来，这是一个基本点，是我的育人价值观。而我们现在教学生都是讲空话，讲套话，甚至讲假话，这哪里是育人啊？这样的作文得了再高的分也没有用。我们的作文，首先要教会学生做诚实的人，写自己的话，这才叫育人价值。

如果是像现在这样的育人价值，那么不要语文课也罢，任何课都是一样的。数学课上，讲到了一个科学家，便要大家学习科学家的某种品质，讲上一大堆，不也一样吗？所以我们必须注重语文个性化的育人价值，要知道学科本身主要承担的是什么。这是第四个概念。

⑤ 教学内容

第五个概念，关于教学内容。最近，我注意到好像有一些新的提法。当然这些提法是否正确，恐怕值得商榷，但至少跟过去不一样了。过去，我们基本上是把课文内容或者说所读的文本内容当作教学的主要内容，因此，我们的阅读教学基本上是围绕着文章内容做文章，尽管现在有些课不是依次讲第 1 段是什么意思，第 2 段是什么意思，第 3 段是什么意思，或者中心思想是什么，但是实质上基本还是如此。

初中教《秋天的怀念》，概括出的是母爱的无私、细致入微、伟大，到了高中，讲《合欢树》，提炼出的还是这几条。这些概念有什么用呢？只是围绕着文章的内容在说人物特点是什么，每一段的意思是什么，这些不能真正当作我们的教学内容。所以我说，对于现代文阅读，读懂文章，把握文章的内容不是教学的主要内容，换言之，我们的目的不只是读懂，不只是知道这篇文章讲了什么。这个恰恰是语文学科与其他学科的主要区别之一。比如数学读教材的目的就是读懂它，知道它讲了什么。语文之外的学科大多如此，是以读懂为主的。

而我们的阅读，不是以读懂为主的，而是以知道、了解、把握文章内容是以怎样的形式来表现的，这样的表现形式对感情表达、思想表达的意义是什么，这些为主的，这才是语文。所以说我们长期以来的认识，是误把课文内容当作了我们的教学内容。

最近有人提出了"要跟课文说再见"。这个提法对不对？有一定的道理。但事实上，我们跟课文是再见不了的。我们说不是以读懂为主要目的，不等于说我们可以完全不关注文章的内容。这种提法的意思就是把文章内容抛开，只要讲语言形式，那么专门开一个语言学课程就行了，像过去那样，从语音学、文字学、词汇学、语法学、修辞学这些角度来讲就是了。所以他提的有点过了，但想法是对的，就是提醒教师不要老是纠缠于文章内容。

其实应该这么说——文章是以语言为载体的，因此通过语言这个载体，来读懂内容，那是对的。但对于语文教学，尤其到了中学以后，这句话要反过来说，就是我们要知道，我们来学语言，这个学语言的载体是什么。尤其在我们现在的这种课堂教学形式下，学语言的主要载体就是一篇一篇的文章。因此一篇一篇的文章内容是我们学习语言的载体，或者叫作语言学习的载体，我们通过一个个这样的载体，来认识、感受一些语言的规律。

我觉得"二期课改"推进到今天，恐怕对这一些问题，我们都在一定阶段产生过一些困惑。在我们的实际操作过程当中，也的确存在着不少的问题。接下来谈语言素养的培养。

三、语言素养的培养

1. 用知识来解决问题

怎么来关注学生的语言素养的培养？根据刚才所提的一些认识问题，我们这么来归类：首先，还是要重视语文知识的学习，但是不能使之静态化，不能使之概念化，而是要在有了一定积累的基础上，形成一定语感之后，发现一些规律性的东西，并自觉地，或者从不自觉到自觉地运用语言知识来解决问题。所以知识学习的目的不是掌握概念，而是解决问题。

例一:《百合花开》

举一个比较简单的例子，六年级有一篇文章《百合花开》，其中有一段文字，是百合花阐述开花的理由，和要开花的决心，一共由四个复句构成:

第一句：我要开花，是因为我知道自己有美丽的花；（分号）

第二句：我要开花，是为了完成作为一株花的庄严使命；（分号）

第三句：我要开花，是由于自己喜欢以花来证明自己的存在；（还是分号）

第四句：不管有没有人欣赏，不管你们怎么看我，我都要开花！

我们说运用语言知识，首先可以从排比形式上来看：

这段话前三个分句开头都是"我要开花"。现在我们学生也喜欢用排比，但基本是在堆砌，说来说去一个意思，甚至越说越模糊。"人间如果缺少了真情，就如同水中没有了鱼，空中没有了鹰，林中没有了虎。"这个排比有什么意义？同义反复，累赘，啰唆，是堆砌。

我们来看这段话，它是层层深入的。第一句讲的，跟文章的第1段是密切相关的；第二句讲的，跟它"努力地吸收水分和阳光，深深地扎根，直直地挺着胸膛"是密切相关的；第三句讲的是贯串全文的主旨，一直到最后还是与之呼应的："满山的百合花都谨记着第一株百合的留言：我们要全心全意默默地开花，以花来证明自己的存在。"因此，这三句话是全文高度的浓缩啊！这是关于这个句子的第一个思考。

其次，要思考的是它的排列顺序。如果按照逻辑来说，第二句应该是一个核心，"完成作为一株花的庄严使命"，这个使命感不是最重要的吗？怎么"证明自己的存在"才是第三句，被认为是最重要的呢？那是因为作者在这篇文章里面是这样的一个思路，他的核心是要突出自我的价值怎么体现，不是靠别人的赞美，不是靠一下子的炫耀，而是努力着，默默地努力着，然后来表现出自我的这种价值，因此将"证明自己的存在"放在第三句。这样的一种排列顺序，跟全文的行文思路是一致的。这是从排比句的排列顺序的角度来思考。

最后，从标点符号角度来思考。第三个分句句尾的分号，恐怕是值得推敲的。当然作者是这么用的，他创作这篇文章的时候，也没有关注这里用句号更好，或者用冒号更好，也不会这么去考虑，就顺带四句并列。这个没有多大问题，我们不苛求作者。然而，我们是来学习语言规范的，既然是来学习语言规范的，那么就要从规范角度来思考了。大作家到了一定的水平，一定的境界，随便用什么，用逗号，用冒号，人家都会说没问题，也不关注。

但我们在学习语言规范的阶段，便须关注标点，细细推敲。第三句用分号，意味着最后一句和前三句构成并列关系，是这样吗？从语言形式上来说，前三句是表因果关系的复句，最后一句是表条件关系的复句，是无条件的条件复句，"不管……不管……都……"。语言形式不一致，一般来说，不构成并列。从内容上来说，前三句和最后一句，实际上是因果关系，正因为有那么多开花的理由，所以不管你们怎么来看待，"我"都要开花，前三句是最后一句的因，也可以说是基础，是产生后面决心的基础，所以从内容上来说也不构成并列。

这里没有过多地纠缠于语言的知识概念，但是恰恰是用知识来解决问题。因此，在教学过程当中，我们需要关注的，是怎么去关注语言，也就是关注怎么使学生自觉地运用知识来解决问题。

例二：《想北平》

再举个例子，高中有篇文章叫《想北平》。无论是课文后面的"思考与练习"，还是我们的教参，我们教师的实际教学，都把重点放在"说不出"上。四次用了"说不出"，为什么要说"说不出"，"说不出"的原因到底是什么……如果你都说清楚了，那么作者怎么会说不出呢？就是说不出的，你还要大家说清楚，怎么说得清楚啊？所以我们要关注的倒不是"说不出"的内容，而是"说不出"这样的一个句子形式，是在什么地方出现的，这里出现和那里出现有什么不同。

比如第 2 段结尾处："……我的每一思念中有个北平，这只有说不出而已。"第3段最后一句："可是我说不出来！"为什么第2段结尾处"只有说不出"，第3段用"可是"转折呢？因此，你必须推敲前后文之间的内在联系。

"这只有说不出"的前面说了什么呢？

> ……我所爱的北平不是枝枝节节的一些什么，而是整个儿与我的心灵相黏合的一段历史，一大块地方，多少风景名胜，从雨后什刹海的蜻蜓一直到我梦里的玉泉山的塔影，都积凑到一块，每一小的事件中有个我，我的每一思念中有个北平……

"我"与北平是这样的融为一体的，"我"是无法说它的枝枝节节的，所以"只有说不出"。只是说不出，其实都在"我"心里。而第3段很明确地说："我"不能爱上海，不能爱天津，因为"我"心中有个北平。"我"很想把它说出来啊，真想成为诗人，可是"我"不是诗人，所以"可是我说不出来"。这里不是因果关系。前面说"我"要说出来啊，后面说，不，可是"我"说不出来。这样的一种语言形式、语言知识，才是我们所要关注的。

例三：《记念刘和珍君》

又比如，讲一个比较复杂的单句，有时候需要做一些主干的提炼。以《记念刘和珍君》为例，其中有一个比较复杂的单句：

> 至于这一回在弹雨中互相救助，虽殒身不恤的事实，则更足为中国女子的勇毅，虽遭阴谋秘计，压抑至数千年，而终于没有消亡的明证了。

对这个句子做一些主干的提炼是需要的。在这个句子里，作者核心在讲什么？"这次的事实是一个明证。"这样提炼，句子简单了，但这个不叫用语法知识来解决问题，只有一个基本的语法分析的意义，只是第一步。核心在于第二步：分析句子中的这些修饰语。现在我们来推敲这些修饰语对于作者感情表达的意义。

"中国女子的勇毅""没有消亡"，在什么情况下没有消亡？"虽遭阴谋秘计，压抑至数千年"，"阴谋秘计""压抑"对于表达作者在全文当中的这种感情的意义是什么？为什么作者在文章当中感情这样跌宕？"我也早觉得有写一点东西的必要了"。前文又说："四十多个青年的血，洋溢在我的周围，使我艰于呼吸视听，那里还能有什么言语？""我"哪里说得出什么话来，不说了。到了第二部分，又说，"我正有写一点东西的必要了"，要写了。到了第四部分，"惨象，已使我目不忍视了；流言，尤使我耳不忍闻。我还有什么话可说呢？"，又说不出来了。第五部分，劈头第一句："但是，我还有要说的话。"最后，"呜呼，我说不出话"。这是怎么回事，怎么会有这样的跌宕？正因这种"阴谋秘计"，这种"压抑"，延续到今天，而且更甚。所以产生了三点意外："我已经说过：我向来是不惮以最坏的恶意来推测中国人的。但这回却很有几点出于我的意外。一是当局者竟会这样地凶残，一是流言家竟至如此下劣，一是中国的女性临难竟能如是之从容。"这三点意外的核心就在于现在情况的越来越激烈。所以："当三个女子从容地转辗于文明人所发明的枪弹的攒射中的时候，这是怎样的一个惊心动魄的伟大呵！"

这就是运用知识来思考问题，解决问题。关注学生语言素养，是需要有语言知识做基础的，但是这个语言知识，不是静态的，不是概念的，而是一种动态的，是一种感觉的、感受的、敏感的，是要跟作者所要表达的感情有机联系在一起的，是要能够唤醒学生沉睡的记忆的。这才是我们所讲的对于知识的关注，这对学生语言素养的培养，是很重要的一个方面。

2. 建立文体意识

其次，如前面所说，一定要建立文体意识。先从现代文阅读来说，你要确定你是把它当语体文来教的，还是当文学作品来教的，要分清楚。我举两个例子。

例一：《我所认识的蔡孑民先生》

第一个例子，高二教材中的《我所认识的蔡孑民先生》。我们教师在分析这篇文章的时候，有一个比较简单的操作方式——先做结构分析，把这篇文章总体上一分为二。第1段是总领性的。第2—8段，概括为春风化雨。第9段，承上启下，提出一些见解。然后，第10—22段，讲兼容并包。最后是一个小结。如果这样教的话，从记叙文的角度来说，也没有什么大的不对。文章材料的组织，的确是前面着眼于春风化雨，后面着眼于兼容并包。

但是，你从散文角度来思考的话，作者究竟想要表达怎样的一种感情呢？这种感情你是怎么读出来的呢？你是否特别注意到第23段呢？它说蔡先生的教育，有两端，一端是春风化雨，一端是兼容并包，于是教师就将文章分为两个部分，好像这一部分就讲了春风化雨，那一部分就是讲兼容并包。但要注意后面说的："依我的经验，兼容并包并不算难，春风化雨可真是太难了。"这里我们就要思考了。"可真是太难了"，第2—8段就解决了，"并不算难"，却要用第10—22段这么长的篇幅，这是作者的感情倾向吗？感情倾向在第10—22段吗？那一定是有问题了。还要继续看他说下去："春风化雨是从教育者本人的精神境界发出来的作用。没有那种精神境界，就不能发生那种作用，有了那种精神境界，就不能不发生那种作用，这是一点也不能矫揉造作，弄虚作假的。"然后讲了矫揉造作怎么样。这一段对作者感情表达起到什么作用？我们再往前推。第2—8段重点讲春风化雨一定是不错的，这种慈祥、诚恳、蔼然、仁者的气象，这种一介寒儒、书生本色、超乎事物、萧然物外的气象，那一定是不错的。但是第10—22段，只是在讲兼容并包吗？没有这种春风化雨，就能够兼容并包了吗？就能够把北大改造成一个生动活泼的战斗堡垒了吗？就能够成为新文化运动的主流了吗？

因此，我们读散文，就要从散文本身出发，了解作者倾向的重点在哪里，是用怎样的一种语言形式表现出来的，这很重要。在讲春风化雨的时候，是如何的细致入微，而真正讲兼容并包就三段，虽然有陈独秀的例子，核心是在讲蔡先生领导北大，影响全国，确立了新文化运动的主流、方向，这才是极高明而道中庸。如果你光是解决一个所谓的结构问题，材料的组织问题，那就是读记叙文。你要读散文，就要读出散文的个性，读出散文的味道。

刚才所说的《想北平》也是如此。作者为什么会产生落泪感呢？因为文章当中前后是有照应的。前面："在我想作一件讨她老人家喜欢的事情的时候，我独自微微的笑着；在我想到她的健康而不放心的时候，我欲落泪。"最后："像我这样的一个贫寒的人，或者只有在北平才能享受一点清福了。"而具体而微地写北平，是那样的安静，安适，让人感到安详，那样的自然，那样的自由。落泪感是这么产生的，这是作者感情之体现、感情之脉络，这是读散文。

例二：《简笔与繁笔》

第二个例子，来谈谈议论文。一般来说，高三阶段，议论文也可以当散文来读，单一论文还是可以当议论文来读。

比如《简笔与繁笔》，作者在这篇文章当中的主要论点到底是什么？如果按照初中教学来说，那么第 1 段的结尾句："简笔与繁笔，各得其宜，各尽其妙。"似乎就可以。然而，高中阶段来读议论文，仅仅这样来认识，是远远不够的。如果这是主要论点，那么文章到第 3 段就结束了。

第 2 段作者写《水浒传》简笔用得好，"最出色的要数'林教头风雪山神庙'，写那纷纷扬扬的漫天大雪，只一句：'那雪正下得紧。'一个'紧'字，境界全出"。第 3 段写"鲁提辖拳打镇关西"繁笔用得好，如果不见这样的描写，就缺乏了神韵。这样就结束了，加个结尾就可以了。我们学生的作文就是这样。但是读这篇议论文，还要考虑到学生的实际状况。语体文是要让学生来学习语言规范的。那么，对于高三学生来说，怎么来认识议论文的论点、论证结构与思路，是需要我们思考的。

第3段，已经讲了繁笔用得好的例子。第4段，为什么又要说鲁迅的《社戏》的繁笔？简直是啰唆到了极点，但是，这样的啰唆，把人物的心理，完全表现出来了，是出于表达的需要。所以，文章到"各得其宜，各尽其妙"没有结束，简笔与繁笔是这样，然而我们今天更要注意什么？第4段的《社戏》的例子，不只是第3段的繁笔的简单延伸，更是直接指向全文的主要论点的。

同时，第4段又自然地引出了第5段的引证："刘勰说得好：'句有可削，足见其疏；字不得减，乃知其密。'""顾炎武有云：'文章岂有繁简耶？昔人之论，谓如风行水上，自然成文，若不出于自然，而有意于繁简，则失之矣。'"这些引用，也代表了作者的一个基本观点。因此，特别要指出，不要误以为，写得多了，就一定是烦冗、是拖沓，不见得。所以结尾说："感此，提倡简练为文，重议文章繁简得失这个老题目，也许并不算得多余。"不多余在哪里，他纠正的是什么？纠正的就是误以为文字多了，就一定不好，误以为现在这种创作上长的倾向，即短篇向长篇靠，长篇写三部、四部，就是因为写得多了。所以核心观点是简练与否与文字的多少没有必然关系，而是看是否真正做到句无可削，字不得减，是否真正做到自然成文。这才是对高中学生教议论文，这样的学习，对学生自己写议论文也是有帮助的。

现代文教学要重新建立我们所讲的文体的意识。如果都是围绕着文章内容来教，那么记叙文、议论文、说明文，都一样，都是第1段讲什么，第2段讲什么，主要讲什么，但事实上并不是这样的。作者是通过怎样的一种论证思路，怎样的一种论据，怎样的一种论证形式来论证的，这才是我们需要关注的。

文言文更是误区重重。现在我们的文言文教学存在两种状况。一种状况是把文言文当古汉语来教。一篇文章要梳理若干实词，十个、八个虚词，三个、五个句式，若干词法。还有一种，脱离了文言的个性，把它当现代文来教，空泛地分析。这两种都是没有意义的。这样的教法不可能提高学生的语言素养。

文言文教学应该是一个整体的教学，它应该是文字的、文章的、文脉的、文学的、文化的相关学习，它是一个整体。教师要在这样的一个文言语境当中培养学生的语感。但最近的很多课，教师是把文言文先翻译好了，不管是学生翻译的，还是教师翻译的，都是先翻译好，然后来分析。比如我最近听一位教师讲《师说》。第一堂课，字词梳理，句式梳理。第二堂课，结构分析。第三堂课，思想分析，内容分析，意义分析。而意义分析，内容是建立在翻译好的基础上，文言文一旦翻译好了，分析还有意义吗？那就变成在上一篇很差的现代文——你翻译出来的一定是比较差的了，哪里还有文言文？教师是在分析一篇很差的现代文，这种分析还有什么意义呢？文言文是要学生融进去的，要在语境当中去感受。我们讲的文学，我们讲的文化眼光，也是通过这些具体的语言来体会、来感受的。

因此，现在的文言文教学，相对现代文教学，总算还看得见一点成效，至少学生从读不懂到读得懂了。但是从我们文言文教学的目的来说，根本没达到。我就从功利的角度来说，从学生的考试来说，教师的这种梳理，有用吗？是毫无用处、毫无意义的。所以我强调一定要建立文体的意识。

四、学习策略的指导

再来谈谈学习策略的指导。我们现在很多语文课，不能说一点都不关注语言，有的似乎还很关注。教师在课堂上不断地问学生，这个词换成那个词好不好，这个句子换成那个句子好不好。但这种概念化的辨析，是产生不了语感的。还有一种就是演绎式的，先定位，这篇文章主要讲什么，作者的感情是什么，这里人物的特点是什么，然后到文中去找有关的句子。通过这种演绎式的指导，学生也得不到什么，永远得不到。事实上，重要的是让学生进入课文中去，让学生知道怎么来思考，怎么来关注文章前后的联系。

例一：《胡同文化》

比如《胡同文化》第 6 段，第一个句子，"胡同文化是一种封闭的文化"。从理论上来说，我们从文章分析，第 6、7、8、9 段都在讲胡同文化是一种封闭的文化，但是，他为什么把这句话放在第 6 段的开头，而不是单独成段？关键不是得出一个结论，而是要让学生去思考，第 6、7、8、9 四段内在的联系是什么？第 6 段跟前面的联系是什么？关键是思考，结论并不重要。比如它跟第 4 段的内在联系——

> 胡同是贯通大街的网络。它距离闹市很近，打个酱油，约二斤鸡蛋什么的，很方便，但又似很远。这里没有车水马龙，总是安安静静的。偶尔有剃头挑子的"唤头"（像一个大镊子，用铁棒从当中擦过，便发出嗡的一声）、磨剪子磨刀的"惊闺"（十几个铁片穿成一串，摇动作声）、算命的盲人（现在早没有了）吹的短笛的声音。这些声音不但不显得喧闹，倒显得胡同里更加安静了。

第 6 段的封闭，跟这里的安静，跟这里的远，是什么关系？而这种安静，这种远，与他们的安土重迁是密不可分的。这种大白菜文化也好，盒子文化也好，"各人自扫门前雪，休管他人瓦上霜"也好，这种冷眼看事情的行为和心态也好，爱瞧热闹，不爱管闲事，跟安土重迁是密切相关的。"胡同文化是一种封闭的文化"，首先是第 6 段所讲的安土重迁造成的，而第 6 段的安土重迁跟前面的很近、很远、安静又是有内在联系的。这是引导学生去思考，不是给他们结论。

而现在我们的教学，太关注结论了。尤其是高三阶段、初三阶段的复习，因为教师不放心，所以拼命要多给学生一些结论性的东西，这样学生是没有自己的体验的。他们没有真正沉浸到文本中去，只是关注一个答案，是得不到多少东西的。

学生从小学到高中，现代文阅读，至少读过 1 000 篇吧，但是，高考、中考，做到第 1 001 篇，学生做不出了。且不说做不出，就算做出来，自己也不知道对不对。这是为什么？就是我们太注重"这一篇"。我们太急于把所谓的正确的东西传授给学生。我绝不反对教师一讲到底，但是我反对每堂课都一讲到底，我反对所谓"教师的一讲到底"，就是把教参中课文第 1 段讲什么，第 2 段讲什么，讲给学生听。即使要一讲到底，教师也要告诉学生：我这种感觉是怎么来的，我这种结论是怎么得出的。教师要告诉学生的不是结论，而是过程，是自己的一种体验的、探究的过程。

因此，指导学生习得这种学习策略，依托于教师的阅读策略。教师没有敏锐的语感，是难以指导学生的。讲答案是非常方便的事，但是，就算你答案都是正确的，你讲给学生听，也是没有用的。所以教师一定要在推敲文章上，在细读文本上下功夫。一句简单的句子里面，也许蕴含着许多的信息量。

比如《项链》劈头第一句，"她也是一个美丽动人的姑娘"，这个"也"字从什么地方来的？表达了作者怎样的一种感情？由这个"也"字，恐怕就不能简单地给作者的感情倾向定论，说他批判马蒂尔德的虚荣心，这就不只是一个批判问题了。这就是教师自己怎么读文本。在读的过程当中关注什么，这很重要。

例二：《马来的雨》

比如《马来的雨》，教参一看，首尾呼应，对不对？对的。那么你跟学生讲首尾呼应，学生有体验吗？概念地说首尾呼应，也没有大错，但是这里的首尾呼应，跟一般文章的首尾呼应，恐怕不完全是一回事，这里的首尾呼应暗含着什么？

第1段点出："马来西亚的魅力，应在雨季。"然后讲雨季的魅力怎么表现的："满地水灵灵的绿，遍海湿漉漉的岛，隐约的履痕，迷蒙的帆影……"这是还在上海的"我"，用对江南雨的思维模式自然联想起的意象。再讲登上马来半岛怎么样，用对比来表现马来雨的风情。这里的首尾呼应暗含着对比的因素，是基于全文对比的一个概括性的东西。因此，"在雨季"，确实是对第一句的部分的肯定，果然在雨季，然而对其魅力的感受是全然不一样的。

马来的雨，它不是那种缠绵的、飘洒的、温柔的，而是爽爽快快的、干脆利落的、海天一体的、波澜壮阔的。是只有生活在那样一个不那么好的环境当中的人才能感受到的，是要在高脚楼上听到的，在街上淋到的，这不是暗含着对前面魅力的认识的一种否定吗？于是就要理解作者为什么要这么来构思，为什么要这么来表现，为什么要突出高脚楼的雨，突出街上淋的雨。这是教师读文本的感受。教学，首先在于教师。当然，教师读出的东西，不是简单地传递给学生，而是要让学生知道自己的阅读过程，然后引导学生进去，让他们自己来体验。因此，我们不断强调，让学生沉浸，让学生建立一种整体感。

现在我们的语文课堂似乎也沉浸了，学生也在读，好像也在讲整体感。但一篇文章主要讲什么，主要表达的感情是什么，这不是整体感。整体感是由一种对语言的敏感而产生的，是一种难以直接用言语表达出来的，然而在心中隐隐约约能感受到的。当你清晰地说这个母亲是这样的伟大、这样的无私的时候，就没有整体感了。哪里有什么整体感啊，如同我刚才所说的，"好，不再说了吧；要落泪了"，要回答这个落泪感是怎么来的，不只是从文章内容上下手，还要看它语言的内在的一种联系，它是怎么联系起来的，这个叫整体感。

语言的内在的联系，学生一下子是说不出来的，说不出来是好事，什么都表达清楚他们就什么都学不到了。就让他们从说不出来，到慢慢地能够说出来，当然有些仍然是说不出来的，包括我们也说不出来，包括再具权威的专家也说不出来。说不出来的东西，无须说。这时候的不说，也许就在培养学生的语言素养。总之，我们在教学的过程当中，怎么去指导学生习得学习策略，怎么帮他们建立一种整体感，怎么去培养他们的逻辑思维的能力，怎么去丰富他们的想象力，是我们重点要考虑的。

（整理者：民办打一外国语小学　周逸倩）

如何上好现代文阅读课

（2016 年 5 月 18 日）

现代文阅读的任务，是要让学生不断地去感受、去体验表现文章内容的语言形式，以及这个语言形式背后隐含的情感、思想及与之相关的文化内涵。

"如何上好一堂语文课"这个题目比较大，涉及的因素很多。今天我先谈如何上好现代文阅读课。说起现代文阅读课，它的容易点在于谁都会讲，哪怕不是语文教师，只要读得懂就能讲；可它的困难点也在于此。既然都读得懂，那么要教什么？因此，今天谈如何上好一堂现代文阅读课，我们首先要思考：在初中阶段，四个年级一共要读几百篇现代文，读那么多文章的目的是什么？想解决什么问题？

长期以来，包括我自己在内（我过去在复旦附中、后来在青浦教书），我们往往误把课文内容当作主要的教学内容，因而认为教师的主要任务就是让学生读懂一篇篇文章。这样的做法姑且不说对不对，先看结果。结果是学生读了几百篇文章，甚至到高中后有上千篇文章的积累，但当他们中考、高考面对这几百、上千篇以外的文章时，考试情况如何？我想我们都明白，且不说学生能不能就此把题目做对；即使题目做对了，学生自己心里也不知道究竟是做对了还是做错了，也就是心中没有一杆秤，没有确定的标准。我们教了那么多年的阅读，让学生读了那么多的现代文，结果学生却什么也不知道。由这个现实来看，我们不断地让学生读懂一篇一篇文章的内容，意义是不大的，甚至可以说是没有多大的意义。因此，现代文阅读的任务一定不是以读懂文章为主，而是要让学生不断地去感受、去体验表现文章内容的语言形式。读文章的语言形式，以及这个语言形式背后隐含的作者的情感、思想及与之相关的文化内涵，当然还包括审美的价值、思维的意义等等，这是我们教一篇篇现代文的主要意义。

一、引导学生去关注语言形式

现在教育部在不断地阐释当今的语文课程的理念。比如：小学阶段，通过阅读或其他方式，实现语言积累与习惯养成。小学语文课程的核心是语言积累和习惯养成。这里的语言积累不只是指语言材料的积累。语言材料（比如相关的语言知识、要背诵的篇目语段）的积累是需要的，但是语言积累的目的是形成语感，也就是不断地培养和激发学生对语言的敏感性。而与之相关的习惯养成，其核心也不只是读书要认认真真，不动笔墨不看书之类，而是要养成探究的、思考的习惯。

初中阶段，教育部所提的口号叫"以读为主线，以写为出发点"。这句话按我们现在的理解，就是要阅读，但读的主要目的不是读懂一篇一篇的文本，而是"以写为出发点"，将"读"转换成学生的表达。要实现将"读"转换成学生的表达，前提是要先读出作者的表达。而作者的表达实际上就涉及他所使用的语言形式以及与之相关的思想情感的表达。因此，我们教学生读一篇篇文章时必须考虑到"写"，要把语言的表达形式放到重要位置。不再是"我读过、说过、笑过，就结束了"，而是在经历完这个过程之后，还要"转换过"，要从读转换为写。这种说法同时也厘清了一个概念，我们所说的"读写结合"其实不应该叫结合，读与写两方面组合在一起才叫读写结合，而我们所说的是读本身就包含着写的因素。因此，如果我们的语文课没有动笔，那么我说这不是一堂好的语文课。

高中阶段，现在讲求四个核心概念，也就是对"语文能力"的培养。第一个核心概念叫语言的建构。也就是要重新建构语言，而不是把过去获得的知识、获得的语言材料拿来用一下就可以了。第二个核心概念叫审美与鉴赏。这个无须多说，尤其是对于文学作品。但我要说的是，我们经常说语言运用的规范（也就是"规范语言"），却往往忽视了还应该讲"文学语言"。规范语言讲求的是共性，比如读记叙文、读议论文、读实用类文体……是以学习语言运用规范为主的。但是只学规范语言是不够的，还必须学文学语言。文学语言讲求的是个性。什么叫文学语言？文学语言是基于规范的、富有作者个性的语言的变换形式。文学语言代表了这个国家的文化，是一个国家的文化的、语言的最高级形式。我们一方面要让学生学习语言的规范，另一方面还要让他们形成属于自己的语言的个性。因此，现在谈审美与鉴赏，就不单是会一些审美鉴赏的术语，而是应当包含着学生自己独特的体验、独特的见解。我们以前一直说批判性思维，批判性思维的核心就是个性，是自己的认识、自己的见解。我可以赞同你，我也可以反对你。不只是我反对你叫批判，我赞同你同样也是批判，因为两者都经过了自己的独立思考。第三个核心概念就是思维。这个思维当然是以逻辑思维为主的，但是更宽泛。比如强调抽象思维，比如这个逻辑不仅是叙事逻辑，也包含着形式逻辑，等等。第四个核心概念叫文化修养。

这四个核心概念尽管是在高中阶段最终完成的，但并不是说以高一为起点，而是在初中阶段就应当开始考虑，从小学阶段就要开始渗透。只有具备这种意识，到了高中才能够形成这样的四种核心能力。落实到具体的学段——初中阶段，现代文阅读教学的核心问题，就是如何引导学生去关注语言形式。

二、读一篇篇现代文，要学会类化

比如我今天教《背影》，就把这篇文章定位在记叙文，尽管里面也会渗透一点散文的内涵，但我主要把它当记叙文来教。叶圣陶老先生对实用类文体有过界定，他又称这类文章为语体文。所谓实用，就是带有比较明显的功利目的的、读了以后要能够及时地转变为自身的表达的。因此，读实用类文体文章，一定要充分考虑到学生的这种转换。而要做到这一点，前提就是教师首先要会类化。曹刚老师最近几年一再强调类化，尤其是叙事类文本阅读过程当中的类化。就是说按规范的、最基本的要求，对于叙事类文本到底怎么来读？到底要解决多少问题？比如我在课上列出来的：事情、背景、情感。叙事类文本要讲说了什么事情，我们过去讲事情，就再进一步转换成几个要素。

对于很多文本，尤其是小说类文本，要关注事情的背景。背景不仅仅是交代时间、地点，而且还与这个事情的发展趋向，以及作者所要表达的情感、主旨密不可分。尤其是像《背影》这样的文章。恐怕你必须理解作者为什么要用那么多的篇幅来写背景，否则完全可以简单交代一下就带过了：那年冬天祖母去世了，"我"和父亲一起回去奔丧，第二天他送"我"上火车。然而作者朱自清却不厌其烦地写家中的这个状况、那个状况，这些就是我们要探究的背景。同样的，《二十年后》也是一篇应当关注背景的文章，尽管看起来无非这个故事发生在纽约的一个风雨交加的夜晚，然而我们所要关注的是这个故事背后的、也就是二十年来发生的故事。其中一个背景是社会背景——西部开发，社会动荡，人要生存必须激变。另一个背景当然是人心背景——因为鲍勃和杰米性格是不一样的，一个好静，一个好动，所以一个能够安分守己地在纽约过，一个喜欢到西部去过那种惶惶不可终日的生活。在很多状况下，背景真的很重要。再比如六年级的《百合花开》。这个故事发生的背景是什么？怎么来考虑这个背景？一是自然背景：偏僻的山谷，高达数百尺的断崖，断崖边的这样一株小草；二是社会环境：有杂草的嘲讽，有蜂蝶的打击……正是在这样的自然环境、社会环境下，而有百合的不屈不挠，努力地开花，最后改变生命。这一类带有叙事要素的文章，无论体裁是小说、散文，抑或是寓言，都是有共性的。

所以，我的第二个观点就是：我们要学会类化。要让学生不断地去感受这个共性，而这个共性在每个故事的交代过程当中又有所区别。所以我们既要类化，同时又要带有个性。也就是说在教一类文本的时候，大的方面要予以指导，然后落实到具体的文本内容时，要细化。

三、学生懂的都不讲，学生不懂的多下功夫

"学生懂的不讲，学生有点懂的少讲，学生不懂的多讲。"这个理念不单是语文学科的理念，是所有学科都适用的。然而，虽然人人都这么讲，却未必都这么做。这个恐怕不只是语文，还包括数学等其他学科，都是学生懂的内容仍在不断地讲，学生不懂的不讲。比如数学中学生最不懂的是读的问题。尽管学生刷了 1 000 道题，也许某一类题他基本全搞懂了，做起题来可以不假思索，可以得高分。然而这对于他数学思想的发展、对他数学能力的发展又有多大意义呢？因此，教师必须教会学生读。比如我在复旦附中的时候，我们语文老师经常去听数学课，当然数学老师也来听语文课。我们佩服数学老师，首先就佩服他们对读的细心指导。一堂课一开始绝不是做题，而是先让学生告诉老师读了没有，读了之后再告诉老师自己读出了什么？教材有时候表述得不清晰，一读马上就能发觉，有时候会增加两个字，有时候会减少两个字，有时候会调换一些字，将这些发现写在黑板上，看看和原来有什么不同；然后按照学生的说法来演绎一道题，再与原来的例题对比。这个过程就是在不断地指导学生读，不断地提高学生的思维能力。

我们来看今天这篇文章——《背影》，从这个故事本身来说，学生基

本上没有读不懂的，甚至放到小学五年级，学生也能读懂。那么再拼命解析内容就没有多大意义了。可以就内容做一次训练，例如概括这个故事，写下来。这样同时训练了语言表达，没有问题。但是用一节课的时间翻来覆去地分析原文：作者对父亲的感情怎么样？主旨上怎么样？怎么忏悔？……分析这些学生确实都能读出来的内容，就有待商榷了。

那么，既围绕着类化的形式，又充分考虑到学生可能的不懂，核心就在于要设计来让学生从不懂的或容易忽视的方面得到一些点拨，或是让他们得到一点发展。就这堂课而言，从学生所提的那么多问题来看，学生读懂了，而且读得还比较深。因此，让学生知道怎么把这些问题组合起来，进而知道像这样一篇文章自己能够读出什么新的东西，这恐怕是重要的。我们现在上课都要基于课程标准，可更重要的是要基于学生的实际。从教学的角度来说，要让学生从不懂到懂，而不是纠结于是否超纲。课上出现的难一点的问题，也许学生目前解决不了，没关系，我们所求的不是要得出一个结论，而是要让学生知道怎么去思考，读文章应该怎么读。如果让我来命题考《背影》，那考的总归是最基本的东西。但在读的过程中，却一定要有一些能够开拓学生思路的东西。

从这堂课学生所提的问题来看，基本的东西他们已经懂了，也思考过了，那么学生可能不懂的在哪里？他们不懂的恰恰是内容与内容之间的联系，作者情感中显性的、隐性的部分是怎么融合起来的？这个才是核心。显性的谁都知道：对父亲的怀念、自责……那么隐性的东西在哪里呢？学生是否读得出呢？我们就是要不断地去探讨作者隐含在字里行间的这种"看不见的"情感。学生还不具备这种思维方式，具备之后他们就能"看见"。比如作者过去对背影的漠然。文章其实处处表述着过去的漠然，以及对过去漠然的一种再思考。所以开头有"我与父亲不相见已二年余了"，这是怎样的带有浓厚情感的一个句子啊！"我最不能忘记的是他的背影"，这句话粗看很平常，然而如果和后面的内容联系起来就能知道：这个"二年余"是什么意思，"最不能忘记"又是什么意思。"我"能在泪光中不断地去看见那肥胖的穿着青布棉袄黑布马褂的背影，因此才有这样的感叹："唉！我不知何时再能与他相见！"平时就要进行这样的思维训练，让学生通过他们的已知、通过他们发现的问题，重新组合后再思考，必须让他们有一个思维训练的过程。唯有这样，学生才会产生深层次的、真正意义上的兴趣。这种兴趣恰恰在于对期待感的满足，在于学生自己跨越障碍的新奇感，在于他们自觉地调整阅读动机的心理。有很多调查说，学生不喜欢语文课。为什么会这样？从内容上来说，当然是语文最让人感兴趣，很多内容都是有情节的、能够打动人的，然而学完之后学生就没兴趣了。因为数理化的东西不断带给学生这样的一种期待、这样的一种障碍、这样的一种动机转换，而我们语文这方面给得太少。因此，一堂好的语文课，一定是老老实实地如无数人说过的那样：学生懂的都不讲，学生不懂的多下功夫。

四、语文课应始终贯串着思维的训练

语文课真的要如钱梦龙先生所说的那样：要不断地进行思维的训练，而不是一种简单的练习。如果是我教自己的班级，我一定每天让他们练习，进行书面的训练。哪怕是我这个老师提一个问题，学生无须给我结论，但这个问题本身他们必须记下来，然后告诉我他们是怎么思考的。这整个过程就是对思维的训练，并且这个训练同时还包含着问题意识的配合。教师应该不断地以教师的问题来引发、指导学生的问题。不要总是单纯地问学生："这句话什么意思，那句话什么意思？为什么这么说，为什么那么说？"而要让学生汲取教师的问题，从而引导他们进取；用教师的问题来引发学生的问题，培养他们的问题意识。

再者，要以教师对问题的处理，也就是或概括或分解或组合的这些教师处理问题的方法，来引发学生探寻思考问题、解决问题的方法与途径。

重要的不是结论本身，而是怎么来解决某个问题。

最后，以教师有意识的对问题的留存，来引发学生进一步探究的兴趣。这种留存的形式可以是作业，课后作业不一定要包含大量的练习，但一定要拓展学生的思考。为完成这些留存的问题所进行的思考，就是学习。教师要不断地培养学生的问题意识，并且尤其要注重在这个过程中教会学生探索问题、思考问题、解决问题的方法和途径，让他们有联系的意识、有整体感的建立等等。

我今天从这最基本的四点来说现代文阅读。我想，能够达成这些基本思想，就算是上好了一堂现代文阅读课吧。

（整理者：上海市虹桥中学　赵成亮）

谈谈文学作品的阅读

（2018年5月17日）

　　记叙文阅读和小说阅读的区别是什么？从关注的基本内容来说，二者是相近的。我们读记叙文，关注的是四要素或者六要素，以及文章的中心。读小说，关注的是发生、发展、高潮、结局，以及人物、背景、情节、主题等等。读小说是把它当文学作品来读的，而读记叙文是把它当作带有功利目的的实用性文本，学会了可以在生活中派上用场。这其实是叶老他们早就说过的。大家读记叙文、说明文、议论文主要是带有功利目的的，这个目的，就是生活中有用。

　　读记叙类文章，我们是学习语言运用的共性，或者叫基本规范。当我们读记叙文的时候，我们更关注它的语言规范、基本形式，这叫功利的使用目的。那么文学作品的阅读目的是什么呢？首先是感受文学语言，在感受文学语言的同时，提升审美的意识、审美的情趣、审美的能力。其次是把这种审美的能力与思维尤其是形象思维联系在一起。因此，我们读文学作品，是要学习语言运用的个性，要体验的是它特殊的魅力。因为文学语言就是那种基于规范的、富有个性的语言的变换形式。作者通过个性的语言的变换，让我们感受到文学形象，领悟到文学形象背后的思想、情感、文化，以及其独特的审美价值。因此，我们读小说类文学作品，除了关注其与记叙文的共性之外，我们特别要关注小说的个性化的东西。文学阅读同样是有任务的，然而我们在读小说作品的时候，不是简单地抽象人物的特点，不是要对某个人物有一个特别的感受，而是要有一个整体的路径感受。比如在人物关系比较多的前提下，要梳理人物之间的关系，并且要知道人物关系对主要人物的命运走向的影响。要能感受到人物的命运或者人物的阶段性的结果，人物的发展轨迹是什么，影响轨迹的因素有哪些，读者怎样从这样的因素中去发现一点东西，并且理解一些东西，这是我们读小说，也是读记叙文所要注意的。尽管从表述来说，今天我们主要关注的是人物的行为语言或语言和行为。但是，仅仅关注人物的语言和行为，读记叙文也是如此。因此，在阅读小说时，我们不能只是关注通过人物的行为语言显现出来的东西，更要留意隐藏在背后的东西，而背后的东西需要自己去体验。

那么就有一个梳理，有一种推断，又有一种揣测，并在再读的过程中不断得到印证，从而转化为读者的一种认识，并由这种认识激发内心的情感，这叫读小说作品。所以，今天所讲的尽管不是把情节放到重要的位置，但是要做出这样一个推断，就脱离不开这样一个背景，才能把人物内在的心理外显化。我觉得这是一条路线，就是我们怎么借助思维的工具来实现我们对文学作品的那样一种体验。今天所讲的作品是简单的，以后如果作品复杂起来，那么这个就不是单一的心理梳理，也不是单一的情节梳理，恐怕要加上时间的、发展背景的、人物之间关系的梳理。今天这个作品的形式比较简单，要对一个人物的行为，以及这个人物的思想做出推断，我们可以借助工具，这些工具的应用很重要。不过我们在应用思维工具的过程中，恐怕要考虑到概念本身的内在的逻辑关系。既然说到逻辑思维，那么我们的概念就要经得起逻辑推理。

我们来看《汤姆·索亚历险记》中本的心理发展，他用的是表现心理状态的一些词。比如从"嘲笑"开始，是初始阶段，严格说起来，"嘲笑"是一种行为，"怀疑"是一种行为。"请求"和"渴望"应该组合在一起，"渴望"是内在的，其外在形式是"请求"，而他还有最后的心理，当本"汗流浃背"时是"满足"感。"我"终于获得这次机会，"我"终于可以体验到汤姆体验过的一种欢乐。因此，我们在解读时，要么不碰到概念，一碰到概念，就要关注到概念本身的逻辑。这对学生今后的思维发展是一种潜移默化的影响。同理，在梳理汤姆的心理或行为的时候，要认识到他的思路是从设计开始，第二步叫解决，进而是第三步。在他的初始想法得以实现的时候，他是有他的领悟的，如愿了当然表现出兴奋，兴奋之后他出现了过失的行为。因此，这部分的核心内容，其实是要表现汤姆与其他一般小朋友的不同之处，他善于思考，善于总结。所以他在生活当中一定有许许多多要领悟的东西。

因此，在指导学生阅读时，能给他们一些支架，比如能借助这样的一种思维导图是很好的。但是，当应用一个工具的时候，就要发挥这个工具的作用，要注意到它的合理性、逻辑性，这对学生来说是个问题。而且指导学生读此类作品，读到这里没有结束。因为我们读小说，有一个很重要的关注点，就叫时间。还有，就是要注意到变化，变化跟作者要表达的是什么关系，跟作者要表现的汤姆又是什么关系。这个也就是说在显性感受的过程中，不要忽略对隐性行为的关注。其实许许多多小说作品中人物的动作的、神态的、语言的细节都很清楚，我们都能抓得到。

在文学作品的阅读教学中，容易被忽略的，就是我们要加强关注的。我们现在讲学科核心素养，它的基础是语言，核心是思维的发展与提升。从语言角度来说基础是语言建构，核心是思维发展。语言建构要有一定的积累量，这样才能形成一个相对稳定的知识结构。小学和初中还不一样：小学以语言积累为主，包括语言材料积累、语感经验积累；初中以语言理解为主，语言理解当然也与语感积累紧密结合在一起。

语言理解包括重要信息的提取整合，对语言现象的阐释，对特定语言环境的感受。因此，在语言理解当中我已经提出了读写结合的问题。什么叫结合？首先要关注形式。就是我们的阅读课不能你说我说大家来说，必须有动笔的过程。只是讨论来讨论去，结果是学生的收获不会很大，即使瞬间有收获，很快也就没了。这也如同我们自己的学习。我们有很多很多的理论，许多许多的讨论，不把它们转换为自己的思考、自己的文字，那么，过了一个阶段就忘了。因此，我们的语文课不能只追求你说我说大家说的热闹，而是要有实实在在的读写转换的训练。比如今天这堂课，从内容上说，不管让学生关注细节、语言、行为还是最后得出的结论，他们基本能懂，学生只是不知道需要去关注哪些东西，但是光知道关注哪些东西还不够，还要把他们关注到的变成他们的语言实践。

实际上六七年前已经提出这样一个观念："充分关注表达"。"关注表达"的第一个意思是，包含课本在内的阅读，不要只关注内容，还要关注表现内容的语言形式。"关注表达"的第二个意思是，不要一味地读啊读啊，朗读当然重要，但必须跟语言实践相结合，这在语言积累的过程当中，是要强化的。比如就今天课堂教学的内容来说，就可以形成一种语言转换。读的过程中，通过语言来推断人物的心理；学生读完，通过这个思维导图，内容基本上理解了，过程也理解了；那么怎么让学生体验认知呢？那就转换，可以把描写的东西转换为其他的，再由第三人称转换为第一人称。当然，那么多的内容转换有一定难度，因此可以截取其中的一段，学生有了这个体验，不仅是对这里的人物有了更深入的理解，而且对怎么来表达也有了自己的体悟。什么是读和写，怎样做到有机结合，恐怕是我们课堂教学要思考的内容。

从现在的小学来看，这种意识已经开始形成。我举个最简单的例子，比如有篇课文《赤壁之战》，第 1 段和第 2 段主要是讲什么？是说曹操过江必须坐船，曹操就叫人把船头和船尾……但是从我们语感经验的积累来说，你要注意到使第 1、第 2 段之间更加紧密的话语。对第 2 段可以做怎样的调整，才能跟第 1 段建立密切关系。比如可以用"如果、就、但是、所以"这种词，如果要在第 2 段就必须坐船渡过去，就可以说："但是曹操……所以曹操……"这就是语感经验的积累，其实也是语言理解。就是我们在教学的过程中怎样关注到对学生语言敏感性的培养，对学生语言思维的培养。因此，我们在读文学作品的过程中，怎么考虑到语言的理解与思维的发展，恐怕是接下来要好好思考的问题。对整本书阅读初始阶段，社会上是有许多不同的声音的，包括我们这些教研员，也包括我们有经验的甚至有话语权的老师，认为整本书进入课程、作为课外阅读有问题。但是，从我们今天的实际的体验来说恐怕不是这回事。我们来理解整本书阅读，首先要改变一个观念，即它不是课外阅读。刚才老师来介绍经验的时候讲到从课内到课外，自己就可以课外阅读，但是当我们进入教材中的整本书阅读的时候，这恐怕就不适合。整本书阅读是教材内容的一个板块，是作为课堂学习的内容的，那么我们思考的方式与操作的方式恐怕是要有一定的变化的。

必须充分考虑课内课文学习与整本书阅读的关系。这个不是简单地由课内延伸到课外，不是把课外讲的放到课内阅读当中去，而是要理解清楚，课文阅读与整本书阅读之间的内在关系是什么。如果讲得抽象一点，它们是学与习的关系，课文的阅读是以学得为主，整本书的阅读是以习得为主。什么叫学？学得就是在教师的指导下进行的，因此课文的阅读要有相关的知识、方法、练习、训练等等，这叫学。什么叫习？习得就是学生在语言实践过程当中的获得，因此一般来说，整本书的阅读教师无须给学生过多的，如同课文学习那样的概念，也没有必要让他们抄写过多的所谓的好词佳句，这价值不大，如果一定要他们写点什么的话，就让他们把有感受的东西讲出来。这是课文的阅读跟整本书阅读的第一个不同点。

第二个不同点就是刚才已说过的，课文的学习更加关注语言的运用的基本规范，并在学这个基本的规范的同时去感受文学语言，这是文本阅读，当然这个过程当中也一定有习惯的培养等等。而整本书的阅读，核心是怎么去唤醒记忆，调用积累，由不自觉到自觉，应用知识来思考问题、来解决问题。换言之，我们要把课堂上获得的那些描述性知识，比如这里用了修饰词，表达效果有几种，等等，转换为阐释性知识，让学生在阅读过程中能够应用这样的一种修辞的知识来表达。

整本书的阅读，重要的是阅读方法。我觉得这才是整本书阅读的核心。那么从方法的角度来说，可以分为哪些方面呢？我提出，怎么从阐释性阅读，到问题性阅读，再往下转换为赏析性、评价性阅读，怎么再转换为移情性阅读。这是大概的意思，不是具体的方式，其实是一种思想方法或者是一种思维的形式。

从内容上说，好的小说作品一般是在演示着人物命运的发展方向，通过人物命运的发展方向，让读者感受社会，感受生活，领悟主题，获得审美体验。因此，有力量的作品往往以悲剧的形式来呈现。

那么读整本书，哪怕这个人物只写了一段，这一段里面就有人物的命运走向，因此，从阅读的方法来说，对人物的命运轨迹，也就是促使人物变化的主要的原因是什么，其他原因是什么，是需要梳理的。又比如梳理人物之间的关系是要知道作品的主要人物是处于怎样的地位，主要人物和次要人物之间是什么关系，次要人物对主要人物的命运走向有着怎样的作用。

有时候，小说中既有个体命运的走向又有群体命运的走向，比如，曹文轩的两本书《草房子》和《青铜葵花》就是这样。因此，首先要知道我讲人物关系的梳理，是主要人物与和他发生联系的众多次要人物，用怎样一种导图的形式把这些展示出来，表现出来。而这个著作的人物之间，跟情节的发展轨迹，跟人物所处的环境又是一个什么关系，要把这些内容说清楚了才行。这才叫梳理，而不是简单的情节梳理。然后阐述事实，梳理出相关内容，提炼出内在的结构联系。

分析作者为什么要表达，为什么形成这样一个结构体系。比如，《草房子》不是严格地按照时间顺序写出来的，当中有跳跃、有错位，作者为什么用这样的一种形式。又比如，《童年》也有众多的人物关系，但是作者有意无意地把人物分为两大类，两大类同时影响着童年的"我"，在这样的一种交替的影响下，"我"跨过了童年时代。这两类人物，实际上就是该作品当中的一个标题，叫"两个上帝"：一个上帝代表仁慈，代表上帝的爱心，让童年的"我"感受到温暖；另一个上帝代表着对罪恶的惩罚，这类带着罪恶的人就构成了"我"童年的痛苦、童年的挫折。那么他为什么要设计两个上帝、两类人物？为什么从父亲的死开始写起，以母亲的死作为结局？这个叫阐释性阅读。

什么叫问题式阅读？刚才的梳理形式也好，阐释也好，实际上是在教师点拨下，教师有意识地提供问题，甚至教师有意识地设置问题，供学生思考的。这时候，教师的指导是你怎么来产生问题。问题的产生必须与你的阐释、梳理有联系。因此，我们不是直接对学生提问题，学生在读的过程当中必须提出问题，而问题是源于学生的认知的，他们自身的认知就是已有经验。在新的语言环境当中，随着情节推进，学生对人物是会起感情变化的。前几节的内容只是慢慢地在了解那里的风情啊，房屋建筑啊，只是逐步了解到了人物的生活环境，没有进入情节当中去。前几段作者用的是全知视角，相当于第三人称，而真正进入"我"的家庭就转换为第一人称，转换为有限视角。学生要发现前面视角跟后面视角是不同的，为什么要转换视角？这就是学生阅读当中必须生发的问题。

进入七年级之后的整本书阅读，按照教材来说实际上有不同的要求，比如有的要问题式阅读，有的要批注式阅读，有的要跳读，等等。如果有了问题，那么对问题的思考，本身就是批注式阅读。问题形成的过程当中，认知冲突的提炼，也是批注式阅读。对问题解决的途径的认识也是阅读的批注内容。整本书的阅读侧重的是阅读的方法，以及阅读的过程当中的思维能力的培养，这是整本书阅读的真正价值。因为有这样的一种方法的梳理，到了一定程度就会自觉内化。

第三个不同点，整本书的阅读恐怕更关注合作的形式。我不是说课堂学习不关注合作，但整本书的阅读更关注小组的合作。学生在阅读过程中，与他人交流，互相取长补短，这些都是需要的，但是更重要的是他们对这种合作的价值意义的认识。合作的价值到底是什么？合作的真正价值就是共同探讨一些值得关注的问题，形成与同学之间的认知冲突。因此，课文学习当中的整本书的阅读一定要安排学生的演示，这个演示不是提问，而是集体行为、小组行为，这个小组合作也不只是合作过程当中的分工，而是指在这样一个既有分工又有合作的过程当中不断推翻、不断确定，这才能形成小组合作的重点。小组合作更能表现读写结合，因为：

第一，文章构思的这个过程，要能够梳理出来，能够做有序的、有重点的、合作的叙说。

第二，这个合作的过程当中一定有一些精神的东西，包括困难、苦恼等，那么对经历过的这些东西你会描写吗？

第三，通过这样的一些合作，你对小组合作认识一定在逐步地推进，那么你对小组合作形式的意义价值能作说明吗？

第四，任何一个小组合作之后，一定会发现一些或是自己在阅读的过程中有感受的、感觉不够清楚的东西，或是共同学习过程当中新发现的有用的东西。因此要能够对已有的阅读、已有的合作发表见解，做出议论。

第五，我们的阅读是在逐步推进当中，固然学校有一定的设计、一定的任务要求，而每一次这样的活动以后，要进入下一个阶段，怎么来思考？

我觉得，小组合作完成之后，可以进行读写转换。在经历了这样一个过程之后，学生一定会有自己的体验，到达一定的程度之后，要把自己的体验、自己的思考甚至行为代入作品当中去。比如《鲁滨孙漂流记》，读之后应该形成你自己的思考：鲁滨孙是在怎样一个家庭中生活，有着怎样的一个家庭背景，怎么形成这样的鲁滨孙？你在你的家庭中，父母会让你去漂流、去冒险吗？这叫移情转换。鲁滨孙在岛上遭遇了许许多多的困难甚至生存问题，那么鲁滨孙是怎样处理他所遇到的困难的？你认为如果是你生活在这个荒岛上，你要解决的核心问题是什么？鲁滨孙改造有他的目的，你准备作怎样的改造？这叫移情性。移情性要借助一定的形象，因此，整本书的阅读须与课文阅读建立联系，让从课文当中获得的知识转换为整本书阅读的基础。

（整理者：上海市风华初级中学　郑孜孜）

在"紧扣学习任务群，开展单元教学"
市教研活动上的发言

（2019 年 12 月 26 日）

各位老师，今天我们在松江二中开展的这次市教研活动，主要是研究高中必修上册第八单元"语言积累、梳理与探究"的教学。

第八单元是一个比较特殊的单元，老师们在教学中普遍感到困难。难点一是没有选文，缺少"抓手"。它既不像一般的阅读单元那样有一定的选文和相关任务，又不像整本书阅读的单元有明确的阅读书目。它不仅没有选文，且很难说出具体任务的一、二、三，那么，我们在教学这个单元时，应该做什么呢？

难点二在于我们对于"积累"一词的理解是不同的。这个单元的"积累"到底是什么意思？刚才童老师用了"不是什么""不是什么"来表述，那么到底是什么呢？尤其是作为高中阶段的"积累"，词语的积累，到底是什么呢？

我们讲到"积累"一般指向三个概念。第一，语言材料。第二，语言知识。此二者都是带有静态意义的积累，更多地呈现在小学和初中的学习过程中。第三，语感经验。这是动态的。对于"语感"，语言学家阐释得已经比较清楚，它是指一个人的直觉的、默会的、无意识的语言反应。学生从语言材料到语言知识的获得过程本身已经包含了语感的获得。因此语感经验很难具体化为一、二、三、四的条目，而是要通过语言运用来实现语感的提升。因此，我觉得高中语言的"积累"更倾向于对学生语感经验的调动和运用。

单元导语的表述中实际上有三点核心：第一点，通过积累来建立"语库"；第二点，通过比较等方法途径来找到语言运用的规律；第三点，积累的目的是运用，"选用"指在实际语言运用过程中有目的地选择和使用。以上三点中，除了第一条是静态的之外，其他都是关注动态语感经验的积累。

难点三，通过这个单元的学习，学生所达成的可视、可行为化的目标是什么？这是非常难的。这个单元是阶梯式的训练，更多地倾向于词语的比较与辨析，通过这种比较辨析，找到一些规律性的东西，从而为学生自己在语言运用中的选择使用提供一点经验。今天研究的核心就是去探索这个问题。

这堂课实施的过程中有很多东西可以给我们启发。尽管现在定位是"词义的比较与辨析"，但怎么完成这样的内容？

启示一：唤醒与调动。学生上小学就已经在积累词语了，课文中有无数词语。学生对于词语都有自己的经验和感觉，并非零基础从起点开始积累。母语的学习要不断通过唤醒来产生感觉，通过不断地运用，语感才能形成。唤醒与调动学生已学过的单元里的某些篇章，以这些篇章作为载体，而后把过去积累的、产生感觉的语言重新抽象出来，重新产生感觉。尽管这是一个特殊的单元，但整个中学阶段的语文学习，尤其是阅读，应该就是唤醒与调动的过程。母语学习的任何阶段都不是从零开始，都是建立在已有基础之上的。纵然"已有"，经常不用也不行，比如我们读过很多古诗词，但若突然让你说出大量有关"雪""海""日"的诗句，恐怕难以做到，因为它们没有经常性出现在你脑中。因此，唤醒和调动的价值，就在于让你无意识地显现这些"雪""海"的概念，这对于整个高中阶段任何一个单元的学习都有价值和意义。

启示二：关注情境。我们谈到任务群、任务化学习，总是和"情境""要解决的问题"密切相关。我原来在阐释"任务"的时候说，任务化学习应该是阅读的、写作的、活动的有机结合。因此你的情境、问题就需要把三者融为一体。我们看今天的课，它在实施过程中给出的语言材料就是一种情境。我们一般从四个方面来理解"情境"的范畴——语言情境（语境）、现实情境（生活中的情境，比如找到词语使用不当的现实例子）、虚拟情境（想象、假设而成）、历史情境（历史再现，比如文言文中很多的情境）。在阅读和命题时都要有情境意识。今天这堂课除了调动学生已有的积累之外，也给出了一定量的语言情境，我估计设计安排时进行了一定的类化思考。比如情境一里的两个语言材料，关注点是助词、介词，虚词当中真正体现"虚"的东西；情境二是副词，严格来说介于虚实之间；情境三，从词的角度来说是带有一定数量意义的实词，形容词，但是换一个角度就是对"修饰语、限定语"的关注。

启示三：本单元的教学更要关注学生的学习起点，要知道学生对语言的敏感性以及对语言的文学性的感受。从今天这堂课来看，学生的表达有一定的文学化，有自己的感觉，能够对抽象的东西作具体的描述，这是很了不起的。在单元教学过程中，关键在于如何让学生把自己感觉到的东西有序、准确又形象地表达出来。我觉得今天不是来评课而是来寻求启示的。这类比较难上的单元，从启示角度来处理比较方便。

而后我要谈的是，以此单元为例我们需要思考的问题：

第一条，本单元阐释过程中的核心概念是否抓住。抓住概念本身以及它们之间内在的逻辑联系。比如"词语的积累"和"语库的建立"与下文"比较辨析"是什么关系，"比较辨析"与下文"选择运用"又是什么关系。思考清晰了才能处理接下来的活动。

第二条，本单元尽管没有所谓的"课"，但是提供的资料也可以作为"课"来处理。目标的确定以及教学实施过程中，语料当然只是参考，应当将要探讨之问题同这些资料建立联系。比如对词义的关注，依据是吕叔湘、朱德熙的文章。我们要依据吕叔湘、朱德熙观点的阐述，将训练实施和材料运用建立一点联系，通过文本唤醒学生已有的经验，再来处理如此情境下的对词语的关注。

第三条，我们对词语的关注不应仅限于文学语言。如同学生在环节一中所说，他所认为关键的词，基本是一些从文学角度出发的带有修饰性、描写性、形容性甚至哲理性的概念。但是对语言的关注恐怕不只是对这些具有文学色彩的语言的关注，更是从语言运用规范角度出发的对词语的关注。于这堂课，则体现在助词、介词、副词等。学生往往从小学开始就积累"好词佳句"，但是光积累"好词佳句"没有多大意思，语言看似丰富了，实际使用过程中却是堆砌语言。积累"好词佳句"的同时也要积累有一定逻辑意义的普普通通的规范的语言，对于"以""之""于""又"的关注，恐怕更重要。那些学生在实际语言使用过程中不那么在意的东西，恰恰体现了一个人的语言修养。

第四条，词语构成的单元学习过程中，要明确所谓的"词义""词语"包括哪些范畴。关注一个词语，主要关注它的词义、作用效果、色彩。以色彩词语为例，赤、橙、黄、绿、青、蓝、紫只是显性色彩词语，除此之外还有隐性色彩词语，比如色调，像是《故都的秋》的冷色调和《江南的冬景》的暖色调。从汉语言使用过程来看，还包含感情色彩、语体色彩。就这样从实际颜色虚化为一类的色彩再到与情感相关的色彩。同样，谈"结构助词"，也需要知道结构助词的基本作用是什么，有了基本作用才有特殊作用。结构助词的基本作用一在于知道助词两边的词语和短语之间的关系，二在于语言的节奏。至于副词，副词是起到辅助作用的，理解副词的作用和价值首先要关注它的辅助对象。比如《我与地坛》里的几个"又"是和"母亲不在了"这一情境相关的，因此你要知道这一类再现性的副词要关注的东西是什么。讲"修饰语、限定语"如何修饰、限定中心词，则先要关注修饰语和中心语之间的关系，否则学生所得出的结论只不过是他们已有经验的再现，而非通过这堂课让他们知道的关注词语的意义与价值。

　　在四点的基础上还要说的是，既然这是必修上册最后一个单元，那么设计第一至七单元教学的过程中就应该有词语积累和解释的意识。不用特意强调积累阐释，但可以通过重点圈画来感受词语，依靠已有经验尝试点评，这样到第八单元才能水到渠成。今天这堂课不仅有借鉴意义，更有启示意义。我相信在下学期继续研修新教材的过程中，也一定会有新的发现和新的感觉。

　　　　　　　　　　　（整理者：上海市松江二中实习生　黄　婷）

在川沙中学"选择性必修（上）第三单元"教研活动上的发言

（2020年11月30日）

　　各位老师，今天听的是选择性必修上册第三单元里的两篇课文及与两篇课文相关的两本书的阅读课。现在我们常说"单元的结构"，因此我们在设计一堂课的时候，第一个要关注到单元。这个单元是外国小说单元，对于外国小说，学生并不陌生。外国小说里面大体有两大块，就像今天吴岚老师说的，其中一块是批判现实主义。《大卫·科波菲尔》《复活》等等，都属于批判现实主义。批判现实主义的小说我们过去接触的比较多，尽管阅读整本书的并不多，但是短篇小说、中篇小说是读过一些的。学生现在到了高二阶段，对于已经接触过的一些批判现实主义的作品，是应该稍加总结的。同时又引进了一个新的概念，那就是现代派小说。现代派小说学生不是没有接触过，学生在高一应该读过卡夫卡的《变形记》，但是《变形记》更多的是从整个的小说单元的角度来处理，并不是特别地强调现代派文学。《老人与海》和《百年孤独》是具有典型意义的现代派作品，更多地关注到人的精神、人的内心、人的灵魂、人在社会中的生存方式等。

　　因此，第一，尽管今天是两篇课文的教学，但是它们是被统摄在一个单元之中的两篇。在这个单元的教学过程中，怎么讲现实主义与现代派小说能够帮助学生更好地理解，形成一定的认知，对其今后的各种阅读甚至今后的发展更有价值，这是需要我们讨论的一个问题。

第二，今天的这两堂课从追求目标来说也许不完全一样。吴岚老师更多侧重于这一篇的教学，怎么通过从这一篇文章中获得的特殊阅读方法拓展延伸到整本书。而王谦老师的基本定位是，怎么把这一篇的阅读作为一个引子更多地指向整本书的阅读。虽然不完全一样，但是从教学内容、学生在阅读过程当中的思考以及可能的走向来看，还是有许多相同之处的，也就是由节选部分的阅读进入整本书。这与我们高一时进入整本书是不同的，高一时候的两个整本书就是整本书阅读，有着整本书的阅读任务以及在核心任务下分解的任务，而后再落实到整本书里面的重点内容和需要重点思考的问题，换句话说，高一的整本书阅读就是从整本书进入再从整本书出来。而现在我们高二的整本书阅读是利用教材中现成的文本，通过书中的局部内容进入整本书。当然了，如果一定要说高一的整本书阅读还是从书的各个章节进去的，也不是不可以。但现在的是更为明确的，你先要进入这个文本，再由这个文本引入扩大了的、内容更丰富的整本书的阅读。因此，这一篇的价值意义到底是什么，恐怕就是我们高二整本书阅读需要考量的重点问题。

首先要考虑的是课文的架设与知识。你们二位不完全一样。

吴岚老师更多的是从形式入手，从所选这一部分的表现技巧、海明威富有个性风格的语言形式入手，而后进入内容，而后来理解人物形象，并通过人物形象来理解小说作者的创作意图、作者的追求。因为阅读这类作品总归要有一点抓手，所以吴岚老师的课是从带有外显标志的形式再到作品内容、人物形象，以及作者的思想等。

那么怎么抓住入手点呢？吴岚老师这次使用的方法是情境设计，由动画片或者影视作品引入，进而展现其与以文字为主要载体的文本阅读之间的联系与区别。我想吴岚老师的意图并不在于动画片，恰恰在于文本本身，在体会动画片或者影视作品与文字文本的区别之后，不仅仅是走入这一篇乃至这一整本书的文字文本中，而且是作为一个高二学生怎么更好地走入文字文本中去。因为以文字为载体的文本，其表现一定更广阔，更丰富，更有想象力、审美意义、审美价值。学生在谈影视作品与文本的区别的时候，有的认为影视作品更有张力，恐怕不对，因为文本一定是更有张力的。那为什么学生认为影视作品更有张力？是因为他们对张力的理解和我们的理解不一样，学生认为影视作品更有张力在于影视作品能够更集中地关注某一点，给人瞬间带来的震撼力更强，于是就产生了震撼的张力。但是，走进文本才会发现真正的震撼不在瞬间。瞬间只能说给人一点刺激，由那种突然之间与以往不同而生出一种刺激性；而真正的震撼力光靠瞬间是达不到的，必须沉浸进去，慢慢品味而逐步产生。比如《老人与海》中老人形象的震撼力、海的震撼力、硬汉的震撼力等等。所谓的震撼力也就是跟我们以往所读到的、体验到的、感受到的、思考过的不一样而产生的震撼的张力。所以学生说的这个张力恰恰可以倒过来迁移到我们在文本阅读过程中所感受到的张力。它不只一个点，它的突破尽管是一个点，但是背后有许多丰富的内容，张力正是存在于这里。那怎么感受到呢？当然有着多种形式、方法了。我们过去很习惯的一种方法就是形象分析法，对圣地亚哥老人形象的分析往往是看作品中表现这个人的性格、追求、理想、喜好等的种种内容或者情景，在故事推进的过程中我们读出了这样的一个人，而后我们读出了怎样的创作意图，一般来说是这样，尤其是外国文学作品。如果是中国的作品，我们还可以从某些语言形式入手，比如通过一些反常的表现手法、反常的开头等形式入手。但是对于外国文学作品，想从这种外显的、具有标志性的语言形式进入是很难的，为什么？因为里面牵扯到一个翻译问题。所以外国文学我们往往是从情节、形象或者是从文章结构入手。

吴岚老师找到了这个文本语言的个性，这个语言的个性是跨越国界的，和翻译的关系并不是很大。我们认识与理解这样一种语言形式，任何一个国家的语言文字都可以体现这样一种特点，因此，从结构与语言（或者叫语句、词语，泛泛地说统称为语言形式），或者说从最简单的词语的重复可以看出这是作者故意进行的重复，与翻译无关。通过文字文本跟影视作品的比较，对这种重复的感受就更深了：影视相对来说是集中的，当然演员也可以拿起鱼叉弄几下、刺几下，但是刺十下和刺三两下看起来并没有什么区别；但不以图画而以文字作为主要载体的文本一旦用文字表现出一而再再而三的重复，就会让读者建立起相对深刻的印象。

由文字上的重复我们再来看情节内容的推进过程中的结构上的重复，外显出来叫结构，内蕴的就是情景，情景内容的重复。一个提倡用简洁的文字来表达思想的作家，恰恰在我们认为不必要重复的地方重复了，在不必要再现的地方再现了，背后一定有他的思考。而他的思考是什么？教师便可以将自己所知道的内容讲解传达给学生，这个重复的价值有一、二、三等等。当然了，你这么跟学生说了，他了解了，但是他的体验并不多，还没有真正进入文本，他只是知道了原来重复有这样那样的作用。紧接着就可以引入更深的思考：在这篇当中的这个重复与人物形象的塑造到底是怎样的关系？原来通过这样的一种重复可以表现人物形象、塑造人物形象、让读者感受到这个形象，并且它的价值意义还不仅于此，作者通过这样的反复不仅塑造了形象，更传达出作者的思想或者说意图。因此，抓住语言形式只是一个突破口，目的是既让学生知道在语言上有用这样个性化的重复来塑造人物的表现技巧，又让学生知道在理解语言形式个性特点的同时更要看到其背后的思想意义。如同鲁迅的很多作品有的时候故意用"啰唆"的表现形式，固然是他的个性，同时背后也有他的思想和思考。因此，讲解形式更要关注形式背后的内容思想以及可以引起我们思考的东西。在我看来，从语言形式开启文本分析可能是阅读的第一个抓手，它的突破在于形式，但是它的价值意义还在走进文本、走近人物、走近作者。

第三，对于人物形象的分析恐怕不能像我们过去习惯了的那样简单地提炼出几个概念，像"一个敢于与自然搏斗、永不言败的硬汉形象"等，这提炼起来很方便，但是光靠这些概念支撑不了学生的阅读，需要我们的学生真正进入这个文本去感受，因此不是简单地提炼，而是需要进去。所谓的提炼其实就是显性的，就是所谓的冰山理论中冰山露在海面之上的部分，很容易概括出来，但阅读的核心是走进去，那就不能只是看到冰山露出来的部分，更要"进入冰山"，走进文本才可以"进入冰山"。因此，像吴岚老师今天说的叫象征也好，叫隐喻也好，那都是概念，无所谓的，重要的是显性的概念、形象等背后更深层次的东西。今天这个文本中的主要意象就是老人、海、工具等，但实际上真正的《老人与海》中的象征实在太多了，鲨鱼、鱼骨、孩子等等，那么怎么能够让学生读得出冰山在海面之下的东西？还是要诉诸一些可视的、可行为化的东西，要抓住一些能够突破的点。比如老人之说、老人之想，有相通相融的、有矛盾的，怎么会产生矛盾？这个矛盾想要表现什么？对塑造这样的一个人物形象的价值意义是什么？这个人物不是概念式的人物，他追求远海确实有追求自我价值实现的含义，但是他不是一开始就是一个完整的英雄人物，他是充满着矛盾的。因此，怎么说，怎么想，以及其中表现出的矛盾，对于这个人物逐渐在读者心中的建立，恐怕是很有价值的。

第四，我们今天读的虽然是这一篇，但最终是要把学生引入整本书，这一方面我觉得吴岚老师和王谦老师的教学有相同之处。怎样使整本书的阅读与我们任务群的学习或者叫任务化的学习有机地融为一体？学生读整本书应该是要完成一定的任务的。我在讲任务的时候曾经说过，高中阶段的任务群学习也好，单元的任务化的学习也好，恐怕要充分考虑到几个方面。一个是任务本身，一个是与任务相关的情境，以及问题、活动。完成任务往往需要设置一定的情境，与情境相关需要解决问题，与解决问题相关需要有相应的活动，因此任务、情境、问题、活动是融为一体的，这叫任务化的学习。吴岚老师走出了这篇课文文本，往更为丰富的内容、更为深入的学习推进，采用了任务驱动的形式，这些任务包括酒馆场景的设置、课本剧的演出等，既带有情境又带有活动，是任务、情境和活动的紧密结合，这就是情境化同时活动化。

吴岚老师的课带给我们的四个启示就在这里。

王谦老师虽然与吴岚老师的课时目标并不完全一样，形式也不完全一样，但实际上还是由这一篇引入整本书，也是情境化、任务化、活动化、问题化的设计。一上来就是一个情境，给学生设定了一个编辑要组稿的情境，让大家撰写推荐语，以此引起学生探讨，活动的核心是"孤独"问题。这个跟吴岚老师的教学设计是类似的，是带有任务的学习，并始终结合着这样一个任务来走进文本。要完成这个任务，一定会牵涉到很核心的东西，那就是"孤独"。王谦老师是比较直截了当的，以对"孤独"含义的理解，作为一个总问题或者说核心问题，再走近人物形象，因此，对这个人物形象的感受也好、分析也好、赏析也好，其实是与对"孤独"的理解和认识紧密地结合在一起的。王老师虽然是比较直接地从"孤独"的含义入手，但并不是一般性地对这一概念做阐述——"孤独"含义一、二等等，不是这样的。实际上学生对"孤独"并不陌生，古今中外太多了。李白的"举杯邀明月，对影成三人"是孤独，屈原的"举世皆浊我独清"是孤独，苏东坡的"但少闲人如吾两人者耳"是闲人的孤独，《小石潭记》有"四面竹树环合，寂寥无人"的孤独，我们中国文人的孤独是比较显性、一看就明白的，也就是我不被人理解，我只有我一个没有其他这样的一种孤独。其实外国文学也是如此，比如亨德里克·威廉·房龙《宽容》里的那个漫游者，或者叫先驱者、革命者，也是孤独的，这些孤独都是不被理解的。因此，《百年孤独》仅仅从"孤独"字面去理解，第一层的理解不难，但关键是里面没有如同李白、屈原、苏轼、柳宗元、房龙等人十分显性地将它表达出来，那么，在《百年孤独》里面尤其是在这一章节里面，"孤独"是怎么来体现的？

文本中"孤独"是什么？比较显性的就是何塞·阿尔卡蒂奥·布恩迪亚的不被理解，当然不只是何塞，里面很多人都一样，只是他作为一个代表。何塞的不被理解学生能够读得出，但是如果仅仅是他不被人理解就构成《百年孤独》的价值意义，那也就没多大价值。何塞的不被理解是与另外的"孤独"紧密结合在一起的，因为何塞的种种行为、种种表达等具体的不被理解，是跟封闭被打破相关的，而这个被打破带来的不仅是个体的不被其他人理解。为什么叫孤独的生命？刚才课上分析了两个说法。关于常态或者规律被打破，不能回复到以往的生活当中，例如失眠，失眠是常态的被打破和规律的不合拍，人总归是早起晚睡的，一开始失眠，觉得现在不用睡觉了，事情可以做得多了，还蛮开心，但很快就不适应了，这个不适应就是孤独，失眠带来的是规律被打破的"孤独"，因为失眠带来的是失忆，带来的是王谦老师在课堂上所说的"被世界抛弃、被时间抛弃"。这有两层意思：一个是说我没有过去了，时间只有今天没有过去，生死只有眼前了，只剩下永远的今天、永远的这一刻，这是被时间抛弃了；第二个，既然只有永远的这一刻，我就不知道做什么，所以反复地做一件事。由失眠的"孤独"带来的失忆的"孤独"，让学生走进去了。失忆的"孤独"再带来其他的"孤独"，如此不断地重复。背后其实体现了规律的打破和时间的抛弃所带来的自我的失去，连"我是谁"都不知道了，那当然是孤独的，孤独到连我自己都不认识。一个是不被别人理解，一个是不被昨天的我、明天的我理解，这叫自我的失去，这个叫《百年孤独》。怎么来的？当然是由这个环境的改变带来的，因此它的背后还是隐喻或者叫象征，环境改变的背后还是文化的变化，是原文化与新来文化之间对抗而被新来文化所淹没带来的这种孤独。从这篇文本引入《百年孤独》里表现得更深刻、更具体的"孤独"，也通过对这个文本的"孤独"具体表现的改正、提炼、内化而进入整本书的阅读过程中。所以我觉得，在如何通过文本引入整本书这个方面，这个单元教学的研究是非常有价值的。

当然，这两篇都是属于现代派的，但其实传统的批判现实主义小说也是如此。我刚才跟吴岚老师私下讨论：《大卫·科波菲尔》的情节比较跌宕，《复活》的情节比较简单，尽管《老人与海》的情节也比较简单，但这个简单是不一样的。《复活》的情节简单体现在它线索的单一，甚至玛丝洛娃和聂赫留朵夫几乎没有一个完整的爱情故事，都是大段大段的心理描写。因此要讲《复活》节选的这章，抓住它的心理描写表现形式是非常重要的。从这个角度来说，这个节选选得对，节选中有大段心理描写，整本书中也是大段心理描写。然而从《复活》的意义来说，这一章节不足以解释其真正的意义。因为复活之路是两个人同时在走，聂赫留朵夫和玛丝洛娃，但又不是同步走的。如果说这个节选的价值在于让读者知道一个人的灵魂开始走向复活，那也就意味着开始复活的灵魂将会影响另一个人的复活。因此，阅读这样一篇传统的小说如同阅读《百年孤独》一样，"复活"这样的关键概念是必须抓住的。不管用什么形式，介绍也好，推荐也好，给书写一个前言也好，这都只是活动形式，核心是任务，即怎么去理解"复活"。举例来说，可以从"爱情"的起点与终点、"非爱情"的起点与终点来理解。这个"爱情"要打引号，因为真正的爱情是玛丝洛娃产生的，聂赫留朵夫根本不屑，因此打引号的"爱情"可以理解为在他们两人好的那一瞬间开始了，至少玛丝洛娃认为那是"爱情"。那么它的终点在哪？被抛弃已经是终点了。接下来就是"非爱情"了，一个要赎罪，一个拒绝，堕落、堕落，这是"非爱情"带来的情境，监狱这一段也许可以看作"非爱情"的情境。最后是两人各走各的路了，两人的灵魂都得到了复活，只是意义不一样，一个带有革命意义，一个带有宗教意义，走向不一样。

读这个单元的两篇传统的批判现实主义作品，尤其是《复活》，怎么来设计任务？怎么让学生走进这个文本？我想今天吴岚老师跟王谦老师的这两堂课可以给我们一些启发，尽管两位老师上的是现代派小说，但是在传统小说的阅读教学中，有些方法还是可以借鉴的。

（整理者：上海市川沙中学　王　谦）

在松江二中"赓续英雄精神，汲取奋进力量"项目化学习教研活动上的发言

（2021 年 10 月 14 日）

　　各位老师，纠正一下，绝对不是"指点迷津"，充其量只能作为一个问津者，因为今天这样一个展示不仅让我们学有所得，还促使我们对一些概念，尤其是"双新"背景下的语文课程、语文教学以及学生发展，生出了新的认识。

　　先不说刚才赵老师所说的那么多的东西，也不说活动中的展示，经验的提炼，问题的梳理。先来看看我们的学生，从他们的演出，他们的阅读感受，他们的诗歌创作与朗诵，他们的辩论，等等，我们看到的学生的精神面貌，与我们比较多地在课堂上看学生阅读、讨论、交流的面貌，味道一定是不同的。我们现在看到的学生是这样的精神焕发、这样的投入，这样投入的过程当中存在具有特殊意义的合作。今年高考有一篇文章就叫《合作之谜》，它列举了三大类合作：自然选择式的合作、亲缘式的合作、互惠式的合作。我们学生的合作是无利益追求而努力贡献着自己的力量和思想的，这样一种合作背后的精神支持当然与大单元项目化学习活动的内容有紧密联系，然而不只是与内容有联系，比如刚才学生讨论的"是时势造英雄还是英雄造时势"，是这些内容促进了学生思维的发展、情感的提升，还是学生的情感提升、学生的活动促进了项目化学习？我觉得这两者

不是对立关系，而是相互作用的，学生精神层面的活跃与提高固然是因为有这些内容，然而从另外一个角度来说，学生的投入、在综合活动中的语言实践，又促进了我们——我们，不只是学生——对这些内容的理解。所以，我们从学生的精神状态就可以感受到这一个月的项目化学习活动带来的效果，或者说感受到我们对大单元这个概念的认识得到了提升。看到学生展现出的精神状态，我们可以想见学生的明天会怎样。就此一点来说，这个活动是何等有意义，因为它促进了学生的真实的发展，它既是真的思想、真的行动，更是明天的真发展。所以我说这样的研究是非常有价值、非常有意义的。

刚才教师介绍时说期望对语文学习过程当中的项目化学习建模。什么叫建模？建模不是建立某种模式、结构，而是一个喻体，是多种模型的组合，是多维度的融合。因此我不敢说，通过这一个月的活动就建立了项目化学习的模型，但是我敢说它为我们项目化学习的建模提供了最基本、最本质也是最重要的元素。那么这些元素由哪些方面构成呢？不管谁对项目化学习有过怎样的阐释，我们从今天看到的项目化学习的内容和形式来看，有几点肯定是项目化学习建模的必要元素。

第一，既然构成一个项目，那么它必然是由任务驱动的，而所谓任务驱动的问题，不是如同我们过去的课堂教学那样，基本上是教师设计出来的。20世纪70年代末我的老师就提出要精心设计问题。很长时间以来的课堂，如果真的是精心设计问题的话，对学生发展是有价值、有意义的。但是这个问题更多还是教师设计的问题。教师设计的问题有些确实是真问题，但有些未必，因为教师设计的问题很多凭借经验和假设，未必真的能够解决学生需要解决的东西。而今天我们讲的这个问题，是从学生本身来的，不是教师设计的，所以这个叫真问题——学生在这个单元或这个项目学习过程当中需要解决的问题叫真问题。

第二，项目化学习除了任务之外，还需要必要情境。情境一般有两大类，一类是现实的、生活中的、真实的情境，另一类是虚拟的、假设的。而这样一个项目化学习，走近英雄、认识英雄，更知道心中的英雄形象，是一种活动，学生需要从自身出发创设情境。因此，这个情境不是如同很多课堂上那样，是教师为学生创设情境，当然教师创设的情境也很重要，不是不需要，但今天这个项目化学习的很多情境都是学生自己创设的。比如将小说《百合花》转换为小话剧，这本身就是一种情境，这个情境既包含作品的情境，又包含学生依据自己对英雄的理解而创设的特定情境。所以，项目化学习必然有许许多多情境的创设以及情境之间的内在联系。

第三，任何一个项目、活动的内容和任务必然包含必须解决的问题。今天我们讲的单元的问题是这个单元当中的真问题，而整个活动要解决的问题是学生的发展需要解决的问题，比如：如何提升学生的思维，如何在语言建构过程中与思维、审美、文化有机融合。也就是说，在这个单元活动当中解决学生发展过程中的什么问题，通过单元学习之后，今天的学生怎么转化为明天的学生，是需要我们来思考的。

第四，项目化学习必然与活动紧密联系在一起，要说明的是，这里的活动指的不是表演、诗歌朗诵、演讲等形式，而是特指学生进行语文学习所必需的经历。我们说语文是综合性、实践性学科，怎么让实践成为活动的核心，指的是这里的必要的活动。从今天展示的内容来看，学生不仅进行了阅读和创作，而且进行了大量调查，进行了有目标的研究，过程中甚至有观点的冲突，这个叫必要的活动，这是项目化学习过程当中很根本的元素。

第五，项目化学习的过程必然与评价联系在一起。如果项目化学习与评价脱钩，那么这个项目化学习是有缺憾的。这里说的评价不只是指阶段性、诊断性、反馈性的评价，更是指过程性的评价。虽然没有用分数来衡量，但是我们可以知道学生在这样一个学习活动的过程当中做得怎样，做到了什么，明天要做什么。因此更要注重这样的过程性评价。刚才赵老师说成果指向不明确，我认为不是这个问题，我认为成果指向很明确，从汇报的内容来看，成果指向的既是学生的语言实践，又是学生的思维发展，又是学生的审美情趣、审美能力与文化视野，也是指向明天学生的发展，同时指向明天我们将怎样学习语文。

第六，项目化学习必然有跨学科相关的元素。跨学科不等同于知识的学科之间的跨越，跨学科指的不是知识的交叉，如果要说知识交叉的话，语文早就跨学科了，但是过去我们课堂教学的阅读始终还是语文的阅读，不是跨学科阅读，因此，刚才提出跨学科更多应指向思维。但是思维很抽象，我说的跨学科更多地指向其他学科学习过程中的方法、思想、认识。今天说艺术的、哲学的、历史的，固然属于跨学科的范畴，但这只是显性的，其实学生在合作过程中所运用到的学科的知识、技能远远不只如此，其中没有数理的东西吗？数学的抽象、美感与艺术的交融，这都是跨学科，这才叫跨学科。我们今天看到的展示背后就蕴含着真正意义的跨学科。对于跨学科一定不能狭隘地理解为不同学科知识的交叉，而是各学科方法、思想、认识的交叉。再升华一步来说，跨学科应该还包含超学科，思维的东西一定不只属于语文，也不只属于数学，它就是一个超学科。在这些项目化活动中，须既从语文实际出发，又考虑到跨学科的因素，再考虑到超学科。比如对英雄的认识，对英雄认识之后的行为的转化，恐怕不只是语文一门学科的责任，应该也是超学科的。对于语文课程活动中项目化学习怎样跨学科、超学科，今天的展示有非常重要的启示意义。

后续要思考几个问题：

第一，只用了一个月的时间，这四个单元当然没问题，但其他单元的学习能否同样用这样的模式来操作，恐怕是需要思考的。从今天的展示我们看到，现在的语文学习突破了过去概念的语文学习，不是简单的课堂学习，而是拓宽了学习的渠道、空间和知识，各方面已经不是原来的概念。那么，是不是明天的语文"课堂"都是这样的路？如果是，今后还需要完善的是什么，不仅是读写结合，而且是读写和各类活动、学生的合作、学生的自主探究等等怎么真正融合，这个大概要进一步思考。

第二，刚刚赵老师提出了三个问题，我觉得这些问题不成问题，真正的问题倒是怎么将语文必要的元素与学生的发展真正有机融合。基于核心素养的新课程标准已经提得很清楚，关键是，核心素养不是分离的，是需要融合的，是你中有我、我中有你的，语言建构中不会没有思维的东西，因此我们要思考如何将核心概念融合起来。比如，刚才谈思维的过程当中主要谈了形象思维、创造思维，有些活动中又强调了逻辑思维，除此之外，还需要思考怎么提升学生的直觉思维。因为直觉思维是让学生把学到的知识，通过语言的实践变成一种自觉。看起来好像直觉是低级的，其实不然，直觉是最高级的，如同庄子说的"无为"，无为不是不为，而是更高级的自然行为。仅仅讲形象思维、创造思维，这还只是概念，更重要的是怎么不断提升学生的直觉思维，把他们的各类学习转化为一种行动的直觉，转化为无意识的行为。为了学生明天的发展，在这一方面需要我们做进一步的思考。

第三，前面的汇报成果指向是很明确的，但是我们恐怕要思考，高二到高三的转换过程当中，这样的项目化学习应该带来的成果。除了用以外显的成果，比如论文、诗歌创作、辩论会、剧本，这些都是显性的，更重要的成果是学生自己能够探索到语文学习的方法与路径，这个成果才是真成果。他们要能够自己回答怎么来阅读和写作，自己解决问题，可以将高考考卷给他们读读看，看他们知不知道解决高考当中这些问题的路径。通过这样的项目化学习，学生才能真正有所受益，不仅是为了明天的发展，也适当考虑一点功利因素。

（整理者：上海市松江二中　宋　毅）

在莘庄中学"读学术类整本书，育语文核心素养"教学研讨活动上的发言

（2019 年 10 月 23 日）

　　各位老师，其实整本书的阅读在莘庄初级中学已经搞了将近三年了。我们在初中阶段，尤其是六、七年级，积累了一点经验，至少对六、七年级的整本书阅读，尤其是文学作品小说类的阅读，形成了一些模式。高中阶段的整本书的阅读，跟初中阶段有一定的延续性，从大的目的来说是一致的，也就是围绕着学生的核心素养或者语文的核心素养而进行整本书阅读。而核心素养的四个概念，语言、思维、审美、文化是紧密相连、不可分割的。

　　我们现在使用统编教材，不管是初中还是高中，希望做到的第一点都是单元结构化。所谓的单元结构化，它就不是简单的。尽管现在我们从单元的内容来说，比较集中的还是以人文主题为主的，但是，如果只围绕着人文主题来学习的话，这不叫结构化。结构化的东西一定是多种元素按一定的序列组织而成的。因此，比如有个单元，既有诗词，又有小说，还有散文，甚至还有其他文体，那么它的文体的结构化怎么来体现？文体的结构化，还有一个概念叫大结构，我们讲的单元结构是小结构，单元是需要结构化的，而单元结构化的上位有一个大结构。比如，关于诗歌类的，从大结构的角度来说，有一个整体结构，这个叫大结构。一方面，不同文体

构成的单元，从文体结构来说，它与大结构是相关的。另一方面，它在这个小结构当中，因为这个小结构里面包含着不同文体的不同的语言形式，不同文体，通过语言标志来呈现它的结构化。结构化里面还有一定的情境，一定的任务，等等。所以它又叫大单元、大任务、大情境，这叫单元结构化。

第二点就是核心素养整体化。核心素养分解为四个概念，是为了让大家知道这个核心概念的要素有哪些。严格地说不叫四个核心素养，核心素养就一个。这一个核心素养，它下面分解为四个概念，由四个概念组合成语文的核心素养，它是一个整体。不能说我高一阶段主要解决语言的建构问题，高二阶段主要解决思维问题或者审美问题，高三主要解决文化问题。不是的，它们是包含在一起的，所以称之为核心素养整体化。

第三点是课内课外一体化。这里的课内课外不只是指课堂，主要指的是教材，就是教材内外的一体化。比如整本书阅读，它有明确规定的必读书，也有一定的推荐书，另外还有与必读、推荐相关的拓展篇目。不管是必读的、推荐的，还是拓展的，从教材因素来看，都是学生需要学习的。课内课外应该是一体的，除了学习资料要贯通课内外，在教学活动中更要考虑到课内外的一体化。这是新教材、新课标使用之后，我们必须建立的一个意识。

我刚才说高中阶段跟初中是有所不同的，虽然大的方向是一致的，但是具体而言又是不同的。比如，初中基本上是以小说为主体的文学的阅读为主。当然也兼顾一些带有一定科普性质的文体，比如《昆虫记》，但即使是《昆虫记》，其实也有很强的文学味。所以在初中阶段还是以文学阅读为主，而且是以小说阅读为主的。而高中阶段，一方面文学的东西要延续，因为文学对一个人的修养和气质的形成，尤其是对他的审美、他的文化素养的提升是很重要的。但是跟初中不一样，它更多的不是倾向于文学作品的文本内容，也不是倾向于简单的文学作品阅读的方法，而是通过这个文学作品的阅读，怎么来提升他的修养，或者叫素养、素质，怎么来适应社会的需要，怎么来将文学作品的阅读升华为一种理性的思考。因此，高中阶段的文学作品阅读，在思维上、审美上、文化上的要求更高，是初中文学阅读的延续与升级。另外一方面，传统文化作品阅读的力度与深度会逐步加强。比如《孟子》《庄子》、比如《史记》一类的适当加强。第三方面完全是新的，叫学术著作或者学术作品的阅读以及与之相关的表达交流，构成了一个特有的任务群，这是高中与初中完全不一样的。

总之，初中更倾向于文学文本、倾向于文本阅读的方法路径，而高中阶段是在文学文本阅读的方法路径的基础上朝着理性世界进步，走入一个更高的层次。它既是功利的，为学生明天进入大学，读本科、读硕士、读博士，走上社会打基础，为他们明天的学习奠基。同时它也是非功利的，完全是为学生个体的发展，为了适应明天的需要而提升必要的素养。我们要更倾向于这非功利的作用。

我们来看高中阶段"整本书阅读"的一个重要大类，当然今后不只是整本书，单篇阅读也会涉及，就是学术类著作或作品的阅读。其实使用过华师大版的教材的高中老师都有过这样的体验——在华师大版的教材当中没有严格的学术类作品阅读这样一个任务，但是，是接触过这一类的文章的。比如《中国新诗的审美范式与民族心理》就带有一定的学术性；《唐诗过后是宋词》学术性没那么强，但是也包含着一定的学术味道。但是这一类的教材文章呢，不是像其他的课文内容那样需要文本细读，从语句结构、思想等诸方面入手做文本细读。因为按照过去王荣生教授所提出的概念，这一类作品的阅读相当于"用件"，什么叫"用件"？就是运用这样的一篇文章来解决我们读这个单元的其他文章的问题，将其作为一个工具来使用，这个叫"用件"。尽管是"用件"，但是这些内容我们教师还是要知道一点。比如讲《新诗的审美范式与民族心理》，关键还不是段与段之间的联系、句与句之间的联系，而是一些核心概念必须清楚。比如什么叫"审美范式"？为什么说我们的旧体诗或者叫格律诗已经形成了为大家所接受的审美范式，而新诗到目前为止还没有形成审美范式？这些概念我们必须清楚。"审美范式"的构成与哪些要素相关？比如民族心理"可接受"。"可接受"，那么就要跟我们汉语言的个性特点紧密地联系在一起。《唐诗过后是宋词》也是。"唐诗"借代什么？"宋词"借代什么？"唐诗宋词"背后的核心概念是什么？"文人介入"是什么意思？"文化自觉"是什么意思？又比如，有一本书叫《美的历程》，怎么读这本书？核心要解决与美相关的一系列的概念，比如"图腾"，比如"舞蹈"，比如"汉字"，等等，这些概念不解决，那么《美的历程》是没法读的。

于是我们就可以知道，学术类的整本书，或者说是学术类的作品，阅读的要素、要点跟文学类的不完全一样。文学类作品有些概念不十分清楚，并不影响你的阅读。但是学术类作品，如果你对概念不清楚，直接影响你对文本的理解。所以我说学术类著作或作品阅读的第一要素就是概念，要点在于怎么去把握住与作品内容相关的关键性概念。

以《乡土中国》为例，第一个概念就是"乡土中国"，"乡土中国"特指什么？我们初读这样一个标题，可能产生的歧义有哪些？可能有以"乡土"为标志的中国，"乡土式"的中国，以"乡土"社会为主体而构成的中国，等等。那么这里所说的"乡土中国"到底是什么？这个一要从文本当中去找到答案，二要从序跋或者后记当中去找到答案。因为你要解决这个标题指向的问题，你首先要知道作者他关注的对象是什么？他研究的对象是什么？"乡土中国"只是一个具体的例子，这本书研究的核心对象或者学术背景是什么？是社会学。作者在后记里面用大量的篇幅阐释了对社会学的不同理解。

按照作者的理解，或者社会学原始阶段的理解，这个社会学就是社会科学，是社会科学的总称，是一个综合体。但是后来的大多数人对社会学的理解，是把它与政治学、历史学并列起来，当作社会科学整体下的一个小概念。如果你用小概念，就觉得这个问题没法研究下去。因为用小概念的话，摆脱不了政治、历史、经济、制度等方面的因素，而政治、经济、制度等等已经有了完整的东西，那么你的社会学是干什么的？这个社会学就变成了一个边缘科学，所有的其他"学"里面涵盖不了的，全部扔到社会学的范畴。对此，作者是不同意的。作者以他的学术背景，基于社会学的本义而产生的，是社会科学的一个综合的东西。所以，首先，他的研究对象是社会科学，他选取的一个点是中国的乡土社会，他最先把它放到社区范畴里面，这个社区跟我们现在特指的社区不是一个概念，不是地域性，而是区域性的概念。这个"乡土"相对于"城市"而言，指的是这样一个社区性的、区域性的演进，也就是以中国的乡土社会以及与乡土社会相关的经济的、政治的、人伦的、社会的、契约的等等领域为区域性的研究对象。

其次，他运用的主要方法是比较研究。使用比较研究，不是只做正面的阐释，而是通过大量的比较让你知道"乡土中国"是怎么回事，这是"乡土中国"概念理解之一。"乡土中国"概念理解之二是这个"乡土中国"，它跟乡土文化、乡土社会是什么关系？这个"乡土"是一个总概念，是一个大概念，它包含着"乡土"的文化、"乡土"的社会结构，以及与之相关的政治、文化、伦理。概念理解之三，为什么是"中国"？同样是乡土，西方的跟我们有什么不一样？我们中国的"乡土"是以村居为主的，聚集在一个村，叫聚村而居。它既是个体的，因为土地属于个人，但是又是群居的，是以村落式、家族式构成的中国的乡土文化特色。而西方的，尤其是今天的西方的乡土文化，或者乡土社会，它往往是以个体的一个家庭，构成一个单位，构成一片乡土。因此西方的乡土跟中国乡土不一样，它不是聚村而居，而是以家庭为单位的。但是这个以家庭为单位，它又与整个社会发生着必然的、不可分割的联系。跟社会的其他部分没有多大联系，也没关系。传统中国社会就是一个个几乎完全封闭的村落，它也完全可以生存，完全可以像样地生活。总之，你要知道这里说的"乡土中国"，是"中国式"的乡土社会。从概念的角度，对"乡土中国"我们必须有认识。

当然我这里指的认识不只是指我们教师的认识，还要让它转化为学生的认识。而转化为学生的认识，不是把教师知道的告诉学生，而是要让学生进入文本当中，去找到对于相关概念的阐释，或者叫认识。这个阐释十分重要，因为学术著作，我们讲它是学术性的，就是大多数是阐释性的。

我们过去有个概念叫论说文，这个概念是叶圣陶他们提出的，一类文本叫记叙类文本，一类文本叫论说类文本，还有一类文本叫应用类文本。

记叙类、应用类这里不谈。我们说"论说"，过去我们就叫论说文，"论说"是什么意思？"论"是论证性，"说"是阐释性，都是梳理为主的。至于把说明文分成事物性说明文跟事理性说明文，那是后来在教学过程当中，为了教学的方便而分的。叶圣陶他们原来编教材提概念的时候，是没有这样提法的。为什么？因为为了说明某一事物，比如杯子，为了告诉你杯子是什么，描述杯子的形状是怎样的，杯子的历史是怎样的，杯子的用途有哪些，这是说明事物，但是它属于应用类，不属于论说类。应用类的文本，大部分是我们讲的事物性的说明文。而叶老他们所说的论说类，说是阐释性的，是带有观点的，但这个观点不是通过论证，而是通过阐释大量的事实、事理来说明的。比如叶老所写的《苏州园林》，我们现在也把它当作事物性说明文。其实《苏州园林》更多地倾向于事理性，带有感情倾向，完全是阐释类的，因为它是对代表着中国的某一类建筑特色的阐释，而不是告诉你苏州园林是什么时候开始建的，园林年龄、基本结构是什么，园林里面大体有多少花、花大体分为几类，不是这个。而是从审美角度出发来谈苏州园林、来讲建筑特色的，并且将其升华为中国的建筑特色之一。又比如《晋祠》，我们也把它当说明文来读，那更是事理性的，因为要阐述的是悠久的历史文化与优美的自然风景浑然天成、融为一体。再比如高中阶段，《南州六月荔枝丹》，这个标题本来就带有文学色彩，文章也不是简单地来谈荔枝的生态、它的生长，核心恰恰是要说明荔枝的生产跟现代文明发展之间的关系，所以最后落脚在现在科学发达，荔枝之北移将来也许不是完全不可能的事。这不是事实说明，而是阐释观点。观点怎么来的？跟前面的说明是有密切的联系的。因此它贯串全文的线索，不是像我们现在教科书所说的，是荔枝的生态、生长，它的线索恰恰是白居易的《荔枝图序》，是以《荔枝图序》的相关内容作为一条线索来写的。而《荔枝图序》最后要得出的一个结论是荔枝不易久贮，"一日而色变，二日而香变，三日而味变，四五日外，色香味尽去矣"，是以这个作为一条主线、作为顺序来写的。所以它也不是如同事物性说明文那样简单的，《景泰蓝的制作》等等都是这一类。

因此，严格地说，论述类的"说明文"，"说明文"要打引号，它是事理性说明文，或者叫说理文。而学术作品、学术著作，更多的是倾向于这一类的说理文，不是论证性的。而我们讲真正的议论文是论证性的，论证问题不是通过对观点的阐述就可以解决的。第一，论说文任何一个观点的提出都是有前提的。第二，支撑观点的是理由，而不是我们平时所说的证据，论证观点的是理由，而不是简单的证据。学生在写议论文的过程当中往往误解，以为观点加论据就叫议论文，不是的。议论文必须是观点加依据，或者叫理由，理由下位才是论据。下位的是论据，上位的是理由，理由上位叫观点，观点上位叫前提，这个才叫论说文，是要经过严密的逻辑推理来实现的。当然这个推理过程可以是演绎式的，也可以是归纳式的，最不济的是类比式的。你要用类比式来证明观点，必须加上许许多多的限制条件，简单地用类比，你这个结论是得不出的。因为类比它只是部分相同，不是完全相同，你只取它部分就一定得出这个结论？不一定的。所以仅仅通过类比来得出的结论往往是不太可靠的，因此它必须加上许多限制条件，甚至要与演绎式、归纳式结合在一起来使用，那样得出的结论才是可信的。

我们读学术类的作品，主要要读出：作者他的观点是什么？与观点相关的核心概念有哪些？核心概念的内在逻辑联系是什么？对这个逻辑联系，作者是怎样来阐释的？这是我们读学术类专著也好，作品也好，与初中阶段读说明文、议论文不同的地方。当然跟我们高中阶段读议论文也不一样。其实我们读学术类的作品，核心要解决的问题是要知道学术类作品的个性特点以及阅读要素。

再说读学术类作品的目的。大的我不谈了，刚才大概说过了。比如为学生明天进大学也好，读研究生也好，进入社会也好，是为他明天生活的需要。当然功利的更不说了，为考试，所以都不说了。我要说的是读这类文本，对刚才所说的核心素养的整体化，它的意义价值在哪里。

先说语言与思维，语言跟思维本身是不可分割的，我刚才只是为了表述的方便，把它分拆开来了。语言加上建构，思维加上各种各样的形态，比如发展、提升。但是在实际的任何的活动过程当中，语言跟思维是不能分开的。过去我们把语言叫作思维的外壳，这是斯大林说的，对此，现在学术界尤其是语言学界是不认可的，没有什么外壳、内核，这两者就是不可分开的。因为语言它是一个外显形式，但是这个外显形式已经包含着思维的因素，比如文字本身的出现就包含着思维的因素，因此不能说语言就是外壳，思维就是内核，不是的，语言本身也是思维，语言本身也是文化。所以我们现在不采用语言是外壳、思维是内核这样的一个说法，我们把它叫：语言、思维不可分割。

从这个意义出发，我们学外语不只是为了掌握另外一门语言的运用技巧，增加一种技能，核心是为了拓展我们的思维。当然，文化也是跟思维相关的。因此我们说从语言跟思维的角度来看，我们读学术类的作品的价值，它的意义，在《普通高中语文课程标准（2017年版）》里面表述为建构，这是高中阶段的说法，建构、运用，运用我暂时不说。为什么小学不叫建构？初中主要也不叫建构，虽然初中会涉及一点建构。小学我们一般叫积累。就我们现在读到的《普通高中语文课程标准（2017年版）》，它在解释概念的过程当中是没有解释明白的，它没有解释出建构的意思，把建构与积累等同起来，以为建构就是积累之类的，不断的积累就是不断的建构，其实积累和建构不是一回事。小学叫积累。我们叫积累语言，实际积累的是什么？积累的是我们这门学科——当然我们这门学科指的是中小学的语文课程，不是语言学学科——已经给你建构好的相关的知识、相关的运用规范、相关的法则，以及它自洽的规律。比如语法知识，一个单句的构成，它总要有主语、谓语，可以省略，不可残缺。而在使用过程当中，它是有一定的规范的：比如修饰语与中心语的搭配，主语与谓语的搭配，是有规范的；比如概念使用，如果是并列的概念，你不能使用交叉关系，这个叫规范，是有法则的，你必须遵循；比如一篇文章由哪些要素构成，你也必须遵循。这个叫学科给你建构好的语言，包括它的知识，包括它的规范，包括它的法则，等等，积累的是这些东西。这是感性的，构成语文学习过程当中必要的感性阶段。尽管这个感性阶段也包含一定的理性要素，比如识字，有时候就是告诉你，记住它，没法用形象来表现，就叫你去记住它，这叫"上"，这叫"下"，但是有了一定量的积累之后，你自然知道"上""下"。其实这是使用母语的一个基本的形态。我们使用的是汉语，我们对汉语的很多概念，都不能精确地解释。比如我们现在坐在这里，说对"坐"做解释，谁能精确地把它解释出来？很少。只有专门搞这个研究的才能解释清楚，但是不影响你对它的理解，我说"坐下"，一般人不会站起来。这个就叫积累，是通过经验来实现的。语言积累是一种经验的积累，尽管它是通过知识的积累、语言材料的积累来实现，但是更多的是经验的积累。小学阶段需要有大量的读写的经验，而不是概念，不是理性。所以小学我们就要"积累"，不要说"建构"了，连"结构"都谈不上，充其量是"了解"一点结构，或者叫"感觉"一点结构，甚至连"了解"都谈不上，只有非常浅地了解一点概念，比如动词是什么意思。

初中阶段，我们说以"理解"为主。什么叫"理解"？有了一定的积累，有了一定的经验之后，通过不断地唤醒、调动，使他对某些概念形成一定的理性认识，并把他的理性认识用文字解释出来，这个叫理解，是通过阐释来实现的。比如我们讲一个词的词义——我刚才说的词义是词汇义、概念义，是固定的，像"红"，不同的语境的"红"意思是一样的，另外意思，这里不谈，这叫词汇义，像"父亲"的词汇义，大家都知道。而词汇义，对于使用母语的人来说，不一定要死记硬背。我们比较反对在中考、高考当中纯粹地考查解释词汇意义，只是解释词汇是没有价值的，因为词汇谁都不能够完全解释清楚，就像我们以前讲三千五百个常用词或是常用字而构成的一万多个词，你都能精确地解释吗？我说大多不能，不是都能，是大多不能，但是不影响我们使用、我们理解。从理解的角度来说，我们要理解的不是词汇义，词汇义在生活当中，在平时的大量使用当中，在积累过程中，已经被理解，要理解的是语境义。同样是"父亲"，但在这个语言环境当中，指的不是我的父亲，而是有另外的含义。语境义是需要阐释的，语境义、引申义、比喻义等等是需要阐释的。有些词同义，比如"狡猾""聪明"同义，但是在不同的语境当中是包含着不同的含义的，是需要阐释的。当然我只是用最简单的例子，用词的例子来说明阐释，另外像为什么这里用这样的一个句子形式，也是需要做一定的阐释的，尤其是对偶然使用的、比较特殊的、包含着文学因素的语言现象。比如初中有一篇文章叫《安塞腰鼓》，《安塞腰鼓》的第5段，"但是"单独成段；第6段，"看"单独成段。"但是"是一个关联词，不能单独成句，更不能单独成段。但是它单独成句、单独成段了，便要阐释这种特殊的语言现象，这个叫阐释。语言的阐释尽管是偶然的，但是对偶然现象你要能做出解释。所以说初中阶段我们过去叫以阐释为主，即以理解为主的语言的阐释。我一直强调过去，过去指的是使用新课标、新教材之前，那么今天我们使用新教材、新课标了，一定看到了它的不同点，其中最典型的，我先不讲结构上的不同，讲难易度上，最典型的是大量的高中的东西下移到初中了。

第一个往下移的是议论文，过去初中议论文绝对不是主体，偶然出现几篇，也不是很典型，只让你知道一点，这是带有议论性的。比如《不求甚解》，比如《事物的正确答案不止一个》，等等，不是典型的议论文，只是有议论成分。写作更是以记叙文为主，所读的也基本上是以记叙文为主的。但是新教材中，大量的议论文进来，分散在不同的单元、不同的年段，既有现代的，又有古代的，既有单篇的，又有组合成单元的，比如阅读就有整整两个单元都是议论，写作至少有四个单元涉及议论，意味着议论文要往初中靠了，这跟高中的任务是相关的。

第二个往下移的，就是"文学"往下移。过去我们初中也接触一点文学作品，但是是在记叙文、议论文、说明文之后加一点文学作品阅读，它的基础还是记叙文、议论文、说明文，适当的有一点文学作品，这个文学作品更多的是小说、诗歌。而现在文学作品的概念从六年级就开始有了，因为六年级开始，记叙文不叫记叙文了，叫散文，小学依然叫记叙文，初中叫散文了。散文跟记叙文的区别是什么？记叙文，学习的是语言运用的共性，也就是我刚才所说的规范的、规律的法则，学习的是语言运用的共性，尤其是不同文体的语言的共性，比如记叙类、说明类、议论类的语言的共性。而文学作品学习的是语言的个性。因此，我们谈语言总是用两个概念：一个叫规范，规范的语言，或者叫语言运用的规范；还有一个叫文学语言。文学语言指的是基于规范的、富有个性的语言的变式，变换了的形式，变式就是说在某些语境当中，它可以打破规范。比如我刚才说的《安塞腰鼓》。文言文里面那就更多了，比如"何陋之有"，这个宾语前置不是文言的规范，而是文言使用过程当中的特殊句式，为了强调一些东西，比如"甚矣，汝之不惠""贤哉，回也""痛哉，斯言"等等主谓倒装，这都是文学语言。读文学作品更多的是感受语言的个性。当然现在在这方面初中存在问题，如同高中也存在问题一样，因为小学阶段对语言共性的东西的学习没有完成，所以初中阶段尤其六、七年级，读散文的过程当中，不得不关注一点小学需要解决的规范问题。高中阶段也是如此，因为高中进入一个更高的层次，而低层次的问题还没有完全解决。

高中叫"建构"。什么叫"建构"？"建构"就是使语言重新结构化。什么叫"重新结构化"？也就是学科给你建构好的这个结构化的语言，你通过大量的阅读，以及语言的运用，发现很多情况下，语言的运用并不是这样。

比如我们让学生写文章要有一定的格式。是的，这是基本规范，需要的。但是都按照格式，他不是在写文章，而是在套文章，那就不是学写文章。要自己学写文章，必须有自己的建构，形成自己的结构化的语言，这个叫建构。建构的前提是解构。把过去结构化的语言打破，重新来结构化，叫通过解构来建构。解构就是你要知道在这个过程中哪些东西我可以不这样用，尤其是文章的结构、文章的顺序，以及我们过去用的比较多的一些术语、说明方法、论证方法等等。当语言变成了自己完全熟悉、掌握的东西的时候，他就发现我们过去跟他讲的这一套可以不这么用。比如我们讲议论文，总归要先提出个论点，然后要找一些论据来论证吧，一般是这么说的，这是结构化的。但是你每篇文章都这么写的话，还有味道吗？还有必要写文章吗？那就不是写文章，是在写结构、背结构。在很多情况之下，好的议论文往往不是一上来就提出观点，而有先讲一个故事、讲一个事件、演一段例子之类的千变万化。所以首先要解构，不要把语言的运用死板化、一成不变化、静态化，而需要动态化，先要打破它，不是完全这样，而后重新结构化。结构化的第一条，要使过去语言学习过程当中被证明是正确的、对今后自己语言的运用有价值的，成为构成自己文化元素的重要部分。建构一，打破之后，对已有的正确结构重新认识。建构二，要充分理解文学语言：在不同的语境中，在不同风格的作家的作品中，语言形式是丰富多彩的、千变万化的，绝对没有哪一种一定是最好的。你说老舍的语言风格好，汪曾祺的语言风格好，还是朱自清的语言风格好？不能简单地得出结论。这个叫重新建构。而建构之后的运用，才能叫属于他自己的语言，所谓的"我手写我心"指的就是这个。而过去初中阶段的写作、习作，更多的还是学习规范、学习结构。我们高中阶段，主要的叫语言的建构。建构跟思维结合在一起，叫思维发展与提升。因为只要他会开口说话，甚至在开口说话之前，他已经能听了，能看了，已经有了思维。当然思维的真正形成是跟语言密切相关的，比如你跟现在的孩子，有了一定经验的孩子，忽然之间讲两句英语，他大概不懂，因为这个语言跟他的概念没法结合在一起，是难以思考的。所以思维不能叫形成，只能叫发展，或者叫培养也可以，培养的意思，也是发展、提升。

高中阶段的思维形态我列举五种：第一种，直觉；第二种，形象；第三种，逻辑；第四种，辩证；第五种，创造性，或者叫创新。这五种形态不在一个逻辑层面上，比如辩证思维，它必须借助逻辑思维，没有逻辑思维，哪来辩证思维？辩证，辩而证之，它本身就是逻辑的。所以它们不在一个逻辑层面上。

直觉的、形象的、逻辑的，我们可以说是在一个层面上来讨论问题。第一种叫直觉，直觉是依据经验，是依据已有经验判断事物或现象的一种心理行为，它可以不借助概念，不借助知识，但直觉本身已经包含了知识。把它作为第一层面是对的，因为这里的直觉不需要我们教，过去学生的爸爸妈妈以及社会早就教会他了。他进入学校的这个初始的直觉不需要我们教，但是我们需要不断地去调动他的直觉。

第二种叫形象，形象是在直觉前提下、感觉前提下的一种想象。想象是要有基础的，不管他凭空想象，怎么想得不可接受，没关系，它都还有基础。他说天空中有什么，总归脑里先有什么，再有什么。因此，形象既是基于直觉的，又是基于对直觉的提炼，把它转换成了一个新的概念，出现在他的头脑当中。从这个层面来说，它比直觉要丰富一些，而且要更自觉一些。

第三种叫逻辑，逻辑是理性的，光通过直觉、光通过形象是不能实现的。因为逻辑是有内在规律的。现在我们讲逻辑，一般形态我刚才已经说了，或用演绎的，或用归纳的，或用类比的，不管你用哪一种，它都有它的基本的形态。在学生的整个学习阶段，从某种意义上来说，要不断地调动他的直觉，丰富他的形象，强化他的逻辑。逻辑是需要训练的。当然这个训练，不等于说我们把知识概念提取出来对其进行训练，它也可以通过已经积累的语言的变式来实现，即我不出现概念，但是我通过语言的变式，让他渐渐地感觉到。像在小学阶段，你没法跟学生讲逻辑，他也听不懂，但是你可以不断地通过一定的语言材料的变换，或者叫重组，让他有那么一点逻辑的意识。比如小学阶段有一篇课文叫《赤壁之战》，它的第2段原来是这么表述的：曹操的兵士都是北方人，坐不惯船，但是要渡过江去必须坐船，所以曹操就叫人把船头船尾连在一起，上面铺上木板，走上去像平地一样……从逻辑自洽来看，这个语段内容没有问题，但是我通过适当的调整，让学生知道有些逻辑的建立是需要前后联系的。为了跟第1段关系更紧密，我需要对第2段的这些文字进行重新组合。因为第1段主要是讲曹操带兵到东吴的目的是要占领这个地方，所以就用"如果……就……""但是""所以"这样的一种形式让第2段跟第1段建立关系：如果要占领江东，就必须坐船渡过江去。但是曹操的兵士都是北方人，坐不惯船，所以曹操就叫人把它们连在一起。这个就是逻辑训练，没有用逻辑的概念，但包含着逻辑的训练。这些应该主要在小学、初中阶段实现。有一个前提，这个前提是小学、初中应该解决的问题都解决了，那么高中可以升华为一个新的东西。比如我们高中阶段过去是用三个月来专门学习逻辑知识的，20世纪80年代初，一直到80年代末，教材有过逻辑知识，但是实践证明这个逻辑知识的学习效果不好。所谓的不好有两个方面：第一个方面，学了以后跟没有学区别不大，学生的议论文依然是没有逻辑的，学生的阅读依然是没有逻辑的，学习的效果不明显；第二个方面，学生学了以后反而搞乱了，因为短时间内要迅速地记住这些概念是有难度的，学生半生不熟、乱用，在判断有些语段的时候反而增加错误。所以后来干脆取消了，有关逻辑知识的教学就渗透在写作教学的过程当中，有的也渗透在一部分议论文阅读教学的过程当中，而不再单独列出了。

现在的两个下移，文学下移，议论文下移，从某种意义来说叫逻辑知识下移，这个知识不一定是概念知识。逻辑知识要下移到初中，那么对高中来说，关于逻辑概念的知识我们应该不需要教了，但事实不是这样，我们不得不进行一定的逻辑知识的教学。这个逻辑知识的教学，跟我们讲的学术类整本书的阅读或者是学术类的作品的阅读关系很密切，当然不等于说文学作品的阅读不要逻辑了，还是要的，但是我说首先体现在这一类的作品当中。逻辑需要进行必要的训练，光靠唤醒是不行的，是要通过"学"来获得的；而直觉要不断地"习"，通过大量的实践来形成。一个是"学得"，一个是"习得"。

这里我讲的只是一个层面，叫直觉的、形象的、逻辑的。这三种思维的形态不是不变的，而是不断地循环往复的。因此我不能说直觉就是最积极的思维。从某种意义上来说，直觉是最高阶的思维。如同我们讲语文的语感。我们不是一直在讲语感吗？什么叫语感？语感就是直觉的、默会的、无意识的心理行为。语感最核心的就是直觉，就是直觉思维。

为什么说直觉思维是最高级的呢？因为直觉思维对所有的东西都可以变成一种无意识的行为，自然而然地产生。一看到这个天，他立刻就知道马上要下雨，无需通过什么知识来实现；一看到这个马路的路况，就知道今天不适宜出去。这些是无意识的，已经成为他自觉的行为、自觉的心理，这叫直觉，真正的直觉。我们刚才讲直觉是需要提高的，是指通过直觉来实现形象的、逻辑的，当然包括辩证的、创新的思维的提升。而真正的直觉是最高境界，最高境界就是无意识。因此，我们说高中阶段更需要通过大量的形象的、逻辑的、辩证的、创造的思维的训练，来提升学生的直觉思维，来提升学生的语感。

从某种意义上来说，语感是没法训练的，也没法通过一堂课来提高。那么是否意味着教师可以不作为？不是，教师的作为，恰恰是通过外显的、可描述的、可训练的语言知识，来提升学生的直觉的、默会的、无意识的语感。

第一个就是不断地唤醒、调动，唤醒记忆，调动积累。

第二个是强化他的语识感，让他的语识升华为一种语感。语识不能直接变成语感，但可以逐渐地升华。因为语识不等于说。语言知识和语言能力不能画等号，但语感跟语言能力能画等号，因此要通过一定量的语识的训练来强化语感。

第三个是需要学生自身大量的语言实践，让学生在这个语言实践过程当中，有意无意地调整自己的语言行为。直觉思维也是如此，即要通过形象的、逻辑的、辩证的一定量的训练以及与训练相关的语言的实践最后来实现。这个过程当然就是语言跟思维紧密地结合在一起的过程。因此，学术类作品的阅读，首先要明确概念，这个就是逻辑。所谓的明确概念，我们因为在初中阶段没有讲，高中阶段应该来补充这部分的内容。

首先，要知道概念的关系，比如并列关系、对立关系、矛盾关系、交叉关系、从属关系、同义关系。对文本当中的概念做解释的时候，一定要注意概念本身的逻辑性。比如《乡土中国》里面有许多概念必须阐述：契约、道德、礼治，与"乡土"相关的那些概念，以及跟"乡土"相比较的那些概念。我看教材后面列出了一张表，既指向了这个文本内在的概念，它要阐释自己的观点所用的概念，又指向用以对比的一些概念，当然教材后面所列举的概念只是举例式的，不是全体，甚至我说只是很小一部分。总之，指导学生读这本书，要做的第一步叫梳理概念。

梳理概念包含两个意思：第一个，提炼出相关概念；第二个，对概念进行归类。比如礼治和道德是什么关系？礼治、道德、伦理是什么关系？道德、伦理跟法是什么关系？要归类。这个叫梳理概念，先抽象出需要解释的概念，再梳理出概念的类别，找到概念与概念之间的关系，尤其是从属关系、并列关系、对立关系、矛盾关系，恐怕这些关系是最重要的。读学术类的作品，不做这些梳理，是读不懂的。

第二步才正式进入概念阐释，要分了类以后再来阐释。这里的概念阐释，不是从词汇学角度出发，而是从语境义角度出发。比如我刚才说的"社会学"，当今大多数人的社会学概念，就是与政治学等等并列的，但是按照作者的见解，这个社会学不是与政治学并列的概念，而是高于政治学的概念，也就是他要论述的乡土文化、乡土社会、乡土结构，是属于社会科学范畴的，包含了政治的、经济的，乃至于习俗的、伦理的要素在内，必须对这些概念做出阐释。这里有语言建构的因素，更有思维的因素，因此我们可以说四个（语言、思维、审美、文化）合一。

要读这一类的作品，就是学术类的整本书阅读，是希望学生能够形成比较清晰的、严密的、能自洽的逻辑。具体而言，从语言与思维的角度来说，要能够形成这样的一种思维。这种思维，我们高中叫任务群的学习，初中没有提，但是初中八年级之后，某些单元有一点任务化学习，是往高中的任务群靠，任务群、任务化，这个"群"我暂且拉掉。这个"任务"是什么意思？什么叫"任务"？跟我们过去的阅读与写作，不同点在哪里？相通处在哪里？不同点是高中阶段任务群的学习，是不分阅读和写作的，也就是阅读和写作在高中阶段是不可分割的一个整体，读中有写，写中有读。不仅是读写相融，而且还要加上一个"活动"。是阅读、写作、语言实践活动三者的合一，这个叫任务。

看了新教材后面设计的任务，我曾经直接明确地跟编写者说过：从你们这个任务的设计来看，你们对任务的理解是不正确的。为什么这么说？

因为这些设计里面有些是任务，有些是活动，有些就是读，有些就是写。而真正的任务，读、写、活动，不可分割。比如有一个文学的单元，这个单元的第二个"任务"，要搞一个朗诵会，这是活动，不是任务。这个活动是为了完成某一任务，比如你需要把握住诗歌的声韵、节奏或者意蕴，这是你的任务，要能够产生这一类的概念，不仅是静态的、字面上的阐释，而且是动态的、实例式的解释，这是任务。我开一个诗歌朗诵会，通过这次活动，完成对诗歌的声音、节奏的一种认识，最后能够转化为我对现实生活当中这种声韵、节奏的一种认识，认识、把握声音、节奏，并用实践解释之，这叫任务。开朗诵会，开辩论会，开故事会，这叫活动。当然，活动是完成任务必要的形式。因此我说读、写、活动，三者是紧密地结合在一起的，这个叫任务化学习。所谓任务群，那当然是同类的归并，比如传统文化，同类归并作为一个任务群，通过一个一个的具体的单元，或者叫任务，具体的任务，最终来实现任务群的学习。

而在初中阶段，如果明确这个单元是任务化学习，比如通讯、诗歌，那么它也应该体现读、写、活动三者的一致。当然大多数的单元不叫任务化学习，你可以尝试任务化学习，但不做规定。初中可以努力往高中靠，而高中必须这么做。语言思维是通过大量的语言实践，包括读的、写的，包括活动的，比如演讲会、辩论会、记者招待会、朗诵会甚至调查研究等等，来提升的。

因此，对学术类作品的概念进行阐释，把握、理解、认识概念，并且使之转化为它上位的思维，必须通过一定的活动形式，或者叫语言实践的形式。阅读学术类作品，刚才我讲的三点概念，要提炼，要归类，要阐释，还是围绕着文本内容来展开，是对文本内容做阐释，读的还是文本本身。而作为一个高中生，光做到这一点是不够的，还要把它转化为对现实生活的，包括学校、家庭、社会生活中的，这一类的感觉、认识，或者说转化为分析社会现象的一种阅读。不只要掌握静态的概念，还需要动态化，转化为实证性的一种认识，转化为自己的一种语言结构。这是从语言的思维角度出发，在整本书阅读过程当中，学生必须做的事情。

再讲新教材的"任务"。无论是一个单元的学习，还是一本书的阅读，高中阶段的任务都应该结构化。这个结构化是有主从之分的，哪怕是分解的任务之间也有内在的逻辑联系，不是截然分开的。比如我们读《乡土中国》，在解释了概念，把握了概念，能够现实地解释概念之后，有一个核心任务，关于"基于作者创作目的的'乡土中国'的社会结构图"，或者叫"文化结构图"。作为一个核心任务，它是有限制的："基于作者创作目的的"。你要知道作者为什么最终会写成这样一本书？作者为什么要讲这一讲？他研究的目的是什么？是基于这个目的，这本书特指的乡土，里面包含两个核心概念，一个叫乡土社会，一个叫乡土文化。伦理的、家族制的可以归为乡土文化，而这样的一种生活方式、生活形式以及与之相关的经济形式，可以放在社会结构里面体现。我看了老师发给我的结构图，学生已经做了一定的结构化的梳理，或用表格，或用思维导图，都可以，反正是使用一定的工具。即使不用思维导图、不用表格也没关系，用文字也可以，至少要能够呈现这本书里的一种结构。这个结构梳理出来的目的不是证明我读懂了，而是要依据这个结构最后做出自己的阐释。结构化不是了事了，结构化只是一个任务，你对完成的这个任务是需要做阐释的。这个阐释可以是对概念本身的阐释，我们更希望的是能以自身的体验来阐释，做有实证性的阐释。当然这个实证性不一定用自己经历的，可以用从不同的文本当中，如学术类图书、文章甚至是小说当中读到的来阐释，这是核心任务。

在这样一个核心任务之下，学生要做的第一步工作是把与这个结构图相关的概念罗列出来，找到概念之间的关系。这本书有十四章，因此它有十四个标题，既可以独立成章，又有着内在的逻辑联系。第二步要做的是，找到十四个小标题，以及与标题相关的内容。至于用什么方式来呈现，如同我们读文学作品一样，可以用改换标题的形式，把它们改换成既符合作者原意的，又提炼出作者观点的，同时又表达了自己的理解的这样的标题。这个要求显然比初中阶段的要高得多了。列出了标题，还要阐释，不是来解释这个标题，而是解释这十四个标题的相关性，这是一个具体的任务。第三步是调动自己已有的积累，这个积累既包括在学校里读到过的相关的语文课文，也包括学校里学到过的非语文类的，比如政治、历史甚至是班会课的各样知识，还包括通过各种方式、各种途径了解到的，跟这本书里面所说的东西有一定联系的信息，比如习俗、权力，比如过去我们谈《祝福》的时候，总是喜欢谈礼教习俗，那里也包含着权力的因素。依据已有积累来阐释文本当中的相关内容，也就是使文本阅读与学生的现实生活有机地结合在一起。第四步，最后要阐释的跟作者的创作目的相关，所以要分解作者的创作目的，要能够有所把握。

创作目的怎么把握？第一，从文本本身读出。第二，从序跋读出。第三，也允许参考其他资料，自从《乡土中国》成为规定要读的书了以后，各种各样的平台都有这一类的阅读指导，但是我不希望这项工作倒过来做，先去读外面已有的导读类的东西，还是先读文本，而后再去参考资料。我们过去在文学作品阅读过程当中喜欢用两个概念，这两个概念是从《孟子》里面来的，第一个叫知人论世，第二个叫以意逆志。这个"意"有不同的解释，它到底是文本当中呈现的文字之"意"呢，还是阅读者理解的阅读者之"意"呢？但不同没关系，反正就是通过文本的语言，通过阅读者对文本语言的理解，来把握作者要表达的思想的、情感的以及与思想、情感相关的文化，这叫以意逆志。我们在文学欣赏交流这样一个任务群中，设计的任务也是强调知人论事，当然背后隐含一点以意逆志。那么我们要清楚，什么叫知人论世？知人论世的主要目的是不是更好地理解文本？恐怕不是。以意逆志才是理解文本，理解文本内容，理解文本语言，理解作者思想，理解文化，首先通过以意逆志来实现，你可以借助一定的注释，借助一定的工具书，哪怕是借助一定的资料，还是以意逆志，而不是知人论世，知人论世的目的不是更好地理解文本，当然更不是以意逆志，这两者是两条路，两条原则。知人论世的目的是什么？目的是读了文本之后，已经有了理解之后，对文本的意义价值，尤其是社会价值，有更好的认识，对自己的文化的提升，对自己的文化的发展，有更好的意识。因此，第一是以意逆志，第二是知人论世，不是通过知人论世来提升以意逆志，当然也不是通过以意逆志来提升知人论世，而是通过对"志"的把握，然后联系当时的现实，联系今天的现实，来知人论世。我们知道这个人的局限性，知道这个人的前瞻性，知道这个人对今后的意义价值，更要知道其对今后的这个世界的发展的价值意义，这个叫知人论世。

阅读《乡土中国》，从语言的、思维的这个角度，第一层进行过去我们误解了的知人论世的资料收集是需要的。而更重要的是对这个文本及与作者创作目的相关的文本的价值意义的认识。比如我们对中国几千年来的乡土社会，对它的文化、对它的社会结构、对它的伦理等的研究、分析、认识、把握，不只是为了知道我们中国的乡土是这样的，更是要知道我们今天的发展跟这个传统的相关性。作者是一个学者，他就是研究这一类的社会学，他的目的就是研究，让大家知道中国的乡土的文化结构、社会结构以及这些结构产生的原因。

有了这样一个社会学的基础，对于学生学习其他学科是有帮助的，比如对学伦理、学政治、学经济学，是有帮助的。所以，从语言跟思维这方面来说，整本书的阅读恐怕需要：一、概念意识；二、结构意识；三、任务意识；四、相通意识。现实的、古代的，语文的、其他学科的相通意识。这是我从语言和结构这样一个层面来说。另外两个核心素养，一个叫审美，一个叫文化。审美，具体表述为鉴赏创作，鉴赏创作，也就是这里的审美，是语文的审美，不是美术的、其他的艺术的。这个审美跟语言也密不可分，是语言的审美。而语言的审美如同作者在《乡土中国》中所说的一样，指文字的表述要尽可能地明确，要尽可能地形象生动，让人愿意读，这个审美，是文字更多倾向于艺术化的审美化，包含着他的想象力，包含着他的文学、文化的素养。我们读的尽管是学术类的著作，但是需要唤醒文学的体验，是需要借助一定的想象的。比如对权力的认识，作者实际上提了四种权力，我们的学生不一定都懂，但是时势化的权力，学生大都懂得，叫英雄时代嘛。对这一类的概念的学习，恐怕需要借助一定的审美，通过审美来理解概念。这本书的语言还是比较生动的，不那么枯燥，尤其作者举那些具体的例子的时候。在阐述概念的时候，学生也许会觉得枯燥一点，但它产生概念后是马上转换为一种事实的描述的，还是可读的，是不能称为文学作品的有一定的生动性或者可读性的这样一个作品。因此我们需要学生在实际的阅读过程当中，借助一定的与艺术相关的审美。

阅读《乡土中国》还要借助对文化的本身的一个积累，有的叫积淀，比如对习俗文化、对儒家思想的积累。因为这里讲的乡土中国的核心是带有儒家思想的乡土文化，当然也包含一定的老庄思想。比如乡土的聚村而居，其实是如同老庄无为而治思想下的一个社会，它不需要通过严密的制度、严格的法律来实现治理，它是无为的，是约定俗成的，道德是大家心里清楚的，也许没有一二三四五的条例，但心里都明白的，这含有一定的老庄思想。但绝对没有墨子的思想，墨子是无父子、无长幼、无高低，什么人都是一样的，叫兼爱。如果一定要说传统文化，它也总归是中国传统文化当中的一个元素吧，三教九流，至少是九流当中的一流吧。所以我说主体是儒家文化，学生要将文本跟他们积累的、积淀的儒家文化的一些比较核心的东西，比如孝文化，克己复礼，修身、齐家、治国、平天下，等等，关联起来，从而去看待家、国、天下的内在关系。如果从这个方面，能够调动文化的积累来读的话，那学生一定会理解得更深刻一点。

因此，在活动设计的过程当中，可以综合考虑审美的因素、文化的因素。比如把抽象的道理转换为戏剧，那么你就要选故事、戏剧的形式来表现。比如通过我们传统文化当中的某一些历史故事，将其转换成一种形式，表演出来，或者阐释出来，来表达你对乡土文化的结构的一种认识。这个就叫活动。当然也可以如同书中所说的，搞一些社会的调查，尤其是通过对一些有思想的、有经验的学者的访问、了解，对富有地方特色的乡土标志的调查，使我们对这部学术著作的，不仅是对文本内容的理解，不仅是对表现文本的语言形式的理解，更是对这本书当中的思想的理解，对自己的思想发展，产生一点作用。

我就先说这些吧！

（整理者：上海市莘庄中学　肖淑芬）

在"名著阅读的教学内容和实施策略"市教研活动上的发言

（2019年10月31日）

各位老师好，今天我们在莘松中学进行这样一个主题的研讨是很有意义的。实际上名著阅读我们已经实践了一年多了，应该有各自的体验。通过一年多的探索，我们至少在以下几方面达成了一定的共识。

所谓的共识的第一条，整本书阅读与我们的单元阅读、单篇阅读，尤其是单元阅读里面的教读课、自读课的内在联系，比较清楚了。如果把它概括一下，单元教学里面的教读的单篇，是以学生的学得为主的，也就是需要老师指导的，这个指导包括问题的设计，包括难点的把握与解决，包括读与写的转换，包括从理解到自我认识的转换提升，等等，是有些规律性的东西在里面的。而自读，我们说是两者兼顾，以习得为主。哪两者？学得和习得。也就是说，我们的自读课说是自读，还是需要教师有一定的指导的。但是这个指导跟教读课的指导不一样，它不是那么具体而微地让学生知道这篇课文要获得哪些知识，这篇课文应该怎么分析，这一段或者这几段是什么意思，不是这样的一种指导；而是怎么运用教读课中获得的知识，当然也包括过去所获得的知识，来解决学生自读中的问题。比如可以引导学生思考有哪些问题，这些问题有什么内在的联系，可以将课文的语言形式做怎样的重组转换或者叫调整，等等。这是指导，教师一般来说是不给结论的，只提供思路。而真正语言的学习或者语言的获得，需要通过学生自己的语言实践。刚才曹刚老师说，有不少老师反映练习册难度大了一些、综合性强了一些。但是如果我们换一个角度来思考，这些综合性比较强的、难度比较高的练习，是不是可以作为课堂上共同研究的问题，通过学生共同的研究转化为自己语感的语言实践活动呢？在自读课的教学过程当中，我们是否可以考虑将练习册里这些有思考价值、有思维容量、综合性比较强的题目，转化为课堂教学过程中的指导点或者叫思考点呢？这是自读课教学时老师们需要考虑的。

而整本书阅读，它更是强调以学生自身的语言实践为主的这样一种原则。这种阅读既然是以学生的语言实践为主，那么就需要注意以下几个问题。

第一，在整本书阅读过程当中，一般地说，不出现新的知识、新的概念。我说的新的知识、新的概念是就语文学科的学习而言的，包括语言的、语言学的、文章学的等等。一般在整本书阅读当中不出现跟语文学科或者是语文的课堂学习相关的新的语文知识。当然阅读中会涉及一些非语文的，比如科学的知识，那就另当别论了。整本书阅读一般不出现语文学科新的知识、新的概念，而是要不断地去唤醒学生的记忆，调动他们的积累，需要他们运用已有的语感来完成阅读并逐步提升。

第二，整本书的阅读，它是作为一个特殊的单元来学习的。既然作为一个特殊的单元，我们就需要有结构化的思考。阅读部分的单元，当然有些是阅读与写作融合在一起的，比如研究诗歌等等，单元的构成叫两条竖线，即人文内容与语言规律的掌握两条线并行、相融合。那么它的结构化是什么意思？首先，这个单元的主题或者叫人文因素，这个单元语言规律的学习与掌握，这些内容与其他单元的联系是什么？理论上说，过去的是基础，而今天学的又为明天打基础。但像是小说的阅读，它可能不是一个单元，也有可能是两个单元、三个单元，当然我讲的不只是一册书，而是整个初中阶段。那么你要知道，今天的这个小说阅读，放在整个初中阶段的小说阅读中看，要解决的核心问题是什么。所以，单元结构化的第一条，指需要知道这个单元，关于人文素养、语言规律，承担的任务是什么，要解决的问题是什么。单元结构化的第二条，我说过，一个单元的构成有教读有自读，有时候也许还有一点拓展阅读，怎么处理好教读、自读跟拓展阅读的关系，这也是一个结构性的问题。单元结构化的第三条，是关于内容与形式的关系。单元的学习，哪怕只是阅读，但是今天的阅读跟我们过去使用沪教版教材时的阅读恐怕会有点不同。过去的阅读关注的就是阅读知识、阅读方法、阅读习惯相关的阅读能力。而今天的阅读不仅要读懂文章内容或叫文本内容，更要读出表现文本内容的语言形式。关于内容与形式之间的关系，一直是有争论的。也有不少专家，对我们现在的语文教学提出了很深刻的批评。其中最主要的一个批评就是说现在的语文教学过于强调语言的工具性，把我们的阅读变成支离破碎的阅读、肢解式的阅读。这种批评认为，我们的阅读不是为了掌握工具，而是为了通过语言读出背后的，比如思想的、情感的、人文的、审美的文化。确实如此。如果我们只是通过一篇篇的文章，去获得一个一个概念式的静态的知识，那是没有价值、没有意义的。当然是要通过语言来感知背后的内容。但是如果只是知道内容，也是不够的，因为数学、历史等等学科都是如此，只知道读出思想还不是真正的语文。语文要做的是更进一步的事情，也就是把支离破碎的所谓的工具式的语文，转化为一种对融合了人文因素的，融合了我们传统文化的语言形式的认识。也就是从思想的、内容的、人文的再升华为一种更高层次的语言，这个时候的语言一定不是工具，任何思想总是需要用一定的形式表现出来。将低层次的东西转化为一种对审美的、文化的、带有个体信仰的语言形式的认识，这个是我们的语文学习需要做的事。我们现在的语文学习，更重要的是怎么从思想的或者是概念的转化为一种对高层次的语言形式的认识，或者叫高位的语感、语言的直觉。在这个过程当中，我们阅读就不是仅仅获得内容，获得人文的、文化的那些概念，而是要把它转化为一种新的、更高层次的语感。这个语感依托于他的已有经验，包括他所积累的语言材料，包括他运用一定的语言知识、语言运用规范而进行的语言实践活动，是将他可描述的、外显的这些知识类的东西，逐步转化为一种直觉的、内心的、无意识的心理行为。单元结构化的第四条，也是我今天讲的最核心的一条，就是读与写的融合或者叫读写的一体化。这里的"读写一体化"跟我们过去所说的"读写结合"不是一个概念。"读写结合"指的是你要读一遍，然后要写一遍，比如阅读的内容写的是母亲，那么就去学写母亲，这样一种结合。我这里叫"融合"，叫"读中有写，写中有读"。我们现在的单元结构化，就包含着读与写的联系。

如果单元结构化再往前走一步，就是向高中的任务化学习靠。任务化、项目化，也就是说我学习这个单元是有一定的核心任务的，是有一定的活动形式的，并且有一定的书面表达的形式。

同理，我们讲整本书的阅读，你既然把它视为一个单元，尽管把它称为特殊的单元（因为它主要就是这一本书独立地构成一个单元，而不是若干篇文章，当然你说我通过这一本书，达到 1+1+2……也可以），但是我说的这个整本书，就是一个概念，那么，整本书阅读的结构化指的是什么？

整本书阅读的结构化，第一条就是与已有知识的融合。我刚才说了，整本书阅读一般来说不进行新的学习，不获得新的学科的知识，但是不等于说整本书阅读过程当中不需要知识，需要的。因此，它的结构化第一个表现为它需要唤醒哪些经验，需要运用哪些知识，需要跟哪些习惯、哪些方法形成一体，它是一个知识的、语感的、方法的等等的融合。

整本书阅读的结构化的第二条，就是整本书阅读是需要通过任务的设定来实现的，它的结构化表现为任务与任务之间的相关性。比如刚才曹刚老师已经说了，说明你们已经在做了，《鲁滨孙漂流记》也好，《骆驼祥子》也好。这个结构化表现在它的任务必须是结构化的，结构化的任务一定是有核心任务的，核心任务再分解为若干个具体、有一定的逻辑关联的任务。

结构化的第三条，其实跟任务的结构化是相关的，呈现为读、写活动的一体化。整本书的阅读目的不只是读懂这本书的内容，也不只是通过这本书的内容来感受作者的思想情感，而且也不只是通过作者的思想情感来提升自身的修养。这些都需要，但是不只是这些，因为在读的过程当中，有一个语感提升的过程，而这个语感提升的过程，光是靠读懂内容之类的，是实现不了的。而语感提升与我刚才所说的这些内容是不矛盾的。

你要实现通过读来提升学生的语感，那就要读与写融合，也就是说读的过程应该是不断地用笔来表达的过程。"用笔来表达"，可以转换为另外一种概念，叫"用笔来思考"。不是只读完知道这段什么意思，那段什么意思，感情层次是什么，而是需要有一定的思考的。而读、写的这样一种融合，需要通过一定的语言实践活动来实现，它是需要形成一定的认知冲突的。因此，我说整本书的阅读应该是合作式的阅读，叫个体阅读与合作阅读相结合的这样的一种阅读。这是特殊单元的结构化的一些方面，这些方面实际上我们已经在操作了。简单地把我们已经在操作的、大体形成一点共识的，做一些概括，上面是我说的第一个共识。

第二个共识，如果简单地谈阅读的价值的话，那概括出来也就是概念。我们不从概念出发，而首先来看名著阅读，从我们的教材内容来看，它分为这样几类：

第一类是小说，我们已经在探索。

第二，纪实类，比如《红星照耀中国》，它不是小说，是报道。关于这个我等一下再阐述。

第三类是散文集，因为一般不会出现 20 万至 30 万字篇幅的一篇散文。所以整本书散文的阅读往往是通过集子的形式，比如《朝花夕拾》。

第四类就是科普作品。我们初中是科普的，高中是学术的整本书的阅读。

还有一类比较特殊，那就是古典名著，比如《西游记》《水浒传》，还有像《论语》《孟子》《庄子》《史记》等。现在看来，初中还没有读文言整本书的要求。

这是我们教材上呈现的名著或者整本书的阅读范围。

我们现在研究比较多的是小说，因为提升一个人的思想文化，提升一个人的修养，提升一个人的审美观，最主要依靠的阅读的对象是小说。通过我们的探索，如刚才曹刚老师所概括的，关于小说的阅读，我们大体已经找到了一点路径。

比如要有目标，包括大目标和具体的目标。从小说阅读的大目标看，是要理解一个人的成长过程，以及要理解作者的创作目的。如果再往前走一步，就是在这样的理解认识的基础上，形成自己的认识的转换提升。而具体的目标，比如大家都已经很熟的《鲁滨孙漂流记》，你读这部作品的目的是什么？其中很重要的一个方面就是要理解鲁滨孙现象，或者叫鲁滨孙形象。鲁滨孙作为文学的一个现象，也作为经济的一个现象，是资产阶级，尤其是英国资产阶级发展过程当中的一个不可或缺的现象，我们可以通过这个人物，知道英国资产阶级的一些个性特点，比如敢于冒险，比如关注海洋，比如基本实现了高层次的密集型工业，等等。又比如《汤姆·索亚历险记》，对于作者来说，没有什么其他的写作目的，让孩子觉得好玩就够了。当然背后也凝聚着他自身对这个社会的认识。阅读《汤姆·索亚历险记》的核心，恐怕是需要理解当时的社会与汤姆这个人的矛盾。比如，汤姆与当时标准的好孩子、优秀人物的矛盾，在家庭中与长辈的矛盾，在学校中与校长、教师的矛盾，在宗教活动中与牧师的矛盾，在社会纪律或者法律中与法官、律师的矛盾，等等。这是具体的目标。

在这样一个目标下，我们来设计任务。我设计的核心任务不一定就是唯一的核心，因为读一本书如同读一篇文章，你可以从结构入手，可以从作者的情感入手，可以从环境入手，也可以从情节入手。假如我核心解决的是一个情节问题，那么我的核心任务肯定跟情节相关。比如我们讲《鲁滨孙漂流记》，一个核心任务是为了理解鲁滨孙。这个人物小传的任务跟目标是有关的。要理解鲁滨孙这个形象，就要知道当时的社会价值观，两者是有联系的。如果要为鲁滨孙立传，也就是如果把这部小说转换为一部传记，你来撰写传记前面的小传或者叫概要的话，那么，你就要思考，这部作品的作者可能会表达什么，这个可以作为一个核心的思考点。

那么像是刚才说的《汤姆·索亚历险记》，你说为汤姆写个小传可不可以？当然也可以。但是那个小传所表现的只是作者对这个人物的情感倾向、对这个人物的评价，还不足以揭示汤姆与社会的、与其他个体之间的矛盾。因此，我们要思考可以用怎样的一个核心任务跟这个目标联系起来。比如我们可以重新调整它的标题。现在的标题既带有作者的视角，又带有儿童的视角。我们可以把这个标题转换成完全是儿童的也就是汤姆的视角，这是第一点。第二点，我们还可以在这个标题当中加入一定的感情倾向。标题可以以事件为主，比如"××杀人事件"，但光是告诉我一个杀人事件还不行，你要对这个杀人事件有判断、有观点、有见解；又比如做礼拜，你光做礼拜没用，你要把心意表达出来。通过这样的一个标题，我们大体可以感觉到对汤姆或"我"来说，"我"跟这个社会，跟这些人，跟他们所做之事的矛盾在哪，"我"的个性在哪。这个叫核心任务。后面也可以通过标题的转换，把他对外祖父、外祖母、母亲、父亲、邻居，以及里面的小伙伴们的情感认识表达出来。

由上，我们需要设定一个核心任务，而这个核心任务是为目标的达成服务的。虽然这个核心任务可以是选择性的，但是指向的目标是一致的。有了这样一个主任务或者叫核心任务，当它作为任务的形式出现的时候，你要考虑以下几个方面或者几个概念。

第一个叫情境：你要设计一个什么样的情境？我们讲的情境，一是现实情境，跟现实生活相关的情境。二是历史情境，是过去发生的情境。三是虚拟情境，现实生活当中没有发生过，也许永远都不会发生的情境，比如读《夏洛的网》，你设计一个办动物运动会的情境，它就是虚拟的情境。四是文本情境，从文本出发的情境。首先是需要有情境，比如读《草房子》，你可以设计一个 20 年后再回到油麻地小学的情境，这是一个虚拟情境，你也可以从文本中寻找一个典型的情境。

第二个叫问题：在这个情境下需要解决什么问题？这个要跟我们过去在单元教学、单篇教学当中的问题联系起来，弄清楚针对这样一个情境，针对这样一个任务，你的主问题是什么。

第三个其实就是活动，叫情境问题活动，就是用怎样的一种活动形式来呈现。

有了这样的一个认识之后，我们说核心任务处在这样一个大情境下，我们设计若干小情境或者说小任务。比如为大家都熟悉的《鲁滨孙漂流记》设计小任务，设计的小任务，比如漂流行程、给荒岛命名、荒岛生存条件的变化等，就跟特定的情节，跟鲁滨孙这个人物形象的塑造有内在联系。因为荒岛生活也是漂流行程中的一个点，只是在这个点上逗留的时间比较长，要二十七八年——作者讲是二十八年，按书中计算是二十七年。而荒岛的命名，跟在荒岛生活的鲁滨孙的心理，以及促使他心理改变的生存条件密切相关，生存条件的衣食住行本身具有内在联系，其中最重要的条件与塑造鲁滨孙这个形象是有关的。所以，你的具体的任务是要跟这个人物相关的。比如为《汤姆·索亚历险记》设计了转换标题这样一个核心任务，那么你要知道你需要解决什么问题——你需要理出他的冒险的历程，你需要知道他眼中的各人，你还需要知道各人眼中的汤姆，你还要知道作者眼中的以及"我"眼中的各人、各要素，这就转换成一种具体的任务。

我们现在对小说阅读的认识已经比较成熟了，这里我再多举些例子。我要说明的是，我们在六、七年级，尤其是六年级的整本书的阅读，应该是以理解为主的。第一，这个理解包括必要的内容的梳理，包括情节的梳理，包括情感的梳理，包括与主旨相关的作者的价值观的梳理，这是通过梳理来理解。

第二，这个理解是带有一定的意义的理解。因为我们讲的理解不只是懂了文本里面所说的东西，或者懂了这个概念，你还必须通过进一步的语言实践来阐释你懂的东西。比如你读懂了汤姆是一个调皮的，但是有着正义感的、有着对这个社会的反叛意识的人，这是你理解的抽象了的判断。你还要阐释，通过他对哪些事情的处理，对哪些人物的评判，表现出了他的 A 或 B 或 C，还是 A 加 B 加 C。这样的阅读是通过语言的感受来实现的。而我们其他阅读，比如数学的阅读也一样，你还是要通过语言的感受来实现。当然里面有一个问题，抛开数感问题不谈，就谈通过汉语言文字来读出对某一概念的理解，你还是需要阐释。你知道 1 加 1 等于 2 了，这个只是概念，你知道 1 加 1 等于 2 是什么意思吗？当 1 加 1 要转换成 A 加 B，那么你要通过新的语境来解释 A 加 B 等于什么。汉语言的学习也是一样。我们在这个理解过程当中，需要不断地对语言形式、对相关人物、对相关事件进行阐释。我这里说的是阐释还是作者的不是你的，是你来理解作者，你对作者塑造这个人物的意图的一种阐释，你对这个人物的价值意义从作者角度出发的阐释，这叫理解。

所以六、七年级，尤其是六年级，阅读应该是以理解为主的，主要包括梳理与阐释，之后在此基础上再往前走。当然七年级第二学期开始也可以再往前走，那是在理解基础上的升华，要转化为一个问题，形成问题意识，通过一定的认知冲突来实现原有的理解的提升，已经不是简单的理解了。在理解基础上，通过一定的认知冲突，或者通过一定的质疑的方式，实现升华。这里的质疑、这里的问题意识不等同于我们一般在课堂上要求学生提的一些问题。学生提问这个词语是什么意思，这个句子是什么意思，这个题目是什么意思，这个人物有什么特点，作者想表达什么……这些严格地说起来很难真正形成认知冲突，是浅层次的描述式的问题，回答是什么的问题，在整本书阅读过程当中不能称为质疑。质疑指的是已有经验在这个文本的阅读过程当中因碰壁而产生的问题。

第三，我们过去读一篇小说或者一篇散文，我们来判断一个人往往显得比较绝对。比如读《我的叔叔于勒》，认为菲利普夫妇完全是自私自利的、金钱至上的人，这是比较绝对的，一方面基于我们的经验，一方面是他人通过老师给我们的这样一个定论。但是在读的过程当中，我们可能发现这样的判断跟自己的经验是矛盾的。比如《汤姆·索亚历险记》中的姨妈的确是压抑着汤姆的个性，然而并不像所说的那么可恶，她真的就是一个传统的、正统的思想的维护者吗？她真的只是压抑"我"、打击"我"吗？这就叫质疑，是在理解基础上的质疑。这个质疑源于我们的认知冲突，所以上课的时候老师老喜欢问"你的意见"，认知冲突的起点是个体的认知处，是已有认知跟新知的冲突、矛盾处。其实我们在单篇课文教学过程当中，也会引导学生去自主寻找与其已有经验构成矛盾的地方，寻找反常性。

因此，七年级以后我们恐怕更倾向于基于认知冲突的演绎。什么叫演绎？把你知道的或者你的某一个观点，用推理的形式陈述出来，这是演绎。为什么要基于认知冲突呢？因为你的演绎，你新观点的形成，跟你问题的产生，不是探讨探讨就能形成，一定是通过不断的认知冲突，或者叫不断的碰壁，不断的质疑，而逐步地使问题得到解决或者部分得到解决。如果是组内的认知冲突，那就是局部地形成共识，然后把共识的形成过程演绎出来，或者把个体的问题解决过程演绎出来。这个演绎的过程不只是介绍我是怎么一步一步认识的，还得介绍在这个过程当中，我调动了哪些积累，或者叫经验，唤醒了哪些记忆，借助或运用了哪些知识，所以叫基于认知冲突的演绎。它已经不是简单的理解了，而是从对作者文本的理解升华为一种自己新的认识的形成、新的经验的形成。

从七年级第二学期开始，一直到高中，还需要两个点。第一个点我把它称为"移情"，第二个点我把它称为"自省"或者"反省""反思"。移情是我有了前面的理解，有了我的认识，我要将这个认识转化为一种新的表达形式，这种新的表达形式就是让我添一道作品的情境，比如我变成汤姆，我变成鲁滨孙，这叫移情。移情是检验新认识的一种方法，也可以说是一个必要经历，是一种对自己已有认识的检验，也是对已有认识的提炼，通过这样的检验转化为一种反思。反思就是我通过这一本书的阅读，到底获得了什么？我经历了怎样的一个学习过程？我得到了什么？我还需要解决什么问题？我怎样通过下一本书的阅读来解决这本书阅读所遗留的问题？

在不同的阶段，应该有不同的侧重点。我说的这些阶段对应的这些点，不是截然分开的，只是说六年级和七年级以那个为主，七年级以上以这个为主，不是说这个过程不要基础，不是这个意思。

这样的任务是阶段性的思考重点，跟我对小说的这种理解是密切相关的。我刚才还提了在这个结构化的任务当中，还需要关注活动。这个活动当然可以理解为完全是用笔来思考、用笔来表达的活动，但是作为一种可视的形态、需要进行一定的交流的形态的这种活动，就不是仅仅靠个体来实现，因此，就要有一个合作的形式，尤其是初中阶段，合作的形式需要有角色定位，在角色定位的前提下的分工与合作，并形成一定的成果，通过一定的活动把它呈现出来。

比如介绍，你需要做 PPT。我是因为不会制作，所以我不用，但是现在的孩子都会，可以通过 PPT 的形式来阐释、来介绍。你要把它转换成一部微电影剧本，需要小组合作；你们表达了自己的见解之后，采用类似于答记者问这样的一种形式，小组的四个人回答，其他同学或者是老师提问题；你最后把它转换成一篇小论文，或者转换成一种新的文学样式，如诗歌等等——这都是活动的形式。

刚才曹刚老师说，一般来说，一本书的阅读大概可以用两个月的时间。因为学生除了阅读这本书，还有许多其他要学习的书籍。为什么说两个月呢？因为一般来说一本书需要学八个课时——当然这八个课时是不是完全占用语文的教学课时，各个学校应该根据你们的教学计划，自己来设计，主要是怎么进去，怎么展开讨论，怎么形成认知冲突，怎么形成共识，怎么得出结论，怎么进行交流，等等——我以每周一课时计算，那么一个月四课时，两个月八课时，两个月是这么计算出来的。你说我用一个月可不可以？可以。

小说的阅读，我们已经有了经验，我们在已有经验的基础上，对它再做了一点梳理。我这里主要讲的是现代文的小说阅读，古白话的小说阅读，还有文言的小说阅读，比如《聊斋志异》，那就比较难，恐怕会有另外一种思路。

我们的整本书阅读当中有一本书它不是小说类，也谈不上散文，更不是学术论文，而是通讯报道类。读小说，尽管没有提三要素，但是大家都明白相关要求。读报道类，你目标的确定，一定跟报道类的个性特点（或者叫要素，或者叫因素）相关。小说的人物、情节、环境、主题、目的，这是小说的要素。现在更多地倾向于人物、环境，因为情节容易与人物、环境、主题联合，其他要素都是通过情节来实现的。而报道类，尤其是新闻报道，有三个要素：第一个，时效性；第二个，真实性；第三个，导向性。

关于我们八年级将要读的相关书籍，在实际的学习中，有一种比较乱的现象，那就是阅读的版本不同。一个班级的学生往往使用不同的版本，尤其是不同的翻译版本。不是翻译作品的不同版本，它的主体部分是不会有大的差别的，但是它的其他部分，比如前言、序、跋、后记，比如现在许多书籍有的导读，不同的版本是不一样的，因为它是不同的人组织编写的。就说《红星照耀中国》，有的只有后记，没有序；有的有作者 20 世纪 40 年代的序；有的只有作者 20 世纪 80 年代的序。这就比较混乱。这样的一种混乱给我们的教学带来的困难，是我们在设计任务的时候很难兼顾到的。

像《红星照耀中国》这样一部书，它尽管是报道，但是，我们今天来读它一定不是新闻。因此，时效性可以去掉。一定要讲时效性，你只能就当时来说，那这个时效性就跟导向性有一定联系。所以读《红星照耀中国》，从目标的确定来说，跟真实性、导向性有关。从实际的教学来看，目标确定的核心要素应该是导向性，真实性融于导向性之中，因为它让人感受到它的真实性。这个真实性叫报道的真实性，跟文学作品的真实性还不完全是一回事。既然目标定位在导向性，核心就是作者写这样长的报道，目的是什么，你要理解作者做这样的采访、做这样的报道的目的，这是我们的核心目标。

在这个核心目标下，我们可以探究一点：在叙述过程当中或者报道过程当中的真实情况。因为它是通过这些真实的人、真实的事来呈现的。这是目标的核心。至于这个导向性，你当然可以关联今天的价值、今天的意义。但是，在指导整本书阅读过程当中的初始阶段，核心是讨论这本书、这个作者他要导向什么。对今天的导向意义，是读了之后，从移情自省的角度来说的重新认识。可以吧？可以。需要吗？那当然很需要。尤其是在立德树人这样一个大前提下，在社会主义核心价值观的指导之下，这当然是很重要的。但是你要把它转化为对今天的指导，基础是你要知道当时的事情。

先要解决这个问题：目标定位是怎么样的？我们来看这样一个目标，通过哪一个核心任务最能实现。比如你可以探讨作者，可以探讨当时中国共产党的领袖或者叫核心领袖，可以探讨在这个报道当中的核心事件，等等。但是刚才所说的这些任务，恐怕都只是一个一个的句子，还不能解决所有的问题。

那比如设计这样一个任务：你以作者当时的身份，20 世纪 30 年代时的作者身份，代作者写一个序。如果你的文本里面有作者 20 世纪 40 年代的序，没关系，你可以参照作者序中的一部分内容，也可以参照后记中的一部分内容，也可以参照他女儿写的序的内容。但是参照不等于摘抄，你要重新写。你需要重新组合、重新调整、重新补充，甚至可以转换叙述的角度，它是从这个角度来说的，你可以换一个角度。

那么写这个序的依据是什么？第一个依据便关于目标性，这个报道的导向，或者是作者本身想要指出的方向，通过这样一个序，你可以意识到它的导向性。当然也一定要意识到在报道过程当中的事情。这是我说的一个核心内容，是达成你的教学目标或者学习目标的方法，是达成这本书阅读目标的方法。

第二个，要会写序。你光读作者的序，别人的序，后记、导读之类的文章，是不够的，它们只是给你点参考，真正有用的是进入文章中去。你要读完文本之后，才能够让它转换为你的序。因此，这个核心任务的提出不是在第一课时、第二课时、第三课时、第四课时就能完成的，它一定是在完成若干具体的小任务之后，才能够完成的。你要完成，就要进入文本，要知道它写了什么，知道在写的过程当中作者的情感倾向是什么，在写的过程当中要纠偏的东西是什么。

可以设计这样一些小任务：小任务一，是比较简单的，梳理采访过程，或者叫采访过程的导图。请注意这个采访过程的起点很重要，你的这个导图第一个点就是在这个起点上，它是触发你采访的直接因素或者叫最重要的因素。当时外界对非常年轻的中国共产党，认识是不清楚的，不仅是不清楚的，而且基本上是作为一个要消灭的、被批判的对象出现的：是"匪"。国民党是造谣者，但是他们的观点以及他们列举出的基本是歪曲了事实的例子，使很大一部分人受到蒙蔽，认为国民党宣传的就是事实。尽管有人质疑：共产党真的是"共匪"吗？真的是"共产共妻"吗？真的是他们在欺负着老百姓吗？他们真的在破坏着国家的发展吗？但是因为造谣者的宣传实在太多了，包括作者也同样有着一系列的错误认识。因此，这个采访过程的起点是需要解决问题，这个解决问题是真实地解决问题，这些问题不带作者的观点，只是把大家的问题集中起来，转换成几个重大问题。第一个要解决的问题就是"红区"或者叫"共区"到底是怎样的一种情况，与"我"看到的其他的种种情况是一样的吗？梳理这个采访过程，既是对内容的梳理，也隐含着对作者认识的、情感的变化的梳理。

小任务二，还是内容的梳理，但是在这个内容梳理过程当中，恐怕要带有一定的阐释。既然要带有一定的阐释，那么我们换一种形式。比如我在讲《汤姆·索亚历险记》和《童年》的时候将改换标题作为核心任务，对于《红星照耀中国》，依然可以用改换标题的形式。这个改换标题是小任务，不是核心任务。所谓的改换标题的基础就是你的阐释，阐释你对作者的理解，在阐释你对作者的理解的过程当中，主要抓住三个方面：

第一个方面，所见到的人，作者所采访的人及采访后所产生的带有一定的结论性的观点。因此，如果你的标题是以人作为主体的，你就要从这里去找到依据。第二个方面是事，这里的事是指亲身经历、亲眼所见之事，当然也包括一部分听到的事。第三个方面，评价。作者除了采访核心人物之外，他还对当地的最基层的、最下位的百姓，尤其是农民，进行了采访，也就得到了最基层对共产党、对领袖们、对红军战士非常直觉的、朴素的评价，有时候甚至不是评价，只是告诉你一件事。这三个方面构成了你对作者所表达的见解、所表述的事实的理解，以及在理解基础上的阐释。

小任务三，怎么形成认知冲突。作者所写的人，尤其是领袖人物，跟你从其他的书中、资料中、影视中等等所了解到的似乎不完全一样。首先，你要找得到不同点。其次，思考这个不同点是否构成矛盾，怎么来解决这个问题，通过这些不同点，尤其是《红星照耀中国》里的这样的一种表述，你对该领袖人物产生了哪些新的看法。

最后，第四个任务——把第四个任务作为第一个任务当然也可以，但是如果作为第一个任务，我自己在实施过程中发现反而更有难度——标题的阐释。你能告诉我标题的含义吗？要回答所谓的标题含义，我们先要做分解。

第一，"中国"。"中国"是什么？"红星照耀中国"的"中国"指的是从尧舜开始的中国吗？是春秋战国的中国吗？是清王朝的中国吗？是中华民国的中国吗？这个中国到底是什么？既然叫"照耀"，"照耀"是相对于什么来说？如果不是红星照耀的话，那么怎么照耀？笼罩中国的是什么？

分析可知，在红星照耀下的中国预示着或叫意味着一个新的中国的诞生，这叫"红星照耀中国"。

因此，这个"中国"既是指传统的自古以来的中国——严格地说，这个不叫中国。比如《少年中国说》里面的"中国"指的是新生的中华民国，它和以往大家说的"中国"基本不是一个。为什么？因为构成一个国，作为一个祖国，那么思考的出发点、一切的源头都是这个国，既然是一个国，这个国就是大家的。但如果说这大清天下是我们大家的，居然没有人理解：怎么可能是大家的呢？大清国当然是大清皇帝的，怎么可能是大家的呢？所以过去的中国，严格地说不是真正意义上的"国"，而是君王的一个疆域。秦的时候有了皇帝，皇帝要做的就是了却君王天下事，所有人是要为君王服务。如果是"国"的话，生活在这个疆域的人都是主人。它是指历史的或者是疆域的，是有着中华民族的这样一个疆域的中国，它更是特指中华民国时期的中国。因为中华民国时期虽然比封建时期"国"只是为君王一个人服务要好一点，但实际上还是独夫式的，或者说封建军阀式的，是一个仍然谈不上真正意义的每个人都是主人的国家。从某种意义来说，我不讲黑色笼罩，至少是白色笼罩的中国，是没有实现人人都是主人的中国。因此，第二，"照耀"，就是要驱霾，驱雾，驱散黑暗。"照耀"一定是针对当时社会的种种不合理，这从文中也可以读出来。

第三，"红星"。"红星"是什么意思？你可以说这是指红军，指中国共产党，指中国共产党的领袖，也可以说是指红军帽子上的这个红星。让你说，看还可以说成什么，让你做选择，会选择哪个解释？如果理解为借代，那一定是指红军帽子上的红星。这个红星是用了借代手法，用以借代红军，而红军又用于借代中国共产党，而这时候作者所接触到的中国共产党，是已经明确了以毛泽东为核心的或者为主要领袖的这样一个党。

我刚才这个解释只是对概念的解释，而学生对这个标题的解释是需要从文本当中找到依据的解释。通过这个标题我们也可以知道作者写这本书的目的，或者是读出作者的既带有客观性，又带有一定的感情倾向的叙述和理论。那通过这样的对任务的分解，我们可以知道或者感受到他的创作意图，这本书的导向意义，并把这个导向意义表述在序里。因此，读报道类作品，当然可以陈述过程、陈述经历，但核心部分是对作者写作目的的阐释，在目的阐释过程当中完成对"红星"的认识，对"红星照耀中国"的认识。

同理，读散文集。我们读散文的核心是要把握作者的感情以及在作品当中这条感情的脉络。对于散文集，尽管不是一篇，但是你把它们集为一本，里面一定有贯通整个集子的一条感情脉络。而读散文，读感情脉络，一定跟个性化有关，我们读散文更关注个性化，是带有一定标志意义的。读散文集，从目标角度，从任务角度——我先不讲核心任务——至少先要分类。尽管整体思想是一致的，但是总有不同类，要做一定的类化，而后再进入具体的散文阅读。

读科普类作品，尤其是《昆虫记》这样的作品，当然需要了解一定的科普知识。但像《昆虫记》这一类的作品，是说明性或者叫科学性与文学性相融合的，你还要去读出作品当中的科学性与文学性的完美融合，从而理解作者写这样一部书的目的以及价值意义。尽管是翻译作品，但是它翻译过来的汉语言同样兼具科学的和文学的价值。

这样，无论是小说的阅读，报道的阅读，还是其他类的阅读，都要考虑一些相同的东西，那就是：目标怎么来确定，单元结构怎么来形成，核心任务怎么来设计，具体任务怎么来分解，以及在任务完成过程当中个体语感的提升与小组合作意识的提升。这个大概跟我们整本书阅读的价值有一定的关系。

我今天就说这些。

（整理者：上海市延安初级中学　张　仁）

谈谈《朝花夕拾》的整本书阅读教学设计

（2019年11月6日）

　　散文集的整本书阅读的价值意义是什么？《孟子》里有两个概念，第一个叫"以意逆志"，第二个叫"知人论世"。我们平时在实际教学过程当中，把这两者关系颠倒了。我们觉得要通过"知人论世"来"逆志"，也就是通过"知人论世"来理解作者想要表达的思想观点或情感，这大概是弄反了。我主张第一步先要"以意逆志"，然后再"知人论世"。

一、由"以意逆志"到"知人论世"

（一）什么叫"意"？

　　"意"有不同的解释，现在比较一致的意见是，"意"指的是阅读者的理解。"逆"是迎合、揣度的意思。"志"指作者到底想表达什么。"以意逆志"指阅读者在整体把握文本的基础上去阐释、理解作者的思想或情感。"志"由何而得？必须依据文本，无论是单篇散文还是散文集的解读，都要透过文本。文本是基础的基础，就好像我们讲一个社会结构一样，社会结构一定是从最基层讲起的，没有这个基层就没有制度，就没有人了。所以，要强调透过文本来读出"志"。

（二）"意"哪里来?

从经验里来。读者的理解是需要唤醒与调动已有经验的。所谓经验，即他过往阅读许许多多的文本所形成的经验。比如学生从小学到七年级，通过阅读一定量的文本，获得了不少的经验。文本阅读经验又往往跟今天要读的整本书相关。学生读到七年级，对鲁迅总归是有一些了解的。我们教师要去唤醒、调动学生已有的阅读经验，使学生的"意"升华。因此，学生读《朝花夕拾》，不是从零开始，是有着许多阅读经验积累作为基础的。

（三）可以借助资料、注释，去提升我们的"意"

比如，对《朝花夕拾》的创作背景不甚了解，可以通过一定的资料来提升我们的"意"。我不建议大家去看所谓的"导读"，有些版本为了方便学生阅读加了很多"导读"，其中的很多观点和阐释都比较陈旧，我们只能参考，不一定能够真正指导我们阅读《朝花夕拾》。因为有些导读中的理解太过单一化。比如说到《从百草园到三味书屋》，"百草园是欢乐的、三味书屋是枯燥的……"，这种解读太片面。因此不能盲目参照"导读"，而是要借助资料，将自己的阅读经验，跟自己对文本的基本认识紧密结合在一起去思考，来提升自己的"意"。

我们在整本书阅读过程当中，首先要提升自己的"意"。如果通过"知人论世"来"逆志"，那就错了，那不仅是简单化，而且是概念化，就变成了所谓的"知人论世"的演绎。

（四）在"以意逆志"的基础上，再去"知人论世"

我们通过《朝花夕拾》这本散文集来认识鲁迅，这叫"知人"。"论世"是通过文本的阅读，知道作者所处的特定的历史时期，以及与历史时期相关的种种现象，当然也包括作者，这个叫"知人论世"。因此，"以意逆志"是基本方法、基本途径，通过这个基本方法、基本途径来认识"人"

与"世"。

因此，我们得先"以意逆志"，再"知人论世"，顺序不能颠倒。我们过去太简单化了，好像把"知人论世"当作了一种方法或模式。因此，我们读这个散文集，要做的第一步就是"以意逆志"。

二、从散文阅读到散文集阅读

单篇散文里所写的人、事、物是作者认识的人、事、物，是作者眼中看到的，耳中听到的，心中所想的人、事、物，不一定就是作者真实经历过的。我们讲散文的真实性，不等同于里面所写的任何事情都是作者经历过的。比如鲁迅先生的《风筝》一文，有人做了考证，问他的弟弟这件事情发生过没有，他弟弟笑着说：我不记得有这个事情，也许他喜欢这么说吧。因此，我们讲散文的真实性，不等于作者生活中一定真实发生过。因为真正的现实生活中的人、事、物，我们没法像用照相机一样把它们照下来。即使是照下来，你选这个角度，我选那个角度，记录下来的人、事、物也可能会不一样。

单篇散文有一条贯串始终的情感脉络，我们过去的概念叫形散神聚，这个说法没错，但我们一旦把它概念化了，那就没多大价值了。"神"到底是什么？这个"神"就是贯串始终的情感脉络。

作者总是通过带有标志性的语言形式来表达自己的情感。比如鲁迅的散文语言中所特有的"一转再转"，运用关联词语，将语义一转再转。"转"的本身表现出他思考的深入性，或者叫复杂性，他通过语义的一转再转表达自己的思想认识过程。此外，《朝花夕拾》中有很多篇散文出现了"现在"和"过去"这种表述形式，"朝花"是过往的，"夕拾"是当下的。而鲁迅的散文诗集《野草》恐怕是未来的东西，他是通过反映现实的不如意来表达对未来的一种追求。总之，作者要表达的情感总是通过有标志性的语言形式来呈现的。

总结一下，理解单篇散文有三个核心：作者认识，情感脉络，特定的语言形式。散文集的阅读基于单篇散文的阅读，要跟单篇散文阅读相关。而散文集之所以作为一个集子来呈现，那么它一定也有贯串整个集子的情感。因此，就要从许多个单篇的情感脉络当中去汲取共性的东西，来构成这一个集子的特定的、有一定语言标志的情感脉络。

三、以任务构建整本书阅读

整本书阅读应该有比较显性的任务，或者叫"任务的学习"，它跟单篇不一样，当然单篇现在也可以用任务的形式，但是整本书阅读是作为一个单元来呈现的。既然作为单元来呈现，那么这个单元就应该是结构化的。所谓的结构化，最外显的标志，比如我们一般的阅读单元里面的结构化，有三种呈现：一是区分教读课文和自读课文；二是区分不同的文体；三是文章有不同的深浅度，内容上呈现结构化。而结构化的另外一个表现，就是任务完成过程当中的读写活动的一体化。理论上说，整本书阅读应该是"阅读 + 写作 + 活动"的一种融合。

从《朝花夕拾》来说，十篇散文构成什么结构？第一种可以按照时间顺序，还有第二种按心路历程的顺序，那么是不是有第三种顺序呢？当然有，以写人为主的归为一类，以写具体实事为主的归为一类，想象的、虚构的再归一类。因此，在学习《朝花夕拾》过程中，恐怕是有不同形态的结构化。

我主张整本书阅读要进行任务化学习设计。从刚才世外中学介绍的设计来看，核心任务很明确：致 1927 年鲁迅先生的一封信。这个核心任务是以语言实践的形态呈现的，它既是阅读，又是写作，以这种形态呈现，没问题，很好，这是可操作的，每个学生都能完成。但是这个核心任务下，它应该分解为哪些具体操作的任务呢？

我的意见是：

第一步，需要做类化，明确分辨散文集中 1927 年的鲁迅，写作时的鲁迅，作品中涉及的儿时的、少年的、青年的鲁迅。学生要完成核心任务"致 1927 年鲁迅先生的一封信"，既然是写给 1927 年的鲁迅，那么学生就要知道 1927 年的鲁迅跟写作时的鲁迅，跟作品中涉及的儿时的、少年的、青年的鲁迅，有什么关联。怎样在这封信里使这些不同的概念组合起来？尽管写信的对象是"1927 年的鲁迅"，但写作时的鲁迅，以及儿时鲁迅、少年鲁迅，这三个概念要让它们在这封信中统一起来。怎么统一？做类化。怎么来类化？是用时间来类化，是以文本内容来类化，还是以他的心路历程来类化？……可以让学生或者学习小组从不同的角度来解读。不同的分类标准会让学生对文集的理解产生不同的感觉。这个就叫读散文，跟读小说不完全一样，因为散文的结构化是可以有多种的分类的。从每个人的具体操作来说，核心任务完成后并不意味着就结束了，还需要形成一个新的认知冲突，需要有一定的撞击，进而达成共识或产生需要继续探讨的问题。

第二步，做进一步分解。从散文阅读角度来说，现在我们读的都是以写人叙事为主的散文。这就需要知道这类文章以及这类文章所构成的文集的基本特点是什么？比如鲁迅写范爱农与写长妈妈，都是写人的散文，但两篇写人散文的特点不同，不能归为一类，写事的也是如此。

第三步，要梳理出散文集中作者的心路历程。这不只是简单的十篇散文的重新组合，而是在重组之后，读者提炼出来的作者的心路历程。

第四步，曹刚老师建议一开始先读"小引"，这个路径可以。我把它倒过来，通过前几步的梳理，反过来阐释"小引"。即通过各种分类，通过内容梳理，通过心路历程梳理，阐释"小引"里面所表达的概念、观点、思想（显性的和隐性的），进而促进我们对作者思想的理解。

第五步，给 1927 年的鲁迅写信，侧重点是什么？依据是什么？给 1927 年的鲁迅先生写一封信，信的内容不可能面面俱到。那么这封信的侧重点是什么？确定这样一个侧重点的依据是什么？为什么要选择这些侧重点？核心任务确定后，让学生知道接下来的下位任务有哪些，自己必须完成什么，那么学生就要知道写信需要做哪些分解，这样的分解的价值意义在哪里，这样不只是读这样一本散文集，对学生读其他散文也有导向作用。我觉得这大概是阅读散文集与其他类型文本，如科普类、小说类、学术类文本，最显著的不同之处。

统编教材投入使用之后，教学有两个比较难的点，关于过去高中内容"下放"到初中阶段。

第一个是文学作品的"下放"。过去我们六、七年级一般从叙述类的记叙文开始学，但现在直接学散文、小说，这种文学类样式作品的阅读对学生来说是一个难点。我们过去初中阶段有记叙文的阅读，承担两个责任：一是因为小学没有完成记叙文阅读的任务，初中要补充完成，需要学习记叙文共性的、规律性的知识；二是学习文学语言，文学语言是讲究个性的，要在共性与个性之间找到契合点。

第二个是说理类文本的"下放"。先说以议论文为标志的说理类文本，从阅读角度看，新教材初中语文显性的议论文单元有两个，写作有四个，此外还有隐性的议论文文本散落在各册中。其次是说明类文本，包括事物性说明和事理性说明。说理类文本的"下放"指向培养学生的逻辑思维，尽管初中阶段不一定要把形式逻辑的所有知识都教给学生，但是需要通过文本阅读，让学生对逻辑的相关知识有所感受，促进学生对这些知识的运用。

回头再来看鲁迅的散文集《朝花夕拾》，阅读它恐怕对逻辑方面的要求很高，因为它符合我刚才所说的，是由高中"下放"而来的，既是文学类，又有逻辑思维要求在。我们读鲁迅这本散文集，恐怕很需要花一点功夫。

整体来说，六、七年级的整本书阅读以梳理性的阅读为主，但是我们要读《朝花夕拾》这个文集，光是通过梳理阐释恐怕还解决不了问题。学生在阅读过程中，可能会有些质疑。所谓质疑不是仅仅提出问题，而是在文本阅读过程中，跟学生原有的经验可能会产生矛盾，通过文本阅读，把这些矛盾激发出来，而后结合任务的完成，或任务的部分完成，尝试把矛盾冲突解决掉，或把矛盾冲突再显性化，为今后的阅读打下基础。这样我们这个整本书的阅读，对学生语文素养的提升就有价值，有意义。

（整理者：上海市世界外国语中学　杨　宇）

在青浦、普陀两区"单元教学视野下的任务设计与情境创设"初高中联合教研活动上的发言

（2022 年 3 月 3 日）

各位老师，下午好。

今天，我们在青浦区第一中学围绕"单元教学视野下的任务设计与情境创设"这个主题，采用跨区域初高中联合教研活动这种形式研讨，是很有意义的。

刚才很多老师结合着这两堂课，并依据这样一个主题提出了一些问题，也包括他们自己的思考。他们所提的问题，恐怕也正是我们教师自从使用新课标、新教材之后一直思考的问题。比如第一个问题，我假定把它称为"任务化"。

现在高中有任务化学习，接下来初中也会有任务化学习。"任务化学习"与过去我们所说的"问题化学习"，比如宝山区就用好几年的时间专门研究了"问题化学习"，这两者之间的区别是什么？如果我们从高端层面来说，没有大的区别。"任务化""项目化""情境化""问题化"，从高端层面来说都没有大的区别。但是依据我们的经验来说，或者依据现在实际的课堂教学来说，"任务化"跟"问题化"是有联系的，然而也是有区别的。

所谓"任务化"或者"任务驱动"，更关注学生自身的任务驱动。因

为这个任务是要学生来完成的，不是教师来帮助他完成的。教师帮助他的，只是在完成任务的过程当中，让他看到可以关注哪些内容、哪些环节、哪些方法，而非直接代替他去完成任务。那么，现在那么多年过去了，新教材使用之后，我们就知道所谓"任务化"，其实它本身构成一定的"任务链"，任务与任务之间有一定的逻辑联系。比如我们读整本书，要学生重新为某一部书写目录、重新排序，这是一个任务。那么为了完成这个任务，学生还要完成哪些任务？比如我们讲小说，讲人物的命运、人物的成长、人物的性格，这个任务下你要给它重新排序，就要考虑：第一，视角要不要转换；第二，次序要不要替换；第三，是否可以增删；等等。这就是下位任务。而无论是从什么角度出发，要这样排序的话，必然要关注到人物命运以及与人物命运轨迹相关的要素，比如环境、人与人之间的关系、特殊事件、作者的写作意图、作品主人公的追求等等。这个叫"任务链"，在主任务下通过一个个具体的任务来实现。

我说了高端层面的"问题化"与"任务化"没有大的区别，但是我们所理解的课堂的任务一般有这样几种情况——第一种，提出问题，不管是否构成问题链，它是以寻求问题答案为主的一种方式，而这个问题的答案可以是学生自己找到的，也可以是教师帮助学生来找到的。在我们那么多年的实际的教学中来看，这个真正的"问题链""问题化"，比较多的还是教师在主导着，所以它跟"任务化"不完全是一个概念。但是我刚才说了，它们是有联系的。你要讲"任务化"，那么这个任务：第一，它必须跟特定的情境结合在一起；第二，在这样的一个情境下需要解决一定的问题；第三，这个问题的解决是要通过相应的活动，也就是我们这里讲的"学习经历"。什么叫"学习经历"？就是学生的必要的学习活动。这里讲必要的学习活动不是指某一种形式，比如搞一场辩论会、排一个情景剧，这些当然也是活动，但是这些活动未必是必要的。语文学习过程当中的必要的活动，更多指向的是后来所提的老话题，就是言语活动。当然这个活动还必须跟相应的，大一点叫评价，小一点叫作业，结合在一起。这个叫"任务"。因此，就目前的实际的教学来说，"任务化"跟"问题化"到底还不完全一样，这是我说的第一点。

第二点，"任务化"也好，"问题化"也好，今天我们研讨的是"单元视野下"，是一个单元教学，那么这里就有一个对单元的理解。按照我们的习惯，单元大多指向的是文本自然构成的单元。也就是"第一单元""第二单元""第三单元"这些自然构成的单元。自然构成的单元，按照现在新课标制定者的说法，叫小单元。而从任务化的学习来说，他们更倡导的是大单元，是真正意义上的结构化的单元教学。比如"文学阅读与写作"，这当然是一个任务，然而从高中的课文或者课本的编写来说，实际上它将文学阅读与写作，分散在各册中，分散在各个小单元中。但是从这个任务来说，这里所设计的一个大的单元，比如"小说阅读"，初中也有、高中也有。高中分散在其他自然单元里面的有、集中在一起的也有，有了一次还可能有第二次。比如在选择性必修当中，那就是外国文学，又有许多小说的东西。

这就构成一个大的单元，大的单元构成的意义就在于，你要知道：这个大单元的总目标是什么；在这个总目标下，核心任务是什么；这个核心任务怎么分解到各个自然单元当中去。这个叫大单元，按照现在新课标的制定者的宣讲来说，叫大单元、大任务、大情境。

在这样一个大单元背景下，我们来考虑具体的单元。大家知道现在单元的构成是多元的，有的纯粹以文体来构成，有的以内容主题来构成，初中、高中都是。初中许多单元，教师在教学之后都说这单元太奇葩了，什么都有，有小说、诗歌、散文、戏剧、寓言等等，这怎么构成单元？那么你就要知道像在这样一个单元下，核心到底要解决什么。是不是围绕着某一主题，将不同的文体形式、表达方式以及作者的不同情感组合在一起？因此，大单元下牵涉到各个单元，既要考虑到目标，又要考虑到任务，这个叫大单元、大情境。

刚才谈得最多的一个或者很核心的一个就是所谓的情境。怎么来理解情境？

刚才有一位老师提了"文本情境"与"教学情境"，还有老师提了"言语情境"或者叫"言语形式"。那么怎么来理解情境？情境，有促使学生回忆、唤醒其记忆的，有引导学生进入文本的，有结合学生平时学习、生活等体验的，还有带有虚拟性、虚构性、未曾发生的，等等。情境本身就有不同的理解。实际上我们现在中考、高考的命题，最需关注的，就是命题情境。这个情境指向的是什么？指向的是对文本内容的理解，指向的是对表现文本内容的语言形式的关注，这是引入文本的情境；有的是跳出文本，要引入学生的生活的。所以我说，现在的考试实际上非常关注情境问题，尤其是我们的高考。考试院高考的命题者，多次说到在命题的过程当中到底怎样来设置情境。

"文本情境"是一种情境。将文本内容加以概括、提炼，结合文本的语言形式，在这样一个特定的情境、特定的问题下，怎么更好地进入文本的内容和语言形式当中去，这个叫"文本情境"。比如周老师所提的造成祥林嫂死的原因是什么？这是引入文本情境。当然，文本情境还可以联系当时的时代背景，比如教师后来所列举的鲁迅写这个作品的那时候的一系列想法。这既与文本有关，但又跳出了文本本身，与曾经那个时代的生活内容结合在一起。刚才有老师还提出了，是不是还可以延伸到今天，让学生思考，像祥林嫂的悲剧，对今天我们的学习、生活，我们的思考以及我们的思想形成，还有没有价值，那个就叫现实情境。在我们实际的教学过程当中，对于六、七年级的学生来说，我觉得首先要考虑的是文本情境，当然并不等于说你只是围绕着文本情境，那当然不行。

刚才那位老师提出"教学情境"与"文本情境"不矛盾，但不是一回事。"文本情境"是文本用语言组织的内容所构成的，是依据文本内容、依据学科知识、依据目标而确定的特定的情境。而"教学情境"更多指向的是学生的需求。要思考的是学生今天来读这样一篇文章，需要解决什么问题，怎么来解决这个问题，怎么能够将学生的需求与文本或者叫学科的需要融合起来。"教学情境"更多指向的是学生的需求，也就是说，学生来读这样一个文本，不只是要读懂，还要明白怎么读，需要哪些路径，需要运用哪些方法，需要有怎样的一个顺序或者叫序列。

当然比较好的教学应该是文本情境与教学情境融为一体的。因为你不能光考虑文本情境，如果不考虑学生的需求，只考虑文本情境，那是你教师自己去解读。将教师对文本的解读迁移到学生对文本的解读，这是两者的融合。

当然在这个过程当中，其实还是可以适当地考虑一些能够引发学生的经验的特定情境。比如《好的故事》。因为鲁迅先生讲的《好的故事》，是由各种各样的好，好的人、好的事、好的景、好的物、好的生活、好的追求等等，构成的一个故事。学生可以依据他们阅读的经验，从鲁迅的作品当中去找到相关的语句，也可以将自己从其他文本当中所读到的，将自己从写作实践当中感受到的，组合运用。让他来想，在那个大块的、那么多好组合起来的一个特定的好的故事当中，是不是可以有一点小组合？比如村女与一丈红的组合、村女与狗的组合、村女与星河的组合等等。那么这就是一个具体的、能够引发学生唤醒已有经验，结合他们现实生活的情境。当然有些情境是虚拟的，比如读了一本关于动物的世界的书之后，虚拟召开一个动物运动会，你怎么来组织这个运动会，这就是一个虚拟的情境。

因此我说真正的教学情境，除了考虑到学生需求之外，更要考虑到学生的学习的实际，跟他们生活的实际。在有可能的情况下，能够与他们生活的实际有机地融合，那就比较好了。但是这里恐怕会带来一个问题，因为你是在有限的时间里教一个有一定容量的文本，如果具体而微的情境，涉及得过多的话，容易使这堂课比较散，导致碎片化。因此，你要看在什么情况下，可以设计一个具体而微的、与生活结合在一起的情境。比如读

《乡土中国》，就可以联系一定的社会生活。比如读《鲁滨孙漂流记》，就可以联系他在岛上生活那么多年，对这个岛的基本认识以及由基本认识而产生出的特定的心理。

刚才说，如果是这样来理解情境的话，那么情境与任务，情境与问题，乃至情境与活动，都是不可分割的一个整体。刚才还有老师说到有所谓的"言语形式"，或者叫"言语情境"。"言语形式"要关注到字、词、短语、句子，包括长句、短句、整句、散句、修辞手法、语用、语境等等。当然这是最基本的。我们讲"言语形式"，既然讲"言语"，不说"语言"，那就是正在使用的语言，既然是正在使用的语言，那当然就有特定的使用情境，这是一方面。但是另一方面，我们讲的"言语形式"，不只是从修辞的、词汇的、文字的、语法的甚至逻辑的、修辞的等等角度出发，它实际上还可以脱开去，包括与文本内容相关的、与某些语句的形式相关的表达方式、表现形式、写作特点、表达效果、表达作用等等，这些其实都是"言语形式"，再扩大一点，也包括结构。

比如早年高考考了一首歌《十五的月亮》，要学生写短文，问的是：这首歌运用的最主要的写作手法是什么？这个时候理解的写作手法，从它所给的标准答案来说，或者说值得参考的答案来说，有两个。第一个，虚实相间：我在这里怎么样，实的；你在那里怎么样，想象的。这就叫作虚实相间。第二个，对比：我的、你的对比。那么你说这个是不是言语形式？当然也是。在高中阶段，写古诗文鉴赏的过程当中，必然牵涉到这种言语形式。

我们曾经与上海辞书出版社探讨，说你出的许许多多的鉴赏辞典，《古文鉴赏辞典》也好，《唐诗鉴赏辞典》也好，《宋词鉴赏辞典》也好，在当时来说的确非常有价值、有意义，帮助了一代又一代的年轻人提高了文学鉴赏能力，很好。但是有缺点，就是这些鉴赏辞典更多的是关注文章内容的赏析，较少关注言语形式，不是绝对没有，是较少关注。比如这样的内容，为什么是七言律诗而不是绝句，这样的内容为什么用词好，这里为什么要平起仄收，等等。这些在鉴赏辞典里面是没有的，但是从我们真正的教学来说，我不能说要全部地、有系统地、有序列地都讲给学生听，但是总要让学生知道这些实际上是比较高阶的言语形式，有兴趣的学生完全是可以进一步研究的。而作为教师来说，我不敢要求所有的教师都能够达到这样一个水平，但是总要有那么一点了解，在适当的时候结合具体的文本，让学生稍稍地知道一点，这对他们的文学鉴赏力、语言建构力的培养，有非常重大的意义。所以我说，言语形式不只限于字、词、句，也包括文章的结构、整体的写作手法等等。

刚才还提了一个问题：是不是任务、情境、问题，在我们实际的教学过程当中没有多大区别？这个我刚才实际上已经说了。就是我们既要知道它们的内在的联系，但是又不能把它们完全当作一回事。比如曹刚老师组织的关于 14 本整本书的，阅读的、解析式的、探讨式的、带有一定的教学模型意义的一本书马上要出版。在这本书里面他是这么来排序的：第一个是目标；在目标下第二个是任务，当然任务它也有分解；第三个是问题，要解决的问题所构成的问题链。他的书是依照这样的一个模型来操作的，依照他这样一个模型来看，任务、情境、问题、目标，有一定的联系，却是不同的概念。因为你讲的这个问题，实际上更多指向的是为了完成这个任务需要解决哪些问题，如果你将问题拔高，跟任务放在同等地位，那么这个问题跟任务就是一样的，是一回事。

好，我简单说这些。谢谢大家。

（整理者：上海市青浦一中　袁岑晨）

在民办田家炳中学语文学科基地"单元视野下自读课学习任务的设计"教研活动上的发言

（2021年4月1日）

各位老师，下午好。

今天我们研讨的主题是"单元视野下自读课学习任务的设计"，涉及的第一个概念是"单元"。那么，我们对单元有怎样的新的认识？我们现在讲的单元实际上从两个概念出发：第一个是教材中呈现的单元，"第一单元""第二单元""第三单元"等等，我们称为自然单元；第二个单元概念是要重组的，比如以散文构成的单元，以小说构成的单元。实际上我们的教学指南以及教学基本要求，更多倾向于重组的单元。

今天的这堂课，首先考虑的是自然的单元，但同时兼顾有可能重组的单元，那就是散文教学，所以它是两个单元的概念的整合。过去也有单元，但是我们过去的单元教学更多采取单元解构的方法，将一篇一篇课文解构出来，解构之后组合，搞一个单元来进行训练。所以，过去更多指向的是单篇的阅读。使用统编教材以后倡导单元结构化，结构化就不是简单地将单元的课文分解开来，每一篇课文确定一个重点，确定一个目标，而是首先有个单元，单元里面所有的单篇文章都跟这个单元的目标是密切联系的。刚才有一个组专门谈单元教学设计，就是这个意思。

而我们讲，作为一种结构化的单元教学，第一个、最显性的特点就是，这个单元教学设计里面有讲读课或者叫教读课，有自读课，有拓展阅读课。比如整本书阅读，它就是一个复杂的课型。讲读课或者叫教读课，教什么？怎么教？同理，自读课，拓展课，教什么？怎么教？这是值得研究的问题。要讲单元结构化，第一个方面，你要考虑到不同的课的形式，或者就叫课型之间的关系。不同的课型，既相通，又有不同的作用。

单元结构化的第二个方面，就是这个单元的构成。它实际上是跟单元目标、单元任务、情境设计相关的问题，包括必要的学习经历或叫学生的活动，以及与这些组合在一起的评价。而在这样一个过程当中，我们更关注的是学生怎么进去？学生经历了怎样的一个过程？学生在这个过程当中显性获得的是什么？而潜移默化获得的是什么？

单元结构化的第三个方面，就是当我们构成了这样一个新的单元之后，实际上是将阅读与写作打通了。我也不叫"以读促写""读写结合"之类的，而说"读写打通"，因为读与写本来就是一个不可分割的整体。你在读的过程当中只是读一读、讨论讨论，一堂课、两堂课，可以。但是从学生语文能力的发展，从学习过程当中方法的探究、路径的探索的角度来说，阅读课只有读是远远不够的。读与写构成了一个不可分割的整体，这个才叫单元。

因此，我们在读的过程当中不是像过去那样，读什么写什么，今天读的是《安塞腰鼓》，那么明天写一写上海沪剧，不是这个意思。你在读的过程当中，在对作者的语言文字感受的过程当中，就要有意识地把感受到的东西转换为自己的语言表达。而这个语言表达既是受到作者优美的语言的示范和启发，同时又是用自己已有的语言习惯表达出来。在阅读过程当中的写，一方面是加深了对文本本身的理解，加深、升华了自己的体验，另一方面，更重要的是在这样的一个理解、体验、升华的过程当中，真正学到了语言，并使眼中所见转换为手中表述。语言课——不只是语文，包括英语——应该不断地激发学生用笔来思考。

今天这堂课，从这样一个单元的角度来说，我们应该感受得到它既体现了这个单元确定的一个目标、单元的重点，又充分地体现了这个单元学习过程当中的散文的特性。这就是我说的重组的单元。不管是自然单元还是重组单元，既然要讲单元的结构，刚才说的任务的、情境的、问题的、活动的、评价的要素，那一定是要抓住的最根本的因素。

学生的体验也好，学生的表达也好，教师的指导也好，恐怕都跟语言是相通的。所以，今天定的目标从表述上来看是两条，第一条是思路的梳理，第二条是对特有的语言表达作用的感受，但是这两条其实是一回事。既然要谈思路的梳理，怎么梳理？不通过语言怎么梳理？既然是通过语言的，那指向的就是这一篇的语言的个性，修辞手法只是一个方面。实际上今天关注的不只是修辞，还关注到一些反常的语言现象等，比如"但是"是一个转折词，不应该存在，但却独立成段。你说它是独语句也可以，但这是特殊的独语句，关注这种语言形式不是分析独语句，而是探究"但是"跟前后文之间是什么关系。"但是"并不重要，重要的是"但是"前后文之间的内在的逻辑、情感的联系。所以探究思路，如果抛弃了语言，光是抽象出第1段说了什么、第2段说了什么，并没有价值，是要通过具体的语言环境来感受语言形式，以及这样的语言形式背后的作者的情感、思想、文化的东西。到这里还没完，还要反过来，思考作者的情感、思想、文化，为什么要这样来表述？

我觉得今天这堂课在这一块上值得大家进一步去思考或者借鉴，但不是简单地照搬。以后无论是思路的梳理也好，主题的把握也好，对作者情感的这样的一种认识也好，或者其他的什么，都必须跟语言紧密地结合在一起，如同今天这堂课。

因此，你说是两个目标，但其实背后机制是一回事。而且在教学展开的过程当中，始终关注单元情境，跟问题、跟学生的实际的语言实践活动紧密地结合在一起，在语言实践过程当中不断地引发学生用笔来思考，我说这就叫单元结构化。通过这个来研究什么叫单元视野，在平时教学过程当中结构化的单元怎样体现。

第二个概念是"自读"。我刚才说了单元结构里面有教读课，有自读课，有拓展阅读课，自读跟教读的区别，理论上说或者概念上说都知道。

刚才吴老师说了早就有自读课，我的老师，当时市教研室的语文教研员徐振维老师，她在 20 世纪 80 年代就说过，我们宁可把教读课上成自读课，也不要把自读课上成教读课。因为自读课是学生自己进行语言实践的一个空间、事件，或者说任务，更多的应该是让学生自主来完成。

这个完成不是零起点，它有单元的整体的目标，而学生是将教读课上获得的知识、学到的方法、探索过的路径转化到自读课当中。当然，自读课不只是运用教读课上讲过的内容，它还有一条，就是要唤醒学生沉睡的记忆，调动他们已有的积累。所以自读课的语言实践一方面源于教读课，另一方面更多的是源于学生已有的经验。因此，我们的课堂教学要不断地去唤醒学生的记忆，在唤醒记忆的过程当中，温故而知新，读新而温故。读的是新的，但是不断地在温故，这个是自读课。一般来说，自读课不出现新的与语文知识相关的概念，而是就如同刚才所说的，让学生通过教读课获得的，跟已有的经验相结合，来进行语言实践。

此外，自读课不是放弃教师的指导。尽管我们说教读是以教师的指导为主，也就是刚才大家所说的学得，而自读课以习得为主，也就是以学生自己在语言实践过程当中的获得为主，但是教师不是放手不管。尤其是六、七年级，学生从小学转上来之后，如果按照理想状态，对于最基本的知识，最基本的一些学习的方法，应该已经掌握，但这只是理想状态，而在实际的学习过程当中，由于各种各样的原因，恐怕这样的理想并不成立。因此，至少在六、七年级，即使是自读课，教师也要给予必要的指导，但是这个指导不是给学生现成的东西，而是引导学生来进行自己的语言实践。今天姚老师用的是一种方法，就是通过一定形式的语言的重组、语言的转换、语言的删减、语言的比较，指导学生展开语言实践。

这不是说直接告诉学生这个答案是什么、那个答案是什么，第一步怎么做、第二步怎么做。比如今天的教学主要的形态或者说主要的关注点是两个，第一个是对关联词的关注，第二个是对特殊语、反复语的关注。一个是语言重组的静态的外显形式，深刻描述的用了仅 4 个"虽然……但是……"、几个"之所以……是因为……"，这是静态的。另一个，实际上还有动态的，而动态的就是要让学生自己去感受，它既可以转换为"虽然……但是……"，又可以转换为另外的形式，甚至是文体也可以转换。为什么说这是动态的？你没法一下子描述出来的，只能在学生实际的学习过程当中，依据他们产生的问题——这个问题是两个方面，第一是他们直接提出来的问题，第二是学习过程当中实际存在的问题——不断地生成，是我们教师让他们进行这种语言实践的。所以我说今天进行的这样的一种语言实践，叫外显的静态的语言形式的变换，让他们知道我怎么走进去，怎么来梳理，因为"虽然……但是……"看起来是关键词，它背后思维就是这样的。起先这样说，但是核心不在这里，第 1—4 段写静态的高粱地上的后生、不声不响的腰鼓，第 1—4 段不是重点，"我"只是告诉你"我"是在这里的，只是告诉你这里有这样一批人，只是告诉你"我"在这里将要看到一个表演，这是怎样的一个环境。这不是重点，不过是把读者引进去。核心是从第 5 段开始，从"但是"进入第 6 段"看"，这里不只是关联词的问题，还关系到关联词背后的作者的思路以及文章思路背后的作者的思考，再加上这个思考蕴含着的文化审美的故事。所以在实际的教学过程当中，这样的一种指导，不仅是让学生知道这样的一种语言形式，而且更多的是让他们感受到思路是怎么来体现的，怎么去梳理作者的思路，怎么去捕捉作者的情感，怎么能够把梳理了的、捕捉到的最后转化为自己的东西。我觉得这样的一种指导是非常有价值、非常有意义的。当然我说了这不只是一种语言形式的比较，还把几种形式结合在了一起。

第三个概念叫"任务"。刚才第四组专门谈了，不仅谈了今天教学中的任务，而且谈了任务群和群文阅读。今天的这个"任务"，我们暂且把它命名为"任务化"或者叫"项目化"，"任务化""项目化"其实跟"问题化"都有相同之处。所谓"任务化"，也就是刚才第三组所说的，就是任务驱动这样一种学习。而任务驱动这个"任务"背后就有问题，是需要解决问题的任务的驱动。今天我们这堂课，大家看得很清楚，设计了三个任务，然后让学生自主地来完成任务，或者叫来认识任务、来讨论任务、来完成任务、来延伸任务，因为它的任务三里面还有一个空格，可以自己再去延伸。

刚才说到"任务群"，任务群跟群文阅读不是一个概念，比如今后初中是 6 个学习任务群，高中是 18 个学习任务群，它跟群文阅读不完全是一回事。你在某一个任务驱动下，用群文阅读的形式当然是可以的，比如刚才读小说的时候，扩展的外国文学也好，古典文学也好，这是群文阅读。但是任务群是整个高中阶段要完成的任务，比如整本书阅读就是一个任务群。而分到高一、高二、高三，它就有许多具体的任务。今天我们这堂课更多指向的是在这个单元当中的这一篇自读课文需要完成的任务。如果再深入一点探讨，我们的任务的设计，现在还只是考虑到这个单元这一篇自读课文，真正从任务群的角度来说，还得考虑到前面后面，不只是这一篇。但我们现在刚刚开始研讨，就先研究这一篇也是蛮好的。你要考虑到这一篇你的任务的布置是针对学生的什么问题，当然既要考虑到单元的要求，同时也要针对学生的问题。要解决学生的什么问题？恐怕首先要解决学生对于思路的基本认识、基本理解。其次，始终贯串于语文学习整个过程的，那就是语感的发展与提升，或者叫语言的敏感性的培育，这个是一以贯之的，整个语文教学都应该关注。

在语言的敏感性上是要下功夫的。我们要知道语感跟知识不能画等号，知识不能直接转化为语感，学了再多的语言知识，也不一定有很强的语感，因为语感它是一种默会的、无意识的心理行为。因此，语感不能直接传授，但是可以通过一定量的语言实践活动让学生去发展、去提升。所以我说今天的教学过程尽管是用显性的一种语言形式来训练，然而长期这么坚持，就会逐步地转化为学生的语感优势。这才是任务的价值、任务的意义。而实际上一个任务的完成，如同我刚才讲结构一样，它一定是与问题、情境、活动紧密地结合在一起的，否则学生怎么来完成任务？

今天我们这样一个主题研究，集中到单元自读任务，这种探讨是非常有价值、非常有意义的。既然牵涉到了这样三个概念，那么我就今天这堂课再谈点想法，供大家进一步作深入思考。

今天的这堂课是让学生从感性地感受作品到抽象为一种理性，也就是把虚的情感的东西转化成一种逻辑的实的认识。因此，通过关联词、通过对反复等修辞手法的关注等等这一类理性的、逻辑的认识，来达到这样的转化，是非常有必要的。我们过去的语文教学在这一块上有所欠缺。刚才吴老师说到"双基"，"双基"是什么？"双基"教育是要有一些理性的东西、有逻辑的东西，语文不只是我感到什么就是什么，它背后是有逻辑的，所以我说这一步很重要，要贯串语文课堂教学的整个过程。

但是，光这一步是不够的。如果光是从感性到理性，不过是使生动的、形象的、各自有自己体验的东西，形成一个带有普遍性的、规律性的认识，但是到这里为止，它还不是语文课。语文课还得回到感性。刚才吴老师说她有点遗憾的地方恰恰在于此，就是我们到理性、到逻辑没有结束，还要进去再还原到他的感性、他的感受。

因此，我们讲客观的逻辑分析，你分为几个层次，比如"但是"转折到第几段，一般来说到第几段就可以结束了，那么第 8 段以后是在写什么，这是逻辑。但是这个还不够，因为学生还要体验前面冷静的、以叙述为主的这样一种表述，跟后面描写性的、热烈的、运用了大量的修辞手段的表述构成了怎样的一种情感的冲击。理解这个鼓前面是沉静的、沉稳的、安静的，后面是激越的、慷慨的、激昂的，这远远不够。要体会到作者所表现出来的这样的一种状况、这样的一种机遇，你不只是要能说出来，要有共鸣，还要通过他的表达，不是抽象出来的表达，而是对原来文本语言表达的一读再读，升华为一种新的理性。所以我说，我们讲思维的时候讲直觉思维到形象思维到逻辑思维，只是一个层面，实际的思维的发展不只是这样一个层面。到了逻辑思维，还得进入新的直觉思维，升华为一种新的直觉。而当学生进入这样的一个语境当中，就体会到了作者所表达的鼓点、后生的那样的一种蓬勃，那样的一种波澜壮阔，那样的磅礴的气势，是与这样的语言密切相关的；而作者这样激越、波澜壮阔、排山倒海般的表达，与这样的鼓点、这样的后生、这样的厚实的土地、与厚实土地相关的厚实的中华文化，是紧密相关的。

因此，怎么让学生从理性再到感性，升华他们的直觉，是大家要思考的。理性是好的，但是理性不是语文的主题的全部，语文的主题一定还要强化学生的感性的东西，这就叫语言的魅力。这是第一个要思考的问题。

第二个要思考的问题：我们今天对学生的指导，尤其重视对语言形式的关注、语言形式的表达，这很好，但它只是第一步。这是将文章、将思路、将内容分解之后的一种训练，叫分解式训练，是需要的。因为学生能够通过这种方式直接体会具体而微的语言，在体会具体而微的语言之后，还能感受到一些规律性的东西。但是如同刚才说感性与理性一样，到这里还没有结束。光关注这个形式是不够的，接下来还要有一个整合，要有一个升华，从分解再到建构。

现在得出的结论是文本化的结论、表层化的结论，也就是我刚才说的分解化的结论，你还要让它融合起来。作者听到的"挣脱"也好，"冲破"也好，"撞开"也好，这是他的文本语言。这个背后是什么？"束缚"是什么？"羁绊"是什么？曾经有过的那种"痛苦"是什么？"欢乐"是什么？当然我不是要你把概念一一对应，而是要让学生感受得到这种语言背后所蕴含的我们曾经历过的这样一个过程，一个曲折的、跌宕的，甚至惊心动魄的过程。鼓点唤醒的是他们潜在的这种激情，让其回味起对沉痛的排解。不仅是作者从鼓点当中听出了，观众也一样，因此，这个"隆隆隆隆"不是简单的对鼓点的再现。但是这样的一种思考，这样的一种唤醒，这样的一种感受，它还要再往前走，这就叫"痛快了河山"。因此，在这个文本当中的鼓点、后生、听众、作者、读者应该是融为一体的。当这个鼓声戛然而止的时候，听到远处渺茫的鸡啼是怎样的一种感觉？这个鸡啼意味着新的一天的开始，一个新的历程的开始。

我们还会有更多的这样的一种转化，为了能这样不断地升华，还得把分解了的再融为一个整体，形成整体的感觉，并且不是简单地用几个句子来表示，而需要能够把这种感觉表达出来的读完之后的思考。这样的话，也许学生的收获会更多。

（整理者：上海市田家炳中学　高　涵）

在静安区语文学科实训基地"关注小说情节"教研活动上的发言

（2020 年 11 月 19 日）

各位老师，下午好。

课堂教学中要设计可完成的核心任务，如果讲单元结构化，首先应该要有这样的一个思考。我觉得今天这堂课还是体现了这一点的，为什么？因为这个单元的导语里面，尽管不是用任务的形式、项目的形式，但是很明确有个综合的东西，那就是这堂课关注到的梳理情节。

我再扩展一点说，我们现在讲单元的结构化，更多趋向于指教材中呈现的单元："第一单元""第二单元"……然而，我们真正讲单元的结构化不只是指教材呈现的单元，还指将整个初中阶段相关的内容归类。比如刚刚讲九年级的第四单元，也属于单元结构化的思考，而九年级的核心任务、核心项目还是关于情节，从这样一个角度来说，这个单元这篇课文的教学，能够与初三的小说单元的教学构成一个更大的结构化的单元，而这个结构化的核心项目就是梳理情节。老师们要思考的关键是怎么来梳理情节，思考怎么来梳理情节的前提是思考怎么来理解情节。

我们过去理解的情节无非有外显标志的，比如结构，起因、发展、高潮、结尾，比如贯串全文的线索，等等。我们过去说的情节更多的指向是显性的、外在的，这样一个显性的东西，我说不需要到初中教，因为它本身是五年级的一篇课文，五年级的教师已经在带领学生梳理这样的关注外显结构的情节。现在已经是六年级，因此它不是如同五年级时一样简单地梳理，而是从结构角度去深入梳理：在什么背景下，在这个背景下故事的起因在哪里，这故事是怎么发展的，高潮到底在哪里，怎么结尾……小学就没有这么深，所以这是初中的课。

到了初中阶段，要学生梳理情节，就要引出一个新的概念。因为情节是在人物活动的过程当中才发展出的、才推进着的，所以梳理情节的一个很重要的、很核心的要素，你说人物形象也可以，你说人物个性也可以，你说人物之间的关系也可以，人物与人物之间的矛盾也可以，它是有着不同形式的。今天上的这篇课文，因为人物比较简单，所以去关注人物形象与情节之间的关系，对于六年级的学生来说正适宜。如果六年级一上来课文中就有众多的人物的话，单单人物之间的关系就要梳理半天了。

今天上的这篇课文，它是不同于小学的，是有着初中特色的，又是有着六年级的个性的，是在这样一个单元当中的这一篇。因此，这样一个目标的确定也好，内容的确定也好，或者叫项目探究的确定也好，应该是合适的。所以我觉得这是带有一定的单元结构化意识的。当然，单元结构化不只是指这个，这只是单元结构化的第一个意思，它还指一个单元里面有不同类型的课文，有讲读或者叫精读的，有自读的，还有拓展阅读的，这些怎么来构成一个从课堂教学出发的结构。

讲读课到底核心解决什么？自读课又解决什么？一般来说，讲读课应该是以教为主的，而自读课是以学生的习为主的。我们讲"学习"包括两个概念，一个叫"学"，一个叫"习"。学就是在教师指导下的获得，因此必须有教师的指导，至于这个指导是牵着学生走，还是不断地给学生以启发，那是另外一个概念，但核心是需要有教师传授的。大学的教授们批评我们中小学教师现在讲得太多，学生学得太少，这话本身不错。教学，教与学是不可分割的一个整体，只是有些课，教师指导要多一些，要让学生知道应该核心关注什么，应该怎么进去；而有些课，就是以学生的活动为主的，这叫习。自读课一定是以学生的活动为主的。一般来说，自读课不再出现新的知识概念，而是将在教读课或者讲读课上获得的，并经过语言实践开始内化的知识，运用到自读课文的、深入的语言实践，这个叫习，叫自读。由上，单元结构化还包含着怎么教讲读课，怎么教自读课，怎么使讲读课、自读课、拓展阅读课，构成一个有机的、和谐的、结构化的整体，这是单元结构化的第二个意思。

单元结构化的第三个意思是，无论你讲单元目标也好，讲单元项目也好，讲任务也好，目标的、项目的、任务的学习，必须与情境、问题、活动构成一个有机的整体。单元的结构化是跟特定的情境、需要解决的问题，以及单元学习过程当中必要的经历——活动联系在一起的。

我觉得今天这堂课，从教学内容上，是考虑到了结构化的因素。在实施教学的过程中，作为讲读课，教师的指导还是比较清楚、明确的，从某种意义上来说是给学生以启发的，对学生进入自读，应该说是有一定帮助的。如果学生一下子进不去，没关系，学生在刚开始自读的过程中遇到困难，教师再做一点点拨完全可以，只是在自读课上不要再出新知识、新概念。从这个方面来说，我觉得今天是能够体现结构化的特点的。这是要说的第一点。

第二点要说的是小说的概念。对于真正开始运用小说概念的学生来说，今天读小说，核心要解决什么问题？那就是联系主题，就是情节，梳理，或者叫分析，或者叫把握，情节与人物形象之间的关系。为什么说这是学生初始接触小说？因为小学一般不称小说，还是以称记叙文为主，哪怕我们过去六年级有篇课文叫《"诺曼底号"遇难记》，我们也是把它称为记叙文的，而没有把它称为小说。记叙文跟小说毕竟不是一个概念，尽管小说很多情况下也是记叙文，但是两者蕴含的目的不一样。记叙文阅读是要学习语言运用的共性。而小说、散文阅读则是要学习语言运用的个性，更讲究"这一篇"。学习语言运用的共性的一个阅读目的，就是获取信息，阅读时必须兼顾到提取重要信息。说明文、议论文如此，记叙文也如此。而文学作品更倾向于另一个阅读目的，叫为了获得文学体验的阅读。当然记叙文阅读里面我们可以渗透一点文学体验的东西，但它毕竟是要学习语言运用的共性。

现在六年级一般不大用记叙文这个概念，而直接用散文、小说这样的概念，就是假设小学五年级结束，学生在记叙文这一块语言运用的共性的学习上已经基本解决问题，接下来要往上走一步，但是不等于是抛弃了记叙文。

第三点，今天我们读小说，要从情节转向对人物形象的关注，从对人物形象的关注，反过来再看情节的价值意义，这是体现小说教学，尤其是六年级初始阶段小说教学的基本特点的。像这样比较简单的人物形象的分析，是不是就意味着整堂课就来探讨这是怎样一个人，概括出这个人物形象的一、二、三、四点呢？一定不是。因为情节梳理也好，结构梳理也好，形象特点的概括也好，必须在文本推进过程当中来实现。所以人物形象的分析，不是机械化为几个概念，不是所谓的特点的提炼，而是要在文本推进过程当中，让它和情节结合，在情节发展的过程当中，不断地提升着对人物形象的认识，通过不断提升的对人物形象的认识、理解，才能反过来提炼出这个人物的最本质的、最个性的东西。

比如善良，善良对于这篇小说人物形象来说一定是最本质的特征。当然它不只是善良的问题，善良的背后实际上是每个人内心中的一种爱，这种爱既是对人的，也是对生活的。因此说这是一个温馨的、舒适的、温暖的故事，为什么写这样的故事？就是为了映射人物内心有着对生活、对家庭、对其他人甚至是对可能带来巨大灾难的人事物的这样一种情感，由此升华出这个善人形象。一上来让学生解决穷人之穷、穷人之意的问题，是对的。因为小说的人物形象是建立在穷人的普遍性这样一个基础上，以穷人为基础身份的主人公桑娜，有着与西蒙、渔夫这些她周边的人物的相似点。桑娜事实上是这样一个个体：有着她的个性，同时带着穷人的共性本质。让学生首先来理解穷人是有道理的，因为桑娜这个个性的人物是基于这样一种共性。由理解穷人，能够直接引到属于穷人群体的个体，也就是这个故事当中的桑娜。

但是穷人之穷这么随随便便地就能够概括出来了吗？这恐怕是需要思考的。不要这么着急，我们的课堂教学中，任何一个核心问题，任何一个突破性的问题，都不要急于寻得答案，而是要先知道怎么寻得答案。答案本身不重要，可以让学生显性地来回答，说一说，不要写出来。

回答中，说穷人之穷体现在打渔工具之破旧是不对的，因为它是在特殊情况下破了，家里好像还是蛮好的，是吧？这个说法不成立。穷表现在生活状态上，表现在物质上吃的、穿的、用的，以及平时生活的艰难的程度。这些东西怎么读出来的？不仅通过第 1 段、第 2 段、第 3 段，而且通过后面延续的细节：为什么抱回孩子是义无反顾的，"非这样做不可"，然而抱回来了以后，又忐忑、又纠结？不只是因为怕丈夫责怪"我"，在这样一个贫困的家庭，感到纠结是很正常的。所以说穷不只是表现在显性的环境描写和对主人公家庭状况的叙述上，同样也体现在后面具体而微的、带有细节意义的心理独白或者叫细节描写当中。

学生回答得出来蛮好，但是你要想一想，为什么要特别写出穷人之穷？从前三段固然读出来了，但是穷只体现在这三段吗？于是要进入另外一个层面，因为我们今天这篇课文核心探讨的是一两个、两三个具体的穷人，所以我们要从具体的穷人，再来看穷人之穷。

这堂课从这个开始很好，但是没能让学生的关注点自然地转到桑娜这个形象，以及与桑娜形象相关的西蒙、渔夫的形象上。这些是一体的，是在这个故事当中的一个小群体，小的穷人群体，而桑娜是这个小群体当中的一个代表人物。你不仅要知道桑娜的穷，更要知道因穷而带来的种种艰难，包括她心里的矛盾。因此，要探讨桑娜这个人物形象，必然跟故事的推进是分不开的。这样就把人物形象与故事情节组合起来了。而且，这个单元的这篇课文，情节的处理是凝聚着对个体人物及群体人物形象的关注的。这样就把刚才我说的单元结构化的东西，体现得更加充分、更加有价值。

前面第一点讲单元结构化，第二点讲小说，第三点讲人物形象与情节之间的关系。下面要讲的第四点，那就是任何课文的阅读都需要关注的，一切不是通过抽象的概念来实现的，而是通过具体的内容，具体的内容则是通过语言来表现的。因此，关注小说的语言与细节是正确的。就这篇小说而言，要关注的东西当然可以很多了，环境、矛盾冲突……按照课文后面的"思考探究"任务来说，关注点指向心理独白和对话。

对心理独白、对话语言，这堂课是关注的，尤其关注到了对话当中的不协调、不一致，而这个不协调、不一致引发出最后的协调一致，于是两个穷人在这里交汇，形成了一个同类的穷人。关注心理独白特别要关注的是内心的矛盾冲突。这篇课文中这个矛盾冲突是基于义无反顾、不假思索抱回孩子的举动，这很重要，没有这个前提，那么后面冲突更多是从个体出发的，但它首先是基于穷人的共性的东西。因此，在分析这个矛盾冲突的过程中，你也可以回顾一些客观的情况：桑娜为什么这么忐忑？她固然说到丈夫回来了，可能要责怪自己，甚至会暴打自己，但这不是核心。核心是她想到的，丈夫现在要养五个孩子，已经够他受了，何况再加两个，我们现在孩子冬天都要赤脚的，而现在这样狂风暴雨的天，丈夫还要出去捕鱼，这不是和前面联系起来了吗？关注心理独白不只是关注心理独白这一块，还要关注心理独白怎么跟全篇的整体、跟目标的整体有机地结合起来，前后联系、前后关注，看作者是怎么表达的，这是第一。

第二还要关注作者为什么这么表达。语文课探究语言与内容的关系，不是一步完成的。其他课讲语言跟内容的关系，那就是通过语言形式来读出内容。历史课是这样，政治课是这样，数学课也是这样，我们平时也大多是这样。但这是普通的阅读，语文课讲语言与内容的关系，到这一步没完，还有第二步，即要透过这个内容再来看，为什么用这样的形式来表达。当这点落实到小说阅读，那就要继续探究：为什么这么来设计细节？为什么这么来设计矛盾？为什么让这个矛盾没有经过太大的跌宕就解决？因为这个故事不是让你看到扣人心弦的、跌宕起伏的这样一些情节，而是通过这个内容来感受穷人的个性，穷人的心灵，对这样的穷人投以必要的同情与关注，更从他们身上发现我们之俗，从而致力使我们这样一个社会成为一个理想的社会。批判性不只是打碎这个社会，它更是为了改造，是为了完善，这叫批判现实主义。

通过对语言的关注，我们再来回到原因：为什么这么来表达？也就是以后要涉及的小说的主题，尽管主题不是这个单元的核心，充其量只是一个辅助目标，因为主题问题要放到后面去解决，但是你可以为主题的感受打下基础。通过探究语言形式背后的内容，内容背后的新的语言形式，学生之后至少可以感受到作品中的人物的情感和写这个作品的作者的情感倾向。谈到作者的情感倾向，其实已经开始走向主题了，但不要急于去概括主题，因为光是这样读，学生不一定能概括出，最后得出的结论基本还是我们给他们的，形不成自己的体验。

怎么来关注语言？不只是知道这个词语的意思，这个句子的意思，也不只是知道这个词与那个词的联系，这是需要知道的，但更要知道这样的表达背后的东西。当然我们不要直接问这样的问题，而是在我们教师心里要有这样一个思考。这就叫构成问题链的过程，其实也就是让学生有序地感受语言的过程，并把他们对语言的感受逐步地转化为语感。真正形成语感了，就达到了无意识地感受语言的程度。

今天这堂课以及刚才大家的探讨，非常有价值，非常有意义。至于每个人的看法对不对，没关系，发表自己看法，总归要有一定的认知冲突。

我接下再说两点——第一点，教也好，指导学生学也好，这个过程当中，你怎么敏感地把握住学生读这篇文章的难点？把握难点的前提是知道学生的已知点到底在哪里，或者叫起点在哪里。有的学生的确原先不知道，经过今天的探讨，他开始知道，这是很好的。但有的则不然。尤其是我刚才已经说过了，对容易形成概念的东西，我们不要急于让它形成概念，这个也是跟学生的起点与发展有关。一旦形成了概念，那么就不知道他的起点了，似乎他懂了，其实他不懂。要从学生的障碍点或者叫难点来突破，这个突破的过程，不是教师过多地讲给学生听，而是给学生以指导。

教师要思考读这篇课文应该或者可能产生什么问题。比如这堂课刚才一上来探讨穷人之穷的问题很好，而穷人之穷不只是通过显性的语言来告诉大家的，体会到穷人之穷是通过这个故事，这个故事的完成则是通过这个人物，所以你必须注意到人物与情节这样的一种关联性，思考怎么让我的这堂课，真正形成一条带有语言积累，以及与语言积累相关的思维链，又带有一定的审美情趣的教学逻辑链。

第二点，怎么在课堂学习的过程当中，不断地、有序地、不同角度地引发学生的认知冲突？所谓的认知冲突包含三个方面。第一个是显性的、相互之间的，比如同学与同学之间对一个问题看法不一样，同学与老师之间的看法不一样，这叫显性的、外显的认知冲突。徐振维老师过去很形象地说，她喜欢的课是不断地"挑动学生斗学生"的。在我们六年级学习过程当中，更要关注相交互的、外显的认知冲突，要让学生形成不同的见解。

第二个认知冲突是阅读者与作者之间的认知冲突，阅读者是需要对文本的相关内容质疑的，比如刚才那个老师所说的，写西蒙之死，明明她是痛苦的，她甚至想抓什么东西，然而文中又说她是宁静的，那不是矛盾吗？矛盾不一定都要解决，然而这个思考是有价值、有意义的。西蒙的宁静的背后，也许有一点桑娜的对生活本身的追求。我们要思考，怎么引发学生不断地与作者对话。这个对话的结果既可以是产生共鸣的，意见一致就产生共鸣了，于是我原来的认识又提高了；也可以是碰壁、产生矛盾的，比如宁静的描写便跟原来的认知不一样。

第三个认知冲突更重要，就是要让学生使其已有的与新学的之间构成特定的认知冲突，就是说按照我的经验可能是这样的，然后我今天读到的不是这样，是需要学生潜移默化地不断调整已有知识甚至是方法的这样一个认知冲突。这个要求更高了，我不在六年级说，它是今后我们在继续探讨的过程中，在一个序列探讨的过程当中，需要关注到的一种认知冲突。

我就说这些。

（整理者：上海市田家炳中学　陈　阳）

谈谈对小学阶段"整本书阅读"的理解

（2019 年 5 月 9 日）

各位老师，"整本书阅读"的概念已经说了很久了，我们对它已经不陌生了。但是我们有个概念大概跟过去不一样，过去这一类的阅读，包括整本书的、图书馆阅读的，一般是叫课外阅读，而现在这个"整本书阅读"实际上已经进入我们的课程和教材中了，它已经不是课外阅读，而是课程内容的组成部分。既然作为课程内容的组成部分，那么它跟教材中的阅读是什么关系呢？

现在的教材一般分为讲读篇目、自读篇目和拓展阅读。拓展阅读，就是以整本书阅读为载体的阅读。讲读课一定是需要教师给学生以指导的。过去我们好像产生了一些误解，认为应该把课堂还给学生，课堂就是学生活动的场所。于是很多能够打动人心的、非常正确的概念出来了，比如"把课堂还给学生"，比如"让课堂涌动生命的活力"，等等。"让课堂涌动生命的活力"当然对，但是什么叫"涌动"？是教师说得越少，"生命的活力"就涌动得越多吗？当然不是。这是一些专家依照他们的观念设计出来的所谓的课堂教学模式。

我们中小学教学研究的对象是中小学生。课堂上应该是师生互动的，尤其是教师给学生以指导的。"学习"这个词，本来是两个词，一个叫

"学"，一个叫"习"。"学"就是在教师指导下的获得，"教学相长"也好，韩愈所说的"古之学者必有师"也好，说的就是这个道理。我们的讲读课就是以"学"为主的课，也就是以教师的指导让学生获得的课。因此，作为教师，在讲读课里，一定要有精心的设计。要知道这堂课要解决什么核心问题；要让学生获得什么；教师需要通过哪些形式来进行训练，使学生之所得能够巩固。我觉得这个叫"学"。而自读课——相当于我们过去教材的两类，略读和自读——它把两类的两种功能组合起来了。既然是两种功能的组合，那么自读课应该是以"习"为主，但是兼有"学"的内容的。也就是说，我们的自读课上，教师必须有一定的训练的设计，而这个训练就是指导学生阅读。光是把这本书或者这篇课文交给学生，让学生自己读，我相信除了少数人之外，大部分学生不会有太大的收获。因此对于自读课，教师也应给予必要的指导，尤其是带有训练意味的指导。

而后我们讲拓展阅读。拓展阅读更关注学生的习得。什么是"习得"？"习得"就是学生在自主的语言实践中的获得。自主的语言实践包括两种情况。第一种情况叫自然状态下的获得，所谓"自然状态"下，也就是没有明确的语文学习的目标、语文学习的任务，甚至没有明确的组织形式。比如学生上数学课，也要读"课文"，而他读的数学教材不是由语文老师来教，有很多数学的概念，我们语文老师也许指导不了，但是，他确实是在读以汉语为载体的数学教材，因此，他的这个阅读过程从某种意义上来说是一种语言习得的过程。这就叫自然状态下的获得，包括他在各种情境下没有明确任务的语言交流。还有一种就是在非自然状态下的习得，"非自然状态下"就是有一定的语文学习的目标、语文学习的任务，尽管他还是自主阅读，但是有语文的计划、目标，甚至是组织形式。

"整本书阅读"指向的是非自然状态下的习得。当然，这个"习得"毕竟是"习得"，它跟"学得"不是一回事。在读这本书的过程当中，我们也许没有明确的跟语言学习相关的这一类知识的要求，也不是让学生去认识某种语言运用的规范，但是，不等于说，在这个过程当中我们不需要关注知识，关注语言运用的规范，关注学生的语感的形成提升。因此，在整本书阅读的过程当中，我们要不断唤醒学生的记忆，这个"唤醒记忆"，指的就是运用在"学"的过程当中，让他所得到的知识、形成的经验、形成的语感，转化为他对整本书的阅读，调动他的经验和积累，让他不断进行直觉思维的升华。阅读整本书要提升学生的审美意识、审美情趣、审美能力，要提升学生的思想文化修养等说法都正确，但这是一个长远的目标，不是通过读这本书，他就马上拥有了审美的能力，具备了思想文化的某种修养。我们是要不断阅读，进行一系列的整本书阅读，从文学的、审美的、鉴赏的、文化的角度去提升学生的能力素养，从而实现我们的立德树人目标。

就读一本书的目的而言，我们更关注的是语言素养的形成与提升，关注的是怎样把学生已经学到的语言知识的、语言运用规范的经验，转化为一种语感的提升，也就是他的一种直觉、一种无意识的感觉的提升。这是整本书阅读与单篇课文教学的阅读不完全一样的地方，然而又是必须产生联系的地方。以上是我要讲的第一个方面，就是整本书阅读在教材、在课堂教学过程当中应该处于怎样的地位；它与单篇阅读的联系与区别是什么；整本书阅读的目的到底是什么。

第二个方面，是在整本书阅读的过程当中，教师怎样对学生进行指导？我觉得核心有两条。第一条，是带有一定任务的阅读。因为整本书从文字量来说，比单篇的大得多，内容丰富了，难度当然也增加了。怎么让学生走进这些文本容量相对比较大的、文字量比较多的、有一定难度的作品？比如《金银岛》，尽管它看起来很有趣，我相信学生还是喜欢读的，但仅仅是让学生去看一个一个故事吗？读文学作品或者读故事类的作品，当然需要了解故事内容，如同我们读单篇的文章一样，不可能抛弃内容。但是，单篇阅读的重点不在于再现课文的内容，不在于让学生知道这篇课文讲了什么，有几个人物，人物所谓的性格特点是什么。尽管从小学阶段的要求来说，它是以复述、归纳、概括为主，都是从内容入手的，但实际上背后包含的是对语言形式的关注。因此，我们读的不只是课文的内容，更是表现内容的语言形式，以及这些语言形式背后的思想、情感、文化。整本书阅读当然也是这样的，我们需要知道故事的内容，但不能只是知道故事的内容，更需要知道表现故事内容的语言形式，以及这些语言形式背后，作者思想上、情感上，以及与之相关的文化内涵、审美价值的东西。要让学生走进故事，走进语言，走进作者的思想，甚至于走进文学，走进文化，那就需要做一定的指导方面的设计，而这个设计很重要的一个方面就是来确定阅读这本书的任务，所以这叫任务阅读。《普通高中语文课程标准（2017年版）》中讲"任务群"，我们这里不去解释任务群，但首先要关注任务所包含的几个要素：任务、情境、问题，其次要关注阅读、写作、活动三个概念的组合。也就是说，整本书阅读需要有基于某种情境去解决一些问题的任务。

从另一个角度来说，整本书的阅读既有阅读的任务作为主体，同时又有写作的任务，而这个写作的任务是基于阅读的表达。陈祎老师、薛峰老师近十年来一直在强调"充分关注表达"，"充分关注表达"其实包含两个要素——一是关注作者的语言表达，要读懂作者不只是在讲故事，实际上，这个故事是体现在一定的语言结构中的，因此，读故事本身，就是在感受这个语言的结构，是在学习阅读本身。我们要关注作者是怎样表现这故事的，要读得出形成了怎样一种语言的结构，这叫关注作者的表达。二是关注学生的表达，把他学到的化为他自己的语言表达。这个语言表达可以是书面的，也可以是口头的。这两个要素结合起来，才是充分关注表达。

因此，我们讲整本书阅读的过程与方法也好，任务群的学习也好，读与写是不可分割的。如叶老所说，阅读与写作是一体两翼，两翼通过阅读与写作来获得，它的基础一定是阅读。如果说一到七年级，我们主要关注的是"一体两翼"，尤其两翼中的阅读，那么八年级之后，写作恐怕是我们要重点关注的对象。而高中的任务群，恐怕要换一个角度来思考，叫"两翼一体"。阅读、写作是两只翅膀，但是我更要强调它们的一体，就是将阅读与写作构成一个真正完整的、不可分割的整体。"两翼"怎么来形成"一体"？就需要活动。我们前一阶段一直在讲"学习经历"，所谓的"学习经历"，主要是指向语文学习过程当中必要的活动。这里讲的是"必要的活动"，并不只是指一种活动形式，比如跳一跳、演一演等等——这也是活动，但是不一定就是我们语文学习必要的活动。我说的"必要的活动"，更多的是指向思维活动，是指向一种带有认知冲突的活动。"两翼一体"与语文的"必要的活动"是紧密联系在一起的。

任务学习，尤其是整本书阅读过程中带有一定任务的阅读，已经是包含着读、写、活动三者的一种教育。完成任务需要有一定的情境，需要解决一定的问题。而所谓的"情境"，主要包括三个方面：第一个叫文本情境或者特定的语言情境，也就是从这个文本故事出发的情境；第二个情境叫现实情境，也叫真实情境，就是在学生的学习生活或整个生活中真实出现过，或者说是可能出现的情境，让学生将真实的、学习的、活的情境与文本情境构成一定的联系；第三个情境叫虚拟情境，这类情境在现实生活当中也许不会出现，完全是虚拟、想象出来的，但是它对学生理解作品、理解作品当中的相关人物、理解作者通过作品想表现的东西来说是很重要的。比如读《夏洛的网》，我设计一个情境：召开一个动物乐园的运动会。这是虚拟的，现实生活中不可能存在，但是可以通过想象来实现。任务跟情境是紧密地联系在一起的。比如，要求学生去金银岛还所得金银，这是文本情境；让学生理出历险图或者叫历险轨迹，也是文本情境。今天所涉及的大部分情境都是文本情境，只有第五个对人物做出评价的任务中既有文本情境，又有现实情境，要依据学生现实的一种认识来实现，而最后要学生完成的日记是依据文本情境，结合现实情境，也可以渗入一点虚拟情境来实现。

　　首先要有一定的任务，有任务就容易让学生产生兴趣。为什么我们的语文教材明明要比理科教材像是数学教材有趣得多，但学生读到最后，还是觉得数学有趣，而不是觉得语文有趣？因为他在学习数学的过程当中遇到了种种情境，他通过数学的种种情境来不断完成任务，产生了兴趣。给学生任务，其实就是在激发他学习的内驱力，又叫学习的兴趣。通过有目的地设计情境，最后解决一些问题。如同我们这些年一直在提，要在课堂教学过程当中提出主问题，以及由主问题和子问题构成的问题链。在整本书阅读的过程当中，要充分考虑到这些主问题和问题链的形成，这也属于课堂学习的延伸，或者叫单篇阅读、单元阅读的延伸。

　　从讲读、自读，到整本书阅读或拓展阅读，就构成了我们阅读的整体。第一，需要有任务的意识，至于这个任务，教师是需要设计、构思的。读这本书的任务是教师自己来设计，但是到了一定程度，当学生有了感觉，那么任务也可以由学生自己来设计。例如读《草房子》，要完成什么任务呢？《草房子》这部作品，跟今天的《金银岛》不完全是一回事。因为《金银岛》主要是围绕一个中心人物来展开故事，所以在这个故事展开的过程当中，我们更关注的是这一个人物的命运。而《草房子》里面的桑桑虽是这个作品当中的一员，是一个需要我们感受认识的人物，但作品又不只是围绕他来展开故事，他只是来串联故事，这个作品当中的每一个人都拥有一个相对完整的故事。因此，如果要读《草房子》的话，我们可以从一个人物突破，比如梳理秃鹤的心理变化过程，他是怎么从自卑到仇恨到和解的？要梳理出这个心路历程，就需要对秃鹤相关的故事进行梳理，比如主要有八件事，在梳理八件事的过程当中，就需要找到这八件事之间的内在联系，我把它叫作轨迹点，把这八件事连起来就构成秃鹤的变化轨迹。比如小任务一、小任务二，是梳理他从自卑到极度自傲到仇恨的相关故事，完成这些小任务之后，大体就可以知道秃鹤的心路历程。而秃鹤的心路历程背后，又包含着一个更深刻的问题，也就是一个少年的成长会遇到什么必要的经历，这经历可能是痛苦的，可能是挫折的，可能是孤独的，而《草房子》里面的所有人实际都经历着这样的苦难、这样的孤寂，即使是桑桑也不可避免。如果读《草房子》，就可以从这些角度来思考设计任务。因此，在进行整本书阅读的过程当中，教师首先要思考怎样来设计、分解任务；怎样使任务与引导学生进入文本的体验，与学生在这个阅读过程当中的内心表达，以及与文字的表达结合起来。

第二，要形成一定的合作意识。因为往后规定的阅读篇目会越来越多，除了规定的篇目，还有许多推荐篇目，尤其是进了初中之后，有"1+2""1+3""2+2""2+4"等等。所以，要通过交流合作的形式，一方面更好地形成认知的冲突，一方面通过这样的合作转化为某种成果。让一个学生来完成一个成果的话是有难度的，任何一个学生要完成今天所布置的这些任务，不花上一段时间不可能实现。因此，要思考怎么通过合作拓宽学生的思路，引导学生更好地进入文本，更好地形成认知的冲突，有一定的成果意识，并通过一定的班级交流的形式把他们的成果展示出来。我想，这样的整本书阅读，对学生的语文学习，当然也包括对他的成长，是会有一定的意义的。

谢谢大家。

（整理者：上海市上外静安外国语小学　周云燕）

步根海语文教育论集

——

下编

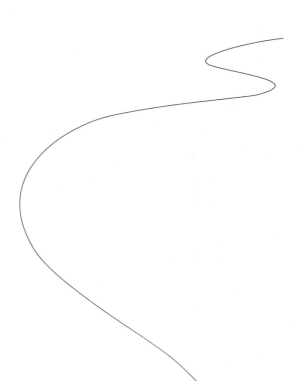

《合欢树》课堂教学实录

一、质疑

师:《合欢树》读过没有? 读过了,那这样,我们自己看,看看有什么问题,提出来讨论。

先自己看看,拿出笔写写。如果已经想好了,或者举手,或者站起来都可以。

(学生思考。学生提问,教师把问题书写在黑板上。)

生:"我心里一阵抖",为什么作者不愿去看小院子,后来又后悔前两年没有去看,后悔了但又始终没有去看?

生:也是第 9 页,为什么最后一段说:"有一天那个孩子长大了,会想起童年的事,会想起那些晃动的树影儿,会想起他自己的妈妈,他会跑去看看那棵树。但他不会知道那棵树是谁种的,是怎么种的。"

师:也就是"孩子"在这篇文章里有什么寓意。

生:题目是"合欢树",为什么前面大部分都没有讲到合欢树,最后一小部分才讲到合欢树,这合欢树到底代表着什么?

师:包含两个问题:一个是结构上的,一个是它的内涵。

生:第 8 页,"我摇车离开那儿,在街上瞎逛,不想回家",第 9 页,

"我摇着车在街上慢慢走,不急着回家",这两处作者心情有何不同?

师:"摇车""不想回家""悲伤也成享受",怎么理解。

生:第8页倒数第5段第3行,"'你小时候的作文不是得过第一?'她提醒我说",母亲提醒他是不是母亲对他的写作实在没有信心?

师:提醒的目的何在。

生:为什么小时候作文获奖,他对母亲说,而母亲急着说她自己;儿子二十岁时,母亲又主动对儿子说起儿子作文获奖的事,而且记得那么清楚?

二、解疑

师:还有没有?没有了。我们现在不急于解决问题。

所谓读懂,首先在于明白作品写了什么,在语句上扫清了障碍;二是作者这样讲的意图何在,为什么要这样表现;三是背后所隐含的深刻思想,思想背后有感情因素,感情因素背后隐藏的是什么?这是我们读这篇文章主要需要解决的问题。讨论之前,我们进一步感受一下这篇文章。请一名同学读一遍好不好?

(学生读课文)

师:刚才听了,在我们讨论这些问题之前再想想,读了这篇文章,作者究竟想表达怎样的感情?

生:自己对母亲的思念,对于童年的回忆,回忆与母亲度过的时光,对母爱的赞颂。

师:是不是都读到这些,有没有读出其他东西来?合欢树就是抒发对母亲的感情,表达对母爱的崇敬。是不是?

生:我觉得他对母亲还有一丝丝的愧疚和遗憾。母亲前面为他付出了很多,但他获奖时她没有看到;母亲对他表示关怀时,他对母亲的态度始终也不是很好。

师：一个是对母爱的歌颂，一个是表露对母亲的愧疚。还有没有？

生：对生命延续的思考，母亲、我，又延续到那个孩子，他也在合欢树下成长。

（师生具体分析）

师：好，这个我们慢慢体会，先从对母亲的怀念这个角度入手。对母亲的回忆，主要写了两件事，一个是十岁那年，一个是二十岁以后。当然三十岁时母亲已经去了。

作者十岁时的母亲是怎样的母亲？作者十岁时眼中的母亲，仅仅聪明、好看，够了吗？年轻？对！"母亲那时候还年轻"。只是年轻？有点骄傲？还不够。后面咱们来看，她给自己做的是什么服饰？……所以，是一个爱美、对生活充满希望的人；另外她还喜欢？……从来喜欢花花草草……所以母亲是一个热爱生命、充满活力，当然也是漂亮的、聪明的人。

二十岁那年母亲又是怎样的？

我们还读过另外一篇文章《秋天的怀念》，里面有几句很关键的话，还记得吗？

生：母亲说作者小时候踩地上的东西，一脚踩一个，一讲到脚，就说不下去了。

师：还有吗？里面有一句是母亲说的："咱娘儿俩在一块儿，好好儿活……"有没有？在什么情况下说的？（当时的"我"）非常暴躁，喜怒无常，甚至不想活。

母亲临走前的最后一句话："我那个有病的儿子和我那个还未成年的女儿……"后面是省略号，在文章结尾处说："我懂得母亲没有说完的话。妹妹也懂。我俩在一块儿，要好好儿活……"还记得吗？

二十岁时的母亲已不年轻，而且把全部心思都放在"我"身上。因此，那时母亲全然没有他十岁时感受到的特点。

但是对母亲的改变，二十岁时"我"认识得是否深刻？怎么看出来的？

生：他自己说："别浪费时间啦！根本没用！"还有被烫伤时，心想"死了也好，死了倒痛快"。

师：这里没有像《秋天的怀念》那样把自己当时的急躁、不理智全部表露出来，但是隐含其中。当时他对母亲的所作所为是不理解的。

因此，刚才同学说"有一点愧疚"的理解是对的。由此我们考虑：为什么小时候作者作文得了第一母亲没有表扬他，只"说她自己"，生病的时候却提醒他小时候作文还得过第一？笔下写出来，就是他的感受。

这个问题能解决了吗？谁提的，说说看。

生：他小时候获奖，他母亲怕他骄傲……

师：怕他骄傲？心里明白，说不出来，是吗？

生：母亲这么做是让他有一个目标。

师：太教条了，那恰恰是他眼中的母亲，那时候母亲还年轻，讲自己获奖的事情，给自己带来了希望。

生：可能是那时母亲还年轻，心里想的是她的美好的事情，所以当他得第一的时候，母亲跟他讲自己获奖的事。可是当他二十岁时，母亲把全部心思都放在他的病上，看到他写小说给生活带来了希望，就提起这件事情。作为母亲，当时心里不说，但儿子得第一还是深深记在了心里。

师：实际就是作者眼中的母亲怎样由一个年轻的、漂亮的、聪明的、充满活力的人，逐渐变成一个苍老的、全部心思都在"我"身上的人。

到三十岁时很简单，一个是"不在人世"，一个是"已经离开我整整七年"。这是怀念，但如果只是怀念，写这样几件事，抒发一点感情就可以了。

接下来我们要思考这"合欢树"：第一个是结构上的思考，为什么合欢树放在最后出场。第二个思考，作者通过合欢树究竟想表达什么，这是思想意义上的思考。黑板上后面的问题与对合欢树内涵的理解是密切相关的。

母亲去世，他是异常悲痛的，尤其是他小说获奖之后，很多人登门来说这个说那个，他感到烦，躲出去，作者当时摇车，到街上瞎逛，后来觉得与其瞎逛不如去看合欢树，这里你觉得包含了作者怎样的情感，你读出了什么？

瞎逛表明什么？不想回家。虽然离开了树林，但是还是不想回家，他就是依然沉浸在悲痛之中，对不对？怎么会想到去看树？他想起了什么？想起了大院，那个小院，以及老太太对他说的话，想起母亲种树，而这些情况与二十岁后母亲把全部心思花在"我"身上密切相关。因此这时候对母亲的怀念与感受是凝重的，如果浅层地说这个时候他理解了母爱，可以；但如此，前面的许多内容都没有必要。摇车瞎逛，摇车的思考，从不愿意看到后悔没看，都包含着对母亲的这种感受。而这种感受后又隐藏着什么？

孩子看树的事情，作者想以此表达什么？

让我们看，当大伙说："到小院儿去看看吧，你妈种的那棵合欢树今年开花了！"这时候，"我心里一阵抖"，没想到这棵树还活着。在这棵树上，寄托着母亲怎样的情感？

在母亲眼中，这棵合欢树是什么？这棵树隐含着儿子的影子。第二年没发芽，没舍得扔掉，第三年，长出叶子了，很高兴，好兆头，于是常侍弄，后来移出去，念叨不知什么时候开花，开花意味着什么？这里要自己感受。最后想起孩子，说那孩子也会想起童年，会想起那些树影，会想起自己的母亲，也会到树下去看看。你们觉得在这里写这个孩子，作者想表达怎样的感情思想？

我们一起来齐读最后一段。

（生读）

师：想象那个孩子，作者究竟想表达什么？"不会知道那棵树是谁种的，是怎么种的"，这里表达的仅仅是一种母爱吗？

刚才说到是生命的延续，对，但不够。是对生命的体验。

母爱不是十岁时给他的欢乐，二十岁时给他的安慰，母亲不仅给了他第一次生命，还给了他第二次生命。

孩子，一方面是生命的延续，小孩尽管住在这屋，看到这树，但他无法完全知道其中所包含的生命的东西：谁种的？为什么种？

我们先不要探讨为什么这里才出现合欢树，这里实际上表达了作者对生命、对母爱的认识的过程，包含着作者对母亲生命的理解过程。

树是母亲的寄托，希望孩子像合欢树一样产生奇迹；还是一种思念的凝聚，是儿子对母亲的寄托，还是母亲形象的另一种表现形式。

读到这里，"悲伤也成享受"，为什么说"悲伤也成享受"？悲伤里凝聚着回忆，凝聚着思考，凝聚着对生命的认识；这个在登门采访的记者的七嘴八舌中是感受不到的。

（小结）因此，合欢树恐怕不是只在表达对母亲的回忆，不是只在歌颂母爱的伟大，而是通过对母亲的怀念，歌颂母爱，并从中感受到生命的意义！

三、作业

网上搜索史铁生的相关信息，选读《我与地坛》，读完之后，写一篇《重读〈合欢树〉》。

（原刊于《语文学习》2006 年第 9 期。略有改动）

《简笔与繁笔》课堂教学实录

执教时间： 2011 年 11 月 24 日

执教学校： 曹杨二中

执教年级： 高二年级

（师生问候毕）

师：今天上的这篇文章应该都读过了吧？它是一篇什么文体的文章？

生：议论文。

师：这篇文章可以从两个概念来说。第一个，我们从记叙文、议论文、说明文的角度来说，它当然是议论文，是不是？我们还可以换个角度，因为它是一篇文艺的随笔，或者叫文论的随笔，当然也可以把它当散文来读，不过我们今天还是把它当议论文来读。于是我们在读这篇文章的时候，首先要想一想，读议论文应该怎么读？大家不要概括概念，自己想一想：读议论文应该怎么读。无须回答，想一想就可以。然后我们一定要从中发现一些东西。我先问大家，我们今天来读这篇文章，希望解决什么问题？尤其你读的时候想过没有：我为什么要来读这样一篇文章？跟读任何一篇课文一样，首先要有这样的思考吧，想过没有？总要回答：或者想过，或者没想过。想过没有？

生：想过。

师：好，想过了，讲得最响的先让他表达，好吧？来。

生：我是看完题目就在想什么时候要用简笔写，什么时候要用繁笔写。

师：好。什么时候要用简笔写，什么时候要用繁笔写。那么你这个思考是指你平时的写作还是指这篇文章的写作？还是指你在阅读其他的文章的过程当中所得到的收获？

生：指的是我们平时的写作。

师：平时的写作。那么对于平时的写作，你从这篇文章当中获得什么启示？

生：有些需要细致描写，比如要表现出特点的、表现出人物个性的地方，都需要用繁笔来写。渲染气氛的，可以适当地用一些简笔，就是在叙事方面可以用简笔来写。

师：文中是这么说的吗？好，先请坐，看看还有没有其他在阅读过程当中的思考，或者你想过自己读这篇文章，从中要获得什么？要解决什么问题？还有吗？刚才一片说话声，现在怎么没有了？是不是同样的问题？你说。

生：我在想繁笔和我们所说的"啰唆"的界限在哪里，简笔和那些所谓的"叙述不到位"有什么区别。

师：好，一个是叫啰唆，一个叫什么？叙述不到位。有什么区别是吧？好，这个问题我们再来慢慢地思考。还有吗？高二了，阅读要形成这样一个基本思考，尤其是我今天来读这篇文章，到底是什么目的？否则读过了就读过了，是吧？所以我们说把它定位在议论文范畴，就要思考：在阅读议论文的时候要注意什么？或者叫怎么来读？刚才大家提出的问题都是比较具体的，这些具体的问题是要解决的，但是首先要解决的应该是文章的论点问题。你们有没有思考过，这篇文章的论点是什么？想过没有？比如，文章的论点是：A．简笔与繁笔各得其宜，各尽其妙；B．提倡简练为文；C．文章的繁简不可以文字的多寡论；D．写文章要来自生活，发出真情，繁简得当。当然也还可以有其他。我不知道你们在读的过程当中思考过这些没有？你们认为 A、B、C、D 哪一个可以作为文章的论点？想过没有？同意 A 的有多少？好，五六个。同意 B 的有吗，提倡简练为文，有吗？一个都没有。有没有？没有，好，我们先否定它。同意 C 的有没有，文章的繁简不可单以文字的多寡论，有没有？也一个都没有。好，都没有。那么同意 D，文章要来自生活，发出真情，繁简得当的？十个，这个也蛮多的。除此以外还有其他的吗？好，我们来一点一点地推敲，先谈否定的。为什么你们认为"文章的繁简不能单以文字的多寡论"不能作为论点，依据在哪里？既然你要否定它，当然有否定的依据了。否定的依据是什么？……第 3 段。第 3 段讲什么？

生：第 3 段就是写了《水浒传》鲁智深三拳打死镇关西，原作用了很多字来描写，如果只是从字面上描写，这三拳只用一句话就可以概括了，但是这样的话就会把"神韵"给去掉了。

师：你由此来否定 C 啊？

生：这是一个分论点。

师：C 是什么？你来读一读 B 这句话。

生：就是字面上的简不等于简练，C 已经是一个分论点。

师：我刚才说 C 是什么论点？在文中的第几段？……文中的第 1 段，第 1 段转折后的句子："这诚然是不错的。然而，文章的繁简又不可单以文字的多寡论。"第 3 段所说的道理能不能否定 B？能不能否定这一句？可不可以？没关系，再思考。大家都不同意，谁都可以回答这个问题了。你认为它不是论点，依据是什么？你说说看。

生：就是在文章的后半部分。

师：后半部分，比如？

生：比如在第 6 段，"短篇向中篇靠拢，中篇向长篇靠拢"这些。然后后面写"作品写得过长，原因很多，首先是对生活的提炼"一直到"而读大师们的名著呢，却有如顺风行舟，轻松畅快"。就是说，它没有说是根据文章文字的多寡，就来判断它的繁简，而是说它的繁简有什么表达效果。

师：第 6 段所说的核心是什么？一是指出当今的作品有一种"向长靠"的趋势，是不是？但是这还不是观点。指出之后，它的意思是什么？

生：对生活的提炼是艺术概括。

师：首先是这个问题，后面呢？它重点要讲什么？这固然有生活提炼是艺术概括的问题。

生：然后是，艺术手法和语言表达也是不容忽视的。

师：是的，讲的是艺术手法跟语言表达不容忽视，那么它能否定不能单以文字的多寡论吗？它能否定掉吗？好的，再思考，没问题。有这个感觉，不过我们到了高二光靠感觉恐怕不够了，要从感觉到理性了。谁能说得出比较充分的理由来否定 C？有没有？是不是基本上只有感觉，还不能深化为具体的文字的表达？没有关系，但是以后我们在读的过程当中，恐怕要关注这个表述，先存疑。这个问题先不说，不等于说不要解决。那么第二个，B，提倡简练为文，你们也否定了，否定的依据是什么？

生：提倡简练为文，它只是第 5、第 6 段的一个分论点，它并不是全文的一个论点。

师：分论点。现在说了一个概念：分论点。既然你说是分论点，好，我姑且说你正确。那么分论点一是什么？分论点二是什么？也许还有分论点三、分论点四……提倡简练为文是分论点？

生：分论点一就是说文章的繁简不能以文字的多寡论，分论点二是提倡简练为文。

师：同意吗？它只是一个分论点。分论点一，文章繁简不能以文字多寡论；分论点二，提倡简练为文。你们是不是也是同一个意思，因为都否定 B，是不是也认为它是分论点？解决这个问题应该怎么思考？当然你从分论点的角度来思考是可以的，但你必须列举清楚，有哪些分论点，怎么论的。既然有分论点，你还要思考怎么论的了。分论点还是论点（我不说全部的总论点），那么分论点它怎么论的，用了什么论据，总要有这样的思考。还有一个思考角度：前后之间有什么内在的联系？我们现在读文章，当然要从语言形式上去推敲了，语言形式有前后的关联，前后关联既可能在它所处的语段的语言环境，也可能是全篇的一种内在关联，是不是？首先我们看提倡简练为文，是不是作者在这篇文章里提倡的？是谁提倡的？

生：从来的文章家。

师：从来的文章家都提倡简练为文，而这里"感此，提倡简练为文，重议文章繁简得失这个老题目"，是不是？因此，这个提倡简练为文是承从来的文学家之提倡而来的，是吧？所以它不仅不是这篇文章的总的论点，也不能说是作者在这篇文章里的分论点，是不是这么回事？历来的文章家都是如此。而这里提倡简练为文，前面有一个"感此"，"此"指什么？除了第 1 段提出一些看法之外，后面的都是列举。那么"感此"，"此"指什么？是不是第 2、3、4、5、6 段都是？还是第 2 段和第 3 段？是第 4 段和第 5 段？还是指第 6 段？

生：第 6 段。

师：这个好像蛮清楚的。提出"感此"与作者写这篇文章的目的、意图是不是有关联？作者立论的现实针对性与第 6 段密切相关。首先，从第 6 段当中去思考，但是这个只是思考，这个"此"还要具体解释。概括一下，"此"指什么？一下子回答不出不要紧，这后面有地方写，简要地写一写，然后把你写好的读出来就是了。

师：写了没有？有的同学没有写，如果这是今天的一次测试的话，你准备得零分？你就当它是测试。看看谁写了？你先来读读看。

生：我觉得这里的"此"就是指当今的作品有意地为了文章的长短而运用繁笔简笔，使人读来不快。但是大师的名著对于繁笔简笔的运用并非刻意为之，而是由情感自然而来，读来轻松畅快。

师：好，请坐。你把前面的一些内容都概括了。我们看"感此"，有感于此，这个"此"应该是一种现实的状况。因此，目前的作品写得过长，或者说是有长的趋向，这是一方面。另一方面，现在的确有这样一种趋势，但这不只是一种趋势，有些作品即使不长也不怎么样，而是"简而淡，繁而冗"，"此"是这个意思吧。第6段都涉及了。有感于这个现象，提倡简练为文，也就是从来文章家都提倡简练，这是一个共识的问题，这也是作者理论的一个基础。不仅是针对现在的这样一个现实的状况，提倡简练从来如此，而我们现在忽视了。依据是，我们看第1段开头："从来的文章家都提倡简练，而列繁冗拖沓为作文病忌。这诚然是不错的。"提倡简练为文诚然是不错的，作者是肯定的，是作者立论的一个基础。接下来讲到，然而文章的繁简又不可单以文字的多寡论，在这样一个基础上，作者要提出一些新的东西，是不是应该有这样一个思考？因此，我们否定C是有道理的。不是从分论点跟总论点的关系而是从文章的前后的联系来思考，那就是我们高二读文章的理性思考。不仅要考虑这句话、这一个词语、这个意思在这个语言环境当中的含义，还要考虑它与前面的一个联系。这样就可以讨论A跟D了。那么我们来看，大概有六七个同学同意"简笔与繁笔各得其宜，各尽其妙"是全文的论点，是不是？按照我们否定C的这样一个思路，我们来看，为什么你认为这是文章的论点？怎么考虑？从立论的基础、论据、论证的思路这些角度来考虑。谁能够比较全面地来回答？当然是同意A的同学来回答了，再举举手看，哪几个同学刚才是同意的？好的，你先说说看。

生：首先从论据来讲，第2段的这个论据是体现用简笔也可以描写出"神韵"的，而第3、4段则是说用繁笔也能表现出那种复杂微妙、难以言传的艺术效果。而第5段的这里又重新作了一个总结，说不管是简笔还是繁笔，都有各自的好处。所以我觉得整篇文章大部分的内容都是在说简笔和繁笔各得其宜。

师：你从论据的角度来说明，这个论据是对应着论点的，是不是？好的，请坐。刚才第三排的，你的意思呢？

生：我跟她说的差不多。

师：好，差不多是吧？有新的东西吗？有新的见解吗？没有。好，那么我既提醒同意者思考，也让大家跟他们一起来思考——如果说这是一个论点，那么我要问：第4段开头第一句跟这个论点是什么关系？思考过吗？这里还在讲各得其宜，各尽其妙吗？第5段的刘勰的话、顾炎武的话，还在讲各得其宜，各尽其妙吗？那么我们说第4段的核心，或者第4段似乎也在讲用繁笔，它跟第3段所讲的用繁笔，有什么异同？对，第3段讲繁笔用得好，如果变成"打得鲜血迸流，乌珠迸出，两耳轰鸣"似乎便足够了，然而"简则简矣"，走了"神韵"了。这里似乎已经分析尽了，那么第4段跟第3段如果都是一样的话，的确无须举两个例子，一个例子足矣，应该用简笔了，不应该用繁笔了。因此，第3段跟第4段似乎都在讲用繁笔，然而侧重点是不同的，是不是不同的？不同在哪里？你来说吧，试试看。

生：第3段的"繁"是说这个"繁"如果不写的话，会让文章失去"神韵"，然后第4段是说明这里的"繁笔"和"啰唆"有什么区别。

师：好，很具体的分析。我们还是回到所谓的论点，A作为论点是没有问题的，但是不是统领全篇的论点，再讨论。第3段的这个用"繁"正是很好地证明了简笔与繁笔怎样，是不是？第2段用"简"，第3段是"繁"，然后第4段我们看，字面上的这个简不等于文章的精练，是吧？艺术表现上的繁笔，也有别于通常所说的啰唆，是不是从这个角度来分析了？他不是直接来证明繁笔和简笔各得其宜，各尽其妙，而是讲什么时候用"简"，什么时候用"繁"，也就是简笔适宜于什么，繁笔适宜于什么。不是只讲两者各得其宜，各尽其妙，而是讲应该在什么情况下用。因此，鲁迅的《社戏》的例子是很典型的，它的确是啰唆到了极点："看小旦唱，看花旦唱，看老生唱，看不知什么角色唱，看一大班人乱打，看两三个人互打"，然后具体还要写"从九点多到十点，从十点到十一点，从十一点到十一点半，从十一点半到十二点"。的确是啰唆到了极点，是吧？平时这么说话简直是啰唆到极点了。但是这里为了这样一种需要，而做这样一种表述，核心在于艺术上的繁笔有别于通常所说的啰唆，尽管它形式是啰唆的。是不是这样一个思路？因此，它不是简单地来证明第 1 段结尾处的这个观点，而是对这个观点做深入一步的论述：首先肯定是好的，而后要区别什么时候用简笔，什么时候用繁笔，于是自然有了第 5 段，一个叫"句有可削"，一个是"字不得减"，因此确定一个标准，也就承第 4 段，它的标准是什么？"句有可削，字不得减"。用这样一个标准，于是就有了顾炎武所说的：文章岂有繁简耶？是不是？因此，我们再来讨论 A，A 作为作者的一种观点，是正确的。这个观点的立论的基础，首先在第 1 段，我们看到了没有？看大师们的创作。大师们的创作怎么样？有时用"简"，有时用"繁"，用"简"则惜墨如金，用"繁"则用墨如泼，是吧？由此而得出结论，举《水浒传》的例子，实际上是具体地证明了前面所感受到的大师的用"简"用"繁"。但是文章的重点不在这里，刚才已经请大家推敲过了，"感此，提倡简练为文"，"感此"是针对现在的创作中这样的一种状况，感慨于这样一种状况，从"简练"两字出发，而提出简笔繁笔，重议这个老话题，是吧？因此，A 是作者的一个观点，是论点的重要组成部分，然而不能简单地概括为文章的论点，必须前后联系。所以我们读议论文，论点概括固然重要，但是核心不是概括出什么论点，而是概括出这一论点的依据在哪里。我们来看 D，写文章要来自生活，发出真情，繁简得当。有谁能说说看？刚才同意 D 的好像有十个。像我刚才这样分析的一样，你来分析分析看，这个立论可靠不可靠，谁来说？刚才举手的呢？消失了？好，你说。

　　生：首先是从第 1 段可看出，作者的观点是简笔和繁笔各有各的好处，各有各的妙处。然后第 2 段是主要讲了，用简笔给人的一种富有"神韵"的感觉。而第 3、第 4 段虽然都写了繁笔的妙处，但是是从两个方面写的。这是文章的前半部分，都是在讲简笔和繁笔各有好处，但是要看在什么条件下使用。第 5 段主要是论述了简笔和繁笔的一个标准。再根据上面第 4 段所说，要根据写作的心理状态，或者说最后说到的艺术效果，再来决定简笔繁笔的使用。在第 6 段，再去否定一个当今写作的现象，就是往长的趋势靠。最后在第 7 段总结，尤其是重议了文章繁简得失，就是繁简的运用不能偏颇，而是要综合考虑的。

师：好，那么这些跟这个论点是什么关系？你再重复一下我刚才所提的论点，我说的 D 的论点表述为？……这个句子怎么表述？

生：简笔和繁笔的使用要发自生活，发出真情。

师：刚才我的表述忘记了是不是？写文章，都应该出自生活，或者来自生活，发出真情，要繁简得当。原来说的是不是这个意思？那么这是不是作者的观点？

生：应该是作者的。

师：是的，其中作者隐含的观点，是吧？做到繁简得当并不是一件太困难的事情，是吧？这里隐含作者的观点。但是这是不是就是全文的论点？能不能总括所有的？

生：好像只能管到第 5 段。

师：管到第 5 段，有道理。好的，请坐。这是作者的观点，但是它主要不叫管到第 5 段，是在第 5 段的基础上引发出的一个观点，是这样吧？我们要相对深入地来探究这一篇文章的论点，因为这是一篇文艺随笔，不像我们有时候读到的议论文论点非常明确，文中就有一句现成的句子来表述。这一类带有杂文性的、随笔性的文章，很难在文中就找到这样的句子，因此我们需要把文中的相关的意思理一理。我列举 A、B、C、D 的目的不是让大家找到一个现成的文章的论点，而是当我一下子找不到这种现成的论点的时候，我先要把作者所提出的观点列举出来，这些是不是都是作者在文中提出的观点？首先要列举出来，然后我来加以分析。分析的依据是什么？不仅是论点，而且是立论的基础、作者的写作意图，以及行文的思路，怎么一步一步展开论述？这是我们读议论文，高二学生读议论文，应该逐步自觉地做到的。如果高二做不到，把这些问题都堆在高三，高三也解决不了，那么你的高考也就不行，"明天"也就不行。因此，不是简单地来找一个现成的论点，而是要综合思考 A 加 B 加 D，而得出一个比较完整的、符合作者原意的论点。至于怎么概括，无须我用文字帮大家概括，我想大家是能够自己概括的。所以接下去，也是今后我们如果读议论文，恐怕要逐步地形成这样的一种阅读的思路，要有自己探索的一种意识。

最后，布置一个作业：作者是怎么有层次地来展开对简笔与繁笔的议论的？对你的写作有什么启示？刚才有同学说从中获得了写作的启示，恐怕还要深入一步思考，启示、意义在哪里？不在于例子举得得当，不在于正反对比，而在于怎么逐步深入地展开。愿不愿意做做看？好，我们这堂课就上到这里。下课。

（整理者：曹杨二中　李沁怡）

《草莓》课堂教学实录及教学阐释

执教时间：2014 年 12 月 23 日

执教学校：上海中学

执教年级：高二年级

（师生问候毕）

师：今天我们一起来学习《草莓》。我看大家都做过一点记号，说明我们都读过了，是吧？读懂了没有？你们觉得读懂了吗？这有什么不好回答？没有读懂就说没读懂，读懂了就说读懂了。

生：没有读懂。

师：好，没有读懂我们来看看不懂在哪里。既然说没有读懂，那么就要告诉我哪里没有读懂，是大的方面，他想表达什么没有读懂，还是具体的，他说的这个那个没有读懂，谁告诉我？

生：他从描述到议论到表达思想，为什么让我感觉比较突然地就进入了议论的环节？

师：就是从描写到议论，有一点突兀。好的，还有吗？

生：老师，我觉得主要是从这篇文章的选材上来看，它的题目是《草莓》，但是我觉得"草莓"在这篇文章里面好像出现的次数非常少，就是我感觉文章大部分好像和"草莓"没有特别大的关系，所以我不知道这个题目和文章的立意之间，究竟是怎么联系起来的。

师：嗯，文章的立意和"草莓"是怎么联系的，还有吗？

生：我觉得第 5 段的论述比较抽象、晦涩。

师：嗯，晦涩吗？好，议论抽象，看看还有没有？

生：我不明白他想要表达一种怎样的思想感情，因为他是在说，我们现在已经不是十八岁那个年纪了。我想知道，他表达的是我们不应该还怀抱着像十八岁时那样的情感，还是说我们需要去珍惜那样的一种情感？

师：好，他表达的旨意到底是什么，还有吗？

生：他在第 6 段说，"然而，六月的气息已经一去不返了。它虽然曾经使我们惴惴不安"，但是他前面好像并没有说这个六月的气息让他感到惴惴不安。

师：六月的惴惴不安，第 6 段的。还有没有？暂时没有，没有关系，如果这些真的是我们的问题的话，恐怕我们是要解决的。读这一类的散文，第一个我们要搞清楚的，的确是"草莓"在文章当中到底起什么作用，文章看起来是与"草莓"没有什么联系。读这一类文章，读到这样的题目，我们首先可能想到什么？这一类文字我们已经读过很多了，是吧？这是一个物象吧？这个物象到底在文中起什么作用？我们在这一类文章中谈物象的时候，会经常说是借物、借事、喻理、抒情等等，是吧？"草莓"在文中到底起什么作用？一般来说，借物、喻理这一类的文章，总有一个概念，它象征什么，是吧？除了它的象征性，一定还有其他，否则我们不会感到文章的立意似乎与"草莓"没有联系，是吧？那么我们怎么来解决这个问题？先要看看文章的立意与"草莓"到底有没有联系。看两者有没有联系，应该怎么看出来？我们以第 1 段为例，第 1 段到底想表达什么？第 1 段到底表达了什么？在读的时候，你圈出了什么？"草莓"到底是象征还是有其他的作用？我们一点点读，慢慢得出结论。

第 1 段开头说"时值九月，但夏意正浓"，转到"夏意"了，"夏意"

要圈一圈。那么你从第 1 段里面读出了怎样的夏意？读出来了没有？文中的夏意有没有表述出来？说说看？这个倒不一定要一个个发言，大家都可以说的。夏意第一个是？

生：天气的暖和。

师：天气的暖和，天气暖和带来的是，葱茏茂密的绿色的树叶，是吧？从葱茏的树木当中，我们感受到夏意。第二个是什么啊？湛蓝的天空。第三个呢？心境，欢快的心田。似乎是，我们读的时候恐怕要细细品味。天气暖和，而树叶呢？你看看后面用的是句号，其实讲天气与树叶，这里一般来说应该用什么符号？他来告诉你树叶是怎么一个状况，一般用冒号。于是这里就产生疑问了，如果说讲天空如蓝宝石一样，那么还好说，如果说农村到处欢声笑语，也还好说，但是秋收已经结束，挖土豆的季节正好碰上艳阳天，新翻的土地怎么样，这些内容跟夏意有关吗？我们思考，这些内容跟夏意有关吗？也就是说，第 1 段作者到底想表达什么？我们先不管他想要表达什么，我们先来看我们自己读出了什么。

我们的确读出了九月的夏意，然而我们似乎还读出了，九月的秋味，是不是？那么我们就要思考了，既然第 1 段一方面让我们感受到九月的非同寻常的夏意，另一方面又让我们真实地感受到了属于九月的它的秋味，那么文章的第一句"夏意正浓"能不能统领这一段？这是我们读的过程，讲文章的立意跟"草莓"的联系，我们先要看看文章从哪里开始，"草莓"是怎么引出的，是吧？那么你们说说看，秋味直接用到第 1 段是否恰当？这里先存一个疑问。

作者的旨意到底是什么？"草莓"是不是就是一个象征？要解决这个问题，我们先来看作者的行文思路是什么。尽管他写了两个方面，但是我们联系全文来看，他真实或者主要想表述的是什么？或者说他想引出什么？

在第 1 段他写了两个方面，但是作者核心想表达的是什么？这个总是好回答的吧，作者核心想表达什么？A 跟 B，他主要想表达的到底是 A 还是 B？是秋味还是夏意？

生：夏意。

师：为什么？依据在哪里？我们找行文思路。

生：我是觉得他在第 1 段的最后一句说"自从我们五月来到乡下以来，一切基本上都没有变"，然后他说"依然是那样碧绿的树，湛蓝的天，欢快的心田"，他这里强调了"没有变"，然后"依然"是怎么样，我觉得他是在强调夏意。

师：核心是"依然"或者"基本上都没有变"，因此他想引出什么？这只是他的表述，他想用"依然"表述什么，或者说他想引出什么？这是作者的思路，对不对我们再说，他的这个思路有没有道理，慢慢推敲。首先我们要推敲的是，由"依然"他想引出什么，也就是他表述夏意的目的是什么。你光在这一段读，读不出来了，要读下去。在漫步的时候意外地发现了那样一颗硕大的草莓，这跟夏意有什么关系？夏意要引出的是？读读第 2 段、第 3 段，先不要讨论他的议论，就讨论他的叙述描写，这里的叙述描写到底想表达什么？怎么读出来？

这个夏意是真实的夏意吗？真实就是如同夏天那样的味道，是不是？他所看到的是真实的夏天的味道吗？不是，有同学摇头了，为什么说不是？夏意，他引出的是一种"误解"，是吧？好了，所以那个秋味恐怕真的要想一想了。他要引出的是一种"误解"，且不仅是一种整体的夏意，而具体到六月的草莓。因此，我们现在读到的六月的草莓，要由它引发什么？六月的草莓的，或者是属于六月的草莓的，它的色调，它的味道，它的气息，是不是？因而尽管看起来说是有"误解"的，但细细地品味，恐怕就能够感觉到什么，这个"误解"在文中是怎么表述的？

他由"误解"整体到一个具体的草莓，由这个具体的草莓，马上来纠正"误解"，是不是？那么这里，作者在第 2、第 3 段，描写也好，这里面也带有一点阐释性的东西也好，主要想表述什么，他怎么转过来的？在读的过程当中，我们还得关注到他具体而微地写的一点东西，比如树是绿的，但只须吹第一阵寒风就会枯黄，顷刻之间就会枯黄。而那个蔚蓝的天，不久就会灰惨惨的。鸟儿我们不谈了，我们谈树、谈天。现在看起来似乎还带有一点夏意，但接下来他表述马上变了，顷刻之间树木变得枯黄了，天马上变得灰惨惨了。那么这个枯黄、灰惨惨，跟文章所要表述的旨意也好，后面所要议论的东西也好，一致吗？这是第二个思考点。

第一个思考点是"秋味"。第二个思考点，关于树叶的枯黄，天的灰惨惨。这里的枯黄、灰惨惨一般来说表述什么？秋当然是秋了，但这个秋跟后面所说的秋收的那种味道一样吗？不一样。他是不是特别在表述，成熟之后，有这种枯黄的、灰惨惨的味道？所以这里也要圈一下。我们来推敲作者的行文思路，你把它圈出来了，然后跟第 1 段的秋味联系起来看，作者由此是不是推得出下面的东西？我们先要循着作者的思路，但在这个思路当中你要读出一点跟你平时的感觉不一样的。尽管我们主要是在讨论第 1、2、3 段，但是不等于说第 4—6 段我们就抛开了，他后面所表述的跟叶子枯黄、跟天气之灰，有没有关系？那么他为什么要写这个？谁能来说说看？他写的目的是什么？他为什么一上来要写秋味？为什么第 2 段要把秋表现得那样的"阴"？我们先谈作者这样写的目的，然后我们再来探讨这样写合理不合理，是不是？作者写的目的是什么？第 1 段他写秋味的目的是什么？

生：我觉得，作者在第 1 段希望表达出的是，可能在我们平时的认知当中，还是夏天，但是已经一点点地从夏天开始慢慢地变成秋天了。第 3 段，这个秋味，就是"树木是绿的，但只须吹第一阵寒风"这里，指的就是当我们意识到时间已经从夏天变成秋天的时候，实际上季节已经变化很大了。我觉得它是这样的意思。

师：季节变化大了。首先这里已经不是夏天了，一定已经是秋天了，但是还给人以误解，是吧？还觉得有夏天的味道，是不是？因此他的行文的目的，我们只能说是作者的，他的目的是表明其实已经不是夏天了，只是我们的眼睛欺骗了自己，是不是？其实你稍稍体会，一切都可以体会到，哪里是什么夏天，秋收已经结束，那种欢声笑语是属于秋收的，是不是？那么，第 3 段之所以要写整个叶子的马上的枯黄，天气的马上变色，又想表述什么？我们还是要揣摩作者的思路，作者通过这个强烈的反差想表述什么？

作者为什么这么写？他明明不需要这么写，是吧？风吹起来了，树叶渐渐地就会变了，天空的颜色也会渐渐地发生变化，鸟儿也总会往南方飞去的，这样表述就可以了。但他用了一个"顷刻之间"，树木变成枯黄了；天空，他用了"灰惨惨的"这样的词语。给我们的感觉是，秋天是令我们感到凄凉的、感到无奈的，是吧？正常来说，他不应该这么表述。他用非正常的语言来表述，想表达什么？

生：老师，我觉得第 1 段是通过已经在秋天的这种夏意，来造成一种时间上的错觉，就是说人们其实往往在走向了成熟之后，思维却还是停留在原来那个年轻的时候，但是他在第 1 段的时候并没有光写这种年轻，而是通过夏意而把秋的味道隐含在了里面。所以说他接下来在第 2、第 3 段，就把这种隐含的感觉一步步地明朗化，要通过这种明朗化，这种现实和理想的强烈的冲击，来给人们一种更加强烈的时间的推移感，就仿佛是你刚刚还在一个年轻的心理状态，然后让你骤然快进到一切已经衰老、一切已经过去的这样一种状态。这样给人的震撼是更大的，所以才能促使人们去思考人生，思考时间、青春流逝的这种感觉。

师：她是把全文都做了一个阐释，应该说是有道理的。作者就是要造成一种强烈的反差，而营造出这种强烈的反差的目的，不是与下面的成熟期作比的，是吧？也就是说他要让你感受到你看似不变的东西，其实在某些特定的情境下也会有突变的，是吧？他无非要这样来告诉你，这种变化看起来你是看不出的，然而你细细地去感受的话，就一定能够感受得到，不仅感受得到今天，也感受得到明天，是吧？那么我再进一步问，如果不这样来表述，影响他所要表达的主旨吗？我们思考，作者写的不一定全然正确。

如果说把秋收等这些语句去掉，把这个突变去掉，影响作者的旨意的表达吗？比如第 1 段的这种秋意，实际上在第 3 段表述得清清楚楚，是不是？那么我们把它去掉，你们认为好不好？把第 1 段的关于秋收的这些内容、第 3 段的关于瞬间的突变的内容去掉，你们感觉怎么样？是反对还是支持？怎么没有声音了？反对嘛就反对，支持嘛就支持。你们反对把它们全去掉是吧？那么我们往下读，读第 4、第 5 段，尤其是第 5 段，看看以上所说的该不该去掉。我们等一下来看描写跟议论之间的关系，议论的抽象问题。

我们先来看第 4、第 5 段，你读出了第 1、第 3 段里面作者想要表达的这些东西了吗？尤其第 4 段。我们看看，第 4 段，"我们"为什么会以为自己还是妙龄十八的青年？为什么会有这种误解？作者怎么表述的？为什么误以为自己是妙龄十八的青年？误以为自己还像那时一样戴着桃色眼镜观察世界？因为一切都没有发生突变。而第 3 段的第一阵寒风吹来，那是一种突变，是吧？湛蓝的天空瞬间变成灰惨惨的，这不是一种突变吗？这种误解源于不知不觉中变化发生，而没有感觉到它的突变，是不是？那么我们来看第 3 段的这个突变，跟第 4 段要说的没有突变，是不是产生了一点矛盾？

尽管我们读出了作者想这样表达，但是按我们读文章或自己写文章的常态来说，变化应该是一以贯之的。现在依然反对把第 3 段这些内容删去吗？当然还可以反对，但是至少我们可以有一点这样的思考，就是你写文章，前后必须是一致的，是吧？而且我们来看——讲到旨意了，即议论抽象的问题——表达的旨意来了，就跟"草莓"一样，先从这物象来看，它有没有象征意义？有吗？这个是很明显的，是吧？有着妙龄十八的馨香的草莓是象征吧？它是那么的馨香。

然而，如同刚才同学所说的，这样的一种惴惴不安也好，这样的一种激动不安也好，其若明若暗也好，这是作者引申出来的，从这个"草莓"本身，是读不出来的，是吧？它只象征着妙龄十八的青春的馨香，而这个妙龄十八的青春的馨香，恰恰是带着那种惴惴不安的，若明若暗的，是不是？戴着桃色眼镜的，是吧？然而它不直接引出这种惴惴不安，只是象征着这样的一种馨香，而这种馨香本身包含着这样的惴惴不安，这样的若明若暗，是吧？

然而它只是象征吗？你能让九月的草莓也象征着落成了理性大厦的成年吗？九月的草莓在这里是一个特例，是不是？九月的草莓是意外的发现，说明这个时候是没有草莓的，作者意外地发现晚熟的硕大草莓。因此草莓第一个作用是具有一定的象征意义。它的第二个作用呢？它不是象征了，不要再想它的象征意义。我们讲作用的时候应该想到什么？

生：线索。

师：线索有那么一点意思，然而它不是线索，它要引出一种联想。由眼前的草莓，联想到六月的草莓，由六月的草莓联想到惴惴不安的、若明若暗的青春、青年，由这个青年再联想到成熟期的，作者怎么表述的？"是成年期成熟的思虑，是从容不迫的有节奏的生活，是日益丰富的经验，是一座内心的信仰与理性的大厦的落成"，是不是？它不是通过九月草莓来象征的，而是通过六月草莓来引出的。所以它的第二个作用，实际上就是起到引出作者所要表达的旨意的这样一个作用，而所要表达的这个旨意是有着这样一条联想的轨迹的，有没有这种感觉？

我们回顾一下，刚才有同学说这个议论非常突兀，乍读起来是有一点，你写草莓就写草莓了，怎么突然又变成"我们常以为"了呢？这恰恰是"草莓"的第二个作用。你刚才说思路，对吧？我说有思路的味道，但不能代表思路。我们这么来看，描写与议论，看起来有一点突兀，那么，在哪里这个描写跟议论统一起来了？通过哪一点统一起来了？是不是通过这种误解、这种错觉？

好了，刚才大家提出了不少问题，现在看看还有没有问题？

如果没有，那么我们回去做一点对作者行文的梳理。第一个梳理，在这里（在标题《草莓》前面）加上一点东西，给它加上一些限定性、修饰性的语言，怎样的草莓，而后引发出怎样的一种思考？修饰语不一定是一个，可以是几个。第二个，通过它所引发的思考，我们来考虑作者对妙龄十八的馨香与落成了理性大厦的成熟，究竟是一种什么态度？是通过妙龄十八来否定成熟，还是通过成熟来阐述什么？能不能做一点思考？

那么我们今天这篇文章就探讨到这里好不好？下课。

教学阐释：

《草莓》这篇课文是在散文单元，说老实话，像《草莓》这一类的文章，我个人是不太喜欢的，因为它有一点演绎概念的味道。但从散文来说，比如这三篇：《想北平》《我所认识的蔡孑民先生》《草莓》，它们各属于不同的类型。《想北平》是以抒情为主的，尽管它也叙述了、描写了许多事情，但主要是抒发内心的一种难以言说的情感；而《我所认识的蔡孑民先生》是以写人为主的；那么《草莓》这一类叫借事喻理、借事抒情，它在这一类里具有一定的代表性。先不说这类，我们先说散文阅读读什么。

首先，我们知道散文一般来说是写实的，尽管它里面也有一些自己创造的东西。其内容是现实生活当中的人、事、物，而这个现实生活当中的人、事、物是作者眼中的人、事、物，也就是未必真的等同于现实生活当中的人、事、物，那么作者通过他眼中、心中的这种人、事、物要表达怎样一种情感，怎样一种认识，怎样一种见解，怎样一种观点？因此，一般来说散文都有贯通全文的感情的或者是思想的脉络，而我们去读书要感受到这样一个脉络，主要是通过这一篇的，或者说具有这一篇个性的语言。对于散文，我们重点应该放在这，如果把它当散文来教的话。

其次，我们要联系高中阶段主要的教学任务。教育部组织了一批全国最具权威的专家来回答关于语文课程和语文教学的一些问题。其中一个问题就是高中阶段的课程、教学主要任务是什么？他们认为是"四个力"，第一个叫审美力，第二个叫鉴赏力，第三个叫思维力，第四个叫批判力。尽管这个表述从逻辑上来说也许有点问题，但这个无妨，我们不去推究它的逻辑问题，我们只是说这"四个力"，它的概括还是有一定道理的。思维力在西方来说实际上就等同于批判力，因为这个思维力包含着逻辑批判的因素。而批判力又跟审美力、鉴赏力是不可分割的，你没有这种审美的、鉴赏的东西，你何以批判？味道还没体会出来，你就去批判，那肯定是不行的。因此，我觉得从整体上来说它是对的。

关键是我们怎么在平时的课堂教学过程当中去培养学生这样的"四个力"，尤其是以批判力为标志的"三个力"的统一，这个恐怕是我们整个高中阶段的教学所要思考的问题。

最后，要说的第三点，跟第二点是相关的。一般来说，小学跟初中，以学习掌握语言运用规范和文章构成要素为主。因此在初中，尽管有的课文是散文，有的是小说，但我们可以从记叙文的角度来确定教学内容，也就是让学生来感受基本的语文，感受文章构成的基本的要素，以这个为主。而高中阶段应该是以文学作品的阅读与鉴赏为主。

当然，这个鉴赏绝不是架空了初中阶段的那些基础的东西，因为我们讲文学，或者说是讲理性，首先关注的不是作品本身，而是语言的这种表现形式，也就是说初中以学习规范的语言为主，而高中阶段是以感受文学语言为主。而所谓的文学语言首先也是基于规范的，其次是富有个性的语言的变式。文学语言跟我们所读的规范的语言，形式上某些也许不太一致，那是既由作者的个性决定的，同时又由作者写的这一篇的特点所决定的。

而文学语言实际上是代表着一个民族的语言的最高级的形式，也可以说是代表着这个民族的文化的素养。

就以上三方面的思考，我们来看《草莓》这样的文章。一般来说，这样的文章，知道作者要表达什么，借什么物喻什么理，浅浅地说，大概没有大的问题，今天学生很谦虚，说读不懂，这其实是产生了疑惑。也就是说，文章这样的一种表述，与他们已有的知识积累、认识积累相比，显得不那么和谐。一般来说，这类文章思路比较清晰：草莓的形态是什么？特点是什么？让我们有什么感觉？然后引申到道理，象征的对象的个性是什么？特点是什么？然而《草莓》这篇文章似乎没有用那么明显的或者那么顺的语言形式来表述，所以上海中学的学生说读不懂，是读不懂它的虚与实之间是什么关系，它的道理的抽象是怎么抽象的，"草莓"到底是什么意思，要表达怎样的主旨，等等。上海中学的学生提出的这个恐怕不叫读不懂，而是往深入去思考的话，就会发现有一些与他们平常阅读这一类文章的感觉不一样。

这，我觉得是正常的，"草莓"的确不是一个简单的象征，如果是象征，充其量只是六月的草莓的象征，而六月的草莓的象征也只是取其一点，那样的六月的一种馨香，不可取代的馨香，妙龄十八的馨香，这个大家都读得出来。而它所涉及的，就像学生提出的，这种惴惴不安的，或者是激动不安、若明若暗的特点，这"草莓"是没法表现出来的。所以"草莓"具有一定的象征性，然而"草莓"在这篇文章里面恐怕不只是象征，它实际上是通过草莓来引发思考的。先从季节上来说，从颜色、天气、味道、形态、心性等各个方面，将六月与九月作比较，无非引出一种思考。所以它就又不是简单的象征。

那么怎么让学生读出来呢？让学生读出象征是没有大问题的，文章明明白白地写出来了。而隐含在象征背后的东西，要让学生读出来，那么就要牵涉到作者的行文思路。所谓的行文思路，可以从两方面来探讨。一方面是作者想表达什么？作者通过"草莓"想表达什么？无非两点。第一，关于妙龄十八的形象，他要表达什么？他的倾向是什么？第二，关于落成了理性大厦的成熟的味道，作者的倾向是什么？而将成熟与妙龄十八两者组合在一起，他又想表达什么？这是一种思路，直接进入对这篇文章所要表达的主旨的思考。就此而言，文章中有显性的东西，然而更有隐性的东西，那么隐性的东西怎么读出来？从主旨开始。

另一方面就直接从"草莓"开始。学生不是提出"草莓"在文中并没有出现很多次吗？那么我们就作者在文章开头想表达什么这个问题往下思考。我先不讲草莓起什么作用，而先来思考作者一上来想表达什么，他所表达的这些东西跟"草莓"是什么关系。这也是探讨行文的思路，即作者怎样一步一步写出最后的带有结论意义的这些语言。

今天我主要采取第二种方式，为什么呢？因为学生提的那么多的问题，当然跟主旨是相关的，但这篇文章的主旨恐怕不能简单地用一两句话就概括出来，应该说是包含着的，因为它是带有一点哲学思考的东西，哲学思考的东西很难用一两句话显性地把它表达出来。因此，直接从一种哲思哲理出发的话，本身也有一定的难度。

正好学生提到似乎写"草莓"的并不多，文章立意跟"草莓"之间到底是什么联系？要讲求联系，实际上就是探讨作者的行文思路，我们就要先看他怎么一步一步来推理。从第 1 段来看，他似乎是想表述眼中所见的景象，会令人产生错觉或误解，核心要表述的是这样一种意思，正因为这种误解而凝聚到第 2 段的这个硕大的草莓上。但是第 1 段不只写了这些内容，除了写误解的夏意之外，实际上还表述了秋天与夏天不同的味道，这个在第 3 段得到强化。作者为什么在这里要点出，恐怕很值得思考。因为我们读文章，一般来说，作者，尤其是著名作家的作品当中，每写一点都有他的道理，我们要拼命地为他阐述，为他所写的东西说好话。不过按照我们阅读者的感受来说，至少在读的过程当中，感觉就是作者这个秋收一写，把误解的味道冲淡了。不是说不能写，可以写，但是现在恰恰要引出误解，由误解而凝聚到这颗草莓上，由这颗草莓再引出六月的草莓，由六月的景象、六月的草莓，再引申到九月的不同的颜色、不同的景象、不同的味道、不同的天气，它的本意在这里。那么，作者这里已经写到了秋收，不是冲淡了对九月的种种景象的误解吗？因此我的感觉是，这个恐怕不写为好，写"到处是欢歌笑语"，"自从我们五月来到乡下以来，一切基本上都没有变"，怎样的路，怎样的天，怎样的风景就行了。

但是作为阅读者，我们要揣测作者他这样写，究竟想表达什么，有没有道理再说，我们要循着作者的行文思路，实际上他写出这些已经隐含着，你其实是能够感受得到的意思。尽管你眼中的绿意正浓，尽管你眼中的欢乐正浓，尽管你眼中的天气正蓝，但是实际上秋意已经客观存在了，文中已经飘逸着秋天的这种味道，只是你不注意而已。

我觉得他的旨意大概在这里，因为这一点，他觉得第3段的秋天的一切都顺理成章。那是对的，他有他的道理。但是我们读文章，尤其今后学生自己要写文章，前后要一以贯之。因此，从学生的基础出发的话，第1段的这些内容，我的意见是暂时不让它们出现为好，我不是说这些一定是错了，我是说暂时不让它们出现。那么我们再推敲下去。

它由夏意引出误解，由这样一个普遍都出现在眼中的物件，而凝聚到特殊的一颗硕大无比的草莓的这样一个物体上。由误解凝聚到这样一颗草莓，这是意外的，所以这一定是特殊的。他写意外，恰恰是要纠正第1段他所不断地表述的问题，这就是他的行文思路。因此，由这个草莓把他的思绪引向六月，也是草莓最盛的时候，有这个印象了，六月马上纠正这种误解或错觉："我"以为一切都没有变，其实不是这样，是一种错觉。于是他就把六月与九月做了具体的比较：那时候的树木是另一种模样，我们的欢笑也是另一种滋味，连太阳、天空，甚至连空气都是不一样的，那时候是六月的芬芳，今天我们闻到的是秋天的气息。

由误解凝聚到这样一颗硕大的草莓，由草莓引出六月的草莓，由六月的草莓引出六月的模样、六月的滋味、六月的气息与九月的不同。那么照理来说，这里应该没有褒贬，六月也好，九月也好，各有味道。但是从作者的行文思路来看，不知道是因为翻译还是什么，至少我们实实在在地从汉语言文字中读到了与作者本想表述的旨意的不那么协调的东西。也就是说，他把树叶瞬间的枯黄、天气瞬间的变灰引入对比中。而从全文的表述来看，核心又不是要表述那种枯黄、那种灰惨惨，而是要讲述秋天特有的气息，那种翻耕的泥土、马铃薯、向日葵的香味，所以同样是香味，只是六月的香味跟九月的香味不同罢了，他没有想要用六月来否定九月的意思，而且从后面的第4—6段来看，一点这样的意思都没有。因此，我们探究作者的思路：第3段的核心是要将六月跟九月作比较，而这种比较是没有高下、没有对错的。

那么他为什么要用一种强调这样可能引起读者误解的文字来表述？首先要讲作者想到的是什么？要让学生知道作者这么写总有他的道理，作者这样写，他想表述什么？他无非用比较夸张的表述，表达实际上六月跟九月是全然不同的，你只是没有细细地感受到。但是根据作者后面所写的是不会发生这样的突变的，没有发生过任何的突变，可树木瞬间的枯黄就是突变。如果觉得前后似乎不那么协调，那么要让学生体会到、感受到作者这样表达的意愿或者说意图。作为阅读者，我们说要去梳理作者的思路，就是形成我们自己的阅读的思路。形成我们自己的阅读思路，就要关注这些具体而微的语言现象，尤其是读起来不那么协调的语言现象。

其不协调有两种可能。第一种是我们的经验有问题，我们的经验欺骗了我们，它们其实是协调的。所以有很多的文章只是看似矛盾，比如《想北平》看似是矛盾的，其实一点都不矛盾。第二种是这样的语言形式，至少在我们汉语言里面来说不那么规范，不那么协调。我觉得这恐怕要让学生，尤其是高中的学生，在阅读的过程当中有基于他们的经验的思考。我们一直说在学生沉浸到文本之后，会产生两种情况，第一种情况是已有的经验在这篇文章的阅读中得到验证，说明自己的经验是对的，比如认为文章前后应一以贯之，它果然一以贯之，那就产生共鸣。第二种情况是已有经验在这篇文章阅读过程当中碰壁，于是产生困惑，那就质疑，产生困惑不一定是作者的问题，也有可能是我们的经验有问题。这种困惑是客观存在的，那么我们在整个高中阶段的教学过程当中，恐怕很需要引发学生的这样的困惑。我们且不说作者对与不对，作为一个阅读者，应该有这样的思考，那就是我们的高中应培养的批判力最基本的东西。当然批判力不只是发现别人的问题，但发现问题是最基本的。因此在梳理作者行文思路的过程当中，让学生来思考第 1 段、第 3 段中与我们已有经验不那么协调的东西，这是行文思路。具体方法像是问学生第 1—3 段想表述什么，"草莓"在里面到底起到了怎样的作用……这是推敲行文思路，因为借物喻理的这一类文章，这个物跟这个理之间应该是有一条贯通的思路的，那么这两者之间是怎么贯通起来的？因此，第 4 段所说的"我们常以为自己还是妙龄十八的青年"，这个"常以为"跟前面说的那些"常以为"，即"我"以为一切都没有变，与"我们"常以为等于还是一切都没有变，至少没有任何的突变，是相关的。

刚才在讲"突变"这个词语的时候，前面的秋天的那种带有一点凄惨的感觉的这个突变其实已经解决：树木今天还是绿的，明天一阵风全部枯黄；天空今天还是蓝的，明天一阵风，全部灰惨惨——这不是突变吗？因此从"我"的"以为"到"我们"的"以为"不是贯通起来的，而"我以为"跟实际上的不切实际，与"我们以为"跟实际上的不一致，不是两者贯通起来的。我想这个思路学生应该能够读得出来。读出来了之后，关键是作者接下去写的东西，恐怕是要引起学生思考的，他对十八岁有几种表述，第一个是妙龄十八的青年，第二是戴着桃色眼镜，第三个是激动不安的、若明若暗的，然而最后又把它落实到不可取代等等。这么多概念组合起来，我们要想就是这个六月的草莓，它能够象征的或者能够表现的不过是妙龄十八的形象，那样的一种不可取代的香气，而惴惴不安之类的，六月的草莓是无法象征的。因此通过这样一个象征义，我们读出妙龄十八的馨香里面一定还包含着其他的东西，包括戴着桃色眼镜观察世界，也就是他看出来的未必是现实，是依据他那时的美好想象来看世界，是不成熟的，所以说是激动不安的、若明若暗的。对这个妙龄十八，作者所要表达的意思，恐怕不只是表达一种对青春逝去的慨叹，还有对妙龄十八的那么一点回味，不然没有感叹。因为这个青春期之后到来的是……我们前面有很多事情等着我们去办，轮不到我们去感慨，我们要做我们该做的事情。因此，他对于这个落成了理性大厦的成熟期或者成年期，也没有什么批判，而是引发我们的思考：人生就是这么过来的。因此，不要简单地把它归结为我们要珍惜时间，要珍惜青春……我想这篇文章本身不一定有这样的意味。

作为阅读者，你读出惜时，当然可以，但是我们不要简单把学生引到我们要珍惜时间这样的结论，然后大家讨论：我们现在十七八岁，怎么来惜时。今天教学的基本思路，或者想解决的问题，恐怕就是怎么去捕捉、梳理、推敲作者的行文思路。

这当然只是今天的一堂课，这一堂课完了，说老实话，我们也很明白，有些时候我们也听报告，听一些非常先进的理念，听一些关于新的模式的借鉴，但是如果你不是不断地去思考的话，那么这些理念也好，这些模式也好，恐怕过不了多久就会被淡忘。因此，还是要不断地引导学生读完之后，能够从不自觉到自觉地做一点梳理，比如行文的思路。因此，作者这里讲的"草莓"，带有象征意义的"草莓"，他实际上给它做了一定的限制，而这样的一个"草莓"可以引发我们这样的一种感觉，这是一种。但是作者不只是讲妙龄十八，其中一定还有作者的价值观。那么通过行文思路的梳理，怎么去感受作者对六月的草莓与九月的草莓的感情的倾向，或者是它的旨趣，以及六月草莓与九月草莓之间的关联，就能引发学生思考。不一定要得出这样那样的结论，但是每读一篇文章都有这样的一些思考的话，也许对学生的学习习惯的养成或者学习策略的形成，会有一点帮助。

关注语言形式，说到底还是关注学生的思维。我们讲不要被课文内容牵着鼻子走，而要关注表现或者承载课文内容的语言形式，这是对的。但是关注这些语言形式的目的是什么？在高中阶段关注语言形式，恐怕不是简单的语言积累。如果说在小学与初中我们关注语言形式更多的是关注学生的语言积累的话，那么高中关注语言形式背后，第一个就是关注学生的思维，第二个就是要关注这样的语言形式背后的文化内涵跟审美意义。因此就不能简单地让学生知道这个词什么意思、那个词什么意思、这个句子怎么理解、那个句子怎么理解，也不是简单的这个句子跟上面一个句子构成什么关系，这些是需要的，但不能只是简单地理解。一定要知道作者的这样一种行文思路，跟作者所要表达的东西，跟作者的思想，以及产生这样思想的文化背景，都是密切相关的。

（整理者：上海市南洋中学　李心怡　王　婕）

《兰亭集序》课堂教学实录

执教时间： 2018 年 9 月 30 日

执教学校： 上海市华东政法大学附属中学

执教年级： 高三年级

（师生问候毕）

师：课文读过了吧？读懂了吧？我们有的同学已经能背诵了，但我们主要要解决一个问题，就是读懂了吗？主要包括：文章内容了解了吗？文章中的字词意思掌握了吗？文章中作者要表达的情感知道吗？我们还需要思考的是，作为高三学生，我的懂还要包括哪些方面？我们从小学开始学语文，现在已经高三了，马上就要走向大学。高三学生的"懂"，除了内容、词句、情感上的，还包括什么？就是行文思路。作者是怎么表达出他的情感的？所谓"怎么"，是指作者用的是怎样的一种语言形式，以及这种语言形式背后的思维脉络是怎样的。有同学懂了。等会儿我们来看，没懂指什么？这是第一。

第二，作为高三学生，（板书：与）我们读过《论语》的《子路、曾皙、冉有、公西华侍座》，孔子对谁的见解表示赞同？"吾与点也"，"与"就是赞同。你欣赏吗？喜欢吗？（板书：疑，知）懂了多少？"疑"，是没懂的，那么有什么问题？现在我们阅读是通过这样一种方式。刚才有同学说，没全懂，但总是懂了一点东西的，那么，读懂了什么？词句大体理解了吗？每一段主要表达什么大体理解吗？每一段要表达的东西，怎么构成一个整体的？这些知道吗？有什么问题？讨论讨论，以小组为代表梳理出一两个问题。

生：不知道作者要表达什么。

师：他要表达的主旨是什么。还有吗？

生：叙议的关系，就是行文思路。

师：还有不同的问题吗？

生：他表达的生死观是什么？核心的观点是什么？

生：之前提到的景致情景，与后文生死观、感慨的关系。

师：还是叙议之间的关系，问题还是比较集中的。这些问题到底怎么解决？因为要理解文章的主旨，所以把握作者的情感，以及情感是怎么表达出来的，是这一思路梳理的关键。要去感受主旨、梳理思路，我们要关注几个方面：第一，和感情有关的，哪个词出现的频率比较高？这个词，还包括近义词，圈出来。第一步，圈出高频的、表达情感的词，它们和作者的情感、议论、主旨都密切相关。

生："乐"。

师："乐"当然不少，但"乐"的问题等下讨论，先解决"情"的问题。那么多感想性的词，关注到没？和"怀"相近的，如"感""情""致"，不一一列举了。这些高频词的出现，表明作者写这篇文章，核心是要议论抒发的，要解决内心的感受，"虽世殊世异，所以兴怀，其致一也""亦足以畅叙幽情"。那么我们就知道，作者重点是探讨，基于心中的情感，这种情感更倾向于"乐"。我们只能说，从文本叙述议论的内心情绪来说，的确有个"乐"。如果第 1 段叙"乐"；那么第 2 段，"岂不痛哉"，到"痛"；而第 3 段，到"悲"。由"乐"到"痛"到"悲"，似乎是情绪变化。现在看这样一条情感的变化脉络，情感似乎是矛盾的，作者是怎么解决的？

　　于是我先要问的是，"乐"前一定还有个什么情绪，怎么来补？"乐"是显性的表达，但请大家注意，"乐"前面有个副词，"信可乐也"，注意到没？"信"是什么意思？这个词的背后隐含的情绪是什么？在这里真的就是"肯定"的意思吗？我们读《简笔与繁笔》的时候都注意过，当然这里没有用"信"："从来的文章家都提倡简练，而列繁冗拖沓为作文病忌。这诚然是不错的。"就是"信然"是不错，但你读到"诚然"这个词的时候，心里总感觉它是用表面的肯定隐藏背后的否定，"然而，文章的繁简又不可单以文字的多寡论"。当我们读到"幸""诚""故"，要有心理准备，就是要转了。"信可乐也"看起来的确很让人欢乐，但是这个转是不是很突兀？所以我们要往前推，"乐"之前之所以能暂时地欢乐，"当其欣于所遇，暂得于己"，暂得之乐怎么来的？是因为"修禊"这个活动，这些文人聚集在一起，做游戏、喝酒、吟诗，很欢乐。注释上说，"修禊"是消灾。而在特定的年代，四十一个人聚在兰亭，"修禊事也"，恐怕和社会的、时代的、生活的现状密切相关。这篇文章在什么背景下写的呢？那个时候的晋朝是什么情况？社会动荡、外敌入侵、战乱不断、民不聊生，这是大背景。具体的小背景是，当时瘟疫流行，死了很多人，包括王羲之的很多亲戚也死了。战乱不断加上瘟疫盛行，的确是无欢乐可言，这次"修禊"，祈福消灾是主要目的，但是还有另外目的，这四十一个人里，除了一些文学家、政治家，还有一些是军事家，大家在一起，实际上还商讨怎么处理目前的灾难。由此，我们就大体知道，"修禊"是因为有灾难，寓意其中，所以起点看起来"乐"，其实含着"悲"。其实，古人许多的作品，一开始似乎都能读出一点"乐"，但要知道乐是基于忧郁的。如《小石潭记》，"如鸣佩环，心乐之"，其实水声到处都是，为什么这个时候"心乐之"？因为长期积郁其中。苏轼的《赤壁赋》也是这样的。这是文人的常态，我们不要读到了"乐"，就觉得是快乐，"乐"是基于心中之积郁，不能排遣，于是一起商谈怎么处理目前遇到的种种情况。"序"似乎是在讲聚会之乐，然而是要排遣内心之悲。"信可乐也","信"字是很值得关注的。

我刚才一直强调，我们读的时候固然对新出现的概念，要"思"，但在高三，更重要的，是曾经有过记忆的概念，要在读的过程中不断唤醒，获取它在语言环境中的特定意思。我们平时很容易带过去的，举例来说，大家有没有思考过"引以为"，"引"，"列坐其次"，"次"，这都是需要关注的。"引"，课文没注释，是把水引进来吗？水是原本存在的，还是为了这次聚会把水引进来？不存在引进来，而是用的意思，"引以为"就是拿这些映带左右的清流激湍。高三读这些，要不断唤醒我们的记忆。"列坐其次"的"次"，有个词叫"座次"，依次应坐的位置，叫"座次"，有序地坐在他应坐的位子上。"其致一也"，"致"，"情致"，怎么展开？我们在读这篇文章的时候需要这样推敲。

关于情绪的变化我们稍微搁一搁，因为我们的思路梳理是建立在对这篇文章的感情的理解上。我们欣赏它，认为它是好文章吗？因为它的文学性、逻辑性、哲理性？如果你认为不怎么样，那么理由是什么？你们查过资料吗？对这篇文章的评价有不同吗？这是名篇，当然"名"更多是因为其书法，而对这篇"文"来说，历来有两种争论：有人觉得好，认为它思想深刻，反对老庄的无为消极，表达内心对社会的关注，而且跌宕起伏，一波三折；有人认为不怎么样，华东师大著名教授、学者施蛰存，说它七拼八凑，不知所云。从选文标准来说，把它排在标准之外的，有《昭明文选》，《昭明文选》选文的是南北朝的萧统，选的都是富有文采的、有思想的文章，但是没选《兰亭集序》；还有《古文观止》，作为启蒙读物，它还是有价值的，它也是选有文采的，但它也没有把《兰亭集序》选进去。有截然不同的两种评价，我只是问你们的评价，我们不受干扰，你们怎么评价？

因为讲"乐"，第1段结束了，没有大问题，只是有些表述稍稍突兀，比如"列坐其次"之后"虽无丝竹管弦之盛，一觞一咏，亦足以畅叙幽情"，前面都在介绍活动情境，突然冒出"丝竹"，所以说它"七拼八凑"，把这些去掉，不影响意思。第 1 段还是比较顺畅的，"清流激湍，映带左右"把欢乐的场面写得既具体又含蓄，然后写与会者的感受，"是日也，天朗气清，惠风和畅，仰观宇宙之大，俯察品类之盛，所以游目骋怀，足以极视听之娱，信可乐也"。这样一个表面的情景，看起来人人都"暂得于己"，没有大问题，关键在于"信可乐也"，怎么转到的？这就牵涉到第 1 段核心要表达的：写出热闹场面，以及内心暂时的欢乐。第 1 段写眼前之景。第 2 段，如果我们也从叙事的角度来说，表达什么？至少不是眼前吧？是"我们"这批文人以及与"我们"这批文人相近的文人的实际的生活状况，由眼前景转到叙述、议论、抒情，要知道转，就要从文章里读出相反的、矛盾的内容有哪些，他举了几种情境？我们要梳理，这就是思路。"夫人之相与，俯仰一世"，先列举了两种人，两种人的生活、处世的方式，第一种是"取诸怀抱，晤言一室之内"，第二种是"因寄所托，放浪形骸之外"，两者完全不一样，矛盾，那么作者对这两种人有表态吗？他欣赏哪种？看起来没有，其实背后一定隐含着。先讲两种人，这里我们读的时候要打个问号，作者对两种人持什么态度，结论怎么得出来？然后把两种人又归为一体，不管你是"晤言一室之内"还是"放浪形骸之外"，都会遇到两种情境：第一种，"欣于所遇，暂得于己，快然自足，曾不知老之将至"；第二种，"及其所之既倦"，曾经追求的、欣赏的，没兴趣了，"情随事迁，感慨系之"。不管哪种人都脱离不了这两种情况，那么对这两种情况，作者又是什么态度？恐怕我们要和过去所学相联系。尤其后面，"岂不痛哉"，我们脑中会出现谁还有这样的表述？比如苏东坡，他得出什么结论？"自其变者而观之，则天地曾不能以一瞬；自其不变而观之，则物与我皆无尽也。"他也有过相同情况，然而得出这个结论。还有苏辙《黄州快哉亭记》，"士生于世"也是两种情况，"使其中不自得，将何往而非病？使其中坦然，不以物伤性，将何适而非快？"，都是内心的情绪。而王羲之是什么态度？作者觉得自己是不是这样？也就是不快是从什么地方来的？怎么会产生"情随事迁"的感慨？这里要关注有些语言形式了——"犹不能不以之兴怀"，也就是现实中，"向之所欣，俯仰之间，已为陈迹"，时间流逝太快了，该享受的，该做的没做完，眼前种种不如意的境遇，尚且使人产生不快，不如意已经"不能不以之兴怀"，更何况一个人生命是有限的，"修短随化"，生命的长度是大自然给你定的，"终期于尽"，不管是长还是短，都要结束。"古人云：'死生亦大矣。'"这句话庄子说是孔子说的，"而不得与之变"，死生是大事、有定数，不能够随着自然变化而变化，痛是痛在这里。因此遇到一点不如意，就已经难过了，当你想想就要走向灭亡了，会怎么样？由"乐"转到"痛"，和"信"有关。那么"痛"的是什么？而这里的"乐"，如果从积极的角度看，是有价值的。我有时候会和所有文人一样，因为抑郁产生沉痛之情，然而沉痛之情最核心的不是因为个人生命的长短，更在于不能为改变现状而多一些努力，我们要从积极的角度感受它，这是积极的；从消极的角度来说，也就是人生短暂，该乐则乐，该悲则悲。

回到刚才的问题，"晤言一室之内""放浪形骸之外"，作者对此的态度是什么？首先"放浪形骸之外"实际上走的是老庄的路线，那么，他在文中对老庄是肯定还是否定？《庄子》里有"寓言"有"重言"，这是"重言"，为世人所尊重者的言论，"死生亦大矣"是他借孔子的口说的，直接阐发对人生的态度，这个不足为据。真正否定老庄的，是在"痛"还是在"悲"里？"一死生为虚诞，齐彭殇为妄作"，这是庄子的观点。"一死生"看起来潇洒，不管长寿短命都一样，既然都一样了又何必介怀呢？所以说"放浪形骸之外"，由此可见，他对庄子的这些观点是反对的，那么"晤言一室之内"呢？是不是肯定？"晤言一室之内"还是老庄，当时叫玄学，谈不知所云的东西，清谈，聚在一起谈谈生死观，不解决问题，这样的虚幻东西和放浪，恐怕都不足取。因此作者感慨的原因，除了个人的不如意，除了"修短随化"之外，还在我们四十一人，其实希望为国家、社会做事，可是做不了，就像苏轼所说的"早生华发"，从"痛"到"悲"，这不是反拨，而是推进。从平时的实际来看，然后由今及古，把古今未来融为一体，这样的思考，贯串始终，这就是中国文人情怀。"悲"，不是悲事事不如意，"终期于尽"，因为他知道"一死生为虚诞，齐彭殇为妄作"，但还是不能释怀，而"我"的不能释怀和古人的是一样的，"我"和文人都是一样的，所以"每览昔人兴感之由，若合一契"，完全一致，"未尝不临文嗟悼"，读一遍感慨一次，怎么会这样？这个问题古人没解决，今人没解决，后人，恐怕也很难解决，所以"后之视今，亦犹今之视昔"。所以这个"悲"，悲在从古至今的文人情怀、文人之思、文人之忧，始终不能改变，但愿后人能够有新的东西，"后之览者，亦将有感于斯文"，对我们的世界发表感慨，最好能有所突破。

这样，我们回过头来看，文章到底想表达什么？我们来尽可能地理理思路。从文本来看，主旨相对来说还是明确的。这个社会现状很难让人欢乐，然而没有欢乐的文人还是希望能为改变现实做点事，而这样的文人情怀、言行，恐怕是作为一种传统了，古今不变。于是我们知道了怎么讲着"乐"，突然谈"生死"了，这样行文是思路使然，不得不这样。因此，文章看起来是讲情绪变化，但实际上这条感情脉络一直指向"痛""悲"，"乐"是表面的"乐"。

要从好的角度来阐释行文思路。今后高三阶段读的作品，包括高考中的文言阅读第二篇，往往是讲传统思想、哲学道德的，有序、有记。读这类作品应该关注什么？怎么梳理行文思路？这都是高三阶段读文言文，需要特别关注的。

还有什么问题吗？没有没关系，每个小组梳理今天思考过的东西，针对王羲之的生死观、悲乐观，发表一点自己的看法。下课。

（整理：上海市华东政法大学附中　罗恺文）

《我有一个梦想》课堂教学实录

执教时间： 2019 年 3 月 1 日

执教学校： 上海市华东政法大学附属中学

执教年级： 高三年级

（师生问候毕）

师：我们首先要有一个意识，我们离高考已经不很远了。因此，我们现在来读这样一篇文章，就要考虑到是在快要高考的这样一个前提下。这篇文章本来是高一的课文，而我们今天来读，跟在高一时读，那是不一样的。我们在高一时读：一要读题；二当然是要读出与其相关的背景；三要读人——这个作者；四要读文；五要读言，即表现文章内容的语言形式。如果我们在高一读的话，恐怕这五个方面的问题，我们必须逐一地来解决。但是，我们高三了，有些东西就无须在今天解决。于是，我们就要思考：我们高三时来读这样一篇文章，核心要解决什么问题？思考过吗？文章，我相信大家都读过，可核心到底要解决什么问题？想过吗？

比如，梦想是什么？提出这个梦想的前提是什么？提出这个梦想的理由有哪些？你们觉得核心应该解决的问题到底是什么？因为梦想的方向是向前，尽管在我们实际的考试当中，也会有一点相对浅显的直接回答"梦想是什么"的问题，但是这个是不够的，因为这是显而易见的，梦想一定是黑人的自由，或者叫自由的实现。具体地说，也就是结尾处所说的，黑人和白人"一起工作，一起祈祷，一起斗争，一起坐牢，一起维护自由"。我们首先得思考，提出这样一个梦想的前提。

当你们看到这个前提的时候，恐怕要有一个分类，至少要分出一、二，你们觉得一应该填什么，二应该填什么？我们谈梦想的前提，就这篇演讲而言，这个前提，至少分为两类。你们觉得，这两部分的内容，应该填什么？考虑过没有？如果这个是作为一个考题，那总得提一点东西，不至于把它空着吧？前提知道吗？什么叫前提？跟为什么要提出这样一个梦想是相关的吧。它是建立在怎样的一个基础上，在怎样的条件下而提出这个梦想的？你讲。

生：第一个前提是黑人没有得到应有的自由，第二个是美国这个国家承诺给所有人自由。

师：意思是有点了啊，第一个是事实性的前提，是吧？第二个是假设性的前提。这名同学说得对，事实性的前提是直到今天，黑人仍然没有得到自由，仍然活在种族隔离区、种族歧视中，仍然生活在痛苦中、被压迫中、被歧视中，仍然是这个国家的，叫故土家园的流浪者，仍然是苦苦挣扎于贫穷之中。这叫事实前提。是在这样一个事实前提下而提出的一个梦想。那么什么是假设前提？它不是事实，只是一个假设。跟这个假设有关的前提是什么？

生：假设的前提，我认为指的是一百年前林肯签署了《解放黑人奴隶宣言》，允许黑奴获得自由，这是假设的一个前提。

师：允许黑人被解放，获得自由，这是假设吗？这还是事实，是吧？林肯签署了《解放黑人奴隶宣言》，给黑人带来了希望，这是一个事实。假设不是事实，或者说是它本应成为事实，而实际不是事实，是这样吧？那么假设是什么？人人生而平等，这是一个假设吗？这是《解放黑人奴隶宣言》的具体内容，当然也是《独立宣言》的具体内容。

生：是白人和黑人平等生活，然后去除种族隔离和对黑人的压迫打击，黑人不再贫穷，能够得到公民的权利。

师：有点这个意思，假设不是事实，但是它应该成为事实。也就是说，这个假设前提是本不应该成为梦想的。也就是说，我们本应怎么样，是吧？这就是假设前提。那么这个事实前提和假设前提，是怎么来表述的呢？比如第 1 段和第 3 段之间是什么关系？我们要注意到第 3 段开头的这几个字，"就某种意义而言"，"我们是为了要求兑现承诺"，"某种意义"是什么意思？尽管它是翻译过来的，但是"某种意义"表述得很清楚，什么叫"就某种意义而言"，这问题怎么回答？要回答这个问题，首先必须解决什么？要找到这样一个题目的答案啊，你首先要思考，答案怎么来。考虑过没有啊？可以讨论讨论，没关系的。

师：好了是吧？

生：应该是林肯作为国家领袖，他做出这样一个诺言，基本的社会道德，就是他应该履行这个诺言，就是这个意义。

师：那就是一般意义咯，不是某种意义咯。某种意义一定是特殊的，是吗？因此，"就某种意义而言"，它针对的对象是谁？还是林肯吗？共和国的缔造者是谁啊？华盛顿，以及以他为代表的一批人。因此，某种意义而言，这点说的是对的，他首先是从林肯开始说起的，"我们"的要求是改变现状，黑人能够获得自由平等，能够实现人的价值，也就是林肯所说的解放黑奴，这个是"我们"来的主要意思。然而实际上这个意思呢，再往前八十多年，美国是什么时候建立的，你们好像历史学过吧。1776 年，是吧？他说的 1783 年也对，就是你说的《独立宣言》通过。1776 年美国独立，因此就某种意义而言，照理来说，无须林肯再来签署一个《解放黑人奴隶宣言》，因为共和国的缔造者，在草拟《独立宣言》的时候，已经向每一个美国人，承诺所有人都有生存、自由、追求幸福的不可剥夺的权利，是吗？所以就某种意义而言，我们再往前推八十多年，《独立宣言》里面已经承诺过的东西，要兑现吧。因此，我刚才问第 1 段和第 3 段的内在联系是什么？如果说共和国的缔造者，以及具体的操作者，真正地遵守宪法，遵照《独立宣言》，那么，不需要林肯再来签署一个，是这样吗？恰恰这个国家一直没有兑现，于是才有了南北战争，有了《解放黑人奴隶宣言》。但是，即使有了这样的宣言，一百年后，作者发表演讲的当时，仍然存在着这些骇人听闻的事实。因此，"我有一个梦想"，从梦想的内容到梦想的前提，是我们在读这篇演讲的时候首先要解决的。当然，演讲内容不只是来阐述这个前提，它还包含着梦想的合理性，因为这个演讲我们称它有情有理，又叫有理有节。他提出这个梦想，并且坚信这个梦想一定能够实现，理由何在？你觉得他相信它一定能实现的理由是什么？

生：我觉得是因为他写到现在的黑人社会充满了了不起的战斗精神，如果说黑人的权利得不到尊重的话，那么这些黑人就会继续反抗，使美国的根基产生动摇，他认为在这样的压力下黑人的梦想迟早会实现。

师：好的，这也是一个事实。理由一，是这次斗争的一个事实，什么事实？也就是这次的斗争，是有别于其他的斗争的，它的内容是崭新的，是充满着新的战斗的精神，是吧？因为"我们"的有情、有理、有法、有节制的这样一个活动，或者说是抗议斗争，不仅为"我们"这个政府，而且为世界所认可，所以一定能够取得胜利。

生：我还觉得应该是因为，大家都认为，全人类共同认可的一个真理是人类应该人人平等，这个真理是大家普遍认可的。

师：这个真理是受到普遍认同的，今天来说是对的。文中是怎么表述的？这个梦想，不是凭空而来的，也不只是黑人的。文中是怎么说的？"在此时此刻，我们虽然遭受种种困难和挫折，我仍然有一个梦想。"下面呢？"这个梦想是深深扎根于美国的梦想中的。"这个梦想不只是"我"的梦想，不只是"我们"黑人的梦想，也是这个国家的梦想，是这样吧？因此，理由二是，"我们"的梦想与美国的梦想，是完全一致的。这个一致，恰恰在于宪法所规定的,《解放黑人奴隶宣言》所表述的这样一个真理,人人深信而不疑。理由三呢?当然,也许还有理由四。我们要思考,先把它们提炼出来,然后看看理由之间本身是怎样的一个逻辑关系,哪个是核心理由。有理由三、理由四吗,使作者相信这个梦想是能够实现的?

生:他说他相信他们的行为是正义的,目的是能达到的。

师:是正义的,是达得到的,这个跟美国的梦想是一致的,那当然是正义的,是光明的,是吗?意思差不多,理由二基本已经包含了。

生:我有一个想法,就是联系到一百年前,1863年的事情,林肯签署了《宅地法》和《解放黑人奴隶宣言》,扭转了南北战争的局势,这说明黑人的力量是很强大的。所以,他觉得黑人有强大的影响力,因此,这个梦想是可以实现的。

师:黑人是强大的,是拥有力量的,有这个意思。黑人有足够强大的力量,并且"我们"今天用一种崭新的内容,和新的战斗的精神去斗争,而且这个斗争将会永远持续下去。因为1863年不是结束,而是开始。我们可以把它归并在理由一里面。另外选一个角度,比如第5段,读读看。第5、第6段,能够读出一点什么来?如果说第二个理由是从正面说的,第三个理由是不是可以换一个角度来说?这个梦想是跟美国的梦想一致的,如果"我们"的梦想不实现将会怎么样?动摇国家的基础,是吧?"叛乱的旋风就将继续动摇这个国家的基础",这个国家将始终得不到安宁与平静,是吧?如果不实现,国家将出现混乱动摇,甚至被摧毁。理由四呢,其实刚才这个同学已经讲到一点了,因为现在的对这个梦想的追求,不只是黑人的追求,还跟世界的对正义的追求是一致的。作者是怎么表述的?比如第7、第8段,读读看。

生:第8段,"因为我们的许多白人兄弟已经认识到,他们的命运与我们的命运是紧密相连的。他们今天参加游行集会就是明证"。

师:不只是黑人,包括许多的白人,或者说很多很多的美国人,都一起为这个梦想的实现而一起斗争，不断向上。当然我们这里先加上省略号，也许还有其他理由，但这些是最为主要的。而我们在阐述理由的时候，恐怕要知道这些理由之间的内在的逻辑关系。

我们自己写文章也一样。当我们提出了一些理由之后，第一个，对于所提出的理由要有一定的论据来支撑；第二个，这些理由之间要有内在的逻辑关系。因此，刚才所说的理由一、二、三、四，这四个理由里，最核心的理由是什么？是第二个，大家同意吗？因为这是最主要的依据，"我们"的梦想是国家的梦想，是吗？是建立在这样一个基础上，跟前面所说的前提是一致的。是国家的梦想，它本身是光明的、正义的。这是一个可信的论据，由这条带来了理由三等。理由二是正面说的，那么理由三是反面说的："我们"的梦想和国家的梦想是一致的，如果无视他们的梦想，无视他们应得的自由，那么这个国家永远无法安宁，甚至会动摇国家基础。何况今天"我们"的斗争是有情、有理、合法的，"我们"是举止得体、纪律严明的。"我们"没有动用暴力，因此斗争的目的一定能够实现。更何况，现在有许多，黑人以外的，包括白人在内的人们，一起加入了这样的一个为梦想而斗争的行列。这是文章的内在逻辑。所以我们说读这样一篇文章，从命题的角度来说，这些内容都是命题者要核心考虑的，也就是这么找到文章它自身的、内在的逻辑关系。这是内容层面，当然这个内容已经和一定的语言形式有关。于是，我们要解决第二个问题，前面我们是把课文内容抽象出来、重新组合的，是吧？现在我们要还原，还原为这个演说的内容本身。于是牵涉到很核心的问题，或者叫思路。当我们还原为原文的时候，要从它的结构入手来研究它的思路。因此，有一项工作是必须做的：我们来分层，并阐述理由。

好了吧？差不多了吧。从第17段到结尾，大概没什么问题，刚才也讨论过了，是梦想的内容以及对梦想实现的信念。关键是第17段之前。谁来说说看？

生：我划的是第 1、第 2 段，第 3、第 4 段，第 5 到第 7 段，第 8 到第 14 段，第 15 到第 16 段，第 17 段到结尾。

师：有不同意见吗？都是这个答案吗？

生：第 1 段到第 4 段一层，第 5 段到第 8 段一层，剩下的一层。

生：我们是把第 6 段到第 16 段放在一起的。

师：好了吗？那么我们先来简单地划分。由于文章的结构不同，我们平时便会有不同的分层法。但是，像这样一篇逻辑性十分强的文章不应该有那么多层次。我们第一个要做的是注意用词。第 7 段开头用到了什么词？"但是"，这是表转折关系。虽然它是翻译过来的，但是我相信翻译者肯定是慎重考虑了第 7 段与前面 6 段的关系。"但是"是什么意思？转折咯，这是语言标志。而在这语言标志下的内容，我们不说第 8 段，先说第 7 段。就第 7 段的内容而言，它在说什么？是说，"我们"的斗争要有理更要有法。第 8 段是说，有理有法还包含着对白人的态度。因此，你说第 7 和第 8 段能分开吗？如果我们给它们往上面提炼一个概念的话，这是"我们"斗争的策略。要有理有节的，要有理有法的，要合理合法的，要有所克制的，要团结那些志向和我们一致的、肤色黑色以外的人。是这样吧？这是"我们"斗争的策略。前面六段一层当然没问题。如果我们给它们往上面提炼，是"我们"到这里来集会的或者抗议的目的，一是要能够实现林肯《解放黑人奴隶宣言》里的观念，二是这个宣言实际上与建立国家时的宣言是一致的，因此"我们"要求兑现诺言。一方面是从"我们"来说；另一方面是从这个国家来说，如果不兑现将会导致什么样的一个结果，"我们"自身也是在维持这个国家。如果要再细分，第 3、第 4 段主要针对宪法和《独立宣言》；第 5、第 6 段主要关于立国的依据。这样第 9 到第 14 段为一层没有问题，主要是说"我们不会满足"。"我们不会满足"，提炼出一个核心的东西，是要认识到斗争的艰巨性、持久性，或者是抗议活动的一种坚持。第 15、第 16 段再往上提一个核心问题就是坚持。要坚持，要有坚定的信念。这个坚定的信念实际上与之前讲的重重困难与挫折是一致的，是人为的痛苦，是本不应得的痛苦，而"我们"要坚持。如果我们面对文章的逻辑关系这一类检测的话，用结构划分也是一种方法。当然我们可以转换为其他形式。

最后还有一个小问题，文中第16段为什么特意提到这个国策，尤其是第17到第23段，还针对现实问题提出了自己的信念？

生：因为从美国的历史看，黑人长期以来都遭到迫害和种族歧视，始终处于不平等的境地。既然美国的国策是"人人生而平等"，那么，"我们"现在提出的要求也就是合理合法的。而后面提到的这些信念，也是建立在这个基础上的。

师：有道理，这是从历史概括来说的。假设我们不知道这个历史，读一读课文能知道吗？他们对黑奴的迫害、歧视特别厉害的这些地方，比如密西西比州，叫"正义匿迹、压迫成风、如同沙漠般的地方"。再比如亚拉巴马州。他特别指出这些州，而且让大家回到这个州、那个州，更说明"我们"要坚持，斗争是持久的，也说明，即使是这些迫害黑人成风的州，也总有一天会解放，那么这个梦想就会实现了。

我们在高三来读这篇文章，不能像高一高二那样读了。我们要抓住那个逻辑链，要抓住核心。我们在阅读实用类、议论类文章时，抓住这条逻辑链就特别重要，这对我们自身议论文的写作也有启示。

还有一个问题我们要注意。他的演讲词肯定带有艺术性，大家去思考一下，如果我们从演讲的艺术性的角度来分析的话，我让大家出题目，你们能否出2—3题？如果能出的话还可以把出题思路什么也写在上面，这样对学习的帮助会更大。就这样吧，下课。

（整理者：上海市华东政法大学附属中学　关　玲　等）

"逻辑的力量"课堂教学实录（二教时）

执教时间：2020 年 11 月 26 日

执教学校：徐汇区位育中学

执教年级：高二年级

（师生问候毕）

师：我们今天从语文的角度来说，恐怕要学一点新的东西。叫什么呀？逻辑。这个单元的名称叫什么呀？

生："逻辑的力量"。

师：但是我们读完之后，真的能感受到它的力量吗？感受到了？我看仅仅读完这些内容是感受不到的，充其量，我们只是学到一点从语言角度出发的逻辑的知识，是吧？这个力量是要等我们将这些知识融会贯通，并转化为我们的学习的、生活的、其他等等的行为的时候，才能感受到的。所以这个力量是之后的。我们先不谈力量，先谈逻辑。

而说到逻辑，我们作为高二的学生，一点不陌生。陌生吗？真的不陌生。比如数学里面许多求证是不是都是逻辑啊？在我们的理科学习，尤其是数学学习的过程当中，我们已经在不断运用逻辑的这样一种思维来解决问题了。

把所谓的逻辑引入我们的语文，你叫它逻辑力量也好，逻辑知识也好，从系统的逻辑知识来说，都是一样的。实际上在我们整个学习过程当中，无论是在初中阶段还是高中阶段的语文学习过程当中，都有逻辑，只是它零星地散见在我们的阅读与写作过程当中。

现在的初三、过去的高中语文教材中，有篇鲁迅的文章叫《中国人失掉自信力了吗》（板书标题），从这样一个标题，我们可以想象，有这样一个命题，或者是这样一个观点，它一定有个前提。

从这样一个标题，我们想到的：它可能针对什么？它叫"中国人失掉自信力了吗"，为什么会有这样一种语气啊？一定是有人说过，中国人是比较自信的，是吧？这样一个命题的前提，是有人认为中国人失掉自信力了。因此，作者写这篇文章，这个"失掉自信力了吗"的背后隐含的是"没有失掉"。那么我们就要知道，有人说中国人失掉自信力的理由在哪里？"我"要反对，当然要知道他们的理由了。

既然大家没读过，我这里就不写了，只是说说。比如，作者写作当时的几年前，中国人总是自夸地大物博；不久以后呢，不自夸了，而转过身去，寄希望于国联；到了作者写作的当时呢，自夸也不夸了，国联也不相信了，只是求神拜佛、怀古伤今了。于是有人感慨，有这么多人失掉自信了。看看，由自夸地大物博到相信国联再到求神拜佛，是失掉自信力吗？自夸地大物博，是相信自己吗？其实是相信地、物，是吧？然后反过去相信国联，是相信自己吗？其实是相信国联，是吧？鲁迅说这个叫"他信力"。信天，信地，信物，信国联，是"他信"吧？而现在求神拜佛，叫自欺欺人，叫自欺。这里就引出了一个概念：自信。因此，我们要讲逻辑。

这一单元的第一项学习活动"发现隐藏的逻辑谬误"中，提到了四个律，哪四个律啊？

生：同一律、矛盾律、（师：或者叫不矛盾律，是吧？）排中律、充足理由律。

师：这当然没问题。但是这四个律也就叫逻辑的规律了。逻辑的规律，有一个最基本的东西，叫"概念"。所谓的你违背这个律，违背那个律，是由概念引起的，是吧？"自信力"是概念？"自信力""他信力""自欺力"这三个概念构成什么关系？概念关系知道吗？不知道也没关系，"知知为知之，不知为不知"。我只是告诉大家，对于所谓的概念，你要知道这个概念它本身的内涵、外延，以及与这个概念产生一定关系的其他的概念。因此我们要知道，"自信力""他信力""自欺力"，假设就这三个，也许有第四个，我们就说这三个力，（板书图示）这个叫"自信力"，这个叫"他信力"，这个叫"自欺力"，它们是什么关系？

生：反对。

师：反对，对的，就是对立关系，是吧？它们是不相容的。自信力就是自信力，他信力就是他信力，自欺力就是自欺力，不能说它既是自信力，又是他信力。这个就叫概念之间的关系。这三个概念是产生了、形成了一定的关系的。

如果不知道概念，不知道概念与概念之间的关系，怎么讲逻辑？怎么讲同一律？同一律，我们读读课文当中的这一表述就可以知道了。在它整个的表述过程当中，这个概念意义是不变的，这叫同一律。那既然概念意义是不变的，我们首先要解决的是概念问题。尽管教材里面没有明说，但是已经包含着这样的因素。有谁知道，概念与概念之间除了对立关系之外，还有什么关系？

生：有全同关系。

师：好，她用了另外一个含义一样的概念。她说全同，我说同一，这两个什么关系呀？全同，同一，你们叫反对，这叫对立，两个概念之间是什么关系啊？你说全同，我叫同一。全同关系跟同一关系中的这两个概念之间是个什么关系啊？

生：也是全同。

师：她说得对，全同，同一，她跟我说的是一回事，一个概念，不过是用不同的语言表述出来的。因为今天主要不是讲概念关系，不再多举例子。除了这个之外，还有什么关系？

生：包含关系。

师：好，他叫包含关系，我叫从属关系。他的"包含"，跟我说的"从属"或叫"种属"，还是同一关系，但这是从两个概念的关系来说。从属关系，这是我们心里所明白的，只是没有形成一个系统而已，是吧？再往下走还有什么关系？

生：交叉关系。

师：交叉。好，你能举个例子吗？

生：比如一次考试，班级里 60 分到 80 分的和 70 分到 90 分的，就算是交叉关系。

师：还是用数学来解释的，有道理。也就是两个概念之间有部分是交叉的。比如我们是位育中学的学生，这是一个概念；我们是共青团员，这是另外一个概念。你可能既是位育中学的学生，又是共青团员。我不能说所有的位育中学学生都是共青团员，我也不能说所有的共青团员都是位育中学的学生。所以这两个概念构成了交叉关系。

你们讲到的不矛盾律，那说明什么？也有矛盾关系，是吧？还可能有什么关系呢？比如，桃子、梨、苹果等水果，后面判断就不说了，"等水果"这三字之间是什么关系啊？是对立吗？不可能是对立，是吧？是什么关系啊？并列。"桃子""梨""苹果"与"水果"又是什么关系啊？从属。

一般来说，概念之间的关系有这样六种。如果像这个一样，用这样的符号来表示，应该怎么表示呢？（板书图示）对立关系就表示过啦，同一也无须表示了，是吧？这两个圆是重叠的了。从属呢？（板书图示）交叉呢？另外，它这个圆之外有一个，是吧？（板书图示）矛盾呢？

生：一分为二了。（板书图示）

师：并列呢？

生：并列着。（板书图示）

师：对。于是我们知道，讲概念之间的关系，它首先是在一定的范围之内来讨论，是在同一平面上来讨论，不是在这个平面上，是没法讨论的。但是光知道这些概念，怎么产生逻辑呢？怎么跟所谓的逻辑归类挂起钩来呢？我们总会通过一些具体的例子来思考。

我们先讨论概念，然后再引进与概念相关的其他内容。

2018 年上海的语文高考题当中，第一篇现代文是一篇分析性的文章，它有一道题目，我先不谈题目，先谈这篇文章里面一些相关的内容。这篇文章的标题叫《喜怒哀乐的经济逻辑》。

我们首先来看"喜怒哀乐"。"喜怒哀乐"是什么意思？这篇作为第一篇现代文，不是一般意义的小说、散文，如果按照我们一般的逻辑来说，它或是说明文，或是议论文，或是既有说明又有议论的论述文，或叫论文。"喜怒哀乐"在这里采用的是一种修辞手法，叫借代的修辞手法。什么叫借代？比如，过去的警察，穿的制服都是铜纽扣的，就用铜纽扣指警察。这就叫借代，用局部来代替整体。喜怒哀乐属于情绪或者情感，这里是用"喜怒哀乐"借代情绪情感。那么，我们现在先看到题目，还没读下去，就知道文章肯定要讲情绪情感的东西吧？果然是。

第 1 段、第 2 段、第 3 段、第 4 段还没牵涉到经济逻辑，先来解释"喜怒哀乐"。为此，作者引了 18 世纪的一个哲学家，叫休谟，他说的一句话："理智乃情感之奴。"我们不具体分析这句话的含义，它里面至少有两个核心概念。从休谟的这句话当中，我们是否读得出理智与情感这两个核心概念？是否读得出这两个概念之间是什么关系？从属关系对不对啊？这个尽管是"奴"，它在这个圈里面恐怕是很蹩脚的，然而它还是在这个圈中吧？所有的都是情感的，"理智乃情感之奴"，在这个范围里面理智是更为低下的。

由这句话推想出去，说"人是情感……"——"情绪"我就不说了，我只抓住"情感"，我们不再引进一个新概念，尽管在实际的考试当中还有另外一个概念叫"情绪"，这两个概念是什么关系暂不讨论。"人是情感……的动物"，这个是 18 世纪的哲学家说的，照理来说，应该有一定的权威性，甚至可以作为我们写某些文章的论据。那么这里又牵扯到了两个概念，人、情感动物，当然，这两者之间又建立关系了。很多哲学家认为，理智只不过是被人的情感所支配的、奴役的。这是 18 世纪的哲学家，以及 18 世纪之后的哲学家，都有论及的。但是有人不同意。比如有一个人类学家，他就不赞成，当然他没这么直接地反对。他说，在原始部落里，许多看起来古怪甚至是荒诞不经的仪式举措，背后是有逻辑的。啊，这里又引出了一个新的概念：逻辑。"背后其实都是有逻辑的"，这里说的"逻辑"，看看跟前面的哪些概念有相近之处？甚至我们不去过分推究它们之间的差别的话，它跟哪个概念其实是同一关系？现在还没牵涉到题目哦。

　　接下来，作者表态了，我们看看作者表的态是什么？都写下来时间太长，我先念给你们听啊。他说："如果人真的是情感的动物，那么一旦受到外部环境的刺激，就应不加控制地将情感表达出来……"这里的这个问题等一下解决，我们还是要先解决概念问题。接下来他有一个转折——"可是"。转折的意思大家都明白。如果是这样，那么必定是那样。这个"可是"后面，他可能要表示什么，那肯定是不在这个假设范围之内了，是吧？是反假设的，这叫转折。他列举了两种情况。第一个，被师长责备："被师长责备时，有多少人会回嘴或怒目以对？"所以师长责备时，这句话"有多少人"的意思是，一般不会有人去反对。第二个："对于上司或面试的主考官，有多少人会直接宣泄心中不满的情绪？"从他的这个表述来看，他认为，理智与情感是什么关系？被师长责备时不敢宣泄，被上司、主考官提问时不敢宣泄。那么，他总要否定一点东西啊。要否定什么？否定的是理智或者逻辑乃情感之奴，人是情感的动物。是不是要否定它？这个结论显然是"人不是情感的动物"，是吧？

　　于是我们来看，理智与情感，或者逻辑与情感，从哲学家的角度认为是从属关系，从作者的角度来说是什么关系？讲得出吗？好，我们先讲这个结论吧。"可见"，他说，"人并非情感的动物"，所以得出结论是"人不是情感动物"。于是又形成了一个新的关系，什么关系？人，不是情感动物，而是非情感动物。因此，在他的这个观点当中，理智与情感构成什么关系啊？矛盾关系。尽管，实际当中，理智和情感有时候是可以包容的，但是不是从事实来说，只是从他的这个论述来说，我们可以知道，这两者之间是矛盾的。这一切，理智也罢，逻辑也罢，都叫"非情感"，是吧？

　　当然，像这样一个命题给我们的启示不只是概念关系。知道概念关系，是我们学习逻辑知识的第一步。尽管我们的"一"里面，用的概念是"潜藏的逻辑谬误"，而且引进了四个律。这四个律，其实对于我们认识概念的关系是很重要的。所谓的同一律，就是概念的前后保持一致性。比如刚才说的"自信力"，"自信"是相信自己，而"信地""信物""信国联"，不是这个，对吗？违背同一律，也就是混淆了概念。

　　第一步，我们要知道，逻辑或者概念与概念之间的逻辑关系是什么。我们平时读文章，当然可以凭语感，语感强蛮好的，但是光凭语感是不能解决问题的，有时候必须借助一定的逻辑的知识。

　　还是以2018年的上海语文高考题为例，在这个内容上我们再做文章。时间有限，有些我就不板书了，大家听明白就可以。2018年上海高考语文卷"积累应用"第二题的第二小题，要求将编号语句填入语段空白处，这个填空呢，是需要你排序的。它先给出第一句，"艺术家可以活在艺术史之中"，而后给出了四个空和四句选项，而后有一句结论性的话："艺术可以保持对于时代的必要的冷漠，从而彰显艺术的自主性品格。"

　　在看下面四句选项之前，我们还是先从概念出发。它要谈的是"艺术家可以活在艺术史之中"，（板书圈画"艺术史""必要的冷漠""自主性品格"）到这里我们看不出来，但是我们要思考。然后看四句选项——选项①

说的是艺术的独立性，"艺术的独立性不是说艺术可以断绝与时代的关系"。选项②，"他们"——就是艺术家——"也活在社会历史之中"。选项③，"但更为普遍而真实的是"。选项④，"而是说作为一种抵抗方式"。

我们凭语感也可以给它们排好序，没有大问题。"活在""也活在"接得比较紧。"不是说""而是说"贴得比较紧。这是我们凭语感判断出来的。这语感带有直觉性，我们读了很多很多之后，看到这一类，就能做出判断，这个叫通过语感直觉地感受词句的关联。

现在我们让逻辑介入。逻辑介入之后，还是要抓住语感，但这个语感已经不单是直觉了，而带有一定的逻辑性，从直觉的语感升华为一种理性的逻辑的思考。

按语感我们就可以知道，"活在""也活在"应该结合得比较紧。但是我们还是从概念的角度出发，来看"艺术史"跟"社会历史"有什么关系。读了这些之后，我们大概可以知道，这两者之间构成一个交叉关系：艺术家可以活在艺术史之中，也可活在社会历史之中。我们要知道，"可以活在艺术史之中"是一回事，而"不只是活在艺术史之中"是另外一回事。因此，它应该有转折。首先讲一个事实：艺术家活在艺术史当中，也活在社会历史当中。然后反过来阐释"艺术史"，艺术与生活或时代的关系到底是什么——"艺术的独立性不是说艺术可以断绝与时代的关系"，艺术与时代的关系是不可断绝的。然而，它有它的特殊性，就是"作为一种抵抗方式"，"可以保持对于时代的必要的冷漠"。这是艺术它特殊的自主性。

所以，像这样一个命题，我们固然可以通过我们的语感来找到正确答案。但是如果让逻辑介入，那么我们所找到的答案，就不会像纯粹的感性那样有可能产生错误。这个单元的导语里面不是有说吗？学习逻辑知识，可以帮助我们的思维更缜密，论证更严谨，语言表达更准确，更好地理解和运用语言。我们把直觉的、感性的转换为逻辑的、理性的，以保证我们求得的答案是正确的、是特殊的。当然，这个题目还比较简单。复杂一点的，也许我们的体会会更深。

我们还是在阐释：怎么来认识概念？怎么来找到概念之间的内在联系？怎么运用概念之间的内在联系来解决我们阅读、写作过程当中可能产生的问题？对概念关系的认识，与我们讲的逻辑，是有关系的。

但是光知道概念关系是不够的。因为对于一个概念，你总要做出一个判断。比如我们说逻辑是思维规律，我们第一个要考虑的是，逻辑与思维规律之间的、概念之间的关系。同时，我们要知道这种形式，A 是 B 这种形式从逻辑的角度来说叫什么？判断。前面说的是"概念"，现在说的是"判断"。"判断"有时候是用下定义的方式，有时候是用做阐释的方式。所谓做阐释，即不是给出那么严密的定义，而是区分概念所包含的范围、外延。

任何一个判断，都有一个前提，也就是这个结论怎么来的。比如我在外面碰到你，我判断你是位育中学的学生。我这结论怎么来的？我说是根据你的这张脸，你的性别，等等？这些是没用的。穿着位育中学校服的这个根据是有用的，这是位育中学学生的标志。当然，这首先是有一个前提，凡是穿这个衣服的都是位育中学的学生，是吧？我看你是穿这个衣服的，于是我判断你是位育中学的学生。因此，讲逻辑是思维的规律，这样一个判断一定也有前提。做出任何一个判断，都会有一个前提。

我们现在用的教材跟过去不一样，我举一个老教材的例子，不影响大家的理解。过去有一篇课文叫《简笔与繁笔》。读过没读过没关系，我只是来阐释概念与概念之间的关系。我不全写，只把核心概念写出来。"从来的文章家都提倡简练，而列繁冗拖沓为作文病忌。"从来都不例外，于是作者表态了："这诚然是不错的"。当你看到作者对他所列现象做出判断，"这诚然是不错的"，揣测做出这个判断后他到底想说什么，这是语感。"这诚然是不错的"，后面要转折了，是吧？逻辑介入之后，语感更强。

"然而，文章的繁简又不可单以文字的多寡论。"这是他的一个判断吧，或者是他的一个论点。这个论点是他的一个判断。"文章的繁简又不可单以文字的多寡论"，这里的"繁简"是什么意思？明确概念。其实"简笔""繁笔"里面的"繁简"意思有点类似：用比较少的文字的笔法来写的，这叫简笔；用比较多的文字来写的，叫繁笔。"繁简"的第一个意思叫"文字的少与多"，第二意思：简，简练、精练；繁，繁冗。我们先要判定，文章的"繁简"的"繁"指的是繁冗、拖沓，"简"指的是简练。文字的"多寡"也包含在"繁简"当中，所以"不可单以文字的多寡论"。这是一个判断，在我们理清了概念之后，想想看，他做出这个判断，有一个什么前提，他怎么会做出这个判断的？如果大家都有同一共识的话，无需说了。而且这里用了一个转折词"然而"，这个"然而"背后有点意思吧？他做出这样一个判断，有一个前提吧？这前提是什么，或者可能是什么？那就是有人误把文字写得少的当作简练，文字写得多的就认为繁冗、拖沓，是不是啊？至少有这样一个前提，在这个前提下，他提出了自己的见解，也是这样一个判断。

　　从"判断"这个角度，今天因为时间关系，我们不可能说得很多，再提一点。判断有很多种。第一类是事实判断，直言、直接说的。"文章的繁简又不可单以文字的多寡论"，这个是直言。第二类，这类形式有别于直言判断，它不是一个事实的例句，而是通过假设的形式做出的判断，叫假言判断。比如"如果人是情感的动物，那么……"。还有一类，如同教材中举的鲁迅的《拿来主义》的例子，或 A，或 B，或 C，或 D，然后否定A、B、C、D，给出结论。这叫什么？选言。尽管我们教材里面没有具体地说，但是它在解释的过程当中，在布置任务的过程当中，包含着这一类"判断"的要素。

　　我们讲逻辑，第一个是"概念"，第二个是"判断"，而后再正式进入"推理"。

　　我们先讲推理的形式。还是以 2018 年上海语文高考卷中《喜怒哀乐的经济逻辑》的相关题目为例。它有一道题是问哪个选项和第 5 段的假言推理"如果人真的是情感的动物……那么……可见……"形式一致。这个时候，我们的高三学生逻辑的知识也许是没有的，但对这理论我们已经接触过了，就凭我们的感觉，也许也能做对。让你选择，下列所提供的选项当中，哪一个跟这样的一种推理形式是一致的？

A. 大前提：只要是选手，就会进入赛场。小前提：他是选手。结论：他会进入赛场。

B. 大前提：只要是选手，就会进入赛场。小前提：他没进入会场。结论：他不是选手。

C. 大前提：只有他生病了，他才会缺席。小前提：他没有缺席。结论：他没生病。

D. 大前提：只有他生病了，他才会缺席。小前提：他缺席了。结论：他生病了。

我们先不谈这个推理正确与否，我们先讨论 A、B、C、D 这四个选项哪个与他所提供的这样一个语言材料的推理形式完全一致。是哪一项？我们要逻辑地思考，不能再是感性地思考了。有谁能回答得出吗？我说的是从推理的形式上来说。

文中语段的推理形式是什么？如果人是情感的动物，那么一旦受到外界的刺激，就会将情感表达出来了。这是大前提，是吧？而后，它的小前提是什么？它用一个具体的形象，来代替一个抽象的概念。受师长责备，不敢顶嘴；收到上司或主考官不公正的评价，也不能把自己的内心的想法宣泄出来。这个我给它归归类。归类为什么？就是有时候，一个人受到外界刺激之后，未必会把情感表达出来。由此推断得出结论：人不是情感的动物。它的形式就是通过否定大前提的后面一个概念，来否定前面的判断。

　　然后我们来看，A 项的推理形式是什么？"他是选手"，肯定了前项，所以得出了肯定的结论。这和文中语段的形式一致吗？显然不一致。于是看 B 项，他没进入，所以断定他不是学生，和文中语段的形式一致。至于 C、D 两项，我们要知道，"只要"跟"只有"不是一类的。我们学过语法。"只要……就""只有……才"，我们把这样的复句称为什么复句啊？"假如……那么"叫什么复句啊？"假如"是"假设"，是吧？叫假设复句。"只要""只有"呢？

　　生：条件复句。

　　师：对。尽管都是条件，但逻辑上不完全一样，在语法上有所不同。"只要……就"这个叫充分条件；"只有……才"这个叫必要条件。充分条件的逻辑关系是，只要肯定了前项、前面的概念，必然产生后面的概念。但这句话不能倒过来说。只要有了这样一个结果，必然有前面那个条件吗？不能这么说，是吧？所以，如果 A，就会 B。现在我有 B，来推前面有没有 A，能推吧？如果否定了后面那个，那么一定能否定前项。而必要条件呢？否定了前项，一定能否定后项；反之，肯定了后项，必然产生前项。这个叫必要条件。

　　对于推理的过程，我们不仅要读懂教材当中所说的，而且要知道这样的一种推理形式。我们刚才列举的是叫假言。它跟判断一样，有直言的，有假言的，也有选言的。或者 A，或者 B，或者 C，或者 D，非 A，非 B，非 C……这个叫演绎推理。推理不只有演绎。比如我们在教材的任务当中，还有另外一些，像是鲁迅说：大概是物以稀为贵吧，北京的白菜搞得怎样，不见得芦荟到了北京也怎样。当然还可以举其他的例子。这类叫什么？归纳推理。再看教材中《邹忌讽齐王纳谏》的例子："我"从"我"的妻、"我"的妾、"我"的客对"我"说假话，推断出齐王下面的人跟他说假话。这类叫什么？

　　生：类比推理。

师：对。时间差不多了，今天大概只能讲到这里。但是更多的还是希望大家再进一步地读。先不要找其他例子，就教材当中的例子想想看。我给大家增加一个机会。我们可以通过练习来思考，通过具体的任务来思考。你们初中的时候，尽管用的是老教材，但也有这篇课文，叫《两小儿辩日》，记得吧？

生：嗯。（点头）

师：好。一小儿认为"日始出时去人近，而日中时远"——另一个小儿的我不列举了啊。这是他的结论了，是吧？他的理由是"日初出大如车盖，及日中则如盘盂"。他的依据或者前提，也就是他的大前提是"远者小而近者大"。他运用这样一个原理来推断"日始出时去人近，而日中时远"。另外一个小儿是相反的。我们说孔子不能决，一方面当然是没有现在这样的科学知识，我们现在知道早上、中午是不一样的，这个我们不讨论。另一方面，不从科学角度，我们从逻辑角度讨论，这个小儿的结论也是站不住脚的，为什么？他错在哪里？能不能通过今天说的这些作出我们的判断？

只能说这些了，下课。

（整理者：上海市南洋中学　冷知霖　王　婕）

《我的叔叔于勒》课堂教学实录（一）

执教时间：2012 年 12 月 6 日

执教学校：上海市静安区实验中学

执教年级：七年级

（师生问候毕）

师：同学们都读过小说吧？

生：读过。

师：比如哪篇？

生：《二十年后》。

师：《二十年后》也读过了啊？你们几年级啊？

生：七年级。

师：七年级，《二十年后》就读过了啊？

生：嗯。

师：自己读的啊？

生：嗯。

师：那在教材里你们读过小说吧？这一篇小说读了没有啊？

生：读了。

师：读了几遍？

生：3遍。

师：3遍。那么你在读的过程中有哪些问题呢？有没有想过这个问题？我问一问，你在读这篇小说的时候，对于小说题目叫"我的叔叔于勒"（板书课题），有什么困惑？

生：虽然小说题目是"我的叔叔于勒"，但我觉得于勒这个人并不是小说的主人公，这是为什么？

师：不是主人公。好，坐下。还有吗？

生：为什么文章要写成"我"的朋友转述？

师：朋友转述。还有吗？从这篇小说你得到了什么？或者说你读出了什么？有的同学已经说了，"我"的叔叔于勒不是主人公。这个问题我们可以进一步思考，没有关系，不用直接回答。但是大家要想一想，不管他是不是主人公，既然是"我"的叔叔于勒，那么这个"我"是谁？

生：约瑟夫。

师：嗯，是约瑟夫的叔叔于勒，那么你们在读的过程中有没有感受到"我"对叔叔于勒是怎么样的感情？

生：读出来了。

师：读出来了。谁能告诉我？从哪里读出来的？

生：对他的叔叔有一种同情心。

师：那是你提炼的，我不是要你们概括，是要你们告诉我从哪里读出了这个同情心。

生：在第93、94段。"我注意他的手，那是一只布满皱纹的穷苦水手的手；我又注意他的脸，那是一张衰老艰辛的脸，满面愁容，疲惫不堪。我心里想：'这就是我的叔叔，我父亲的弟弟，我的亲叔叔啊！'"

师：好，你们在标段的时候，把引用的文字标进去了啊。那就是我们的标序方法不一致。他说的第93段可能是第93段，也可能是第92段。没关系，按照你们的习惯标，但是要告诉我，你们这个第93、94段里面

的内容是什么？要读出自己的感受。靠一句话是不够的。我们首先要关注
什么？"我"对于勒的感情。你们可以找一句、找两句、找三句、找五句。
我的意思是不能光找这么一句，而都要找到。我们再读，一边读一边圈。
直接表达"我"对叔叔于勒感情的，尤其是这个故事当中，你们看前面怎
么说的？"这个可怜的人使我想起一段往事"，而这段往事呢，是"我一
直念念不能忘怀"的。大家要在这段往事当中去找。然后我们再看他的感
情在哪里。你们得找到啊，不能跟我说一句两句，至少要跟我讲这一类那
一类。

生：我找到的句子在第 60 段。

师：第 60 段，有的人大概是第 59 段，如果把引用的书信的内容和
前面归为一段的话。

生："我心里觉得非常激动。"

师：先把你觉得直接表达的句子都找出来，好吗？

生：还有在第 12 段。

师："我"想先从这一件往事说起，对的，你待会儿回顾一下第 12 段。

生："我从小就听到大人们谈论他，对他熟悉到好像只要一见面就能
马上认出他来。"

师：好的，还有吗？

生：没有。

师：没有了。

生：我找到的是第 108 段和第 109 段。

师：第 108、109 段也能是第 107、108 段。读一下。

（生读课文中的相关内容："当船靠近……想再看一次我的叔叔于
勒……"）

师："我父亲的兄弟，我的亲叔叔"，还有吗？我刚才说了，我们在阅
读的过程当中，不是这么零零星星地圈出一句、两句就够了，是吧？这个

感情在文中是处处渗透的，而直接表达他这种感情的，实际上有很多的语句，我们在读的过程中，恐怕不能简单地画一句就结束了。这一句你还要找得到与之相关的句子，我们要关注的是一类。这一类是表示什么的？直接写出"我"的心理活动。而"我"对叔叔于勒的感情恐怕不只是表现在这些直接表达"我"的内心活动的句子里面，还应该找到另外一些句子。如果我把这个称为"一"的话，一定还有"二"。想想看，这个"二"是什么？我举一个例子。比如第 36 段，也可以标为第 37 段，有一些很不起眼的细节，找找看。看似很不起眼地写到于勒穿得如"破破烂烂的老水手"，这样的语言还有吗？

生：我找到的是第 57 段或者是第 56 段："我也注意起这个人来。他又老又脏，满脸皱纹，眼睛一直离不开手里的活儿。"

师：他是怎么样的啊？"又老又脏，满脸皱纹"。还有吗？

生：我找到的是第 92 段或者是第 93 段："那是一只布满皱纹的穷苦水手的手；我又注意他的脸，那是一张衰老艰辛的脸，满面愁容，疲惫不堪。"

师："破破烂烂"，除了第 36 段或者是第 37 段以外还有出现吗？

生：在第 44 段。

师：为什么要关注这些？像是第 36 段或第 37 段，关注到"破破烂烂"，这时还不知道他是"我"的叔叔，然而"我"的着眼点已经在这里了，他的这样的一个形象已经引起了"我"的关注。这个时候为什么会关注？"我"还不知道他是"我"的叔叔啊。

生：因为那时候船上有穿着比较入时的两位太太，而旁边的他的叔叔穿得破破烂烂的，两边的反差很明显，所以他才注意到的。

师：好，请坐。反差很明显，可能是有的。这就牵涉到"我"为什么会写"我"的叔叔了。开头是一个乞讨的穷老头儿"使我想起一段往事"，这段往事是"我"一直不能忘怀的。这里的"我"，讲故事的"我"，他特别关注的是什么啊？是那些生活比较困苦的，让人不由自主内心产生一种同情、怜悯的人。如果说第 37 段和第 44 段还只是对这一批人的关注的话，那么到了第 57 段、第 93 段，感情恐怕有些许变化。特意看了又看，是"又老又脏，满脸皱纹"的，更是"满面愁容，疲惫不堪"的，他用这样的语言来表达。虽然这篇是翻译文章，但是翻译者对于作者内心的这种揣测应该是到位的。所以我们说，从这样的一种描写当中，我们可以读出，讲故事的"我"，对"我"的叔叔于勒寄托了怎么样的感情？你可以用几个词语概括，这当然很简单：充满同情的、怜悯的，甚至有点心酸的。但是重点是你要读得出，在这样一些看似不起眼的描写当中，倾注了"我"的情感。

如果这里还不那么鲜明的话，再看看这些是不是表达了"我"对叔叔的感情。刚才有同学说到第 12 段。要把第 12 段列进来，那么这里所列出的"一""二"的内在关系是什么？第 12 段说明的是什么？是说明了"我"对叔叔于勒的这种感情。那么第 12 段对这种感情的表达是怎样的？想想看。一下子回答不出不要紧。主人公的问题比较复杂，我们今天不必从概念上做解释，但是，我们可以说所写的人物当中出现次数比较多的或者比较少的，他不是就叫主人公，我们今天姑且理解为出现多的算是主人公，但是今天主要不是为了形成这个概念……虽然着墨比较少的是于勒，着墨比较多的是谁啊？

生："我"的父亲、母亲。

师：着墨比较多的是"我"的父亲、母亲，但是小说核心是在讲"我"的叔叔，要表达的是"我"对叔叔于勒的感情，这段往事的核心人物也是于勒。是不是啊？那么，写那么多非于勒的事情，有什么用？第 1、2、3 段不算，它们是引子，引出这个故事，从第 4 段开始，一直到第 33 段或者叫第 32 段，为什么用那么多的笔墨写前面的事情？

生：暂时还不能回答。

师：暂时还不能回答，没关系，我们换一个角度思考。在这一个故事当中，"我"的父母对于勒也是有表示的，也有他们的感情。读得出吗？这一节课，我们主要不是解决这个问题，所以我们就不讨论了。但是像前面的第 29 段或者说第 30 段，写"我"的父母，写"我"的家里人的近况，与"我"的叔叔于勒有关吗？

生：有。

师：有关，因为"我们"全家都在盼望着于勒的归来，是不是啊？多少年没见了？

生：十年。

师：十年吗？到底是几年？两年以后来了一封信，过了十年杳无音信，一共十二年。小说都是围绕着"我"的叔叔于勒展开的。"我们"急切地盼望着他的归来，直到那一天，"我们"到泽西岛去。尽管于勒出场不多，但是写得并不少，全是围绕着"我"的叔叔于勒来展开的。于是我们要进一步思考，全家那么急切盼望于勒归来，原因知道吗？这很简单。接下来我们读，遇到于勒叔叔之后，父母他们表现的神情，以及他们的话语。这里就有一个问题，看到他之后，我们举例来看，父亲是什么表现？

（生读课文中的相关语句）

师：要前后联系起来读。当父亲发现一个有点像于勒的人之后，怎么样？

生：不安。

师：不安，脸色苍白。当他确定这是于勒之后，怎么样？还是脸色苍白，愁容满面。而且是怎么样？

生：坐立不安。

师：这些恐怕就是我们要关注的。父亲回到"我"的母亲身边的时候，是怎么样的？心虚。再往下呢？

生：好像吓呆了。

师：包括母亲的话语——这个大家自己去读——她把于勒称为"贼骨头""无赖""累赘""讨饭的""乞丐"。这里面当然有"我"对"我"的父母的基本态度。基本态度是什么？比较复杂，我们不急着回答。但是大家要思考一个问题：他们要竭力地躲避这个于勒，为什么？

生：因为他没有钱。

师：要想得比较全面一点，列出原因一、原因二、原因三……

生："我们"以为于勒是有财产的，但现在于勒没有钱，如果被未来的二姐夫知道，就会影响二姐的婚事。况且他现在还在卖牡蛎，他回来的话会拖累"我们"家。

师：你讲了几个原因？

生：两个。

师：两个。第一个，如果连女婿都知道了，影响二姐的前程。第二个，他又来缠上"我们"了，又要把"我们"的钱用光了。对吧？还有吗？想好了啊，读的过程中一定要前后联系。想想看还有没有？

生：他是骗子。

师：你用的是"骗子"，用得重了，意思是有的。于勒这十二年里面，在他的家族乃至他的生活的区域里面，获得了怎么样的名声？是正直的、善良的、有良知的，获得了这样的名声。因此就局部来看，母亲说"就有热闹看了"，这个"看"是在船上，如果这个事情家里也知道了呢？不也热闹了吗？最后第三点，他们之所以产生这样的心理，在文中找得到依据吗？

生：第 67 段："这是个老流浪汉，法国人，是我去年在美洲发现把他带回国的。他好像在勒阿弗尔还有亲属，但他不愿回到他们身边去，因为他还欠他们的钱。他的名字叫于勒……于勒·达尔芒舍或达尔旺舍，总之和这差不多的姓。听说他在美洲时还阔绰过，但现在您看，他沦落到了这一地步。"因为他们一开始已经问了船长，已经得到了有力的证据，认为穿得破破烂烂的卖牡蛎的这个人就是父亲的兄弟于勒。

师：好，坐下，有这个意思。

生：第 82 段："我早就料到这个贼骨头做不出好事来，迟早又会成为我们的累赘的！"第 85 段："把钱交给约瑟夫，让他马上去把牡蛎钱付清。要是让这个讨饭的认出来就倒霉透了，那样一来船上就有热闹看了。我们到对面船头去，不要让这个人靠近我们！"

师：这些都是比较直接的阐述——说为什么要躲开他。作者的直接描写当中隐含着"我"的父母实际是很怕于勒给自己丢脸的。这句话，我们从另外一个角度来描写："我"的父母其实是爱面子的。是不是啊？不用直接回答，自己找找看。我们来请一名同学回答一下。星期天到海边散步的时候，"我们"穿得非常的讲究，是吧？而且不苟言笑。上了船之后父亲提出去吃牡蛎。他们是一个怎样的家庭？

生：贫穷。

师：然而又要展现自己的体面。你可以说他们爱慕虚荣，但是恐怕虚荣一词还涵盖不了，这个不好理解。这就是当时的法国的现实，这种爱虚荣恐怕不是一两个个例。"我们"尽管生活得很艰难，然而还过得去，至少能糊口。因此，在外面展现的景象还是要体面。通过他们这样的爱体面，这样的一种表现，我们就可以知道，"我"的父母对于勒的这个态度，到底源于什么？源于嫌贫爱富，那当然是，然而不只是，是不是啊？他们有自己内心说不出的苦。我们来一起读读第 5 段，自己出声地读，看看作者在这一段的表达。

（生读课文）

师：这一段，我们读出的是？"我"所讲的这个故事的父母，为什么对于勒的情感态度会有这样的变化。我们先想，今天先不概括，作者通过这样一篇小说，到底想表达什么？对于勒的、对菲利普夫妇的、对那个白胡子的穷老头的描写，通过这些，我们想一想，作者究竟想表达什么？由于时间有限，读这样长的一篇小说，我们应该知道怎么样来读。既然要写这样的人物，总要对他有一个感情的倾向，而对他的感情倾向，当然也包括作者对他所表达的与之相关的人物基本的感情倾向。通过这样的感情倾向，我们来读出作者通过这样一篇小说究竟是要表达什么。我们还会有很多问题。今天这堂课就先上到这里。好，下课。

（整理者：上海市爱国学校　丁妍君）

《我的叔叔于勒》课堂实录（二）

执教时间：2012 年 12 月 6 日

执教学校：上海市静安区实验中学

执教年级：八年级

（师生问候毕）

师：这个单元是外国短篇小说阅读，这篇文章读过吗？

生：读过。

师：读过多少遍？

生：两遍。

师：在读的过程中产生过什么问题？

生：为什么这篇文章是写于勒的，却对于勒的描写很少？

生：题目是"我的叔叔于勒"，但故事的主人公究竟是于勒还是约瑟夫？

师：还有吗？这两个问题其实是有点接近的，我们看看还能提出什么问题吗？

生：我想知道，于勒在船上究竟有没有认出约瑟夫他们，如果认出为什么不打招呼？

生：为什么要在开头和结尾写约瑟夫施舍给穷老头钱？

师：你是指，为什么要写约瑟夫施舍的行为，对吗？那么在讨论这些问题之前，请大家告诉我，在读小说前要读什么，怎么读？

比如，于勒写得这么少，而菲利普夫妇却写得很多，这篇文章的主人公究竟是谁？这是需要解决的。读这篇小说还需要或者说必须解决什么问题？读外国短篇小说，要看背景，像这篇文章中，有法国人的生活方式，有法国人的思维方式，有法国的文化背景，但是我们读的语言是汉语，我们通过母语来读法国的背景，读出的与实际的也许并不完全一致。但读小说总有些基本要素需要掌握，哪些是读的时候一定要解决的问题？社会环境、人物特点、作者的经历，那是了解创作背景的抓手。

自己读的时候，对情节要有梳理。既然是故事，故事发生的背景是什么？故事是怎样发生、发展的？当然，这不一定是我们这堂课的重点，但你们在读小说时这是需要做的。当你们在读到发生、发展的时候，是否产生过疑惑？第 2 段说：这个人使"我"想起了……

生："一段往事"。

师：一段往事，而且这段往事是"我"念念不忘的。这段往事，从这个故事来说，这里有两种说法。第一种是说"我"或者说"我"的家庭与叔叔于勒分别十二年，有一次在去泽西岛旅游时终于遇到了他。第二种是说"我们"在去泽西岛的船上遇到了"我"的叔叔于勒。那么这段往事指的是哪一种？

（学生在猜测）

师：不要猜，要读，在文中是否能找到？这问题必须解决。我先给点范围，否则范围太大了不好找。从第 30 段以后读起。找到没有？我们一起来看一下第 34 段，如果书信不另外标段是第 33 段。第 34 段怎么说的？

生："这一切我现在想起来就如同昨天的事情一样"。

师："这一切我现在想起来就如同昨天的事情一样"，这一段经历他不能忘怀，这一段往事主要指的是第二种。

第1—3段是故事的由来，那么第4—32段为什么要用那么多笔墨来写这些内容呢？"我"只要把这段往事写清楚就好了：有一次"我们"去泽西岛，遇到了"我"的叔叔于勒。为什么要写这么多呢？我不要听大家的答案，大家要思考为什么我要提这样的问题，与你们所提的问题有关吗？看看，题目叫"我的叔叔于勒"。第一个思考点：第4—32段真的与"我"的叔叔于勒无关吗？这故事是围绕谁展开的？

生：于勒。

师：我们暂且不定义主人公，但他一定是核心人物，第4—32段有没有写到于勒？

生：有！

师：不仅写到，而且怎么样？这个填空你们来把它完成。

生：不仅写到，而且围绕他来写。

师：读小说总归要读出作者的感情倾向或者说他要表达的，用一个词语来说，主旨，或者说他在这篇小说中所追求的理想，或者说他对所写的人物、事件以及所处的社会的基本评价。所以这篇文章不仅围绕于勒展开，而且与"我"在这篇小说中所表达的情感倾向、所追求的理想有关。这也是为什么要思考第4—32段的内容。可以看得出于勒和作者要表达的是完全有关的，那么关系在哪儿呢？除了作为核心人物之外，怎么来表现？我们现在又要换一个角度来思考。

这篇小说中有三个"我"，哪三个"我"？一、作者莫泊桑；二、约瑟夫；三、约瑟夫的朋友，听这个故事的人。这三个"我"在文中是统一的吗？我现在提的许多问题不是要你们回答是或不是，而是要大家思考，这三个"我"在文中究竟是如何表现的？作为约瑟夫的"我"，没问题，是讲故事者，这里面所讲的一切，包括"我"对叔叔于勒的感情，"我"对自己父母的感情，"我"对这个社会的感情，以及"我"对如同于勒叔叔一样的那一类人的感情，都出自作为约瑟夫的"我"。第二个"我"，听故事的人，他与约瑟夫完全吻合吗？这个"我"在文中有什么作用？

生：见证人。

师：不仅是见证人，而且他还如同一般的读者，虽然也怀有一定的悲悯之心，然而没有像约瑟夫那样对穷人有如此深切的感受，是不是？实际上他是代表了一部分人。约瑟夫"竟"给了一个白胡子穷老头五法郎的银币，他用一个"竟"字，也就是对约瑟夫的行为产生疑惑，产生不解，这就代表了社会上的一部分人。作者把他们统一起来，约瑟夫的情感也就是作者的情感，听故事者的疑惑是作者代表一部分人说出来的。

我们看，作者眼中或者说约瑟夫眼中的于勒是个什么样的人？这个问题仍然不需要大家用一两个词来概括，而要从文章中读出来。你可以不给我结论，但要告诉我你从哪里读出来？读这个小说要关注什么？要关注细微的地方。有的地方非常直接，比如母亲对于于勒的各种称呼，很明显，但你要读出其中表达或凝聚的作者的情感。

生：虽然对菲利普夫妇来说，于勒就如同"贼骨头"一样，但在约瑟夫心中，他仍然是自己的叔叔、自己的亲人。

师：首先找到这处表达，很好，但在找到之后你应该再去找，为什么在这个时候他心中会想这样的话？把前因后果体现出来。

生："我注意他的手，那是一只布满皱纹的穷苦水手的手；我又注意他的脸，那是一张衰老艰辛的脸，满面愁容，疲惫不堪。""我"看到于勒叔叔的脸和手，感觉到他现在的生活是十分艰辛困难的，看到他这个样子"我"很难过，想说一些温暖的安慰他的话。

师：从对于勒的外貌或者说是肖像的关注来表达，这是正确的。但光靠这一点是不够的。他心中产生这样的想法是有一个发展的过程的。首先从这段往事当中去寻找，然后从这段往事的背景中去寻找。"我"这样想，乃至于想最后到于勒叔叔身边去说几句安慰他的话，这是进一步的发展，邦前面呢？这句话的基础在哪里？提醒大家，比如，当他跟父亲到船长那儿去，他心中感觉怎么样？"觉得非常激动"，那么激动的原因是什么？

生：知道他是"我"的叔叔于勒。

师：知道他可能是"我"的叔叔，这是一点。往前走，小说介绍过背景没有？第 12 段是在叙述于勒叔叔在"我"脑中留下的深刻印象，接下来第 13、14 段有没有感情的意思？自己读一下。

（学生朗读）

师：读出点什么？跟我说的表达对于叔叔于勒的感情有关系吗？字面上读不出来，字面背后的是什么？一个穷人家的小伙子做了这样的事是大逆不道的，但富家子弟做了也就是花花公子，那这样区别对待是不是有道理？作者认同这个道理吗？作者对于勒年轻时的糊涂行为是可以原谅的，这也是后面"我"激动的原因之一。长期以来，于勒驻扎在"我"心目中的形象以及"我"对他行为的认识，是导致"我"激动的第一重原因，这种激动一定还有第二重原因。约瑟夫在关注什么？于勒生活状态的种种细微处：这个老水手的手是……穿着是……脸上是……因此，这人即使不是于勒，"我"对他仍然是怀有怜悯的，这个怜悯后来升华为给所有需要帮助的人施舍。这当然是约瑟夫的想法和行为，然而，这何尝不是作者的基本的认识、基本的见解、基本的理想世界？作者希望改变的是这样的生活，而这个是我们阅读这篇小说要理解的。

通过对于勒的肖像或者说是外貌的关注而升华为内心异常激动的、对亲叔叔难以言喻的感情，这是需要我们读的。那么，为什么要用那么多笔墨来写菲利普夫妇？在回答这个问题之前，还是要思考一个问题：作者也好，菲利普夫妇也好，他们对于于勒的基本感情是什么？然后来讨论他们对于于勒的态度。

生：第 9 段："我还记得我可怜的父母在这些星期日散步中的那种故作庄重的神态，他们正颜厉色，不苟言笑，走起路来腰杆和两腿都挺得笔直，好像一举手一投足都关系着一桩极其重大的事情一样。"表达了约瑟夫对父母的虚荣表现感到可悲。

师：好的，这里你用了"虚荣"。

生：第 22 段："等到好心的于勒一回来，我们的处境就大不相同了。他可是个有本领的人。"表现了菲利普夫妇对于勒的期待。

师：称呼他是一个有本领的人，仅仅只是期待吗？没关系，回答不出来，心里知道就是了。

生：第 17 段："于勒，这个被人们认为毫无用处、一文不值的人，突然之间变成了一个正直的、有良心的男子汉，一个无愧于达弗朗舍家族的好子弟，像所有达弗朗舍家族成员一样诚实可靠了。"表现了菲利普夫妇的势利。

师：你用了一个词语，势利。

生：第 16 段："人们按照当时的习惯，把他送上一条从勒阿弗尔开往纽约的轮船，让他到美洲去了。"表现了菲利普夫妇的自私。

师：你找到的其实与前几名同学差不多。但这个是惯例不是特例，"按照当时的习惯"，他们不过是融入这个群体，有这样反应的不是只有菲利普夫妇，而是"菲利普夫妇们"。

生：第 20 段，"这封信成了我们全家的福音书"。表现了菲利普夫妇的虚伪。

师："虚伪"用得有些重了。

生：第 29 段："我总相信，这个年轻人最后所以不再犹豫，下定决心求婚，是由于一天晚上我们给他看了于勒叔叔的信的缘故。"表现了这个年轻人的贪婪。

师："贪婪"重了，这里讲的不再是菲利普夫妇，而是准姐夫。

生：第 80 段和第 81 段，在得知于勒的现况后母亲大为恼火，还称呼他为"贼骨头""累赘"。表现了他们的冷酷。

师：也许我们在前后还能找到一些词语，她把于勒称作"讨饭的""无赖"。这些情况恐怕是当时法国社会的共性，也许现在的我们无法理解这种文化，但当时都是这样的。刚刚我们讨论时，说到的虚荣也好，冷酷也好，势利也好，怎么会有这样的表现呢？怎么会出现对于于勒的这种态度呢？作者或约瑟夫对菲利普夫妇的基本感情倾向是什么？是批评还是同情？这是主旨表达的重要方面，那么作者的主要倾向到底在哪儿？对这些人，包括准姐夫、同族的人，感情倾向到底怎么样？

我们看到，作者花了大量笔墨写当时"我们"家生活拮据，具体到吃的是什么，买的是什么，为什么而讨价还价。这样的家当然很需要钱，因此作者对菲利普夫妇首先不是批评，而是同情，尽管菲利普夫妇比于勒的生活境遇好多了，但他们仍然在贫困线上挣扎，几乎是已经与所遇到的白胡子老头、与于勒接近。其次，当然，对他们遇到于勒之后的情感突转，作者不是一点批判都没有的，他是有一点批判的，这个留待社会思考。总之，我们读的时候要读出作者的情感，读的时候要关注人物的语言、肖像，还有他们本来的生活状况。

由上，我们知道关于于勒的描写并不少，只是正面的不多，但侧面的、间接的几乎贯串全篇。而描写菲利普夫妇的笔墨花得多，目的：第一，表达了对这样的人的感情倾向；第二，通过表达他们对于勒的感情，以及描写他们与于勒所构成的底层人的生活，来引起社会的关注。于是，我们更理解了开头讲故事时讲到的"我"与约瑟夫，"我"惊异于约瑟夫的慷慨施舍，这就把作者要表达的理想表达出来了。所以读外国短篇小说也好，长篇小说也好，都需要关注作者通过这篇小说所表现的理想，所表达的他对这个社会的基本认识。而这种理想也好，这种基本认识也好，都是通过故事和相关人物表现出来的。这当然是小说的基本要素，但怎么来推敲，虽与故事的发生发展有关，但更要关注的是作者在小说中所做的细微处的叙述与描写。就如这篇课文的第 13、14 段，看似与核心无关，然而不可能是无关的，这里就讲了贫与富的差距。我们再读这类小说时恐怕是需要有一定的思考的。

今天的课就上到这里。下课！

（整理者：上海市爱国学校　丁妍君）

《背影》课堂教学实录及教学阐释

执教时间： 2016 年 5 月 18 日

执教学校： 上海市民办交华中学

执教年级： 七年级

（师生问候毕）

师：课前都读过课文了，是吧？读的过程中产生过什么问题吗？

生：父亲只是买橘子，为什么要写文章来纪念？

生：流泪和背影之间的关系是什么？

生：文章为什么四次写到背影？

生：标题是"背影"，开头为什么写与背影无关的事情？

生：为什么两次写自己聪明，"太聪明""聪明过分"？

生：这篇文章只写了背影，为什么仍然被我们赞颂？

生：为什么写送"我"，还是不放心？

生：为什么文章要写背影，而不写其他？

生：第 7 段倒数第三行，朱自清的父亲为什么要提"大去"这样一种委婉的说法？

生：第 7 段中为什么要写家中光景？

生：第 7 段第三行，"渐渐不同往日"，父亲现在是怎样对待朱自清的？

生：文中四次流泪，男儿有泪不轻弹，为什么作者要写这么多次流泪？

生：第6段，父亲"心里很轻松似的"，很困难的光景，为什么要说轻松？

（师随手板书记录）

师：在读文章的时候不断地提出问题，然后从文章中找答案。文章标题为"背影"，有几个同学说到，这是写他与父亲相聚当中，一次见到的特殊感受到的背影。既然写的是一件事，我们先不考虑怎么回答问题，而是考虑怎么来读这篇文章，然后结合大家的问题，一步一步探讨。

这是一篇叙事为主的文章，首先要解决的是"事件"。事件的概括很简单。什么时间？奔丧后，"我"上车回北京，父亲在车站帮"我"买橘子，"我"第一次发现或感受到父亲的背影。

那么第2—5段是否无关呢？第1段说不能忘记背影，后面不是讲背影。这就是这件事的背景，也是刚才那名同学的问题：与背影不相关的事情。这是在怎样的背景中展开的？

生：从第2段知道，那年祖母死了……

（板书：背景：祖母去世，父亲差事交卸）

师：这是背景一——突发事件，祸事降临。还有吗？

生：第3段，父亲去南京谋事，"我"去北京念书。

师：这个不是背景，这就是这件事本身。

生：第3段，第二行："这些日子……"

师：好，家境惨淡（板书）。家境惨淡只是因为突发事件吗？

生：第3段……

师：还是突发事件，还有关于家境惨淡的吗？应该再到哪里找？第2、3段找不到了，再到哪里找？

生：第4段，第三行："他终于不放心，怕茶房……"

师：这个是背景吗？这是与这件事直接相关的。背景，是在怎样一个特定情境下来写。第 7 段能不能读到一点东西？

近几年来，忙忙碌碌，家中光景一日不如一日。主要讲的是家境惨淡。组合起来，实际上是家中的境况不那么好。这是家中的生活光景，还有吗？除了客观现实，还有父亲的感受。

生：父亲的情郁于中，父子感情渐疏。

师：这讲的是父亲的心境以及父子的关系。这是第二个背景。文章是在这两个背景下展开事件。第 2、3 段及第 7 段一部分，交代背景。那么，为什么要具体详细地交代这个背景？

生：为后面这件事作铺垫。

师：背景一般不用铺垫这个概念。要解决这个问题，先要解决，这篇文章到底想表达什么？作者所要表达的情感，或者说这篇作品的主旨是什么？背景与情感是怎样关联起来的？于是还要回到事件本身。

真正写背影的，或者在第 1 段中所说的，"我"最不能忘记的背影，作者是怎么来表达这一特殊背影的？大家读过三遍了，不看课文，能不能告诉我？

生：作者通过……

师：不要抽象概括，具体告诉我是怎样一个背影。相对概括的一句话，稍微展开一点表述。文中有没有概括的话？

生：第 7 段。

师：好，那个肥胖的、青布棉袍黑布马褂的背影。扩展开去，根据作者描写的内容，可以表述为，这是一个什么背影？

首先是肖像——"戴着……穿着……蹒跚地走到铁道边，慢慢探身下去……穿过铁道"，攀爬对面的月台的那个脚往上缩，肥胖的身子……的背影。

结尾段概括的，与前面具体所说的，要组合起来，用了那么多的修饰限制语，这就是一个丰满的画面。这样的表达方式叫作"描写"。

师：背影是在第 6 段，第 4、5 段写那么多，为什么？这是什么表达方式？

生：记叙。

师：记是记录，叙是叙述。叙述为主，把这个事件整个过程写下来。第 6 段的背影，是所看到的背影吗？第 4、5 段中有没有背影？作者没有提到，当时也没有发现，但客观存在。首先看这个背影在哪里？

生：第 4 段。

师：在父亲对茶房再三的嘱托中，在踌躇中，在看行李中，在与脚夫的讨价还价中……无处不在。然而作者对无处不在的背影，有过感觉吗？

生：没有。

师：怎么知道？

生：……这句话说明作者对背影没有感觉，反而觉得父亲迂。

师：觉得迂，而且觉得说话不漂亮，多事。

那个时候，以及那时以前，比如父亲说"事已至此……好在天无绝人之路"，"我"认同吗？未必认同。

这时父子感情渐疏，反过来说，"我"待父亲——"他终于忘却我的不好"，说明这个时候"我"待父亲是不好的。

第 4、5 段这样叙述，不只是交代时间上的来龙去脉，而且隐含着看到这样的背影之后的一种内疚、自责。比如两个"聪明"，那时"我"真是聪明过分，真是太聪明了。这种感慨是在见到了第 6 段描写的背影之后。因此这个事件不是简单地说父亲为"我"买橘子。而是在买橘子、送"我"上车、一起奔丧的这些日子里对"我"那样的父爱。然而"我"却从来不曾留意过，没有一丝一毫的感觉，甚至反感、不以为意。于是在背影中，有着不见背影的愧疚。

为什么要那么具体而微地介绍背景？是为全文要表达的感情服务的。要体会全文感情，首先要知道这个事件作者写了什么，虽然未写，但一定隐含什么。

有同学提到为什么多次写到流泪。写了几次？

生：四次。

师：目的一样吗？

生：不一样。

师：第一次为谁而流？

生：为"我"，为祖母。

师：既为家庭状况的不好，更为祖母的去世流泪，与后面三次不一样，后面的三次与文中三次背影相关。作者说这时"我"看见父亲的背影，"我"的眼泪很快地流下来了，这一次的流泪，作者要表达的是什么？

生：感动。

师：感动固然是，只是感动吗？

生：愧疚。

师：对，跟第4、5两段相关，"我"想到了对他的不以为然，暗笑他的迂，看到背影后形成强烈的反差。联系前文种种，忍不住地流下泪来。第二次混入来来往往的人时，回来眼泪又流下来了。这时的流泪包含着对肥胖的……父亲的背影的感触，包含着对以往"聪明"的愧疚，也包含着父亲明明艰难爬上月台，然而仍然让"我"觉得很轻松似的——感觉到的轻松，实际上包含着作者对父亲内心真正的理解。最后在晶莹的泪光中再看见父亲的背影而流泪。"我"终于懂了，父亲是那么的不易，老境颓唐，情不能自已，发之于外，于是待"我"不同往日，"我"也待他不好。然而这两年来忘却了，只是惦记着"我"，惦记着"我"的儿子。即使信中说离大去之期不远，仍然安慰儿子……读到这里眼泪又上来了。

于是我们知道，作者为什么这么具体而微地交代这个背景？跟这个事件有关，父亲是在这种情境下、这种心境下，送"我"、关心"我"。

这样，背景和要表达的情感就组合起来了。这些问题是不是就可以解决了?

（看问题）

文章虽简单，作者内心的情感却那么复杂，所以作者说最不能忘记的是他的背影。

我们读这类叙事类文本，怎样一步步思考下去很重要。今天讨论就到这里，两个题目选一个做一做。

（1）定格的背影、永远的怀念——一个儿子的愧疚

（2）惨淡生活中的唯一惦念——一位父亲的牵挂

我们要根据文本内容，把今天读到的东西梳理一下。下课。

教学阐释：

什么是关注学生学习经历？

曹刚老师在评析这堂课的过程中做了一定的阐述。我想，初中讲关注学习经历，实际上就是关注学生学习语言、感受语言、运用语言，以及趋向于语言建构，及更高层次的语言运用的这个循环往复的过程。我们关注这个语言学习的完整过程。

我们在多种场合说，不要被课文内容牵着鼻子走，语文阅读不是以读懂文章内容为主，而是要读懂表现文章内容的语言形式，以及这个形式背后作者的思想情感及文化内涵。这是关注学生学习经历。从初中来说前三条重要，真正实现在高中。

语言的学习、感受（语感）、运用，这是初中语文学习经历很重要的一点。

要这样学习、感受、运用，从阅读来说当然要进入文本，要不断指导学生怎么进去、怎么读出懂的东西，怎么发现不懂的东西，怎么思考阅读过程中的问题。这是进入文本，或者沉入文本。

在进入文本中，一定包含着学生问题意识的培养。所谓问题意识培

养，不是简单说学生课堂上提出问题，而是在读的过程中怎样不断地提出问题、思考问题，哪怕是最浅层次的问题。比如是谁的背影、为什么写这个背影？一下子解决不了，可以往下走：在怎样的背景中出现、展开？用这样的形式表达，跟所要表达的情感、主旨有着怎样的内在联系？这就是问题意识的培养。让学生逐步形成阅读过程中的问题链，问题与问题之间的逻辑联系。这是进入文本之后必需的问题意识的形成。

在此过程中，怎么帮助学生建立整体感、联系的意识，由读转换为表达，这就是具体语文学习过程中或者阅读当中的学习经历。基于这样的基本认识，读《背影》这样的文章，学生已知的是什么？隐约感到，但未必能够表达的是什么？容易忽视的是什么？在读与表述的过程中，可能产生的问题是什么？这在备课的过程中必须思考。

我上《背影》，两次不一样，其实很多人都这样，不是只有我这样。这类课文哪怕上的是第一百遍、第一百零一遍，仍然需要重新备课、重新发现问题。比如经典的课例《藤野先生》，过去一般从第一句开始，讨论"也"背后隐含的东西是什么。后来再上的时候不这么上了。这里包含几个因素，其中之一是学生在变，是的，这很重要。尤其我的课喜欢让学生提问题，学生有的时候提不出问题，上法当然就不一样。不提问题有不提问题的上法，提问有提问的上法。

我虽然上了几次《背影》，但依然是重新备课，每次再读的过程中总能再发现什么。不只是新的认识，还有联系到以前上过的课，发现学生在某个环节上也许会存在问题，因此教学设计恐怕要做调整，自己读文本前后的感觉就不一样了。

关注学生学习经历很重要的前提是你自己阅读文本的经历。从自己阅读文本的经历，推想对于学生哪些不必讲，哪些恐怕要花大力气，哪些要提醒学生注意，哪些要帮助学生形成一定的逻辑联系。

这就是我上《背影》时所思考的问题。从这节课的设计，故事本身理解没有大问题，尤其第 6 段特写的背影，以及背影背后的情感，学生没有大问题。虽然没有大问题，但是这样的描写跟《春》的描写不一样，《春》更多的是好词佳句的组合，难听点说就是堆砌。如果不断背这种语言，会使其语言产生问题。学生首先要学语言的逻辑联系，首先是逻辑性，其次才是文学性。感受语言文学性背后已经包含更高层次的逻辑性。

什么是文学语言？文学语言是基于规范的、富有个性的语言的变换形式，有强烈的作者个体色彩。语言形式有变化，只是记诵朱自清《春》的语言，只记住这个作家作品的这个特点，不行，还要从逻辑到文学、再从文学到逻辑地去探究，这个很重要。因此学生已懂的不必下功夫，要让他们重新组合，即使再现，这种再现也要带有一定的重组性。本来这样写："父亲是一个胖子……"转换成：父亲的背影是怎样的背影？不是简单再现，而是要把作者表达的文本内容、语言形式，转换成关于怎样的背影的语言形式。这样的转换多了，学生对语言的感觉就会逐步提升。这种转换的目的，不只是让学生用比较复杂的句子表述读出的父亲的背影，更是与接下来第 4、5 两段的叙述作比较，形成反差，从而为读出未曾写而处处呈现的背影作铺垫。

已经知道的重组，不是简单再现。可能不那么注意的，比如写出的背影与未写出的背影，未必能读出，然而这很重要，这跟作者要表达的情感或主旨有密切联系，而这些跟背影又有密切联系。学生可能没有这么思考过，怎么帮助学生关注平时不太关注的问题，要通过教师教学过程中的引导。

教师还要关注，我们给学生的，不是一个一个问题的答案或结论，而是怎么来思考这些问题，解决这些问题的方法与途径，这是语文教学要重点解决的。有些课，大胆运用学生提问，一个一个解决学生的问题，这样解决问题可能把一篇完整的课文肢解。即使不肢解，学生得到的也许仍然是一个一个答案，而不是相对完整、带有问题链性质的……

不过分求得问题的答案，而是要让学生知道怎么来探究问题、思考问题、解决问题，这很重要。怎么来解决不同的课有不同的方法，今天几个方面的组合，是这一篇的，其他未必都是这样。比如《大芦荡，你还在守望吗》，直接问作者想表达什么，很抽象，要分成两大块，第1—22段、第22段到最后，两者分别解决什么，两者之间构成什么联系。比如第21段，"大芦荡的困惑其实也就是中国的困惑，人类的困惑"，那么大芦荡的困惑是什么？文中有，但我们没有去思考。第10段已经说了：……为什么这样压缩大芦荡、自然的领地？……中国的困惑是什么？站在谁的立场上？我们依然坚守地大物博的观念，没有人均意识，大肆掠夺、无限开采，这是中国的困惑。世界的困惑是什么？……世界是漠然的，人类使自己陷入绝境。这三个困惑是一致的。这三个困惑与接下来的废墟文化构成怎样的逻辑联系？我们在读文本过程中，恐怕要建立这样的意识。

关注学生学习经历就是让学生不断学习、感受、运用语言，学习、感受、运用语言从一篇一篇课文教学来说是怎么呈现的？我们或许可以从以下这些方面去思考。

1. 概括。比如事件的概括、背景的概括。

2. 重组。将已有的语言形式重新调整为一种新的语言形式，这样不断调整、组合，就是建立语言的敏感性。比如上《永远执著的美丽》，转换为"虽然……但是……因为……"，将原来的表述调整顺序，构成内在的偏与正、因与果的逻辑联系，这也是重组，将文本语言形式重新组合。

3. 补充。文中没有的，你要补足它，有些东西作者觉得不必要那么细交代，读的过程中要有发现，前后是怎样关联的，必须补充。还包括必要的想象、必要的推断。

4. 转换。读与写，不只是阅读。小学阶段我们讲要充分关注表达。小学所说更主要关注作者的表达。如果迁移到初中，就不只是关注作者表达，还要关注学生的表达。转换一，感受到的、理解了的、会分析的内容、形式，要转换成他们的语言表达。转换二，有的是视角的转换，有的是主次的转换。今天主体是"我"，然而在他的表述过程中不断在表达父亲眼中的"我"。从第 2 段"事已至此"到文章结尾处的"大约离大去之期不远"，处处饱含父亲对"我"的关心、注意、难以言喻的爱。怎么转换成父亲眼中的"我"？这既是视角的转换，也是读写的转换。在这样的语言实践过程中，学生真正要学习语言、建立语感，并能尝试着去正确地运用语言。这是阅读教学过程中要予以充分关注的。

今天的课，我的思考点就是怎样呈现学习经历，有所概括、重组、补充、转换。

（整理者：上海市虹桥中学　赵成亮）

《苏州园林》课堂教学实录

执教时间： 2021 年 12 月 8 日

执教学校： 上海市南汇第三中学

执教年级： 七年级

（师生问候毕）

师：今天我们一起来讨论《苏州园林》这篇文章。从文体角度看，它应该属于什么？

生：说明文。

师：以说明为主。那么前面那篇说明文读过没有？

生：《中国石拱桥》。

师：《中国石拱桥》和《苏州园林》都属于说明文，你们觉得两篇文章有什么不同？

生：有不同。

师：主要的不同是，《中国石拱桥》主要说明什么？

生：《中国石拱桥》主要说明赵州桥和卢沟桥这两座桥。

师：以两座桥作为主要的说明对象？

生：对，以这两座桥作为主要的说明对象。《苏州园林》是以总体的园林为说明对象，先写苏州园林的总体特点，然后以拙政园为主写这篇文章。

师：它是以拙政园为主来写的，请坐。我们看，《中国石拱桥》，它是比较客观地介绍石拱桥的形状、结构、历史，是吧？是说明石拱桥本身的个体特点。而《苏州园林》呢？看看作者是怎么说的。

生：作者总的印象。

师：对，看到了吗？"倘若要我说说总的印象，我觉得……"这句是作者的主观感受。那么，今天我们来读这样一篇文章，希望解决哪些问题？单元导语提到，第一是要把握说明对象的特征；第二是如何使用恰当的方法来说明；第三要注意语言的准确性。我们结合这篇课文而言，假如从说明对象的特征出发，要解决什么问题？刚才你们在读这篇文章的过程中有什么问题吗？

生：有作者的情感在里面。

师：对，包含作者的情感、态度和认识。那么我们说要解决什么问题，或者说有什么问题，包含两方面。第一个，是我们的确不知道、不懂的，比如刚才有同学提到为什么只写拙政园。但是我们在课堂学习中的问题，不只是指自己不懂的，更是指要读懂这篇文章需要解决哪些问题。我请大家思考，刚才纸已经发下来了，第一个问题，总的印象里有一个核心词，叫什么？

生：标本。

师：标本（板书）这个核心词一定要抓住，什么是标本？

生：典型的代表。

师：是我国各地园林的总代表，是不是？这个没问题，但我们要解决的问题是，从文章所说明的内容来看，具体怎样表现出它作为标本的个性特点。我有四个选择项，这四个选择项，哪些是符合标本的标准的？主要把核心的概念提炼出来。A 项：苏州各个园林的设计和修建都自出心裁，富有个性。A 项：个性（板书）。我只写这个词，大家知道意思。就是它们的修建或者说建造都是自出心裁、富有个性的。B 项：苏州园林的设计和建造都是追求自然之趣。B 项：趣（板书）。没有任何的欠美伤美的败笔。C 项：苏州园林的设计和建造往往是因势聚形。C 项：势形（板书）。绝不雷同，也故意回避对称。D 项：苏州园林的每一个角落，即使是极小范围的局部，也都充满着中国画的画意。D 项：画意（板书）。大家来看，哪些是符合标本的标准的？自己想想，也可以大家讨论讨论。这四项都符合标准，还是其中的几项？

生：都符合。

师：一致吗？要打分喽，恐怕大家至少要扣掉二十分。我们来读文章第 2 段的前面几句。

（生读第 2 段）

师：一直到转折，"可是"，看看，这个转折句说明了什么？

生：前面的内容是次要的。

师：转折句，它重点在说什么？

生：转折词后面才是重点。

师：真的是在说明苏州园林的各个园林的个性特点吗？

生：不是。

师：恰恰要说明的是，个性当中有一个共性的特点。因此，A 项不是要介绍的标本。它虽然有个性，但是今天我们不谈个性，谈的是共性。文章要这样读。"标本"不是解释一下就可以了，而要具体阐述怎么来表现这个"标本"。B、C、D 项实际有相通之处，当然，这只是局部的概括，一定要说符合标准的，还可以有很多。而从作者的印象来说，他是不是将三项内容总括起来了？他用一句话表述，是哪句话？

生："倘若要我说说总的印象，我觉得苏州园林是我国各地园林的标本……"

师：但是，我要你们将 B、C、D 项概括起来。作为"标本"，他就提出了一条标准，然后对这条标准进行分解。来，你来说。

生："务必使游览者无论站在哪个点上，眼前总是一幅完美的图画。"

师：对，我只是将"完美的图画"分解成 B、C、D 三个选项，当然还可以再分解。这个再分解需要我们在阅读过程中自己来感受，自己来概括。按照作者的标准，"完美的图画"是什么？

生：有自然之趣、因势聚形，不雷同，不对称，角落中充满画意。

师：当然是，这是我说的。现在我要作者说。作者是不是讲了四个"讲究"？四个"讲究"看到了吗？

生：嗯。

师：那么第二题来了，请你依据后面具体的说明内容，对四个"讲究"作出解释。这四个"讲究"是：建筑的布局、假山池沼的配合、花木的映衬、景致的层次。谁来说说，"布局"怎样来体现"完美的图画"的？

生：这个布局不讲究对称，它跟中国古代其他的建筑不一样，它是艺术画，而不是单纯的图案。

师：概括起来说，"布局"上的个性特点是？

生：自然之趣，不讲究对称。

师：对，追求的是自然之趣，无需对称。这是作为一幅画，或者说是美术画的特定的艺术效果。在自然之趣中去感受美。那么"配合"指的是什么？是山与水的配合，还是山与山的配合，水与水的配合？

生：山水之间的配合。

师：找依据。为什么说是山水间的配合？它们配合得怎样？比如我刚才讲建筑，当然是配合，或者说是布局，是不对称的，而山水是怎样配合的？山高水深？山少水多？是这样配合吗？假山和池沼的配合，具体是指山与山之间的配合，读到"或者……或者……全在乎设计者和匠师们生平多阅历，胸中有丘壑"这个句子了吗？山不都是一样的，有的是重峦叠嶂，有的是几座小山配合着竹子花木。那么水呢？

（生思考）

师：是 B、C、D 选项中的哪一项？

生：因势聚形。

师：它是宽的，就是宽的做法。像河道的，那么就是河道的做法。河道有些宽，那么就架桥，是不是？那么"映衬"呢？是花与木的映衬？还是花与花，木与木间的映衬？在第 5 段找。能够解释"映衬"的有哪些句子？

生："高树与低树俯仰生姿。"

师：高树与低树的映衬。还有呢？

生："落叶树与常绿树相间"，映衬。

师：第三？

生："花时不同的多种花树相间……"

师：对，这叫"映衬"。而不像什么？

生："阅兵式似的道旁树……"

师：对，不像有些地方，有着宝塔那样的松柏，阅兵式似的道旁树。这就叫"映衬"。前面三个"讲究"好解决，稍微圈圈画画，就提炼出来了。但是第四点，讲究近景和远景的层次，什么是近景，什么是远景，什么是近景和远景的层次？

（生思考）

师：作者有"远景"这个概念吗？没有。那为什么前面有远景和近景？

（生思考）

师：总归要进入作者的内心来思考。他这么表述，背后的东西是什么？

（生思考）

师：换一个思考的角度，如果我们不用"远景"，可以用哪个词？

生：深景。

师：很好，因为所谓的远景，就是作者心目中的深景。所谓的层次，就是近景和深景的转换。本来园林就小，谈不上远景，然而架设了花墙，架设了廊道，层次不是丰富了吗？景致不是一眼看到的，弯弯曲曲，不就深了吗？所以所谓的远景与近景的层次，其实指的是近景与深景的转换，而这个转换靠的是层次，这样，层次就出来了，叫作"隔而不隔，界而未界"。这就是最后一个"讲究"。这四个"讲究"是作者所要说明的苏州园林的主要特点，以及对这四个特点的分解。

师：接下来是第三个问题。你们觉得第三个问题是什么？我们在读的过程中产生过这个问题吗？就是四个"讲究"，为什么把"亭台轩榭的布局"放在第一条？这里的第一条是有重要地位的，它的地位重要在哪里？说明文安排顺序的时候，有时候从空间角度来安排，有时候从时间角度来安排，有时候从内在联系的逻辑角度来安排。那这里当然也有逻辑性。

（生思考）

师：要思考的第一个问题就是四个概念——"布局""配合""映衬""层次"，是并列关系还是总分关系，还是交叉关系？

生：递进关系。

师：层进关系？一层层递进吗？

生：从整体到局部。

师：从四个"讲究"的表述来看，应当是并列。但是，从本文实际的说明来看，恐怕不只是并列。因为第一条，这个"布局"的讲究里面所体现的审美，后面几段里有没有？

生：没有。

师：没有？到底有没有？要有自己的意见，要从下面的几段文字中读出来。第3段已经说了追求自然之趣，不讲究对称，讲究画的美术感。那么，在讲假山池沼的时候有没有涉及这个特点？

生：有。

师：哪里？

生："可以说是一项艺术而不仅是技术。"

师：这是堆叠的艺术，和前面的不对称有什么关系？

生："安排两座以上的桥梁，那就一座一个样，决不雷同。"

师：所以要前后贯通地读。光一点点说是没用的。其实第一个特点的审美和后面是一致的吧？因此，从审美观来说，对自然之美的追求也好，对艺术美的追求也好，第一个特点，一直统领到底。所以，尽管四者是并列关系，然而从审美观的角度，从总的印象的角度来说，第一个的审美观一直统领下文的三个"讲究"，如两座以上"决不雷同"，因势建造，有时候这里放些石头，有时候那里栽一点花。这是逻辑一，我们再看逻辑二。其实第一个特点主要针对的是什么？建筑，园林的建筑，进入园林，第一会关注建筑，第二关注山水，第三关注花草树木，第四才牵涉到局部。因此，一、二、三严格来说针对的是整体，而远景和近景的层次实际上是具体的、是局部的。所以严格来说，前面的三个"讲究"是一起的。至于第四个讲究，我们再看后面，应该把第四个讲究放在哪里？看第 7 段的开头，作者是怎么说的？

生："游览者必然也不会忽略另外一点……"

师：在"另外一点"下面加着重号，或者圈出来。"另外一点"是相对哪一点而言的？那么前面一点是什么？

生："决不雷同"。

师：有这一点吗？"决不雷同"这里没有，这里雷同了？

（生思考）

师：是相对于层次而言的吗？必然会注意到层次，是相对于这点而言的吗？我们要换一个角度来思考，因为前面讲了四个方面，前面讲了就整体布局而言，能够给人以这样的美感，如在画图中的这样一种享受。而后面呢？第 7、8、9 段呢？

（生思考）

师：前面讲了四个"讲究"，不会忽略另外的，也就是说，不只是从大的布局的角度来看，从小的布局的角度来看也是一样。那么，问题来了，我们现在假设关于远景和近景的层次也属于大的布局，四个"讲究"为大的布局，第7、8、9三段也都概括进去了吗？

生：我觉得概括了一部分。

师：那么还要继续概括下去。或者你再加上一个"讲究"。按照小布局图案来看，我们要思考的是，前面作者是怎样组织句子的？亭台轩榭、花草树木、远景和近景，那现在呢？是什么和什么呢？尽量往作者原来的思路上靠。

生：第7段是讲究角落的布置。

师：角落的布置。

生：第8段讲究门窗的雕刻，第9段讲究整体色彩的搭配。

师：基本没有问题，核心的词抓住了，我就说尽量地往作者原来的思路上去靠。角落当然对，局部、图案也可以，配置也可以。那么作者为什么会用第五个"讲究"呢？

（生思考）

师：我们要回到作者的说明思路上，他的说明思路是不是和"标本"有关系？从"标本"代表角度来说，它首先是一个整体的设计，在讲完整体设计的基础上，再来补充与整体设计保持一致的，具体而微的美感。因此他说了，"必然也不会忽略另外一点"，他用这个句子，将后面第7、8、9段的内容与前面第3—6段的内容连成一个层次。前面是主要的，是整体的，下面相对前面的，是具体而微的，这是作者的顶层构思。我想，这篇说明文核心要解决的问题我们已经作了探索。而后我们梳理一下，怎样来读这样一篇说明文，什么叫说明对象的特点？怎样来概括这个特点？什么是说明顺序？虽然我们没有讨论说明方法，但是很明显的说明方法有两个吧？除了举例子还有什么？

生：作比较。

师：这个很明显。好，现在完成最后一个练习，将第7、8、9段再组合起来，重组，把它转换成对具体而微的景致的介绍，写一段介绍性的话。不只是谈印象了，要有导游味道了。我们已经游览了苏州园林，看到了它的总貌，写导游词、解说词应该有几种核心的方法，也就是我刚才要求你们将第7、8、9段组合在一起来讲的"讲究"。已经分解了，没关系，现在仍旧回去，还得把这三段组合起来。至少要提出一句概括性的话。所谓概括性的话，就是从对前面总貌的介绍，转换到对具体而微的景物的介绍。

（生思考）

师：课堂上只要将概括性的话表述出来就可以了。未完成的回去完成。能组织这样一句话吗？你说说看。

生：苏州园林在每一个角落、门窗、色彩上都能够注意到图画美。

师：有点味道了，但仍然是在作者原来说明的基础上的一种说明。我要你转换成导游介绍词。所以核心内容是抓住了，然而语言形式要变化。

（生思考）

师：没关系，回去再思考。第一，尽量地用解说词这一种形式。第二，作者说了"可以说的当然不止以上这些"，那么你们想想，如果要说，还可以说什么，不要具体展开，把要点介绍出来就可以了。还有什么问题吗？没有的话今天就这样吧。好，下课！同学们再见！

生：老师再见。

（整理人：上海市南汇第三中学　夏　冰）

《纪念白求恩》课堂教学实录

执教时间：2021 年 10 月 27 日

执教学校：上海市进才中学南校

执教年级：七年级

（师生问候毕）

（板书：《纪念白求恩》）

师：我们读任何一篇课文，都要知道两件事：一、从语文学习全过程来看，我们是要学习语言的。二、从这个单元的要求来看，我们学这样一篇课文的目的是什么。现在就从单元提示里来概括我们的学习目的是什么。在语文课堂上，同学们应该在笔记本上写一下：学习这篇课文的目的。

从单元提示里我们知道，这篇课文的学习目的可以分为两大块。第一，从这个单元的主题出发，我们要学习什么？第二，从这个单元的具体的语文学习的角度来说，我们要做什么？第一个问题从内容理解、内容分析出发。第二个问题要从方法、路径上想一想。有同学可以回答吗？

生：我觉得学习这篇文章的目的是：我们要学习白求恩同志毫不利己专门利人的精神。

师：从精神角度，好。那从语文学习角度呢？从单元要求里面看，学习白求恩同志的精神，怎么来体现？我们通过这个单元的课文的学习，是为了诠释人生的意义和价值，这一段的结尾还说要感受理想的光辉和人格的力量。这篇《纪念白求恩》更多的是对白求恩品行的歌颂，这是内容上的。而具体从语文学习的方法和习惯角度来说，我们要做什么？一个叫勾画，一个是标注，勾画那些关键词句，还要通过默读或者点评，从而实现对人生意义和价值、对品德和理想的光辉、对人格力量的认识。

回到《纪念白求恩》。我们读这样一篇文章，首先要知道或者感受到作者写这篇文章的目的是什么。我们在六年级曾经学过一篇《为人民服务》，我们给它改个标题，如同这篇《纪念白求恩》一样，可以改为《悼念张思德同志》或《纪念张思德同志》。因此，我们该关注"纪念"在文中的意思是什么。请大家回答："纪念"在这篇文章中具体的意思是什么？

纪念，首先一定是怀念，对不对？是对已故的人的一种怀念。但是写《纪念白求恩》的目的，仅仅是表示对白求恩大夫的怀念吗？

生：学习他毫无自私自利之心的精神。

生：歌颂他的精神。

师：还有吗？第一，表示怀念；第二，同学刚才说是歌颂他的精神，歌颂白求恩身上所体现出的精神或者理想；第三呢？

同学们暂时想不到不要紧，但是先在笔记本上写下来。我们推敲这个标题的目的跟我们读全文的目的是一致的。接下来要完成的一个任务是：如果要你写一段介绍白求恩同志的文字，你写什么？在笔记本上写下来。写什么？写的第一部分内容，如同刚才上课之前所读的注释①，是具体介绍白求恩同志是怎样的一个人，他的国籍、身份、地位等等。这个现在不用写，注释上有，但真的让你写介绍，注释上的内容要有选择地写。但是要介绍他光写这些不够，还要写对他的评价。第一部分是他的事迹，第二部分是对他的评价。这个评价应该是公认的。那么，怎么来评价？那就要把课文当中作者对白求恩同志的精神、品格是怎么评价、怎么表述的这部分内容圈画出来。课文里面讲白求恩同志的精神，用了哪些语言？画一画，看看里面出现了哪些精神？同学们说说看。

生：出现了四次。第一次在第 1 段第四行，"这是国际主义的精神，这是共产主义的精神"。

师：好，这是第一次出现。第二次呢？

生：第二次在第 2 段第一行，"白求恩同志毫不利己专门利人的精神"。

师：好。毫不利己专门利人的精神。第三呢？

生：在第 2 段的倒数第一行，"这种真正共产主义者的精神"。

师：真正共产主义者的精神。还有吗？

生：在第 4 段第三行，"我们大家要学习他毫无自私自利之心的精神"。

师：好。毫无自私自利之心的精神。我们权且定这四个精神。但是只把它们画出来、写出来没有用，这四处精神相互之间是什么关系？如果我们说纪念白求恩的核心是学习他的精神，那么多的精神里最核心的精神是什么？我们从文章所表述出来的精神概念来看：（1）国际主义的、共产主义的。（2）毫不利己专门利人的。（3）共产主义者的。（4）毫无自私自利之心的。我们来排排序，从纪念角度来说，哪个是核心要点？也就是说我们读了《纪念白求恩》之后，我们要学习白求恩同志身上所体现的精神，从这四个概念出发，最核心的也就是跟他写这篇文章的目的相一致的，首先是什么，或最关键的是什么。我就暂且把四种精神分为 A、B、C、D。哪个放到第一位？哪个来统领？大家在笔记本上排排顺序，排好了告诉我。

生：我觉得应该是 A、C、B、D。

师：大家同意吗？

生：同意。

师：如果给他评分的话，总分是 4 分，他得 3 分。想想看为什么？要联系课文看，我们纪念白求恩，是要学习他的精神。为什么要学习他的精神？第 4 段在整篇文章当中到底起什么作用？它和第 1、第 2、第 3 段的不同点在哪里？

第4段尽管在讲"我"和白求恩的交往，但最后落实到我们大家纪念他，可见他的精神感人之深，而后我们应该怎么来学习他。同学们想想看，第4段最后"从这点出发，就可以变为大有利于人民的人"，可以成为"一个高尚的人，一个纯粹的人，一个脱离了低级趣味的人，一个有益于人民的人"。这是不是我们纪念的目的？不只是为了怀念和歌颂他的精神品格，更是要把他的精神品格转化为我们每个中国共产党党员的行为。于是，毫无自私自利之心也好，毫不利己专门利人也好，毫无利己的动机也好，国际主义、共产主义也好，这些都源于白求恩同志是一个（　　　）的人，同学们来填填空。

生：毫无自私自利之心的人。

师：是一个真正的共产主义者。是不是？真正的共产主义者他的理想追求，他的理想的光辉，让我们感受到的是他的国际主义、共产主义，这是把殖民地半殖民地人民的解放事业当作自己事业的人。真正的共产主义者：一、他身上所体现的是国际主义。二、他的工作和生活是毫不利己专门利人的、毫无自私自利之心的。这些更多的还是从"纪念"这个词出发，我们将这里表述的各种精神组合起来看，我们要学习白求恩什么？就是他作为一个共产主义者身上所体现的精神及其具体表现。在这样的精神之下，有了共产主义、国际主义精神，有了毫不利己专门利人的精神，是不是这样的一种关系？

如果还不明白，我们再来看看第2段。如果只是在歌颂他的精神的话，第2段写到"从前线回来的人……晋察冀边区的军民，凡亲身受过白求恩医生的治疗和亲眼看过白求恩医生的工作的……"就可以了，但作者在当中加了许许多多不是白求恩身上所体现的品格的文字，同学们把这些文字加个括号，我们来想想看，这些文字对于《纪念白求恩》这篇文章或者写这篇文章的目的来说，作用是什么？把这些文字删掉，从纪念白求恩的角度来说也完全可以成立，作者为什么还要写有的人"对工作不负责任，拈轻怕重，把重担子推给人家"等等这些话？

生：作者用白求恩同志的表现和某些同志的表现作对比，让某些同志向白求恩同志学习。

师：对比的目的是什么？我们一般讲对比，是两个事物、两种表现放在一起，目的是什么？

生：对比的目的是，体现出白求恩同志比不少的人对工作的态度更认真、上进。

师：是为了突出白求恩同志身上所体现的毫不利己专门利人的精神。后面的其他同学也是想表达同样的意思吧？

生：是的。

师：一般来说是正确的。用另外一个事物跟他所要表述的中心作比较当然是为了突出他要表述的。但是通过最后一段表述来看，是不是仅仅为了突出白求恩同志的精神？请大家注意第 4 段中的句子"从这点出发，就可以变为大有利于人民的人"。我要求大家在这里加一点东西：就可以从一个（　　　　）的人变为大有利于人民的人。

大家写写看，不一定要写完整，但一定要有思考。比如"拈轻怕重"是怎样的人？"先替自己打算"是怎样的人？"出了一点力就觉得了不起"是怎样的人？"对同志对人民不是满腔热忱，而是冷冷清清，漠不关心，麻木不仁"是怎样的人？我们可以从这些方面提炼和概括。

"从这点出发，就可以从一个（　　　　），变成大有利于人民的人。"请同学们说说看。

生：从这点出发，就可以从一个不算纯粹的共产党员的人变成大有利于人民的人。

师：好的。不算纯粹共产党员的人，从前面的种种表现来说，哪几种表现说明他不纯粹？纯粹的反义词是什么？纯粹，是没有杂质的。充满着杂念和私心的就是不纯粹的。那么我们来看，前面所列举的种种表现，都是充满私心的，对同志麻木不仁、漠不关心的，那是缺乏应有的道德的。我们要从前面的表述中找到相关的内容，来完成这样的填空。

我们读这篇文章，需要在这些关键词句下面做出标识，做出记号，我们还要有从语文学习的一般角度来说的语言的敏感性，相关词句也应该圈画一下。比如第 1 段讲"我们要和一切资本主义国家的无产阶级联合起来"，接下来又说"要和日本的、英国的、美国的、德国的、意大利的以及一切资本主义国家的无产阶级联合起来"，前一句和后一句是一个意思，为什么要变成两个句子来说？这是我们一般学习语文要关注的。又比如第 2 段"没有一个不佩服，没有一个不为他的精神所感动"这个句子跟后面"无不为之感动"的意思是一样的，为什么这里不再重复前面的句子？这固然是我们阅读过程当中对语言的敏感性的体现，其实也是跟写《纪念白求恩》的目的紧密相关的。于是我们知道，除了要学习白求恩这种精神之外，还有一个目的就是要改正我们有些同志身上的缺点，纠正曾经发生过的错误。纪念白求恩是要突出他的品格，更是要让他成为我们每个人的行为准则，成为一种道德标准。因此，我们从对现在的中国共产党党员的要求来说，前面四种精神就是突出的需要共产党员做到的，这就是不忘初心。中国共产党的初心就是解放全中国，就是品行上或人格上的，对工作怎么样，对人民怎么样。

今天课后，第一件事，就是把作者写《纪念白求恩》这篇文章的目的再写一写。课上我们讲过了，第一是怀念，第二是什么？第三是什么？为什么认为第三成立？这是梳理一。梳理二：第 1 段、第 2 段、第 3 段、第 4 段构成怎样的内在联系？所谓内在联系，首先是明确每一段的侧重点，而后看这些侧重点本身是怎样一种关系，尤其是第 2 段和第 3 段。第 2 段讲毫不利己专门利人，以及表现在工作上的对同志、对人民的态度。第 3 段看起来是讲对技术的精益求精，那和第 2 段是什么关系？是并列关系还是什么关系？第 4 段是讲我们为什么要纪念白求恩，希望通过纪念白求恩达到一个什么目的。请同学们梳理这四段之间的关系。

第二件事，将文章最后一段的五个概念做一个梳理，"高尚的人""纯粹的人""有道德的人""脱离了低级趣味的人""有益于人民的人"，梳理和理解这五个概念，思考这五个概念又构成了怎样的关系？比如，最终要成为"一个有益于人民的人"，那么，要作为一个有益于人民的人，他应该怎样？而后对其中的某一概念，"高尚""纯粹""有道德""脱离了低级趣味"，在这四个概念中任找一个做阐释（阐释就是解释）。解释什么？——怎样的人才能算是纯粹的人？要正反阐释：怎样的人就不是一个怎样的人，而是一个怎样的人。最好运用课文当中那样的表述来阐释，你可以正面谈，比如白求恩，也可以反面谈，比如有的同志。一个纯粹的人就不会是怎样的人，而应该是怎样的人。同学们会做了吗？

生：会做了。

师：好，今天我们学习这篇课文，知道这类文章我们应该怎么来读，我们要勾画、要标注，应该在哪些地方勾画、哪些地方标注，尤其是标注所找到的这些内容之间的逻辑关系。同学们还有没有什么问题？或者还有什么不明白的？

生：没有了。

师：假如我以后还有机会再和大家交流的话（我们要强调的是交流），你们不要光听我的，要有自己的思考。根据我们前面的提示，依据自己阅读过程当中产生的问题，来梳理，好吗？

生：好的。

师：下课。

（整理者：上海市进才中学南校　崔婵娟）

《好的故事》课堂教学实录

执教时间： 2022 年 3 月 3 日

执教地点： 上海市青浦区第一中学

执教年级： 六年级

（师生问候毕）

师：大家看过课文了吗？在看的过程当中有什么问题？有就有，没有就没有，或者是曾经有，现在没了也可以。有吗？没有。如果说没有，那么我倒要问大家一个问题。课文题目叫"好的故事"，这是一个怎样的故事？当要回答怎样的故事的时候，你要告诉我的是什么？课文题目叫"好的故事"，是怎样的一个好故事？好在哪里？好，你说说看。

生：我觉得这是一个美丽、幽雅又有趣的故事。

师：美丽、幽雅、有趣，你只是说了读后的感觉，你没告诉我故事是什么。是什么故事？你说。

生：我觉得这个故事描写的是鲁迅的一个梦境，在梦里他看到了他在小船上，他看到湖面反射出来的美好的景物，所以这是一个好的故事。

师：更多的是由美妙的景物所构成的特殊的故事，是吧？我们既然要读它，恐怕也要把它表述得更具体。所谓的"好的故事"到底指什么？那么要探讨这个问题，我们先要探讨另一个问题：他是在什么情境下看见这个好的故事的?

用练习本写。第一个问题:"这个好的故事是在_____的情境中看见的。"(板书)要你填的是这个内容。

要写,不是说。请大家注意,这是一首散文诗,但我们不要用散文诗的形式,而要用一些普普通通的、平实的、叙述性的语言,把课文的第1、2两段组合起来,可以说是什么时候,也可以说是在什么情境中看见的。完成啦? 你说说看。

生: 我认为这个故事是在一个夜晚,鲁迅在读《初学记》睡着时梦到的。

师: 这里的"我"未必一定就是鲁迅,如果是诗,那么就有诗的主人公,如果是小说,就有小说的主人公,是吧? "我",在一个昏沉的夜里,还不够,还得补充,是一个具体的什么情境。请坐,没关系。

生: 我看到第2段的这一句,"我闭了眼睛,向后一仰,靠在椅背上"。

师: 好的,意思到了,但是我要求的是概括,是吧? 刚才他讲得很好,是一个昏沉的夜。还有什么特点? 在昏暗的灯火中看书看得倦了,昏昏欲睡时看见的,是这样吧? 我们要把它补充完整,对于所概括的内容,要依据文本内容相对全面又概括地把它表述出来。是什么时间,什么地方,什么情境下,是不是应该有这样的一种表述? 这条线留着,现在没完成,回去还得完成。

好,接下来我们要来讨论第二个问题。第二个问题接着第一个问题,但是我不是用前一种形式来要求大家的。我要求大家将问题变成:"这是一个( )( )( )的故事。"括号里面要大家填的是怎么样的、怎么样的、怎么样的好的故事。同学们先尝试着写一两个,然后想想看应该按照怎样的思路来写。不一定都写出来,有一个、两个都可以。现在不追求完整,只要写的是正确的,就算对,后面再慢慢地使它完整起来。

生: 这是一个美丽、幽雅、有趣的故事。

师：可以的。这是一个美丽、幽雅、有趣的故事。好的，你说。

生：我认为这是有许多许多美的人、美的事的故事。

师：许多美的人、美的事的故事。好的，你说。

生：我觉得这是一个混沌、无限的故事。

师：混沌、无限的，蛮好。"混沌"的依据在哪里？

生："混沌"是因为事物一会儿出现一会儿消失，然后它还非常的……

师：一会儿出现，一会儿消失，能够叫混沌吗？

生：它们多交叉在一起。

师：交叉的那个叫混沌吗？有交叉的，有重叠的，有分散的，是不是混沌？不是。朦朦胧胧的，迷迷糊糊的，分不清彼此的，这叫混沌吗？你读读第8段，混沌吗？第8段你读读看。

生：（摇头）"现在我所见的故事清楚起来了，美丽，幽雅，有趣，而且分明。青天上面，有无数美的人和美的事，我一一看见，一一知道。"

师：第8段，混沌吗？

生：那它为什么里面……

师：这个你应该作为问题，不是作为答案，是吧？刚才提问的时候你就应该提出来，是吧？为什么里面的许多事、人、景都是交织在一起的，甚至是没有逻辑的，是不是？

生：嗯。

师：好的，这是所谓的问题，这个问题是需要解决的。在第8段里读到的故事是清晰的、美丽的、幽雅的、有趣的，有着许多美的人、美的事的。你刚才另外一个词是对的，无限的，第4段，"以至于无穷"，是不是没有边际的？所以叫"以至于无穷"的。是的，然而这个还是感觉式的，而不是故事内容本身，是吧？真正的故事内容本身应该到哪几段里去找？先不要寻找要填在括号里面的东西，括号里的东西我们总要给它填上去的，不急于马上就全部填出来。但是要知道这个答案大体在哪里。前面只是

"我"的一种感受。当然你说是这样的好的故事也可以。但总还有一些具体内容，比如发生在哪里。我们要讲一个故事总有发生的地点，有相关的人物，相关的事件。你说。

生：我认为这是发生在他的梦境中的一个好的故事。

师：当然是梦境，梦境里面的好的故事发生的地点在哪里？

生：是在山阴道那块。

师：在山阴道吗？我刚才这个问题的答案应该到哪里去找？是到第 5 段找吗？是发生在山阴道上的故事吗？同意吧，全体通过啦？你先请坐，不着急，再看看。

生：我认为这里说的山阴道不是指它就是那个具体的山阴道，可能是指这个地方跟山阴道一样美好、美丽。

师：她认为这个故事未必是发生在山阴道上的，是吧？于是，你这个山阴道也是一个问题，也留着，等会儿还是要讨论。一个问题是：如此错综的、交叉的、看似无序的故事，为什么把它称为好的故事？一个是：为什么明明写了山阴道，但是故事似乎又未必是在山阴道上发生的？这两个问题也是要解决的。我们来讨论这是一个怎样的故事，这个故事的内容主要到哪几段里去找。你说。

生：可以在第 7 段里找。

师：第 7 段？在第 7 段的确可以找到的。但是仅仅是在第 7 段吗？

（生无法回答）

师：没事的，请坐。你说。

生：不仅在第 7 段可以找到，在第 8 段也可以找到。

师：第 8 段，有那么一点意思，对吧？我们看看主要应该是在哪里找，还有不同意见吗？

生：我觉得应该是在第 5—8 段里面去找。因为第 5 段、第 7 段、第 8 段差不多都是在写鲁迅在梦境中，坐着小船，路过山阴道看到的东西。

所以我认为是第 5—8 段。

师：第 5—8 段。现在有不同意见了：第 7 段、第 7—8 段；第 5—8 段。我们先不急于求得答案。我们先来看看第 5 段说的是什么？第 5 段说的是在朦胧中看见的这个好的故事吗？你说。

生：我在第 5 段的第一句找到了，"我仿佛记得坐小船经过山阴道"。后面我觉得应该是在描写他当时经过山阴道时看到的景物，但是这是他在梦境中看到的。

师：好，请坐。同意吗？不仅是讲作者曾经经过的，"凡是我所经过的河，都是如此"，是吧？而这个是梦境吗？是曾经的经历，也不能说是现实，是吧？是曾经有过的经历，而这个曾经有过的经历是被这个梦唤醒的，是不是？至于为什么在第 5 段倒上去不写梦境，而写曾经的事实，这是另外要思考的。因此，我们要讲梦境，恐怕第 5 段先要放一放，主要应该在第 6、第 7 段，也带上一点第 8 段，是吧？因为它是那里有，好多好多的，有无数的好的人、好的故事，能使自己一一看见、一一知道的那些好的故事。于是我们知道了第一个括号里面要填的地点。这故事发生在哪里？

生：发生在河边枯柳树旁。

师：河边枯柳树旁，或者叫小河的水面上，倒映的两岸的一切美好的生活情境中。是不是？因此这个故事里面的好的人、好的事指什么？你说。

生：我觉得应该是河中显示出的倒映的一切。

师：倒映的一切，比如——

生：比如"大红花和斑红花"，"茅屋，狗，塔，村女，云"，等等。

师：河里所倒映出的那一切人、一切事、一切物、一切景组合而成的特定的生活情境和生活中的种种的趣味，就是所谓的有趣，是吧？第 6—8 段当中，首先你要告诉我这是在哪里，水中倒映出的，是吧？而后这有着怎样的人、怎样的事、怎样的物、怎样的景，应该这么来表述吧？这是一个有着怎样的美好的事物的这样的一个故事。这个括号里的，是这样吧？当然你不一定要把它组合成这么一个复杂的单句，可以把它转换成几个短句，就是：这是一个发生在哪里的故事，这是一个有着怎样的景物的故事，有着怎样的人的故事。这也可以，不要加那么多括号，一句一句地表述，而后我们将其组合起来。

那么现在要解决刚才这名同学的问题了：既然是写梦境，梦境中所看到的水中的种种倒影，以及这些倒影所组合成的一个特定的生活的情境，那么为什么要写第 5 段？第 5 段不写也完全可以了，是吧？你说。

生：因为他的梦境和他记忆当中的很像。

师：梦境和记忆当中的很相似，梦的由来是基于他的生活的。他将现实的或者事实的与梦境的、朦胧的，实的、虚的组合在一起。因此，这个好的故事不是无端地生出来的，而是唤醒了自己曾经的记忆的，而这个记忆是他对故乡的记忆吧，山阴道就是绍兴的。有着故乡的记忆的，带着故乡的情感的，当然也带着故乡的曾经的美好的，在这样一个情境下而生发出的这样一个梦境。

那么接下来就是刚才那个同学的问题了：他写曾经的经历也好，写梦境也好，种种事物似乎都是交杂的、重叠的、无序的，是吧？在山阴道上看到的乌桕、新禾、野花、鸡、狗，还有丛树、枯树、茅屋、塔、伽蓝、农夫和村妇、村女、晒着的衣裳、和尚、蓑笠、天、云、竹，似乎是无序的、没有分类的。如果分类，我们分分看，跟茅屋有关的，有鸡，有狗，有晾出的衣裳，有农夫、村妇、村女，这些是一类，是吧？树，乌桕、丛树、竹又是一类是吧？但是它们的排列是无序的，梦境当中也一样，这个组合也是无序的。先是狗，然后是白云，然后是村女，再往后又不一样，先是茅屋，然后是塔……排列都是无序的。所以他感到有点混沌了，模糊了。看起来是这样的，是交错的、重叠的、无序的，然而读来呢，却是有味的，为什么？他故意不精心地去组织，故意这样看似很随意地写到哪里算哪里，为什么？这个问题需要思考，你说说看。

生：我觉得可能是因为这当时是一个梦境。当时做梦，醒来之后是很难回忆起所有事物的。醒来后很难再清楚地按照梦境记忆这些事物的顺序，所以他只能这样按照自己的回忆去写下这些事物。

师：按照他回忆的思路是吧？好的，那么现实生活当中他曾经过的呢？他应该有序地组合咯？

生：因为现实当中的其他是仿佛记得的，是记忆中的，所以是有点模糊的。

师：或者是对曾经的生活的忘却，或者是对朦胧的梦境的不清醒而造成的特定的交叉重叠，是吧？有一点道理，然而只是一点道理。我们要想一想，这样的随意，所构成的就是生活本身，是不是？你说。

生：我觉得他这样写就是为了突出乡村生活的自由自在。

师：是的。随意的，自然的，适切的，无需精心雕琢的，那就是生活的原貌，是吧？这就叫好的人、好的事、好的景、好的物。看似无序，背后隐含着对生活的那种感受。

那么接下来，围绕着刚才这个点的衍生，我们再做道题。第三题：为什么这些好的人、好的事、好的景、好的物都是倒映在河水中，而不是在两岸的实际的生活中，比如村子里、茅屋前、丛树下？为什么一切都在水里？连同曾经的，山阴道上见到的也都是在水里的？

生：我觉得可能是因为像映在水里，更在作者的记忆里。可能和作者的记忆模糊、梦境的朦胧有关，在水里的会有一点差池，颜色等都会有荡漾。

师：是在他的记忆里。大家再想想看，这个要完成的第三题：他把这些都倒映在水中，是因为什么？作者借此想要表达什么？他只是表达一个印象、一种记忆、一种梦境吗？是因为作者要通过这样的描写来表达什么？你说说看。

生：我认为作者把他所有的回忆，不管是现实还是梦境，都比作在水里，是想让这样美好的故事在现实的生活中真实存在，表达了作者对这种美好生活的追求。

师：有对美好生活的追求。那么美好生活，我刚才说了，让它在岸上发生也一样，茅屋里的缕缕炊烟，丛树下的窃窃私语，狗啊鸡啊互相追逐，不是也充满生活情趣吗？然而偏偏让这一切都倒映在水中，而不在真正的茅屋前、茅屋中、丛树下。

生：我觉得这里反映了作者他记得那些茅屋，然后按顺序真实地写出来，但这些都已是过去、曾经、梦境了。

师：有那么一点意思，他曾经经过，然而那毕竟是过去，是吧？在昏暗、昏沉的黑夜中生活的"我"以及"我"的四境，都感受不到曾经如此真实的美的人、美的事、美的景、美的物。那些虽是曾经的真实，然而从今天来看，又不免带上一点虚幻，尽管看作水里的倒影时，一一看见，一一知道，然而那毕竟是梦境。因为这一切或是曾经有的，或是只在梦境中的，而在今天的现实生活中全然不存在，所以这个朦胧中看见的好的故事，虽然似乎真实，虽然一一看见，一直到清楚起来了，但是，它毕竟是梦境，是这样吧？到这里，好像对好的故事大体可以了解了。

当然，由这个好的故事我们还可以生发出许多的想象，将那么多的人、事、物组合在一起，一定有如同我们平时读故事那样的，构成的故事，只是未能持久，"我"正要凝视它们时，骤然一惊，梦醒了。

于是，第四个大家要回答的问题：当好的故事这个美丽的梦破碎消散时，"我"的心情是怎样的？还是要想一想，不仅要写出答案，而且要找到依据。

生：第11段第一句写道："我真爱这一篇好的故事，趁碎影还在，我要追回他，完成他，留下他。"从"追回他，完成他，留下他"这三句用了排比，我体会到了作者对这个好的故事的留恋之情。

师：心情——留恋。蛮好，有依据。但只是留恋吗？

生：也是在第 11 段，"何尝有一丝碎影，只见昏暗的灯光"，从这里可以看出当时梦境消散作者是很失望的，因为他在梦里梦见的都是一些好的事情，但是现实中可能并不如梦境中一般美好，所以是失望的。

师：对梦境的破坏的一种失望，也找到了依据。一定还有，有留恋或者叫依恋，有失望、失落、怅然，还有那么一点遗憾，是吧？概括心情是容易的，关键是怎么读出这样的心情，为什么会有这样的心情？这个大概就是我们要思考的。

今天我们这个课时大概就讨论到这里了，但是大家对这篇文章的阅读没有结束。回去要做的：

第一，今天没有完成的，回去尽量地完成，可以吗？

第二，结尾"在昏沉的夜"，这样的表述实际上是在照应第 1 段"是昏沉的夜"，运用这样呼应的手法，从作者写作来说它的价值意义在哪里？或者叫表达效果是什么？为什么用这样的一种呼应的形式？也就是换一个角度思考这个"昏沉的夜"在文中到底有怎样的表达的作用和特定的效果。

第三，两个题目里面选一个。第一个，从第 5、6、7、8 段中去思考"倒映在水面上的绚丽多彩的生活情境"，副标题是"我读《好的故事》"，我不是要大家把课文当中的那些优美的、精彩的词句重叠起来，告诉我怎么美好，不是的，是要思考在写这些美好的、绚丽的生活情境的背后，作者有着怎样的情感？第二个，请大家考虑好的故事跟昏沉的夜，昏暗的灯光所形成的强烈的反差，而让我们感受到的艺术的感染力。写多少字无所谓，把我们感受到的与课文后面练习二中有人对这散文诗的评价组合在一起，来表述表述看。这两道里面选一道。还有什么问题？

那这节课就这样吧。下课，同学们再见。

（整理者：上海市华新中学　刘佳莹）

作文指导课课堂教学实录

执教时间：2014 年 3 月 4 日

执教学校：上海市奉贤区弘文学校

执教年级：九年级

（师生问候毕）

师：我们今天一起来探讨"写作"。先看看你们觉得有什么难以解决的问题，周围同学一起讨论讨论。

生：材料、立意。

生：语言。

生：题材，怎样才能写出吸引老师的文章。

生：作文的结构。

生：怎么深化主题。

生：作文怎样写得详略得当。

生：开头如何抓住读者。

生：作文的中心怎么和内容挂钩。

生：在作文中如何点题。

生：材料语言怎么用。

生：怎么使用描写。

生：如何分段。

生：中心怎么写。

（教师把学生的问题一一板书在黑板上）

师：没有了吗？把刚才说的问题归结一下，按照语文要素来说，可以归为哪几个方面？

一是材料，二是语言，三是结构。

从目前的写作来看，看到材料，最大的问题就是：我该写什么？我们先来看一个题目《因为有你》。这个题目和我们的生活是比较接近的。从选材的范围来看，一般包含哪些方面？

中考关于作文有几点是明确的，无论题目怎么变，每年的命题思路怎么变，但是有一些不变的东西，知道吗？有哪些东西是不变的？第一个不变，写作的范围基本是不变的，包含哪些？我们叫"3+1"。"3"是哪3个范围？

生：学校、家庭、社会。

师："+1"加上什么？

生：个人。

师：既然这个范围是不变的，那么我们要做的是调动已有的经历，是不是？比如《因为有你》，像这样一个题目，我们脑中闪现的首先是什么？（师自答）"你"是谁？

而这个"你"，与"3"都有关系，都可以写。可以是：学校中的某人，比如我们这里写的老师；家庭中的某人，比如这里写的父亲、母亲；社会上的某人，这里没有写，但是我们从外面的很多文章里面都看到过，比如我们去坐公交、坐地铁，会遇见无数的"你"。这些"你"是实指的。还有没有虚指的？"你"也可以不指某个人，而指某个物。比如有同学写的是一张国画的证书。

那么，第一个我们想到的是这个"你"是谁？第二个想到的是除了这个"你"之外，因为有"你""我"变得怎么样了？这里还有一个"我"是吧？我们现在要做的，就是调动已有的积累。大家想想看，在我们初中的四年里面，有哪些人是值得"我"留在记忆里的？哪些事是令"我"印象深刻的？

第二个不变，我们是以写记叙文为主的。尽管现在的中考没有明确说一定要写记叙文，但从这么多年来的命题来看，它有一个基本导向。我们随便举几个例子：《在学海中游泳》《悄悄地提醒》《黑板上的记忆》《今天我想说说心里话》等等。中考没有说一定要写记叙文，但是，题目的基本导向是以写记叙文为主的。

那也许有同学说，我写议论文可以吗？我写说明文可以吗？可以。但是你有没有自信能写好？你写议论文、说明文，那老师就要按议论文的要求、说明文的要求来批改。还有我们整个初中阶段的写作，是不是以写记叙文为主？既然这样，我们就要调动已有的积累。

在调动积累的过程当中，如果我们对所经历的事情做个分类的话，无非两类，一类是平常的，一类是特殊的。"我"意外受伤，是特殊的事情；而"我"平时的考试、班级里的某一次活动、"我"上课、晚上父母对"我"的关怀等等，都是平常的事情。我们在调动积累的时候，首先要考虑的是平常事，特殊事毕竟是少数，是偶然发生的，不是不可以写，但是先要去回顾、梳理那些看似平常的，似乎是每天都会发生的事。因为我们现在距离中考也只有三个月，这三个月的时间，从写作角度来说，我们要做的第一项工作就是调动我们的一些经验。比如《那一刻》，可以是那一天、那一分，关键是我们能不能调动已有积累当中那些还能回忆得起来的事。比如《一场未完的争论》，从六到九年级有没有过争论？与同学的，与老师的，与父母的，或者是与其他人的，有没有？我们现在先调动一下积累，回忆回忆，在你的作文本上写写看，你有过哪一次争论？是哪一天或者哪一段时间发生的？在哪里跟谁争论什么？

（学生写作，教师相机指导）

师：我的目的是看看同学们能不能及时地调动积累。暂时不说什么时间、什么地点，先思考这个问题：争论什么。接下来思考：我为什么要写出这次争论，我写这场争论的目的是什么，我想表达什么。

（生继续写作）

师：我们请一两名同学来说说，主要是一起来讨论。有谁愿意讲述一下？

师：是什么事？

生：争论要不要吃早餐里的鸡腿。

师：目的是什么？

生：早餐里有只苍蝇，同学怕我吃了生病，体现了同学对我的关心。

师：你写了什么事？

生：学习压力大，父母就希望我放弃一些娱乐活动，但我不同意他们的观点，目的是表达自己的观点：虽然学习很重要，但还是要坚持自己的爱好，全面发展。

师：突出一个人的成长需要全面发展，是要说明这样一个道理。你来。

生：我文章里写的事就是初三发生的。争论的是是保守一点留在本区读高中，还是拼搏一下飞向上海市区的高中。我想突出的是，既然我们的未来还不确定，就还有无限拼搏的勇气去争取光明的未来。

（教师把学生的材料一一板书在黑板上，接下来开始说立意）

师：为什么要写这件事情，这个实际上是不是跟立意相关？什么叫立意？立意是你对这件事情的认识的程度。现在我们的写作当中，通常有两种情况。

第一种情况，我们喜欢说一些人人都明白的、人人都会说的大道理：要勇敢，要坚定，要拼搏，要有爱心……当然我没说不可以，但是我们容易谈得过于抽象，比如对于爱心，也许我们没有那么深的体会，却不得不把爱心放到一个很高的位置，那么只能借助想象了。

第二种情况，我们降低了思想认识水平，有些东西是无需考虑的，我们却反复写在正文里面。举几个多年之前的例子。

比如有一篇文章叫《考卷发下来了》。考卷发下来，"我"一看，蛮好，99 分，看看旁边的同学，96 分，他平时的成绩都比"我"高，"我"这次比他高。老师开始讲评，"我"发现有道题目老师批错了，于是思想斗争半天：要不要去跟老师说明？说明了"我"要被扣掉 4 分，不是比同学的低了吗？但是不说明良心上就过不去。那么"我"该不该去说？斗争来斗争去。"我"正斗争时，旁边那个同学拿着卷子上去，说：老师这道题您改错了。

另外一种就更常见了。看到一个年纪比较大的、穿得比较破烂的人，跌倒在地上，"我"赶快思考：雨天去扶他，"我"身上会弄脏，要不要去？不去的话他是外地人模样，我是上海人，应有的气度没有了……斗争来斗争去，脚还没跨出去，别人把他扶起来了。

这些都是在降低自己的思想认识水平，因为这些是无需斗争的。作为初三的学生，这些是常识问题，从我们最根本的内在品性来说，无需斗争，甚至是幼儿园的、小学的学生都知道该怎么做。在这种情况下，你斗争得越激烈，说明你的思想认识水平越低，那么这个分当然也就越低。

在我们写作当中常常出现的这两种状况，从立意的角度来说，都是不算高的，一个是虚浮，一个是低下。我们要表现的是我们初三的学生应有的思想跟需求，是不是？

那么我们来看，像这些情况（指黑板上学生说的材料），也许在现实生活当中出现过，但有些因为是未完的成功，是无需争论的，是不是？像这个（指关于早餐的争论）一句话就说清楚了，尽管它最后要突出的是同学对"我"的关心，但用了一种简单的"阴阳"手法：你干什么扔掉"我"的早餐？是"阴"。原来早餐里面有苍蝇了，是"阳"。写这种争论意义不大，所以说我们要提升我们这一代人的基本的思想认识水平。

再看这则材料（指关于全心学习与坚持爱好的争论），这样的立意很好，但是你最后落脚到每个人都应该全面发展，而不能只顾应试，倒不如从"我"的爱好，以及兴趣爱好对"我"的成长的意义这个角度来思考，也许就比提出人应该全面发展（这个道理是人人知道的）更有意义。

至于"到底进哪个高中好"这则材料，相对好一点，但是不能光谈拼搏，怎么从自身出发，怎么有自己的追求，从这样一个角度来思考，也许会更好。

我们再回过头来看这个题目《因为有你》。比如有同学写了几件事情：第一件事，晚自修大家比较闹，老师一进来，大家都静下来了；第二件事，老师到"我"面前，看了看"我"的作业，"我"把头低下去了，以为老师要批评"我"，没想到老师不仅没有批评"我"，而且弯下腰来给"我"指点；第三件事，考试的时候，"我"心里很紧张，老师到"我"这里拍了拍"我"，鼓励"我"应该有自信，一定能够做完的；第四件事，结果"我"得了95分。通过这四件事，表达的意图是很明确的：这个老师是何等关心"我"，老师让"我"建立了自信，提高了分数，解决"我"不能解决的问题。这个目的是很明确的。但是就这些事情能够达到目的吗？一次指点、一次鼓励，"我"马上从原来的75分变成95分。通过这样子的表达，能够表达出所想表达的思想吗？"我"为什么要写？到底怎么来表现我们初三的学生应有的思想认识水平？它跟我们选择什么材料，跟我们对材料进行怎样的一种表述，有着密切的联系。

通过上面的交流，我们总结一下。我想第一步是我们要调动已有积累，从学校的、家庭的、社会的、个人成长的几个方面，去调动已有的生活积累。第二步要做的是，对梳理出来、回忆出来的这些事情要重新思考：我对这件事，我对这个人现在的认识是什么？

针对第二步，下面是我建议大家做的第二项工作。刚才说中考是以记叙文为主是对的，但是我们现在还有三个月的时间，三个月的时间里面不妨稍稍写一些议论类的文字：对于我选定的这件事情的意义，这件事情对我的影响，这件事情对我认识的提高，它到底起到什么作用。尽管我们现在主要不是写议论文，但是我们要尝试着对自己提炼出来的这些事情发表一点见解，大家明白吧？关于材料先讨论到这里。

接下来说一下中间段落的几个问题。

比如以《因为有你》为题的两篇作文。第一篇第 2 段，"因为有你，我具有了坚强的毅力"；第 3 段，"因为有你，我沐浴了浓厚的母爱"；第 4 段，"因为有你，我懂得了感恩的内涵"。另一篇，"因为有你，我开始变得勇敢""因为有你，我开始变得自信""因为有你，我开始变得冷静""因为你我不再……"。

刚才我读的是两篇作文中间的总领性句子，有的是在段落开头，有的是在结尾。有多个总领性句子的，我们把这个叫作横式结构。它组合的材料之间当然有关系，但是从这样的表述来看，我们可以知道它材料的安排，一般来说，当以平均用力为主。而且这里面有个问题，它一般来说没有一件具体的事情，或者没有完整地写出一件具体的事情。在没有办法的前提之下这么写不是不可以，它有一个好处：不需要那么具体的材料，只要"半写"就可以了。当找不到合适的材料的时候，可以这么表述，但如果让我来打分，恐怕不会给太高的分数。所以我们接下来要讨论的问题是，从选材角度来说，是写一件事，还是几件事？按照你们平时的经验，是写一件事为主，还是写几件事为主？

生：一件事。

师：你再想想看，你觉得是写一件事难，还是写几件事难？

生：一件事。

师：的确如此，因为你要写好一件事，那么这件事对你来说印象至少是比较深刻的，是不是？而且你要把这件事表述出来，你要写出全过程，那么就要有事情的发生发展、事情发生发展过程当中的矛盾、材料的详略安排、矛盾解决的方法途径、矛盾解决的意义，是不是？

因此，接下来是大家要做的第三项工作。我们现在还有三个月的时间，每个人先努力写好一件事。请你就刚才所调动的这些方面的材料，选其中一件写出完整的过程。实施时，你要知道这个事情是什么事，什么情况下发生的，在发生过程当中矛盾点是什么，矛盾是怎么解决的，它的意义在哪里，我们回去可以试一下。

接下来我们讲"几件事"。七年级第二学期的课文《你一定会听见的》，就是"几件事"——你听过这个吗？听过那个吗？如果你没听过这个，那么那个你一定听到过。如果要写几件事，我们希望是一种纵向结构，就是事情与事情之间是有着一定的关联的。六年级有一篇课文《在那颗星子下》，文章主要写的事情有几件？第一件，看电影；第二件，临时抱佛脚，参加考试；第三件，试卷发下来之后，老师把"我"叫到黑板前，把做过的题目再做一遍，得了 47 分；第四件，"我"拿到成绩单，看到成绩单上还是 113 分；最后老师和"我"在小路上散步，教导"我"，送"我"到公园的拐弯处。这当然是以时间为序：先看电影，因为时间不够临时抱佛脚，参加完考试，老师让"我"在黑板上重答题目，然后成绩报告单发下来了，老师教导"我"。同时，这些事情之间是有一定关联的，而这些事情的关联本身就包含着矛盾，是吧？

还有《羚羊木雕》，核心是两件事。第一件事，"我"把羚羊木雕送给万芳了，父母批评"我"，要"我"要回来；第二件事，有一次体育课，"我"的裤子坏了，万芳和"我"互换裤子，害她被罚站两个小时。两件事情本身是无关的，靠"我"的思绪关联到一起，我们把这样的一种形式叫作插叙，这也是事情与事情之间的一种内在联系。

这就涉及我刚才所说的，你为什么要写这件事？作者写万芳的这件事情的目的是什么？交代"我"与万芳之间的感情，是，但是没完，这个感情父母是理解不了的，因此，这是不是还牵涉到父母以及父辈们、老师辈们能不能理解"我"？她写出来不只是要表述自己与万芳之间的感情，更是要让父母们看到、让长辈们看到，怎么来理解子女们、下辈们，理解他们的生活、他们的思想、他们的情感。

因此，有时候，从结构的形式上，也能表达写这件事情、那件事情、这种事情的目的。这就是我们要做的第四项工作：写两件或两件以上的事，使这些事之间有一定的内在的联系。再说一下：第一项工作是调动积累；第二项工作是发表议论；第三项工作是写完整的一件事；第四项工作是写两件或两件以上的事，使这些事之间有一定的内在的联系。回去尝试做做看，行不行？

接下来是语言问题，跟怎么开头、怎么结尾也有关系。

我刚才读了一遍，发现大家比较喜欢在文章开头，运用一些修辞手法，随便读几段："幸福是干渴难耐下的一股清流，鼓励着我的成长；幸福是清泉，是烈日炎炎下的一把遮阳伞，推动我前进；幸福是灯光照耀下的一颗星……""因为有你，我是世界上最幸福的人。因为有云，蔚蓝的天空才不单一；因为有树，娇弱的花朵才不害怕；因为有海，斑斓的鱼儿才不孤独；因为有你指导，我才会茁壮成长。"

我们说这样的开头，让人感觉到你的思考有一定的广度，你有一定的语言表现力，辞藻比较华丽，这是优点。但是我们要知道，一种语言形式，实际上与他接下来所要表达的内容是密切相关的。我们来看刚才读的第一段，接下来他说的内容是什么？就是一次休息后的同学的喧闹，因老师的呵斥而停止；"我"做不出作业或者没做好作业，老师给"我"指点；考试时"我"紧张，老师给予"我"自信；最后是"我"的接受。就说这样的一个开头，跟下面的这些内容是不是和谐？你们感受一下。刚才我读的第2段，前面写三个意象云、树、海，不单一、不害怕、不孤单，他下面写什么？写的是有一次自己扭伤了，医生给他推拿，很痛，是你给"我"一股力，使"我"勇敢面对困难。因为有你，"我"能够独立地自己去解决问题。因为有你，"我"能够克服暴躁的心理，让自己沉静下来，控制情绪，坦然面对苦难，站起来。从后面所写的内容来看，开头用这样的一些排比句式，到底有没有意义？它实际上跟接下来所表述的内容无关。这样的一种表述大概在六七年前就有了，也许在某些老师的眼里，是不错，语言丰富，辞藻华丽。但是这六七年以来，我们一直在反对一种倾向，那就是堆砌辞藻，包括刚才所说的每一段的开头都用这样的一些所谓的重复的话。《悄悄地提醒》每一个段落，都有一句话"悄悄地提醒传递了什么"。如果你所表达的内容跟你的提炼不太协调，而且你的提炼不能够真正表现这些意义，那么这样的点题，不要也罢。

我们现在需要的是的确能够表现我们的基本思想认识、基本语言运用能力的表述。这个不仅是中考问题，也是高考问题，就是我们常常喜欢用一些比较华美的辞藻，来达成所谓的吸引读者眼球的目的。但其实我们要思考，这些辞藻一定要跟下面的内容相合。

我们接下来看一篇文章。我觉得这篇文章表述的事情是有意义的，表述的过程是清楚的，文章标题叫《为自己喝彩》。

第1段："当世界为你喝彩，这是一种荣幸。当自己为自己喝彩，这是一种享受。"很有哲理。

第2段："星空是那么的美，那么的深沉。"

第3段："星星眨巴着铜铃般的大眼，爷爷陪我看完了《黑猫警长》。爷爷大概年纪大了，轻轻地叹了口气，他的声音带着颤抖，如同老旧收音机的断断续续，其中应该有很多情感的东西：'人老了就不好使了。'用胡子扎了我一下。"这件事开始了。"夏天总是那么热，空调打到20℃也不解热，无聊的我寻思该怎么做。一想到收音机，如同被电击般击醒了那段记忆。我在家里如同海底捞针般寻找螺丝刀，后来我居然在一个年代久远的收音机的木盒里找到了它，爷爷居然把收音机藏得好好的，十几年前的盒子都没扔，我不禁感叹爷爷的细心。我回到房间便开始工作：我小心翼翼地打开收音机，起码有六成新，我的心跳不自觉地加快了速度，我拆开了一个全新的古董，我颤抖着双手将螺丝刀伸进去，拆走每一个零件，寻找着收音机卡顿的原因。时间一分一秒地过去了，可是收音机还是卡顿着。手中的螺丝刀没有停止，视线从未离开，手心沁出了汗珠，心脏卡在喉咙里就没下去，我听见自己的心跳精确地掌握着全身的每一寸肌肉，调配着每一块骨头，都能感受到心与血液。我计算着压力、重力，平衡力度，最后总结出一点：在不标准大气压下，收音机内大气压强小于收音机外大气压强，从而导致声音增长。于是我拧紧了每一个螺丝，用尽了我所有的力气，感觉很难再继续了，终于行了！放回'4007'，放回了儿时的一贯的记忆。放回以后，心脏一下子如释重负，我已经无法再感受到血液、脉搏、肌肉、骨骼的存在，只有那一团火燃烧在舌尖。于是我喝口水，为自己喝彩。'今天怎么不卡了？''根据我的计算，现在应该是在标准大气压下的。''这么聪明？'"

首先就这篇文章来说，作者的叙述是有序的、具体的。在这个叙述的过程当中，他没有用这些所谓的吸引眼球的句子，但是这个叙述让我们读出了这样一个过程，读出了这位小作者的内心体会。喝彩"喝"在哪里？"喝"在"我"能够运用知识解决问题了吗？"喝"在"我"修好收音机了吗？喝彩是为自己懂得一个老人的幸福，"我"能给爷爷以这样的一种安慰。

但是，其次，开头的部分，第一句让它存在，没问题，蛮好；后面"星空""星星眨巴着……眼睛"一些东西，恐怕与下面的内容无关。我们希望看到的语言是清晰的、连贯的，用语是相对准确的，事情过程的表达是很清楚的，是能够写出这个过程当中，哪怕是些微的矛盾的变化的。

当然有些同学有一定的文学的天赋，写得更美一点，我们不反对。我们反对的是这样的一个开头或这样一个结尾，跟你所写的事情，不那么有联系。怎么准确、清晰、连贯、有一定逻辑地写好一件事情，恐怕比所谓的吸引眼球的语言的堆积，更重要。

最后，有许多我们写的事情，也许是曾经发生过的，比如自己的确经历过一次车祸，而车祸也的确让自己成熟了许多，但是真正把文章写出来之后，老师给的分数很低，我们不明白为什么。明明表达的是真情感，写的是确实发生过的事，但是老师读来却觉得不真实，你们说是什么原因？很多事情我们都会遇到，车上是不是让座的问题，地上有没有人跌倒，母亲是不是生病了，等等，这些事情我相信肯定是发生过的。但是为什么我们表达出来，却让人感觉不那么真实？问题在哪？

我说问题在细微处的表述上，一定要用一个词语，就叫"世界观"。比如爷爷奶奶重病，于是脑中浮现画面一、画面二、画面三，这个时候脑中浮现的这样的一种表述，细微处都感觉不真实。再比如刚才所说的试卷发下来的思想斗争，我说这是降低生活的思想认识水平，读来也是这样。我要说的是这种思想斗争理应有细微的表述，这种心理的表述读来也真实。怎么写好细微处，尤其是表达自己的那种心理？我读到过一篇浙江的一个学生写的文章，内容同样是奶奶生病，但是写的不是浮现什么，而是奶奶曾经是怎样的：退休工资不高，补贴出去了，为了家里生活得好一点，年纪大了还要到外面去，她的确是全身心都在我们的身上。而现在她老了，还提出要求，这个不要那个不要，这个针不打那个针不打，希望能够为这个家庭解决一点问题。同样写这个内容，像这样的表述，读来却感觉很真实。怎么在细微处思考，也是我们现在需要注意的，这是我们要做的第五项工作。

看看还有什么问题？没有了。不可能把所有的问题都解决，是吧？刚才我说了，你们先回去做好前面说的五项工作，你们有空把你们的做法写完让我看看，然后我再来给大家讲一讲好不好？还有问题吗？那今天课就上到这里。下课。

（整理者：上海市奉贤区肖塘中学　张紫嫣　上海市奉贤区弘文学校沈琳莹）

"学会记事" 课堂教学实录

执教时间：2021 年 10 月 18 日

执教学校：上海市洋泾菊园实验学校

授课年级：七年级

（师生问候毕）

师：看到黑板上"记事"这两个字，大家一定知道今天我们讨论的核心内容是我们的第二单元的写作——"学会记事"。"记事"就是我们一般所说的记叙文，说到"学会"，其实我们从小学就开始学习记叙文，写，大概不成问题，只是我们没有把它梳理出来，所以今天我们一起来做一点探讨、做一点交流。我首先要问大家的是，这个单元大概已经学过了吧，记事，有哪些重要因素？

生：把事情写清楚，表达自己对这件事情的情感。

师：写清楚这是要求。要记事，或者要记好事，或者要真正会记事，从记事这个角度来说，有一些重要的因素或者叫要素。我举个例子，比如记事，记录我们看到的事，首先有一个要素，那就是要有事情，或者叫叙事。记事的第一个、最基本的要素就是叙事，要把事情叙述出来。好，然后大家再看，除了叙事这要素之外还有什么？比如《秋天的怀念》当然有叙事了，但除了叙事它还写了什么？有事情总归要有人的活动，是不是？

所以第二个要素是什么？写人。这个也是最基本的。那么还有一个要素是什么？我们在这个单元不是已经读过了吗？翻翻书，看看有没有。

生：还有表达情感。

师：表达情感很重要。当然有些抒情是直接用语言文字表达出来的，还有一种抒情是隐含在叙事的过程当中、写人的过程当中的。我们讲叙事，按照文章所说的，讲起因、经过、结果，讲记叙的要素。写人呢？总归要对人物进行不同方面的描写吧，比如行为的、语言的、心理的等等。一是通过描写，二是在描写当中有一条很核心，就是细节，通过一个人言行举止的细节，在事情的发生发展过程当中把这个人的面目写出来。那么，以《秋天的怀念》为例，我们来谈谈抒情。都读过课文了吧？作者怀念什么？

生：母亲。

师：还有吗？除了母亲其人，还怀念什么？为了回答这个问题，大家做一个小练习试试。每个人自己写也可以，以小组为单位讨论一下也可以。就是这一篇文章第7段的结尾的那几句话，把"母亲没有说完的话"后面的内容删去，就到"秋风中正开得烂漫"结束，跟现在加上了这些带有抒情性的语言有什么不同？我不问好不好，因为删掉也许也可以，只是史铁生把它写出来。而我要问的是把这些文字删去，它跟现在有这段文字表达效果有什么不同？这个问题，如果你们带着笔记本的话，应该记一下，这实际上是我们在阅读的过程当中就需要思考的问题。不仅要思考，而且要把自己思考的结果表达出来。黄的花、白的花、紫红色的花，"泼泼洒洒，秋风中正开得烂漫"。到这里结束了，也蛮有味道。所谓的有什么不同的效果，就要考虑这段文字在文中到底起什么作用，对我刚才"怀念什么"这个问题的解决有没有帮助。不要写得很长，因为时间有限，但这个问题要留着。不要这么安静啊，我说可以自己写，也可以小组讨论，看看这些文字删去与保留有什么不同的效果。差不多了吧，不一定要十分完整。谁来说说看或哪个小组来说说看？

生：这一段的第一句话和第二句话是描写了菊花的多姿和烂漫，体现了菊花顽强的生命力。最后几句话是表达了"我"对母亲的怀念之情，也表明了"我"对母亲要"我"看菊花用意的理解。

师："用意的理解"，说得蛮好。我们来看这段文字，它当然不都是描写菊花，也不只是指出菊花的顽强的生命力，更是"我"对菊花的一种体验，对这种美的发现。"我"怎么会发现？"我"原来是一直不愿意来的，后来偶然想来了，没有来成。今天"我"来了，体会到或者欣赏到了秋天的特有的景致。那么照理来说到这里就可以结束了，后面的那些带有抒情性的语句，就不需要了。我们来看看最后："我俩在一块儿，要好好儿活……""好好儿活"它在文中起什么作用？这里讲"秋天的怀念"，首先是对母亲的怀念，除了对母亲的怀念他更是怀念什么？我们看看前面一些内容：母亲"艰难地呼吸着，像她那一生艰难的生活"。"艰难""好好儿活"在这篇文章当中都很重要。"我"能够到北海看到菊花那样的一种震撼人心的美丽，完全是得益于母亲。是母亲用她的艰难的一生，唤醒了"我"对生活的勇气，激发了"我"对生命的感情。因此，"秋天的怀念"固然是怀人，但更是怀念母亲用她的艰难的人生，来唤醒"我"、激发"我"的这过程。"好好儿活"，母亲早就说了无数次，她经常这么说，而今天"我"体会到了。这个怀念，不只是对人的，更是对这样一个过程，对生命的认识过程，这个就叫抒情。"我"开始了对生活中的美的发现之后的这段文字，不只是告诉读者"我"现在学会欣赏生活了，更是告诉读者"我"真正读懂了母亲，首先是理解了母亲未讲完的几句话，其次也明白了母亲她是从始至终地用语言、用行为来鼓励"我"。

为了更深切地体会到这个抒情的力量，我们对第 3 段做一遍改造。从记事的要素来说，第 3 段是不是一件完整的事情？我们讲它有时间、有地点、有人物，是一件完整的事情。你要讲事情，总归要知道是什么事情吧。那么，是什么事情？

生：母亲想带"我"去北海，看菊花。

师：好。"母亲想"，但是这个过程不只是"想"吧。母亲与"我"讨论去北海看菊花的事情，是不是？讲事情嘛总会有这样一个过程。那么起因是什么？这个请大家注意标题中的"秋天"。为什么叫"秋天的怀念"？事情发生的那一天是不是秋天的某一天？母亲跟"我"讨论看花这个事情是怎么发生？就是秋天的某一天，"我"在看窗外的落叶，这是起因。母亲看"我"又在看窗外，担心"我"又要发怒，又要自暴自怨。两人的讨论是经过，结果呢？母亲"悄悄地出去了"，"出去"后还要加括号，注明"再也没回来"。这是一件相对完整的事情，我现在要求大家做的是，把其他各段的内容重新组合，让事情延续下去。这件事情是完了，然而"我"的感觉没完，把最后的这些抒情性的文字移到这件事情的结尾，用带有抒情性的，比如直接抒情，带有议论性的，比如对生活的认识，带有心理变化式的，比如母亲没有进来"我"的心理活动，等等，把它表述出来。我们试着写一写，写完整不可能，试着把开头的一两句写出来。练习一是前面做的对结尾段的理解。这是练习二：秋天的那一天的这个故事的延续。但这个延续不是事情的延续，而是感情上的延续。用带有抒情性的、议论性的、表现心理活动的语句语段表述出来。试试看，写写看。这个不是你凭空想出来啊，你要把其他几段的内容组合起来。先不要写完整，只要有那么一两句，我就知道你接下来可能写什么。明白我的意思吧，要大家做什么知道吧？依据这样一个故事，最后表达内心的感受，把怀念的意思表达清楚。先用一两句就可以。

（学生书写中）

师：时间关系，不继续写下去了，但是大家要有这样的思考，其实我们在阅读的过程当中也需要有这样的思考。好了，谁来说说看，我说过了一句两句都可以。谁先来，开个头说说看。"她又悄悄地出去了"，出去没有回来是需要写的，没有回来后面怎么来抒发感情？课文后面是不是有这样的题目？有个题目叫《那一次，我真_____》。前面我们给这一段话在后面加上了抒情性的、议论性的内容。把这些内容和这个题目结合起来续写，写什么？"那一次"你用"那一天"也可以，"那一次"，假如补充成完整的题目的话，"我真"什么？可以加什么词？伤心、悲痛、后悔、愧疚、难过……加上这些核心词之后，那么你就知道，"我"难过不只是因为母亲生病，更是因为过去"我"无数次地伤着母亲的心，从来没有理解过母亲所说的："咱娘俩在一块，好好儿活……"你再研究下去，把文章的第 1 段、第 2 段、第 4 段、第 5 段等等组合起来，就能够把那一次、那一天、那一特定情境中，"我"的内心的活动，表达出来。今天时间有限，大家有兴趣的可以之后继续去做。

我还是要回到这里来——叙事的四要素也好、六要素也好，事情的起因也好、发展也好、结果也好，这我们大体都知道，而我们写作文，问题最大的恐怕不是在叙事上，也不一定在写人上，写人牵涉到描写细节的问题。今天我们重点不在这里，我们重点是解决这个问题：任何一篇文章，尤其是好的文章，它不只是告诉你发生了一件什么事，告诉你他所认识的那些人，更重要的是，他为什么要写这一件或这些事情，为什么要写这个人或者这些人，这就叫抒情。我刚才说，抒情可以如同史铁生那样，用显性的语言直接地把内心的感受表达出来；也可以通过叙事写人隐含这些感情。现在我们记叙文写作上存在的最大的问题，当然不一定是显性的，就是自己写出一件事情，心里可能不明白为什么要写这件事，不清楚为什么要用一些限定语。比如"秋天的怀念"为什么用"秋天"？这是表示时间，但为什么要定位在秋天这个季节？这个就牵涉到"我"为什么要写这事。这是我们写记叙文的最大的问题，也是我们一直说自己好像没有什么东西可写、好像没有素材的症结所在。没有素材？素材多的是，比如今天我们的上课就是素材，大家的讨论就是素材。素材多的是，关键是我们为什么要用某个素材。这个我们在平时的写作过程当中考虑过没有？我现在给大家一个题目：一场（次）未完的争论。我们先依据这些要素来思考，我先不说，大家先想。

生：先判断写人写事。

师：写人写事，任何题目都要写人写事。对于"秋天的怀念"这个题目，我们核心思考什么？什么是怀念？怀念谁？怀念什么？是不是？那么这个题目呢？它的核心词是什么？

生："争论"。

师：第一步要考虑的一定是这个：争论。争论是一件事情，从叙事的角度来说，第一步，争论什么？是不是要考虑呢？比如我们上课时讨论一篇文章，过程当中大家会有一些冲突吧，这就是争论。第二步考虑：叙事。为什么会形成争论呢？有争论的问题我们可以想到很多，比如关于我们学习的问题、教育的问题、社会的问题、家庭两代人之间的纠纷、某一个文学形象的问题等等。我们平时肯定有过这样的争论，但为什么而争论？而后再来思考为什么会有些争论未完，可能是争论未完而上课铃响了，但有些未必是时间问题，有很多问题是因为得不到结果，所以叫未完，未完是延续我们思考。我们要考虑的当然还有争论对象，是两个人还是多少人，都在考虑因素中。考虑这些的核心是这个：我为什么要把这次的争论写出来，我想告诉读者什么？这个思考过吧？我们写任何一篇文章都需要思考，我们写它的目的是什么，依据这样一个思路，把一些要素写出来。核心考虑目的。

（学生写作）

师：还没好没关系，未完的可以通过其他时间来完成。我们一起来看，我们说第一步：你要写一写争论话题是什么？有谁已经想出来了，争论的话题是什么，有吗？那这不已经写过了吗？把写的东西读一读不就是了吗？

生：我想的是，有一篇文章，一个人觉得这篇文章中心思想是从某个角度来说的，另一个人不同意，这样他们两个人就争论起来了。

师：某一篇文章的主题或者中心？这是一个话题，蛮好。那么为什么会引发这样的争议呢？

生：因为他们两个人认为的文章的主题，一个是从环保的角度来谈，另外一个是从科技的角度来谈，有较大的冲突，但是他们都想让对方同意自己的观点。

师：目的是说服对方。选这样一个话题，构成这样一个原因，那么，想要传递的情感是什么啊？

生：就是同样的一篇文章，不同的人可能会有不同的见解，其实，是他们思考的出发点不一样。

师：我们先就他说的这些要素来看看。争论这个问题没问题，原因也没问题，关键是最终他到底要表达什么。除了告诉大家有很多事情的结论往往不只一个，从它真正的内容来看一定还有其他。他刚才说了有的认为文章的主题是从环保角度来谈，有的认为文章的主题是从人文角度来谈，有的是从探索事物的本来面目或探索规律的科技的角度来谈，那么把这些不同点写出来不只是要得出一个正确结论，而是引出怎么思考问题。尤其让大家知道我们这一代人、我们这些学生是怎么来看问题、思考问题的，这个价值是不是很大？这当然只是一个例子，相信大家都会有自己的思考。还是回到我们今天讨论的核心问题上来。其实无论是写事还是写人，是写自己还是写别人，核心都是要包含着个人对这件事情、这个人的基本看法、基本情感，也包含着个人对道理的领悟。如果我们这么来思考、这么来表述，那么我们说"学会记事"就不只是"学会"，而且是"写好记事"了。有兴趣的话，大家把我今天的这些话题再带回去，做一点思考。愿意的话，对《秋天的怀念》中应该关注的这样的一些语言形式和背后的内容，以及作者的情感，再做一点思考。我们读文章不只是为了读懂它，还要在读的过程当中，考虑写作的因素。今天就这样，下课。

（整理人：上海市洋泾菊园实验学校 张 航 宋 颖）

《鸟的天堂》课堂教学实录

执教时间：2016 年 12 月 10 日

执教场景："2016 浦东之秋"小学语文高峰论坛

执教年级：四年级

（师生问候毕）

师：今天我们一起来上哪篇课文？

生：《鸟的天堂》。

师：读过了吗？

生：读过了。

师：读过几遍？

生：五遍。

师：读了五遍，还要读。我们在读的过程当中是否产生过一点问题？

生：有。

师：我相信你经过五遍、十遍的读，不少问题已经解决了。也许还留下一点没解决的问题，你最想在今天这堂课上提出来的有哪些？你说。

生："鸟的天堂"到底是不是真正的鸟的天堂？

师："鸟的天堂"是不是真正的鸟的天堂？这个问题既是围绕标题，又是围绕着文章的主要内容提出。好，你来说。

生：为什么作者第一次划船靠近"鸟的天堂"的时候，没有看见一只鸟？

生："鸟的天堂"长什么样？

生："鸟的天堂"在哪里？

生：为什么作者还要花这么多笔墨去写这棵榕树？

生：为什么要写第 1 段呢？为什么要费笔墨去写他们"吃过晚饭，热气已经退了"？

师：黑板面积有限，我不把同学们提出的所有问题都写出来。但是我们都要记住所提出的这些问题。提出问题之后，就要力求解决这些问题。在解决同学的这些问题之前，我们先思考另外一些问题。大家都说自己已经读了五遍、十遍，并结合读的过程当中的思考，对于有些问题还做了专门的探究。那么，第一个问题，不知道大家考虑过没有，根据我们所读的这篇课文的内容，你能不能在"鸟的天堂"的前面或者后面加上一两个词语，更加突出这篇文章的主要内容。好，你已经想到了，你说。

生："鸟的天堂"，真是鸟的天堂啊！

师：就是最后那句："'鸟的天堂'的确是鸟的天堂啊！"有一点道理，那么如果加在前面的话……

生：美丽的"鸟的天堂"。

生：神秘的"鸟的天堂"。

生：美丽而又可爱的"鸟的天堂"。

生：生机勃勃的"鸟的天堂"。

生：忽隐忽现的"鸟的天堂"。

师：你从哪里读出了"忽隐忽现"？

生：第一次去"鸟的天堂"没有看到鸟。

师：所以你说的"忽隐忽现"，是指"天堂"里的鸟，是不是啊？还有吗？

生：神奇的"鸟的天堂"。

生：巨大的"鸟的天堂"。

师：大家基本上是在前面加上了一些表修饰的词，"神秘"也好，"可爱"也好，"神奇"也好，都很有道理啊。如果我们换一个角度，从作者写这篇文章想要表达的感情来说，前面可以加上一些什么词呢？

生：留恋的"鸟的天堂"。

生：神秘的"鸟的天堂"。

生：我爱"鸟的天堂"。

师："爱"，的确是带上个人的感情了。我觉得都有一定道理。实际上，刚才同学都说了，这个"鸟的天堂"是有一个发现过程的，根据作者所写的内容，作者实际上去了两次"鸟的天堂"。请你把它变成两个小标题，可以变成什么？在自己的练习本上写一写小标题一、小标题二。谁愿意把自己写的读一读？

生：标题一："鸟的天堂"，真是鸟的天堂啊；标题二：神秘而又美丽的"鸟的天堂"。

师：他不是去了两次"鸟的天堂"吗？那么，第一次去时，他发现的是"'鸟的天堂'，真的是鸟的天堂"吗？

生：标题一：没有一只鸟的"鸟的天堂"；标题二：生机勃勃的"鸟的天堂"。

生：标题一：最大的"鸟的天堂"；标题二：举世闻名的"鸟的天堂"。

师：同学们起的这些小标题，没有原则上的对与不对，只是个人从不同的角度出发，表达了自己的看法。如果我们从作者两次发现"鸟的天堂"的角度来说，他第一次发现或看见"鸟的天堂"是在什么情况下？他预先设想好了那天要去"鸟的天堂"吗？没有，他没有想过会看到"鸟的天堂"，但居然看到"鸟的天堂"了。用一个词来概括，可以用什么词？"邂逅"知道吗？不知道不要紧。就是前面所说的，没有想去看，却"不期而遇"，或叫"偶然相遇"。第一次，他是偶然见到"鸟的天堂"。第二次再去，固然也有一定的偶然性，但是跟第一次的偶然性不一样。

生：又来到了"鸟的天堂"。

师："又来到了"比较简洁。

生：和"鸟的天堂"重逢。

师："重逢"，或者叫"再遇"。这就表明，从《鸟的天堂》这篇课文内容来说，它实际上分为两部分。刚才同学提出了一个问题，说第 1 段是废话，但是我们从废话当中读出了什么？既然偶然遇见"鸟的天堂"是文中的一件事，那么前面的第 1、第 2 段对写清楚这件事有作用吗？

生：有，不然就写不出他遇到了"鸟的天堂"，读者们也就不知道他遇到了"鸟的天堂"。

师："写不出""不知道"，有点意思，但是这么说好像有点绝对，我们从正面来说。

生：如果不写第 1、第 2 段的话，读者们就不会知道这是偶然遇到了"鸟的天堂"。

师：这两段帮助读者知道遇到的偶然性。

生：如果没有写第 1、第 2 段的话，就好像他们是有意去"鸟的天堂"，而且没有任何的开头。

师：没有了开头当然可以用另外一种形式来写。好，大家都有了思考为什么这么写的意识。是不是一定要用那么多文字来写这两段，我们是可以商量的，但现在我们至少知道了：这些文字是有作用的，至少告诉了我们这一次偶然相遇的时间、地点、原因。请大家完成第二个练习："我"在什么时候的傍晚或怎样的傍晚，"我"与朋友在干什么的时候，偶然遇见了"鸟的天堂"？会说吗？要完成这个练习需要读哪些文字？要看课文，不是自己空想。读读看应该把哪些东西读出来。不用举手，写下来。我们要读，但不是照抄。要做一点概括，或做一点调整，甚至要做一点减法。大概有点难度，没事，完成这个练习需要思考，今天当堂暂时完成不了也没关系，回去继续思考。

生：在一个夏天的傍晚。

师：从哪里读出是夏天？文中有很多细节可以读出来，比如"热气已经退了"。再加一点也可以——在太阳已经落山、热气已经退去的夏天的傍晚。读文章，不只是让文章内容再浮现一遍，我们一边读就要一边思考。既然要讲一件事，就要讲清楚这件事发生在什么时间，在哪里，因为什么。

生："我"和几个朋友乘了一条小船。

师：上了一条小船，就偶然遇见了"鸟的天堂"。

生："我"和几个朋友把船划到了河中心，偶然遇到了"鸟的天堂"。

生：在一个夏天的傍晚，"我"和几个朋友偶然发现了"鸟的天堂"。

师：时间是傍晚，地点在哪里？作者写了很多，但核心的内容是什么？之所以会遇见"鸟的天堂"，最主要的原因是什么？"划船"，是不是应该叫"在河里荡舟的时候"，或者叫"划船的时候"，或者是"把船划向河中心之后"？我们要对文章内容重新梳理、调整，或者减掉一些东西，或者加上一些东西，把它变成一个完整的句子。这样我们就知道了这个故事是什么时候，在哪里，因为什么而发生的。刚才不少同学对这棵榕树或者说是对这个"天堂"表达了自己的意见。在大家的提问的过程当中，也涉及了这些问题。下面我们一起来思考第三个问题：当他偶然见到了这个"鸟的天堂"，他的心情是怎样的？这个暂时不要写，先想一想。首先要知道这里的"鸟的天堂"指什么？

生：这里的"鸟的天堂"是一棵大榕树。

师：就是文中所说的可能是一株，也可能是两株大榕树。所以"鸟的天堂"的关键不是"鸟"，而是"天堂"，是吗？那么当他看见了这棵榕树之后，心情是怎样的？这应该很简单，大家一起说吧。激动、高兴、欣喜……但是也有同学提出问题，他欣喜于邂逅这棵大榕树，却没有看见鸟。第三个练习是，"我欣喜于这个偶然发现的'鸟的天堂'"——要加引号——"因为"什么？还没说完，后面要转折，"但是"怎么样？再读一遍第5、6、7、8四段的内容。自己好好读，然后把它梳理出来，用简单的语言把它表达出来。

生："我欣喜于偶然发现的这个'鸟的天堂'，因为我发现了一株大榕树；但是却没有一只鸟。"

师：你说了"但是却没有一只鸟"，那么"因为"什么呢？

生："因为我发现了一株大榕树"。

师：这个"因为"是要说清楚前面"欣喜"的原因。

生：是前面的原因。

师：我们看他说的，有点道理。"我欣喜于偶然发现的这个'鸟的天堂'"，或者加个破折号，"一株或两株很大很大的茂盛的榕树"。"欣喜于这个发现"，那么为什么"欣喜"呢？是因为这棵榕树给"我"怎样的感受？除了大，还有没有别的？第8段里面怎么说？

生：第8段里面有一个总结："这美丽的南国的树！"

师：再读读看。你看，"榕树正值茂盛的时期，好像在把它的全部生命力展示给我们看"，那种绿又给"我"什么感觉？读句子。

（生齐读）

师：所以"因为"后面应该说什么？是这棵榕树有着那样旺盛的生命力，有着那么多颤动的小生命，所以它是那样的美丽，像刚才同学说的，那样令人激动。我们在阅读的过程当中，不只要看到它所写的内容。比如课文写到一簇簇的树叶、树叶的绿、树枝、树干、树根……这些当然要关注，但是关注之后，还要把重要的东西提炼出来，将其组合成你所理解的内容。如果说前半部分"欣喜"的内容已经大体能够表达出来了，后面的这个"但是"指向什么？或用"失望"，或用"遗憾"，"但是却留下了深深的遗憾"。为什么？我相信大家都会回答了，因为这个"天堂"里面居然连一只鸟的影子都没有。这就是我们在读的过程当中不断的思考。读到这里，我们其实已经隐隐感受到了作者所要表达的感情。他既对这样的颤动的小生命充满着欣喜之情，同时又对"天堂"里活动的鸟儿也充满着期待，是吧？好在这一次的遗憾在第二次得到了弥补。那么我们想想看，在读再遇"鸟的天堂"这些内容时，我们可以把它转换成怎样的一种问题？能不能也用这样的一种形式把它表达出来？来读读看。

（生读）

师：这一次的"欣喜"在哪里？

生：我找到的是第9段的句子："船在树下泊了片刻。"

师："泊了片刻"就表示欣喜吗？

生：我找到的是第12段的："起初周围是静寂的。后来忽然起了一声鸟叫。我们把手一拍，便看见一只大鸟飞了起来。接着又看见第二只，第三只。我们继续拍掌，树上就变得热闹了，到处都是鸟声，到处都是鸟影。大的，小的，花的，黑的，有的站在树枝上叫，有的飞起来，有的在扑翅膀。"

师：有道理。

生：我的意思是，如果他们不欣喜的话就直接把船开走了，不会在树下停泊。

师：你很会想象哦，"我"高兴，所以"我"泊在这里。我们一起把第12段读读看，来体会体会作者的欣喜，好不好？"起初周围是静寂的……"，预备读。

生："起初周围是静寂的。后来忽然起了一声鸟叫。我们把手一拍，便看见一只大鸟飞了起来。接着又看见第二只，第三只。我们继续拍掌，树上就变得热闹了，到处都是鸟声，到处都是鸟影。大的，小的，花的，黑的，有的站在树枝上叫，有的飞起来，有的在扑翅膀。"

师：这就是他的欣喜，欣喜于"天堂"里的鸟是那样自由，那样快乐；欣喜于林中的鸟的千姿百态。前面我用了一个转折，在这里大概不用转折吧，那后面应该加什么？不用"但是"了，"我既欣喜于鸟的这样那样……"后面加一个"又"，按刚才有同学说的，叫"留恋"吧，"又留恋于这个'鸟的天堂'，因为……"，"因为"后面应该是什么？"我"为什么这么留恋？

生：因为"我"看见了许多鸟，让"我"留下了深刻的印象。

师：深刻的印象。因为"我"曾经被自己的眼睛骗过，有点道理，但是跟"留恋"比恐怕还稍微差一点。是因为什么？作者感受到了什么？体验到了什么？发现了什么？也就是作者想通过这片"鸟的天堂"表达的他的感情是什么？至于你体会到这个感情是怎样的，每个人可以有自己的表达。

生：就是它的中心，对吧？

师：你说就是这篇文章的中心，可以这么说。时间已经到了，刚才大家提出的问题是不是基本解决了？回去做三件事，有一件事是都要做的，还有两件事可以选其一做。第一，把今天课堂上没有完成的练习重新梳理一下，尽量把它表达出来。第二、第三里选一个完成。第二，刚才其实已经讨论过了，就是偶遇"鸟的天堂"的欣喜与遗憾，我们要把课文的内容重新组合。第三，"天堂里的鸟的自由与欢乐"，这是一个题目，要把它写清楚，应该把哪些文字组合起来？第12、第13段，是吧？我们这堂课基本完成了，不过有一个问题始终没有解决，就是同学提出的：最后一句"'鸟的天堂'的确是鸟的天堂"，加引号跟不加引号的"鸟的天堂"有区别吗？区别在哪里？

生：加引号的"鸟的天堂"是指那棵大榕树，不加引号的"鸟的天堂"是对鸟来说的"鸟的天堂"。

师：前面偏向于"天堂"，特指那棵榕树，后面偏向于"鸟"，特指"天堂"里的那群快乐无忧的鸟儿，是这样吧？

生：最后一句话其实是表达了作者对"鸟的天堂"的感情。

师：什么感情？

生：留恋和喜爱之情。

师：无限的留恋，非常的喜爱。

生：加了引号的"鸟的天堂"表示是别人说的。后面没加引号的"鸟的天堂"是他们真正感受到了这的确是鸟的天堂。

师：真正发现了。我们这堂课不可能把所有的问题都解决，有些问题我们可以回去自己再深入思考，结合要求大家做的两个或三个练习，进一步理解，好吗？这堂课上到这里，下课。

（整理者：上海浦东新区贾志敏教育进修学校　贾文骏）

《赤壁之战》课堂教学实录

执教时间：2016 年 11 月 9 日

执教学校：上海市黄浦区曹光彪小学

执教年级：四年级

（师生问候毕）

师：今天我们要学习的课文是——

生：《赤壁之战》。

师：关于《赤壁之战》的故事，没有读这篇课文之前，大家有所了解吗？

生：有。

师：有哪些了解？

生：《赤壁之战》是根据《三国演义》中的一个故事改编的。

师：《三国演义》大家知道吗？

生：知道。

师：在读这篇课文的过程中，有没有产生过问题？

生：没有。

师：其实，我们一边读，一边恐怕就会产生问题了。比如标题——我不知道大家读到标题的时候是怎么想的，读完课文后，是不是又会产生问题。比如，赤壁之战是一场完整的、比较大的战役。那我们今天读的《赤壁之战》是不是讲这个战役的完整的过程？于是，问题来了——根据课文内容，这个标题能不能稍稍改动一下？想过没有？恐怕要想一想。如果要把标题改一下，改成什么标题为好？

生：《赤壁之战（节选）》。

师：很聪明。然而没有讲出哪个标题更适合一些。

生：《黄盖的计谋》。

师：有道理。

生：《曹操大败》。

生：《火攻曹军》。

生：《曹操受骗》。

生：《以少胜多》。

师：大家取的题目都比《赤壁之战》这样一个比较大的标题更具体。如同抗日战争中，有个战役叫平型关战役，要是给写平型关战役的文章起标题，恐怕就不能叫作《抗日战争》。所以，不是说《赤壁之战》这个标题不对，而是对这篇课文来说，也许能够取一个更契合这个故事本身的标题——比如刚才大家所说的标题。这个过程，就是我们在思考的过程。读故事有一些基本的方法，第一步要读出什么？不管是读故事，还是写故事，第一步一般先干什么？

生：找出什么时候，谁在哪里干什么。

师：说得很具体。可以称为故事的——

生：起因。

师：可以。或者说，故事的背景。

（板书：背景）

师：背景，相当于故事的起因。也就是故事怎么会发生，是在什么样的背景下展开的。继续思考：课文哪些段落写了背景？打开书看一看。

生：第 1 段。

师：真的只是第 1 段吗？

生：第 1、2 段。

师：为什么把它称为背景呢？因为刚才说了，背景就是为什么会有这个故事产生，为什么会有火烧赤壁——是因为在这样的背景下发生。读背景时，大家有没有产生过问题？就这个故事而言，背景要从两个方面来讲。第一方面——东吴。第二方面——曹操。之所以产生这个背景，主动方是谁？

生：曹操。

师：你读出了曹军或者说曹兵大军压境这样的背景吗？

生：没有。

师：为什么读不出？自己读读课文，想想你读出了什么？

（生读课文）

生：曹操率军南下，想夺取东吴。

师：那有没有写出危急的形势呢？

生：没有。

师：读的过程中，我们要这样思考。因此，我们要对第 1 段做一点改动、调整。刚才说了，背景要从两个角度来写。先从曹军这个角度来谈背景，该怎样表达？既要表达出形势的危急，又要表达出曹军是在什么情况下，抱着什么目的，有了怎样的行为。请大家完成练习一：先写一写题目，再写什么时候曹军有了怎样的行为，为了达到怎样的目的；同时，要把危急的形势表达出来。

（生完成练习一）

师：谁来读一读？

生：东汉末年，曹操率领大军南下，和周瑜的兵隔江相对。

师：这名同学说清了当时是怎样的情况。还有谁来读？

生：东汉末年，曹操为了夺取江南东吴地区，便带八十万大军南下。

师：两名同学的表达有什么不同？

生：第二名同学多了"八十万大军"。

师：两名同学都写了行为。第二名同学加上了目的。目的要不要加？

生：要。

师：目的加在前，加在后，都可以。

（板书：江南）

师："江南"是什么意思？

生：长江以南。

师：长江从西北而来，东吴所在区域叫作"江东"，不叫"江南"。"江南"是个大概念，长江以南都叫"江南"。"江东"是东吴的统治区。辛弃疾有首词写道："坐断东南战未休"。所以，曹操要夺取的地区其实不是"江南"。第二名同学刚才还具体写出了大军的数量、大军压境的气势。所以写背景的目的，不是让大家把课文内容再抄一遍。读课文的时候，必须前后联系。这是从曹方来说的背景一：率八十万大军，来到东吴的统治区，在长江北岸驻扎了军队。他只是驻扎了军队吗？他还有第二个举动。

生：把战船连起来。

师：在靠近江北的江面摆开战船，训练士兵水上打仗的能力。我们在思考的时候，要联系前后内容。刚才同学们在写背景的时候，第二方面恐怕没有考虑周到。我们现在就专门来考虑这个问题。我们来看第2段，从这篇课文来看，作者用了一个转折词——"可是"。在它之前，写的是北方的士兵不习惯坐船，在它之后，写的是必须渡江，所以非要坐船不可。我们把顺序调整一下，完成练习二：用"如果……就……""但是……于是……"这样的句式，把曹操在水上的行为和目的表述出来。

（生完成练习二）

生：如果要打仗，就必须坐船。但是曹操军队都是北方人，坐不惯船，于是曹操只等士兵练好在水上打仗的本领，就下令渡江。

生：如果要夺取东吴地区，就非要坐船不可。但是曹操的士兵都是北方人，坐不惯船，于是曹操把战船连了起来，只等士兵练好水上打仗的本领，再下令渡江。

师："如果"后面的内容，和目的相关。如果要达到目的，就必须坐船渡过江。"就"后面的内容，和必须采取的行为相关。"但是"后面的内容，和曹军的不适应有关。"于是"后面的内容，是采取了怎样的方法。

生：把船连起来。

师：这就叫"连环"。于是，曹操就采用了连环的方法。走在木板上就像走在平地上一样，这就是哪个成语？

生：如履平地。

师：士兵在船上如履平地，这就没有什么好害怕的了。我们知道了背景的一方面是北岸驻扎着大批的军队，另一方面是曹操马上采取了行动，在水上训练士兵准备进攻。而东吴是什么情况呢？课文对此是不是太轻描淡写了？"周瑜调兵遣将，驻在赤壁"，这么写看不出有多危险。所以思考东吴一方的话，恐怕这个表述也要做一点调整，要突出形势的危急。这个练习现在不做，但是大家在读的时候，要思考。核心是一方八十万大军，另一方呢？

生：三万。

师：所以只能对峙着，否则东吴就先出兵了，不像现在东吴只能守着观望。在这样的背景下，故事展开了。如果我们把背景概括为"形势危急"，那么故事是怎么展开的呢？能不能加一个标题？

生：黄盖献计。

师：读的过程中，思考过吗？黄盖献了几条计策？

生：两条。第一条，火攻。

师：用火攻的依据是——

生：曹操的船，船尾接船头，船头接船尾。用火攻的话，他们想逃也逃不了。

师：这个依据课文中写得很清楚。

（板书：献计）

师：是在这样的前提下，采用火攻。第二条计策呢？

生：诈降。

师："诈"怎么写，知道吗？

生：言字旁加乍。

师："诈降"的"诈"什么意思？

生：欺骗。

师："诈降"就是——

生：欺骗对方说自己投降。

师："诈降计"的具体内容是什么？请你们写一写，完成练习三。

（生完成练习三）

生：黄盖骗曹操说自己愿意带兵投降。

生：黄盖写信给曹操假装投降，然后带着船队驶向北岸的曹军军营。

师：这是后面的结果。这一部分的核心内容是什么呢？黄盖准备带着兵士和粮草，在什么时候投奔曹操？

生：有东风的时候。

师：对，在东南风刮起的时候投奔曹操。他给曹操的信中是这么写的，也是这么做的。课文第6—9段写了实施诈降计的经过。课文是从两方面来写的，一方面写黄盖怎么驶向曹军，另一方面写曹操看到黄盖怎么来投降。我们现在要把两条线变成一条线，只写黄盖在什么时候怎样驶向北岸，烧着曹操的船队。也就是从黄盖的角度把这个过程简单地写下来——完成练习四，分三段来写：第1段写黄盖驶向曹营时的情况，此时还没到曹营；第2段写黄盖船上的装载物；第3段写黄盖接近曹军时的行为动作。

写的时候，要既具体，又有概括。

（生完成练习四）

师：这个有点长，要是来不及，等会儿再继续写。重要的是有这样一个思考的过程。我们先来看，第 1 段有哪些核心的内容？

生：必须是东南风很急的一天。

师：还有呢？

生：带了二十条船。

师：还有呢？

生：把帆张足，驶向北岸。

师：第 2 段的关键是什么？先看看课文是怎么写的。

生：都用幔子遮着。

师：还有呢？船里面不是什么，而是什么？

生：不是兵士和粮食，而是芦苇。

师：还有呢？

生：上面铺着火硝、硫磺。

师：还有吗？

生：大船后面拖着几条小船。

师：这是船上的装备。读的过程中，要思考。读到船里装的不是兵士，有没有想过，船上到底有没有兵士？

生：有。

师：在哪里？

生：在小船上。

师：是吗？

生：在大船上。

师：你怎么知道在大船上呢？

生：因为在大船上，才能点着船上的芦苇。

师：这是你想象的。想象得很合理。

生：课文中写了"大家上了小船，解了缆绳"。所以兵士原先是在大船上的。

师：因此，说"不是兵士"，对不对？

生：不对。

师：应该说"不是投降的兵士"。黄盖信上说好要带兵士一起投奔曹操的。因此，我们在写的时候，要把"不是兵士"去掉。课文前面说带"粮草"，后面说不是"粮食"，你觉得哪个词好？

生：粮草。

师：为什么？草是干什么的？

生：喂马的。

师：很好。还有什么用？粮食要怎么吃？是不是要靠草来生火做饭？所以应该是——

生：粮草。

师：我们在写的时候，要注意，不是——粮草，而是——芦苇。继续写下去。是什么东西上面铺着火硝、硫磺？

生：芦苇。

师：为了交代清楚是在什么东西上面铺着火硝、硫磺，重复"芦苇"一词，很有必要，是"芦苇上面铺着火硝、硫磺"。一边读，一边思考怎样调整课文中相关的语言及内容。第3段的核心是什么？

生：点火。

师：让火船乘着东南风冲向曹操的船队。这就是"实施"。

（板书：实施）

师：最后是——结果。结果，如何来表达？看第10、11段。如果我们来表达，怎么写？

（板书：结果）

生：被点燃的火船驶入曹操的船队。

师：曹操失败的情况是怎样的呢？水上的情况是——

生：船被烧着了，哭声喊声混成一片。

师：烧死的、淹死的人马不计其数。还有呢？岸上的兵将——

生：丢盔弃甲，无心应战。

师：曹操只能带着这批残兵败将——

生：从华容道逃跑。

师：这个故事本身，我们都读得懂。但在读的过程中，必须一边读一边思考，一边思考一边重新调整课文的语句和内容。既要带着问题读，又要有所调整地读。复述不是把课文背一遍，而是要在自己能够理解的基础上，对语言重新组合，这样我们的记忆就更深刻了。学到这里，还有什么问题吗？

生：没有。

师：布置两个作业，任选一个完成。第一，以《黄盖献计》为题，写一段话。提示：在大军压境的危急形势下，黄盖献了两计。第一计是火攻，采用火攻的依据是什么？第二计是诈降，献诈降计的意义是什么？刚才没有讨论的内容，要回去自己思考。第二，以《曹军败北》为题，写一段话。提示：强大的曹军之所以败给弱小的东吴军，主要原因是什么？写两条。能完成吗？

生：能。

师：这堂课就上到这里，下课。

（整理者：上海市黄浦区曹光彪小学　平丽娜）

《莫泊桑拜师》课堂教学实录

执教时间：2016 年 5 月 27 日

执教学校：上海市大宁国际小学

执教年级：五年级

（师生问候毕）

师：今天我们上什么课文？

生：《莫泊桑拜师》。

（板书课题：莫泊桑拜师）

师：大家都读过课文了，在读课文的过程中，我们一定会产生问题。比如读这个标题的时候，大家从中读出了什么？或者还产生过什么问题？

生："莫泊桑拜师"能不能改为"莫泊桑求师"？

（板书：求）

生：我对标题产生了疑问。题目是《莫泊桑拜师》，可是我认为内容是写莫泊桑如何提高写作水平。

师：对的，读标题当然不只是读这个标题，还要跟后面的内容联系起来。读一个标题，就可以知道它大概是要讲一件事。既然是讲一件事，总会牵涉到一些人，比如：莫泊桑是谁？他拜谁为师？从课文中我们能知道，他是一个著名作家，也许还可以通过查找资料知道他是"短篇小说之王"。

这是我们在读标题的时候会想到的一些问题，但这些问题很快就可以得到解决。刚刚读标题，读出了这是一件事，我们就要想，既然是一件事，总要讲原因。

（板书：原因）

师：莫泊桑拜师的原因是什么？

生：他觉得自己写的文章不太生动，就想去请教。

生：他觉得他的文章太平常了，他想写得有特点。

生：他觉得他练了很多次，却怎么样也找不到感觉，所以他要去请教。

生：他想把他的文章写得与众不同。

师：写出特色，是吧？

生：我认为他是要更加进步。

师：大家都讲得很好，但是都只说了一点，如果我们把他拜师的原因组合起来，就是——

（板书：虽然……但是……于是……）

师：建议同学们以后上语文课把练习本带上，课堂上写一写。今天我们就先口头上说。

生：虽然莫泊桑写了很多书，也读了很多作品，但是他的作品非常平常，没有自己的特点，于是他就想找福楼拜学习怎样使文章写得有特点。

生：虽然莫泊桑酷爱写作，但却写不出什么特色，他焦急万分，于是他准备去拜当时的文学大师福楼拜为师。

师：说得很完整。要用这样的句子形式来回答这个问题，我们要考虑第 1 段和第 2 段。"虽然"后面的内容就是讲他的优点或者文学成就，大家说得很好。文中是怎么说的？文中说了三个内容：第一是他读了很多书；第二是他从小酷爱写作；第三是他曾经写过许多文章。所以"虽然"后面我们要把这三个内容组合起来。这三个内容可以分为两类，一类是读书，一类是写作，所以可以这样说："虽然莫泊桑读了很多书"，加一个关键词

"而且"——"而且从小酷爱写作,写了不少作品"。要把三个内容组织在一起,就要用到关联词。"但是"后面应该是哪几个概念?第一个——平平常常,第二个——没有特点或没有特色,第三个——不生动。"但是写出来的作品都是平平常常的",什么叫"平常"?一般来说,就是"普通",具体地说,一是没有特色,二是没什么受众。那么连起来,"但是"后面就可以说——

生:但是这些作品既没有特色,也没什么受众。

师:"于是"后面是什么,大家都说是跟福楼拜拜师,向他请教。还有吗?一个是实际的行为,一个是看到了自己问题之后的心情,"于是心里感到万分焦急,就去找福楼拜拜师"。我们按照一定的顺序把第1、2两段的内容组织起来,这个既是概括也是复述。概括或复述的过程中,有时候要减掉一点东西,有时候要增加一点东西,把原因完整地说出来。读一个故事,知道了原因之后,我们就要了解经过。

(板书:经过)

师:从后文来看,他一共拜师几次?

生:三次。

师:结果一样吗?

生:不一样。

师:第一次的结果是?

生:一无所获。

(板书:一无所获)

师:第二次的结果是?翻书找一找。

生:获得材料。

(板书:获得丰富的材料)

师:第一次老师提出了什么要求?

生:看马车。

师：不仅如此，还要？

生：还要记录，要长期坚持下去。

师：但是为什么没有什么收获？

生：因为他只是按照老师的要求把它记了下来，但是没有动脑筋去思考：为什么要把这件事情记录下来。

师：他记下来了吗？你怎么知道的？

生：他没有记下来，因为他觉得来来往往的马车都是一样的。

生：对的，他应该是觉得老师的要求对他没有什么帮助。

师：老师的要求对他没帮助吗？

生：可能有一点，但他没发现。

师：好的，这个问题的答案在哪里？

生：他很无奈地又去找了老师一次，老师这回又启发了他一次。

师：第二次教他怎么仔细描写马车？

生：教他仔细观察马车和马的动作，还有马车上人的表情。

生：福楼拜在教他一种方法，可以把同样的东西在不同情况下的样子写出来。

师：你说得有点意思了，我们要看老师是怎么指导的。先看前面说的两种情况。我们来读第 7 段。

（生齐读第 7 段）

师：老师这里也只是举例子。我们先来看，富丽堂皇的马车跟装饰简陋的马车都是马车，但是一样吗？

生：不一样。

师：这是抓住同一类事物的不同特征。烈日炎炎下的马车，狂风暴雨中的马车，可能是同一辆也可能不是同一辆；马车上坡时，马车下坡时，这是同一辆车——这是同一事物在不同情况下的不同特点。第一次拜师后他发现这些了吗？

生：没有，他觉得它们都一样。

师：我们现在在练习纸上写一写。第一题，借助板书写写拜师的原因。第二题，莫泊桑听了老师的第二次指导之后，终于明白观察事物不能怎么样，而要怎么做。

（生完成小练习）

生：莫泊桑终于明白，观察事物不能只一直乏味地观察，而应该掌握一些方法。

生：莫泊桑终于明白了，观察事物不能只观察表面，还要仔细地去发现同一事物的不同特点。

生：莫泊桑终于明白了，观察事物不能只看事物的表面，而要深入用不同的角度仔细观察。

生：莫泊桑终于发现，观察事物不能只观察事物的表面，而要仔细地去观察它，发现它别的地方的特点。

师：观察事物不能怎么样，我们前面没有说，但是我们从第 7 段福楼拜对他的指导中读出来了。事实并不像莫泊桑所说的没什么特殊的东西可写，而是要观察同一类事物的特点和同一事物在不同情境下的表现。因为莫泊桑第一次只看到了表面那些固定不变的东西，所以一无所获。因此，不能这样观察，而要那样观察，就能够发现新的东西。第三次他有了新的收获——

生：积累了很多素材，写出了有世界影响的作品。

（板书：积累了很多素材）

师：第三次拜师之后又懂得了一些新的东西，我们把它转换成练习三，这个题目该怎么概括呢？参照练习一概括原因，用关联词提示分析。第二次指导之后，借助"不能怎样，而要怎样"来说清楚莫泊桑明白的道理。第三次老师的指导，在第二次基础上又有一些什么新的东西？题目是怎么来表达的呢？首先我们要从拜师的目的来思考，第一次求教，他期望怎么样？

生：福楼拜说："这个问题很简单，是你的功夫还不到家。"

师：莫泊桑怎么急切地追问？

生："怎样才能使功夫到家呢？"

师：到第三次指导时，他的问题基本解决了吗？

生：解决了。

师：所以这里可以提炼出来"要使功夫到家……"，后面怎么表述，读读福楼拜的回答。

生："光仔细观察还不够，还要能发现别人没有发现和没有写过的特点。"

师：那可以用怎样的形式表达呢？

生：不仅……而且……

（生完成小练习）

生：要使功夫到家，不仅要仔细地观察，而且要能发现别人没有发现和别人没有写过的特点，还要让它不和其他的事物混同起来。

师：用怎样的方法不和其他的事物混同起来？

生：用画家的那种手法。

生：我有一个问题：读了文章我们知道，福楼拜到第三次才具体告诉了莫泊桑这些知识，那为什么他不可以归纳到一次直接告诉他，而要分三次？

师：这个问题是要思考的，你自己想想看，如果一年级时老师就把五年级的所有的东西都告诉你，你能够学会吗？想一想，答案不是唯一的。

生：我想回答他那个问题，因为福楼拜在一步一步很巧妙地启发莫泊桑，也体现了福楼拜是一名真正的老师和当之无愧的文学大师。

生：我想问，莫泊桑是一位作家，为什么福楼拜会让他用画家的手法？

师："画家的手法"是什么意思？是画出来吗？"画家的那种手法"

不是像画家那样画，而是很具体、很生动、很细致地把某些人、事、物的特点表达出来。其实我们现在基本上都明白，怎么把它转换成一种比较完整又简洁，而相互之间又有联系的表达。所以我们前面要讲清楚，不仅要仔细观察，而且要发现特点，还要用画家的手法把自己发现的特点写出来。经过这样长时间的反复练习，莫泊桑积累了大量的素材，写出了有世界影响的名著。

到这里，我们的课文基本结束了，但是我们的练习没有结束。课后完成练习四：莫泊桑成功的秘诀是什么？请注意，不要用一个词也不要只用一句话，而要把今天做的练习组合起来，分一、二、三、四点写好。练习五大家可以选做，其实刚才同学在回答问题的时候已经给出了答案——福楼拜是一位优秀的老师，课文题目叫《莫泊桑拜师》，我们可以把它转换一下：福楼拜是怎样一步一步地指导莫泊桑的？

这节课就上到这里，下课。

（整理者：上海市大宁国际小学　孙艳赟）

《养花》课堂教学实录

执教时间：2015 年 1 月 12 日

执教学校：上海市沪太新村第一小学

执教年级：五年级

（师生问候毕）

师：课文都读过了？读熟了没有？读懂了没有？读懂了一部分或者大部分，还有一点问题，是不是这意思？那么我们再来交流一下，先看看大家有什么问题。

生：在第 1 段中，他说："我只把养花当作生活中的一种乐趣，花开得大小好坏都不计较，只要开花，我就高兴。"为什么花开得大小好坏都不计较，只要开花，"我"就高兴呢？

生：我读了第 1 段的最后一句话，想对"运动场"提问，运动场在我的印象中是非常大的，而作者那个小院为什么会被称为"运动场"？

生：在第 4 段："在我工作的时候，我总是写几十个字，就到院中去看看，浇浇这棵，搬搬那盆，然后回到屋中再写一点，然后再出去，如此循环，把脑力劳动与体力劳动结合到一起，有益身心，胜于吃药。"我的问题是：为什么脑力劳动和体力劳动结合到一起有益身心，胜于吃药呢？

生：第 4 段写道："第二天，天气好转，又得把花儿都搬出去，就又一次腰酸腿疼，热汗直流。可是这多么有意思呀！"把花儿搬出去，"又一次腰酸腿疼"有什么意思？

　　生：我针对课题提问：为什么要养花？是谁要养花？

　　生：我在第 6 段找到"全家人都几天没有笑容"，这是为什么呢？

　　生：我读了文章第 7 段的第一句话，我想问的问题是："有香有色"中的"有色"具体指的是什么呢？

　　生：我对第 4 段提问：第 4 段为什么写了两次"腰酸腿疼"？

　　生：我对第 7 段提问：文中写的"有喜有忧""有笑有泪"是一个意思，这是不是重复了？

　　生：第 5 段的"更有秉烛夜游的神气——昙花总在夜里放蕊"，这里的破折号在文中是什么意思？

　　生：第 5 段最后一句话说："花儿分根了，一棵分为数棵，就赠给朋友们一些。看着友人拿走自己的劳动果实，心里自然特别喜欢。"我的问题是：为什么朋友拿走了自己的劳动果实，老舍先生心里还特别喜欢呢？

　　生：第 4 段写了两次"腰酸腿疼"，为什么作者还觉得种花有意思呢？

　　生：第 1 段说"我只把养花当作生活中的一种乐趣"，为什么老舍先生把养花当作生活中的乐趣呢？

　　生：第 2 段说："我只养些好种易活、自己会奋斗的花草。"为什么老舍先生只养好种易活、自己会奋斗的花草呢？

　　生：第 5 段中，"送牛奶的同志，进门就夸'好香'"，这里的"好香"加上了引号，是什么意思呢？

　　生："我不知道花草们受我的照顾，感谢我不感谢；我可得感谢它们。"花草是受老舍先生的照顾，为什么老舍先生还要感谢花草呢？

　　生：第 3 段中："而且三年五载老活着、开花，多么有意思啊！"具体是什么意思？

　　生："珍贵的花草不易养活，看着一棵好花生病欲死是件难过的事。我不愿时时落泪。"这里写"落泪"就行了，为什么要写"时时"呢？

生："我只养些好种易活、自己会奋斗的花草。"这里的"奋斗"指的是什么？

生："赶到昙花开放的时候，约几位朋友来看看，更有秉烛夜游的神气——昙花总在夜里放蕊。"为什么约几位朋友来看昙花会觉得神气呢？

生："在我工作的时候，我总是写几十个字，就到院中去看看，浇浇这棵，搬搬那盆，然后回到屋中再写一点，然后再出去，如此循环……"老舍先生在工作的时候还去院中看看是不是让人感觉三心二意？

生："北京的气候，对养花来说，不算很好。"既然如此，为什么老舍先生还要养花？

师：大家提了那么多问题，一定是认认真真、仔仔细细地读过了，有些问题是比较好解决的，比如破折号的作用就是解释；我们印象中的运动场是比较大的，然而是谁在运动？对于小猫来说，与屋顶——它的活动范围相比，小院就像是个运动场了。这一类的问题比较简单，我们在读的过程中稍稍想一想，也许就能解决了。其中的大多数问题和作者为什么写这篇文章是有关联的。在你们提的问题中，"是谁在养花？"这个问题是需要解决的，所以我们先讨论第一个问题：养花者是谁？你们一定会说老舍，我不是要你们回答老舍，而是要请你们回答：是怎样的一个人在养花？

生：爱花的人。

师：爱花，是的，可是爱花的人中，有的喜欢养名贵的花，有的喜欢养普通的花，他是一个养花的富贵人吗？

生：不是。

师：是的，他是一个普通的北京人。这是第一种回答。除了他的出身地位、有钱没钱，还可以从哪些方面来思考这是个怎样的人？

生：身有腿病的。

师：对，老舍是一个有腿病的人。

生：我从第 4 段知道，老舍先生是一个会感谢的人。

师：你读出一点味道来了，他不仅是一个爱花的人，还是一个善于感恩的人。

生：我从第 5 段中知道老舍是一个爱分享的人。

师：应该这样表述：爱把自己的劳动果实与大家一起分享的人。

生：我从第 4 段最后一句话看出老舍先生是一个爱劳动的人，就算他热汗直流也会觉得种花有意思。

生：老舍先生是一个享受养花乐趣的人。

师：是一个会欣赏的人。

生：从第 3 段"这就是知识啊！多得些知识，一定不是坏事"这句话中，我认为老舍先生是热爱学习的人。

师：热爱学习，善于获得知识的人。

生：我读了第 4 段，我觉得老舍先生是个非常负责任的人。

生：第 2 段让我觉得老舍先生是一个生活在北京的人。

师：你们都读出了不少信息，再读读第 1 段，还可以读出点什么来？

生：我觉得老舍先生是一个不计较花的大小好坏的人。

师：你先回答了我的第二个问题。没关系，等会儿我们还可以补充。我们先读读第一、二句："我还没成为养花专家"，养花专家是需要去研究与试验的。大家都从文中读出了就这篇文章而言，老舍是一个有着怎样的身份、有着怎样爱好的人。我们还能从刚才读的句子中读出，他不是一个专业的养花人，更不是一个养花的研究者，他只是一个爱花、爱养花的业余爱好者。正是因为他有这些业余的感受，所以他讲了养花的原因。既然他说他只是把养花当作生活中的一件乐趣，那么接下来你们要告诉我，这个乐趣不在于什么地方，而在于什么地方？这个乐趣是在于不计较花的大小好坏吗？

生：不在于花的品种珍贵。

师：这是第 1、2 段表述出来的，不在于花的名贵奇异，而在于？

生：养花的乐趣。

师：对，他写的就是养花的乐趣，养花的乐趣在于养花的什么呢？第 1、2 段写得更多的是"不在于"什么。刚才有同学提出了问题，作者说不计较花开得大小好坏，但是我们从第 2 段、第 6 段中看，他到底计较不计较？花开坏了，花死了，计较不计较？他说"好花生病欲死是难过的事"，不是难过吗？不也伤心吗？怎么来理解"不计较"？

生：老舍先生这样不是计较，而是一种惋惜。

师："惋惜"比"计较"还要深入一步，要伤心落泪了，这个问题怎么去思考？

生：老舍先生十分爱花，他把花当成了自己的朋友，花死了就好比失去了一个朋友。

师：那把花当成自己的朋友，不是更加斤斤计较了吗？朋友发生问题了，不计较吗？不难过吗？这里"好坏"的"坏"，和后面的生病欲死、被砸死是一个意思吗？这个"坏"是什么意思？"好"又是什么意思？

生：开得很好。

师：开得很欢，很茂盛。"坏"呢？开得稀疏，似乎不那么耀眼，似乎并不那么惹人喜欢，不等于一开就死。跟生病欲死、被砸死的"坏"不是一个概念。这是我们要思考的一点。

第 1、2 段更多的是在表述养花的乐趣不在哪，当然也点出了只要开花，乐趣在看它开花。那么我们应该从哪里读出养花的乐趣在哪里呢？从第几段开始读起？你读出了什么？比如我们从第 3 段读出了什么乐趣？你怎么概括？你读到"三年五载老活着""多得些知识"，还有吗？"摸着门道"，是不是啊？我们把这些内容概括出来，养花的乐趣"不在……而在……"？

生：摸着门道。

师：对，在什么情况下摸着门道？养花的乐趣在照管、关切它们的过程中摸着门道，形成经验，增长知识。我们可以这么来概括第3段。那如何概括第4、5段呢？

生：而在脑力劳动和体力劳动结合。

师：刚才同学们提出的这些问题，恐怕就跟"而在"哪里有关。我们怎么来提炼第4段？你们说"脑力劳动和体力劳动结合"，没问题，这是一个思考点，还有吗？脑力劳动和体力劳动结合能够调节自己的身心，那这是不是三心二意？

生：不是。

师：首先大家已经定位了，老舍是一个有腿病的人，不易于久坐的人。这是他三心二意吗？即使没有花，他坐了一定时间，也要起来走走。讲乐趣"而在"哪里，不能说"乐趣在于能够将脑力劳动和体力劳动相结合"，要说"乐趣在于通过养花，来有益身心"。为什么养花"胜于吃药"？因为养花帮他不久坐，一会儿写点东西，一会儿走走、看看、浇浇、搬搬，所以"养花的乐趣不在……而在于通过养花，有益身心"，不仅如此，"而且通过养花，发现真理"。

"这多么有意思啊！"这"意思"在于调节了身心，增进了健康，劳动能使腰腿生汗，不是起到这个作用吗？而且还发现了真理。大家要这么去概括。到了第5段，讲了三件事，还用"乐趣在于……"来提炼——听到别人称赞花，与朋友一起夜间赏花，与朋友们分享劳动果实。我们这样思考之后，是不是很多的问题都可以得到解决？我们要解决问题的话，不能一个问题接着一个问题来思考，而要把它放到一个比它大一点的问题下面去思考。看，刚才有同学对"自己会奋斗"提问，我现在不是来回答这个问题，我要大家思考的是：第2段和第3段是如何关联起来的？如果说第1、2段更多的是讲"不在于"，第3段是开始讲"而在于"，而第2段的结尾处说"因此，我只养些好种易活、自己会奋斗的花草"，这里的"奋斗"是和什么奋斗?

生:和北京的气候奋斗。

师:因为珍贵的花,不易养活,它很难自己奋斗,而好种易活的花呢?它自己会跟冬天的冷、春天的多风、夏天的干旱或大雨倾盆、秋天的霜冻抗争。第2段是讲它自己的抗争,然而光通过它自己的抗争行不行?虽然它有这个能力,但是它还是需要养花人的照看、关切。第2段的"不在"是从"自己奋斗"转到第3段的"而在"的。

我们接着思考,第4段怎么和第3段关联起来?第5段怎么和第4段关联起来?这是需要大家思考的问题。今天我们不一定一段一段地来讨论,但是我们在读的时候需要做这样的事。同学们提出的问题,还有许多没解决,也是我们在读的过程中需要思考的,比如:两个"多么有意思啊",前一个"多么有意思"指的是什么,后一个"多么有意思"指的又是什么?大家就要思考,"多么有意思"之前说了什么,之后说了什么。比如前一个"多么有意思"是花草生命力这样旺盛,三年五载还活着,还开着花,这个"有意思"背后是什么?通过这个"有意思",从对门道的琢磨和实施中获得了知识,对应的"有意思"也是一样的。我们是不是要做这样的思考?读这篇文章,虽然没有很大的难度,但在读的过程中恐怕要做这样的思考。

这篇课文题目是《养花》,我们刚才知道了老舍不是一个专业的养花的研究者,而是一个业余的实践者、爱好者,他在实践中给我们提供了养花的多种经验。通过这篇文章,你读出了哪些作者所说的养花的基本经验?在这样的经验之下,他不断地获得乐趣,有哪些养花的意义?说一点从中体会到的原因。这是今天的作业。

（整理者:上海市沪太新村第一小学　顾　敏）

《慈母情深》课堂教学实录

执教时间： 2014 年 9 月 22 日

执教学校： 上海市大宁国际小学

执教年级： 五年级

（师生问候毕）

师：同学们已经拿到教材了，按照你们的预习要求，先自己读文章。

（学生自行阅读）

师：我看大多数同学已经读完了。学习课文的时候，我们需要一起讨论。那么，我怎么知道你们说到了哪里？

生：标自然段序号。

师：自己读的时候，不标没关系，如果要课堂讨论，就需要标上自然段序号。这是第一。第二，我还发现有的同学查过字典，很好！那么查的这个字或词，是不是应该做一点记号？第三，通过默读了解了故事的大致内容后，可以出声读一读。第四，想一想，为什么刚刚老师要发下这张纸？不必回答，自己想。好，现在我们继续。

（学生阅读，教师巡回指导）

师：这张纸上首先应该写什么？

生：标题。

师：写一写。

（教师继续巡回观察指导）

师：大部分同学已经做完该做的事了，有的已经开始在做练习了。练习不必着急做，今天未必要做这个练习，但是，能够参照练习来看，那是很好的。

我刚才说了，看完、查完的同学可以读一读。当你们出声朗读时，我就知道你们基本看完了，大家自由读起来。

（学生自由朗读）

师：好了，待会儿再读。现在看看你的这张纸，除了标题之外，还写了什么？

生：我还在这张纸上写了一些用字典查过的、不理解意思的词语。第一个是在第25段的词语——"龟裂"。"龟裂"在字典里的解释是"皮肤因寒冷或干燥而破裂"。第31段还有一个"攥"，它在字典上的解释是"用手握住"。

师：除了查字词之外，你还做了什么？

生：我还对一些句子的理解做了标记。第33段写道："不是说买书，妈才舍不得给你钱呢！"我觉得他妈妈是想让孩子学好知识，以后就不会像自己一样那么辛苦地挣钱。

师：你已经开始理解了。还有什么？

生：我标记的也是对句子的理解。"直接吃进肚子里的东西当然不能取代'精神食粮'"，这句话的意思是卖了收音机换来的钱是我们的饭钱，而不是精神食粮。

师：你是读懂了这句话，还是有问题？

生：我觉得我是读懂了。

师：请坐。我知道了大家做的事情。第一，通过查字典，把不理解的字或词的意思写在纸上了。那我要告诉大家的是：不一定把注释都写上去。

因为有些注释即使写上去了，也未必记得住。但是，查过，跟没有查过，那是不一样的；留下痕迹，跟没留下痕迹，那是不一样的。以后再碰到的时候，想想看，还记得起来吗？记不起来，宁可再查。不必把字典上的解释原封不动地写在你的纸上。但是，要写下这个字或词，你会印象深刻。第二，对于初读时不那么理解的句子，现在读懂了，也可以写下来。但是，不需要把它具体是什么意思写下来。第三，在阅读过程当中曾经产生而目前似乎还不能解决的问题，可以写下来。我看大家还没有养成这种习惯，没关系。有的同学说写在课文旁边，那当然也可以。

接下来，我就要问了，有谁在这张纸上或在课文的旁边记录下问题？

生：整篇文章基本上都是对话，为什么课文中运用了很多的语言描写？

（师板书：对话）

生：第9段写道："我大声说出了母亲的名字"，为什么不直接用对话的形式来写？

（师板书：⑨不对话）

生：在第33段，这个孩子明明给母亲买了水果罐头，为什么母亲还要再数落他？

（师板书：㉝㉞数落）

生：这篇文章的题目是《慈母情深》，文章最后写道，"从此，我有了第一本长篇小说"，和这个标题有什么关系？

［师板书：㉟从此……（标题）］

生：在第4段，"我来到母亲工作的地方……"他怎么知道其他工作的人都是母亲？

（师板书：④母亲们）

生：在第15段，"背直起来了，我的母亲……"中为什么用分号间隔？

师：这里分号、分号、省略号的用意是什么。

（师板书：⑮；；……）

生：一般我们都说"我的母亲背直起来了"，这里为什么反过来说？

师：为什么用这样的语序。

（师板书：语序）

生：第13段和第14段是完全相同的，为什么不可以放在一段里？

师：为什么这两段不合并。

（师板书：⑬⑭分写）

生：第3段写的"吃进肚子的东西当然不能取代'精神食粮'"，我觉得吃进肚子的东西能填饱肚子，能维持生命，精神食粮既不能填饱肚子，又不能维持生命。要是只靠精神食粮的话是不能过日子的。

（师板书：③精神食粮　过日子）

生：第35段的省略号省略了什么？

（师板书：㉟……）

生：在第34段中，明明母亲数落了"我"，她很生气，为什么最后还要给"我"钱买《青年近卫军》呢？

（师板书：㉞还凑钱）

生：第12段中写"灯泡烤着我的脸"，为什么一定要用"烤"？能不能换成其他词？第二个问题是，第13、14段中的省略号为什么不能换成感叹号？

（师板书：⑫烤；⑬⑭……→！）

生：第34段写"我想我没有……无论为我自己还是为母亲"，他是可以对母亲说他不买书了，把钱给她，留着过日子。但是他为什么还是买了呢？

（师板书：㉞没有→买书）

生：我感觉第34段后面缺了作者的想法，就是到底要不要买这本书，还缺了最后他的行动，所以我觉得第 34 段和第 35 段之间还可以再补一段。

（师板书：㉞缺了想法、行动）

生：为什么整篇文章会有这么多省略号？

师：省略号的问题，我们一并说。

生：第 10 段和第 11 段要分写？

师：明明是同一个老头既说又指，却要分开来写。

（师板书：⑩⑪分写）

生：第 4、5 段，噪声震耳欲聋，不倒过来写？

（师板书：④⑤噪声震耳欲聋）

生：在第 25 段，"掏出一卷毛票"，"毛票"是什么意思？

师：这个比较简单，我就不写了。知道"毛票"是什么吗？就是以角为单位的钞票。

生：我需要补充一下，我在家里读过这篇文章，它其实是出自梁晓声的《我的母亲》，很多人提出的问题可在他的原文里面找到答案，现在这篇文章是删改过的。

师：那你的问题是什么？

生：没有。

师：噢，你就是想告诉大家，原文不是这样的。

生：作者为什么买水果罐头，而不买书，他不心疼妈妈的钱吗？

（师板书：买水果罐头，不买书）

师：好的，提问先到这里。虽然你们没有把问题写在纸上，但是你们在课文旁边做上记号，心里有了想法。这些问题都是比较具体的，当然也有跟全文有关的。要解决这些问题，我们要先看一看课文题目《慈母情深》。

（师板书：慈母情深）

师：这些问题跟慈母到底构成一个什么关系？这是不是我们要考虑的？接下来，我们一个问题一个问题讨论。请拿出练习纸，实际上这也是它的第四个作用——帮我们完成一定的课堂练习。先把课文往旁边放一放，只拿出练习纸。

先听写两段。如果我不读，大家知道第 29 段说了什么吗？不知道也没关系。我读，你们先听。不是我读一句，你们就写一句。我读你们听，听完再试着写一写。

"那一天我第一次发现，我的母亲原来是那么瘦小！那时刻我努力要回忆起一个年轻的母亲的形象，竟回忆不起母亲她何时年轻过。"写！

（生写）

师：第 30 段："那一天我第一次觉得我长大了，应该是一个大人了。并因自己 15 岁了才意识到自己应该是一个大人了而感到羞愧难当，无地自容。"

（生写）

师：没有写全，或者是没有写对，没有关系。等会儿核对一下就知道了。为什么要求大家听写这两段，想过没有？一是这两段跟接下来我们要讨论的问题息息相关。当然，还有第二个目的：我们要养成这样的听写习惯。即使不是听写，自己读书的时候，看到那些曾经很深地打动自己的语句，要有意识地记一记。第三，我们已经五年级了，在写的过程当中，我们要知道有些最常用的字、词该怎样写。后面两个目的是需要在接下来的语文学习中一直做下去的，而不是只在这堂课中完成。

接下来，我们来看第一个目的，这跟我们要读的这篇文章以及大家提出的问题相关。他说"那一天"，如果要概括的话，是指哪一天？

生：是指"我"到母亲工作的地方向她要一元五角钱的那一天。

师："第一次发现"，怎么发现的？你不要直接回答我。找一找前文中有没有"第一次发现"？读一读，圈一圈。第一次发现母亲的瘦小在第几段？

生：第 12 段。

师：因此，"第一次发现"后面应该做个记号吧？不要把第 12 段抄上去，但要知道它在第 12 段，这是我们能直接发现的。大家把第 12 段读一读，再体会体会。

（生读）

师：不用举手，回答是很简单的，关键是我们要想。"我……看见一个极其瘦弱的……"除了直接写作者看到的"瘦弱的""脊背弯曲的"母亲，还跟什么相关？

我们来看"阅读新体验"第 3 题的环境描写，有"两次"，除了刚才第 12 段之外，还有哪一次？请圈出来。在第几段？

生：第 5 段。

师：好，这是显性的。环境跟母亲的瘦小还包含着其他很深的含义，这个以后我们慢慢体会。

写环境的只是这两处吗？

生：不是。第 4 段"人多"也是说明环境恶劣，不像我们这里坐得很宽松。

师：今天会场里人也很多，有七八十个人，这就说明环境恶劣吗？

生：因为那时候是没有空调的，如果我们把空调关了，进来那么多人，肯定很热。

师：第 5 段直接写"噪声震耳欲聋"，你有没有在其他地方读出"震耳欲聋"？母亲也好，她旁边的女人也好，说话时是怎样的？

生：大声地说！

师：必须大声喊。喊了几次？包括"我"自己，也是大声地说出母亲的名字。既然讲环境，除了找到显性的描写以外，还要把隐性的圈一圈。

我要继续问的是：除了声音嘈杂之外，还有什么环境描写？刚刚有同学提出为什么第 12 段要用一个"烤"字？请你在旁边自己写一写。

除了声音大，环境还非常的——

生：热。

师：闷热。电灯泡一直在"烤"。除了闷热，还有什么？

生：污染。

师：母亲戴着——

生：褐色的口罩。

师：这么闷热的地方，居然还戴着口罩，说明什么？

生：污染。

师：虽不是尘土，但是做东西总归会有沙尘。

这是在怎样的环境当中？声音——

生：嘈杂。

师：或者说是震耳欲聋。人多，很挤，再加上闷热，而且沙尘飞扬。这里除了环境，还写了母亲工作时的状况吧。有同学问为什么用两个分号——我们发现句子之间是并列的，但动作是有连续性的，为什么把它们变成并列的了？看看这里，有三处"我的母亲"，"我"不仅发现母亲的瘦弱，还关注到母亲的工作状态。于是就涉及"阅读新体验"里第 2 大题第 1 小题。要清晰地把它表述出来是不容易的。如果我们换一个表达方式："背直起来了，这就是我的母亲啊；转过身来了，这就是我的母亲啊；望着我的，这就是我的母亲啊……"体会一下，这次是怎样的感觉？这就叫"第一次发现"。原来"我"的母亲是这样工作的。"我"第一次发现，她是这么瘦小。

在做批注时，不用非常具体地表述如果把它倒过来将会产生怎样的表达效果，但是要在心里有感觉：一个只是比较客观地表述了母亲转过来见到"我"的状况；一个是带上了强烈的感情。是不是？

生：嗯！

师：所以，第 29 段跟这些都是相关的。

为什么喊两次"妈"？这既说明了声音嘈杂，又跟第 12 段的表述是一致的——看到这样的母亲，"我"情不自禁地喊了两遍。当然，不只这些，我们只是先做这样一个讨论，下课以后可以再读，再体会。

来看第 30 段，有一个"第一次"，那这个"第一次"具体表现在哪？发觉"我"长大了，所谓的"长大了"就是跟过去不一样了。那么过去的"我"是怎样的？文章当中有没有写到？

生：有。

师：有的话，要做做记号。"第一次"发觉"我"长大了，那文中有没有能表现"我"没长大的？

生：有。

师：请你圈一圈。比如——

生：第 2 段。

师："我"想长篇小说"想得整天失魂落魄"。什么叫"失魂落魄"？

生：魂魄飞出去了。

师：这个有点夸张，实际上要表述什么？

生：他非常想要这本书。

师：是呀！想到没有心思做任何事。思想都不能集中了。好，第 2 段是显性的。还有没有？

生：第 20 段。

师：等会儿说第 20 段。第 3 段里面也写到了，读出来了吗？

生：有。

师：其实，同学已经关注到了，（板书圈画"精神食粮　过日子"）当然这里光关注还不够，等会儿还要用。你看，家里是怎么生活的？

生：把收音机卖了……

师：这是过去的"我"。而今天的"我"发觉"我"长大了，是因为——

生：是因为他学会要孝敬父母了，这是我从第 32 段里面体会到的。

我还感觉旁边的那个女人说的那句话也是很重要的，因为她说的那句话让我体会到作者小时候……

师：我明白你的意思了，你抓到了这个点。

我们是这么来思考的。我倒不是说具体怎么来回答，而是说怎么来思考。这跟第 29 段有联系，"那时刻我努力要回忆起一个年轻的母亲的形象"，看到母亲这样，"我"要回忆了，"我"居然不知道她什么时候年轻过呀！"我"发现自己对母亲，不只是不关心，甚至是一点都没有真正注意过。而这个"长大"其实在前面也有，谁找到了？

生：我发现在第 25 段，"用指尖龟裂的手指……"，这说明母亲在这个工作环境里面待久了，不管是内心还是外在，都受到了一定的伤害。所以作者决定用一元五角钱给母亲买水果罐头。

师：对。"我"已经具体而微地发现了母亲龟裂的手指，过去的"我"会发现吗？

生：不会。

师：说明"我"长大了。而且，他在去要钱的时候，"你来干什么？""我……""我……要钱……"尽管"我"讲出了想要钱，然而他本心是——

生：不想要！

师：现在"我已不想说"跟之前"我想有一本……"，是不是说明"我"长大了？

生：嗯！

师：尽管说出来了，然而内心是无以表述的。

我要问了，作者是真的长大了吗？第 30 段"我长大了"，真的长大了吗？

生：不是，因为 18 岁才成年。这里是指作者想保护妈妈的那颗心长大了。

师：看来"长大"是在这个语言环境下说的。作者说"我长大了"。那长大的标志首先是——

生：关心家人……

师：懂母亲。那么他真懂母亲了吗？

生：没有。

师：你怎么知道的？

生：第 34 段写到他买了一个水果罐头，而母亲是想让他拿这些钱去买他想要的书的。

师：刚刚有同学提问，作者为什么要买水果罐头，而不直接去买书？第 34 段为什么说"我"没有权利再给自己或者母亲买其他什么东西了？无须举手，你们要想：为什么要买水果罐头？买水果罐头体现出"我"会关心、会体恤母亲了，确实是长大了。"我"想给母亲买点东西补补。但是，他懂母亲了吗？

生：没有。

师：懂不懂母亲，前面有没有体现？我们先不说。在旁边的那个女人说出那一番话之后，母亲是怎么回答她的？

（生纷纷举手）

师：这一点，你们都知道了，所以要思考。我们要在这些方面多想想。刚才你们看完这篇课文之后，急着做练习，我说不要急着做。这次练习的三个点很好。第一个抓住了"买水果罐头"和后来的"凑钱"，这和第 30 段"我"的长大有着密切的关系。第二个关注两处的语言形式，一处是把"我的母亲"放在后面，还有一处是用四个"立刻"——"立刻又坐了下去""立刻又弯曲了背""立刻又将头俯在缝纫机板上了""立刻又陷入了忙碌"，从这四个"立刻"里面我们读出了作者当时的感觉。第三个点也很好，两处环境描写，一定要关注母亲是处在怎样的环境中，供孩子吃、供孩子穿、供孩子上学、还要供孩子读闲书。所以不要直接回答，而是要去思考，去体会。同学们回去要做一点梳理。

这里给大家出两个题目。第一个题目："我读出了慈母的情深……"第二个题目："'我'体会到了慈母的……"这两个题目任选一个做。请注意，第一题中的"我"指的是在座的同学们。第二题中打引号的"我"指的是——

生：作者。

师：对，沉浸进去，你成了里面的作者。

第一题，想想自己怎么读出了慈母的深情？第二题，"我"体会到了……请注意，不只是母亲的艰辛，还有母亲的什么？在两个题目中选一个，把我们今天讨论的东西梳理一下。也许，有些问题我们今天没有重点讨论，但是通过今天的讨论，想想看，这些问题是否可以解决？今天就上到这里。

（整理者：上海市大宁国际小学　孙艳赟）

《月光曲》课堂教学实录

执教时间：2014 年 1 月 2 日

执教学校：上海市长宁区实验小学

执教年级：五年级

师：正式上课前，先自己读课文，边读边把自己不了解的内容圈画出来。（询问有没有查过词语意思）按照自己的学习习惯，先读一读，如果有问题，记一记，想一想。

（生读课文中）

（师生问候毕）

师：刚才我们读了《月光曲》，（板书：月光曲）课文内容和一个词有关，（板书：谱写）"谱写"是什么意思呀？

生：谱写就是写一首乐曲。

师：写下一首曲子。

生：就是写一首自创的曲子。

师：这名同学用了一个词——"自创"。翻开书本，看第二条"学习小建议"："著名的《月光曲》是怎样被"——

生："创作出来的"。

师：所以这里的"谱写"实际上也是"创作"的意思。这个问题大家读过课文之后能回答吗?

生:传说贝多芬在晚上听到一间茅屋里传来断断续续的钢琴声,(板书:传说)他进了房间看到鞋匠的妹妹正在弹奏他的曲子,后来他对着月光创作了这首《月光曲》。

师:请大家注意,问题问的是"怎样被创作出来的",这个问题能用"传说"这个词吗?

生:不能。

师:这个词是什么意思?

生:还没有被证实过是真的。

师:"传说"指民间流传的,而这个流传呢,大多是指口头流传,口口相传,一代代传下来,它可能是真实的,也可能是不真实的。现在我们听一遍朱老师朗读课文,请大家边听边思考,把这个故事在脑子里梳理一遍。

(朱震国老师朗读课文)

师:谁谱写了《月光曲》?

生:贝多芬。

师:请大家自己静下来想一想,《月光曲》是怎样被创作出来的。如果有想不明白的地方,就翻开语文书看一看。举手表示你想好了。

刚才我问大家:《月光曲》是谁创作出来的,这是怎样的一首曲子。接着我们来看一看它是怎样被创作出来的,首先要说清楚,在什么时间、什么地点、什么情境下,这些信息在课文第几段。

生:第2段。

师:我们一起来读读看。

(生读第2段)

师:课文用叙述故事的方式讲了它是在什么情境下被创作出来的。现在我们来想象一下,这是怎样的一幅画面。这是一个秋天的夜晚(板书:

秋天夜晚），在什么地方？

生：茅屋。

师：莱茵河边上的一个小镇，小镇上有一条幽静的小路，小路旁有一所茅屋，那所茅屋里传出了断断续续的钢琴声。（边说边板书：莱茵河、小镇、小路、茅屋、琴声）根据这些内容，就能够在脑海里呈现画面。先想想看，然后把这个画面描述出来。你们可以在书旁边找个地方，把想象出来的画面，根据板书写出来。我现在只写了几个词语，你们要把这些词语组织起来，变成一段有画面感的文字。我举个例子：一个秋天的夜晚，有没有月光自己想象，这个夜晚的莱茵河畔的一个小镇……就这样写写看，把原本叙述性的语言变成描写性的。

（生撰写）

师：听清楚要求了吗？把想象出来的画面用文字表达出来。请一名同学读一读。

生：一个秋天的夜晚，莱茵河边的小镇上的一条小路上，断断续续的琴声从茅屋里传来，贝多芬先生听到后，走进了茅屋，看着窗外皎洁的月光，写下了《月光曲》。

师：继续强调画面，画中有什么？"秋天"也许在画中表达不出来，那"夜晚"可以通过月光来表现。不是讲故事，而是要描述这画面里有什么？

生：画面里要有月光、微云、河、落叶，还有……茅屋。

师：现在无法展现画面，但可以用文字表述，这个表述的意思就对了。要写清楚画面里面有什么，这个画面中贝多芬还没有进去，是大家都能看到的，还有人写了"一百多年前的"。"一个秋天的夜晚，夜晚中的莱茵河畔，莱茵河边上的一个小镇，小镇上的一条洒满月光的、幽静的小路，小路旁的一所茅屋，茅屋里传出的断断续续的琴声。"像这样转换之后，和原来有什么不一样的地方呢？

生：文中是叙述语言，而这次是把画面给展现出来。

师：刚才是叙述性的，写了事情发生在什么地点、什么时间、什么情况下、谁在那里干什么。而现在，大家感受到的是这样一幅画面，写的是画中有什么。那再想想，当你看到了这样的夜晚——夜晚的莱茵河畔，莱茵河边上的一个小镇，小镇上的一条洒满月光的、幽静的小路，小路旁的一所茅屋，茅屋里传出的断断续续的琴声——这是一幅怎样的画面？我们能不能用一个词语概括这个画面？

生：清幽的。

师：清幽是什么意思？

生：清静、幽美。

师：幽美的、宁静的。在这样的一幅画面中，贝多芬进入了茅屋，他看到了这样的画面，听到了这样的断断续续的琴声，而且弹的还是他的曲子，你判断他此时是在怎样的一种心境下走进茅屋？

生：着急。因为这是他的曲子，然而茅屋里琴声是断断续续的。

生：好奇。

生：疑惑。

师：因此他走进这个茅屋的时候是——（板书：情不自禁的）不知不觉地就来到了这间茅屋里。那在这个晚上，贝多芬的"情不自禁"可能有几次？比如第二次"情不自禁"又是怎样的画面？要如何转换语言？不用写，直接想。把课文中相关的词语句子圈画出来，然后想一想。

我们来看看，贝多芬是在怎样的情境中才有第二次"情不自禁"？

生：贝多芬发现一个小姑娘正在弹奏他的曲子，他情不自禁地想弹首曲子给姑娘听。

生：我觉得这个时候贝多芬还没有这样的情感。当他弹完第一首曲子后，"一阵风……格外清幽"，他才有灵感去创作出《月光曲》。

师：你提出了"灵感"。这应该是他第三次"情不自禁"，而后灵光乍现。第二次"情不自禁"在第 4 段，我们读读第 4 段开头怎么说。

生："贝多芬听到这里，就推开门，轻轻地走了进去。"

师：贝多芬怎么走进去的？

生：轻轻地走进去。

师：敲门了没有？

生：没有。

师：是不是"情不自禁"呀？读到这里，头脑中要有这个画面——茅屋里有一对穷兄妹，穷兄妹没有钱买音乐会入场券，不能聆听贝多芬的曲子。所以他情不自禁地进屋了。贝多芬听到了对话，又看到了什么情景呀？自己读一遍，把相关语句圈画出来。

微弱烛光下的做着皮鞋的鞋匠，和坐在旧钢琴前的只有十六七岁的盲姑娘。看到了此景，他自然就过去说了："我是来弹一首曲子……"他情不自禁地为姑娘弹起了刚才她弹奏的曲子。当然，读到这里还没有结束，他还没有创作《月光曲》。刚才有同学说的灵感还没有出现，但实际上他已经有了一点沉淀。第四次"情不自禁"又是怎样的呢？他在怎样的情境下，又情不自禁地弹出了《月光曲》？

生：我觉得他在清幽的月光下，触景生情，创作出了《月光曲》。

师：仅仅是因为月光吗？还是什么？

生：侧面描写了他愿意给这个姑娘弹曲子。因为前文中说，贝多芬表演的入场券太贵了，贝多芬想为她弹曲子，表达自己的心意。

师：再次强调，在什么情境下？这个时候写到月光了吗？

生：我觉得是因为盲姑娘听得入神了，赞叹："弹得多纯熟哇！感情多深哪！"

师：她是一个怎样的姑娘？盲姑娘、穷姑娘。她从来没有听过贝多芬弹曲子，但她一听就知道，这是贝多芬弹的曲子。因此我们要想一想，贝多芬是在这样的情境之下，说："再给您弹一首吧。"接下去把第 3、4、

5、6 段读一读。

（生读语段）

师：就是在这样的情境下，他看到了照进窗子的那束月光。贝多芬弹《月光曲》的时候，这个皮鞋匠和盲姑娘所看到的情景是怎样的？先看书，读一读，然后把书合上，不看书，告诉我。先想一想，有些什么景物啊？月亮、海面、微波、微云、大风、巨浪。（板书以上景物）根据这些，我们能不能大致背出来？先把皮鞋匠看到的景色背一遍。

（生背语段）

师：先集体背背。可以看书，也可以看板书。

（生背："皮鞋匠静静地听着……涌过来……"）

师：在你们背的过程中，实际上也已经在脑海中转换出了画面。我们虽然没有听到《月光曲》，但是我们可以读着文字想象到画面。这个画面，盲姑娘看到了吗？你怎么知道的？这画面不是哥哥看到的，文章写了是盲姑娘看到的吗？文中表示"安静"意思的词语有点多，有哪些？

生：第 2 段里的"幽静"，第 8 段里的"清幽"，第 9 段里的"静静地""恬静"。

师："恬静"是什么意思？说明盲姑娘如同她哥哥一样沉浸在美妙的乐曲声中。

生：被这美妙的声音陶醉了。

师："沉浸"就是陶醉在某种声音中。那这个"沉浸"是被动行为还是主动行为？

生：主动行为。

师：所以把这个"被"字去掉。兄妹俩陶醉在美妙的琴声中。这是《月光曲》诞生的过程。

现在你知道，《月光曲》是"这样"谱成的。"这样"是怎样的？刚才我让大家转换，现在需要提炼、概括，简要地提炼贝多芬创作《月光曲》

的全过程。自己梳理一下，哪些东西在简要叙述中不需要，哪些是一定要留下来的呢？

生：在一年秋天，德国音乐家贝多芬在散步的时候听见茅屋里传来了断断续续的钢琴声，他情不自禁地推开门，看见了一个盲姑娘和她的哥哥，他为盲姑娘弹奏自己曾经写过的曲子，又借着月光和一缕轻纱似的微云，写下了《月光曲》。

生：德国音乐家贝多芬在一个秋天的晚上走在一条幽静的小路上，听见从一所茅屋中传出了断断续续的琴声，贝多芬情不自禁地走入茅屋，为这个在弹钢琴的盲姑娘弹奏了完整的曲子，伴着皎洁的月光和《月光曲》，盲姑娘的哥哥仿佛看到了月光照耀下的波涛汹涌的海面。

师：现在是简要叙述，可以把一些描述画面的语句去掉。刚才在读的过程中，大家需要一边读一边在脑海中呈现画面。而现在叙述，只要把故事的发生、发展讲清楚，哪个国家的谁，在什么时间，在哪里，在什么情境下弹出什么——没有结束，此时只是"弹出"，最后成为《月光曲》，还有一个尾巴没有讲到——"（贝多芬）飞奔回客店，花了一夜工夫，把刚才弹的曲子——《月光曲》记录了下来"。

讲清楚什么时间、什么地点、谁在干什么，而后他听到什么看到什么，其中有一个很核心的内容——其实贝多芬自己也被皮鞋匠和盲姑娘打动了。在这样的情境下，看着清幽的月光，在一瞬间弹出了音乐家心中的《月光曲》。因此，不能说他是看到月光之后才创作出曲子，应该是从第一次情不自禁开始就已经在内心孕育这首曲子。而在听到兄妹俩的谈话，看到了屋里的情景，尤其是看到了盲姑娘之后，贝多芬升华了。弹完以后，贝多芬发现盲姑娘对音乐的理解居然如此深刻，对音乐如此敏感，才情不自禁地弹出了《月光曲》。而后贝多芬奔回客店，记录下这首曲子。

所以，我们在读课文的时候，首先要有这样的画面感，要会转换；其次要提炼故事的要点。读到这里，还有什么问题吗？

生：最后一段，为什么贝多芬要回客店把《月光曲》记录下来？

师：回顾贝多芬创作的全过程，他弹出这首曲子只是一瞬间的，经过这样一段时间的孕育，乐曲倾泻出来是一瞬间的，这个灵光要抓住啊，所以他回到客店写出来。

《月光曲》的诞生和他见到的什么情景有关？不止一个，和第一、二、三、四次"情不自禁"都有关，包括这些景色、这些心情，以及他见到的透过窗户的清幽的月光，让他在这样一个特定的情境下弹出了曲子，并把它记录了下来。

刚才我们主要是从贝多芬创作《月光曲》的角度来思考的。我们也可以换一个角度来思考，从穷兄妹，尤其是盲姑娘的视角来思考。给大家布置一个作业，写一篇：《我看见了月光照耀下的大海——一个盲姑娘的幸福回忆》。要从盲姑娘的视角思考，想想写的时候哪些东西要留下，哪些可以舍去。

我们再请朱老师为大家朗读一下课文，脑海中想象画面。

（朱震国老师朗读课文）

师：下课。

（整理者：上海市长宁区实验小学　杨悦怿）

《少年中国说》课堂教学实录及教学阐释

执教时间： 2021 年 12 月 22 日

执教学校： 上海外国语大学静安外国语小学

执教年级： 五年级

（师生问候毕）

师：课文都读过了吗？说说读了课文之后有什么问题。

生：文章为什么一开头就出现了一个"故"字？

生：第 2 段为什么都用四字句？

生：作者还想说什么？

师：刚才大家提出的，是为了读懂这篇文章而提出的问题。我们读文言文先要解决实际存在的问题，如果这些不能解决的话，我们恐怕很难读下去。"说"和"故"大家都提出来了，加个点。还有两个字看起来没有问题，但是读着读着似乎又有点问题了，它们在第 1 段里，一个是"智"，"少年智则国智"，第二个是"富"，"少年富则国富"。这两个字加点，等一下要考虑为什么。而后第 2 段，给"河出伏流"画条线，给"奇花初胎"画条线，结尾处"与国无疆"的"疆"加个点。

大家对我所提出的要加点的词是否能理解？能解释吗？比如这个"说"是什么意思？尽管你们没提问，但这是实疑——实际可能存在的问题。

"说"是什么意思?

生:"说"代表的是一种文体,是议论的意思。

师:我们在读文言的时候,经常会看到"说",这是文言文当中的一种文体,主要是用于议论的,相当于论说的意思,文题就等于是"论少年中国"。等我们读了初中以后,还会读到很多这类文章,比如《捕蛇者说》。我们现在先建立一个印象。"智""富"等会儿讨论,最后一个"疆"谁能解释?

生:我认为这个"疆"就是指疆土,"我中国少年,与国无疆",应该就是中国少年的志向和国土一样无边无际。

师:好,请坐,很有自己的见解,这个词典上大概是查得到的,但是这个"疆"字恐怕跟我们一般所说的国家、疆土不完全一样,想想看还可能是什么?

生:我觉得可能是边疆。

师:国疆、边疆、疆土、疆域,是吧?有一个现在大家不太说的"万寿无疆",这个"疆"也是国的边疆吗?

生:我觉得它可能是尽头的意思吧。

师:有道理,"疆"的确是疆域、边疆,但是它打破了这个疆域,是没有尽头、没有结束、没有限制。其他的字句,比如刚才说的"河出伏流",我们在讨论的过程当中再来思考。

刚才同学提出了这个问题:少年和中国到底是什么关系?我想换一个角度来提问。从下面所写的内容来看,似乎是在讲中国少年,文题应该是《中国少年说》,不应该是《少年中国说》,为什么作者用"少年中国说"为题?你们要思考两点:第一,我认为应该是《中国少年说》,而不是《少年中国说》,你们同意吗?第二,假如同意,说说他为什么用《少年中国说》?假如不同意,说说看为什么不同意?

生:我不太同意,因为《少年中国说》的"少年"让我觉得有一种青春的感觉。《少年中国说》的下面还有"与国无疆",那么就是万寿无疆的意思。

师:是"少年与国无疆"。"壮哉,我中国之少年,与国无疆!"

生:那么有可能就是少年是我们中国的未来。

师:少年是未来,好。

生:我注意到了《少年中国说》后面有个括号写着"节选",我也曾经阅读过《少年中国说》前半部分,前半部分都是在论述中国到底是少年中国还是壮年中国,由此他判定,中国就是少年中国,所以我认为应该是和前面的文章有一定的关系的。

师:有道理,他是联系全文来说的,全文主要是在论述中国。是怎样的中国?作者心目中有一个少年中国,然而事实是,当时的中国不是少年中国。现在我要求联系节选的文字来说,为什么作者用"少年中国"而不是"中国少年",那么就要看第 1 段文字,核心在讲少年,目的是什么?

生:我觉得第 1 段这样写是为了阐述少年对于中国的重要性。

师:解释少年对于中国的意义、作用、价值,是吧?要解决这个问题,还是要围绕刚才第一个同学提出的"故","故"是一个结果,我们要推出"结果",要看前面有什么"因",才得出了这个"果"。刚才这个同学已经看过了,知道前面在论述什么。

生:在论述中国到底是壮年中国,还是少年中国。

师:这是第一步。它是在论述今天的中国到底是什么性质的,也是在回答,如果不是"少年中国",那是什么中国?刚才他说是"壮年中国",甚至不是"壮年中国",当时人家都来打你,为什么?你老了,没用了,是吧?所以"少年"是相对于"老大"而言,当时是年老的中国。但是"故"后面肯定是要论述少年与中国的关系。

作者说"使",使得的"使",就是假如、假使,如果国家所有的少年"果为少年也",真的是少年,"则吾中国为未来之国",是未来的,不是过去的，"其前途未可量也"。也就是说，我们中国的少年都真的是少年的话，那么我们中国的前途是不可限量的。假使"举国之少年而亦为老大也"，垂垂老矣，那么吾中国就为过去之中国，灭亡马上就会来到。可见，少年对中国而言，作用是何其大。正因为少年有如此大的作用，所以有这样一个结论："故今日之责任，不在他人，而全在我少年。"来看看少年到底起到什么作用，用八个句子来回答，这个大家都背得出了吧，背背看。

生："少年智则国智，少年富则国富，少年强则国强，少年独立则国独立，少年自由则国自由，少年进步则国进步，少年胜于欧洲则国胜于欧洲，少年雄于地球则国雄于地球。"

师：好，背得非常好，但是思考过没有？如果要把这八句划分为三个层次的话，怎么划？我们现在这样（画双斜杠）给它隔断一下，然后请大家说说理由，为什么这么来划分层次？

生：我觉得可能是"少年智……"到"少年强……"是一层，然后"少年独立……"到"少年进步……"是一层，而"少年胜于欧洲……"到"少年雄于地球……"是一层。

师：同意吧？

生：同意。

师：光同意没用，还要继续思考，为什么这么划分？三层之间是怎样的关系？

生：因为少年和国家必须先有智慧才能富起来，才能强大起来；少年和国家要先独立，才能自由，才能进步；少年和国家要胜于欧洲，才能雄于地球。所以我认为应该是这样划分的。

师：意思大体说对了，首先要自强自立，因此"智""富""强"是基础，一切都由这三个词开始。这里的"智"怎么解释比较好？比如"机智"，比如"聪明"，等等。如果我说"少年聪明了，国家就聪明了"，你们肯定不同意。看来这个"智"不完全是聪明的意思。

生：老师，我认为这里的"智"应该是发达的意思。

师：那应该是基于智而发达，"智"是一个基础，但"智"不等于发达。你查字典会看到，"智"是有"聪明"的意思，但是不够。

生：我觉得这里的"智"应该是"智慧"的意思，少年智慧了，国家就会智慧，你得先有一个富裕的资本，你先智慧了，才能让国家富起来、强起来。

师："智慧了"里的"智慧"变成动词了。"智慧"本来是个名词，而"少年智"里的"智"有动词的作用，因此在解释的时候就不能简单地用名词去解释它，可以说是少年有才干，有聪明才智，有智慧，有计划……所以说"智"有"聪明"的意思是对的，但是不够。这里指的是少年要有这样的一种目标性，有这样的一种才能，有这样的一种智慧，有应对一切的智慧。那"富"呢？

生：我认为既然之前是有智慧了，后面就应该是变得富有起来了。

师：有了智慧就富有了？

生：变得富有，它也是动词性质的。

师：变得富有还是物质上的。我们讲"富"，首先是物质上富有，其次还包括精神上的。因此少年之"富"，不仅指拥有财产、拥有资源，更是指有精神的追求。精神上的富有，是指有理想、有追求。这里的"强"实际上也一样，不只是体魄上的强大，精神上也要强大。因此，"智""富""强"是一个基础，只有"智""富""强"才会有后面的"独立""自由""进步"。

"少年独立则国独立"，这种独立是精神层面的，不是指少年在经济上不靠父母的独立，那么精神上的独立又具体表现为什么？ 1900 年之前的中国是什么样的？不仅要受外来的欺负凌辱，而且被他们的思想强加于头上。外来势力要奴役中国，要控制中国，因此中国要独立，不受外来的影响，不受外来思想的干扰，不去接受西方的那一套，依据我们自己的情况形成自己的思想，这个叫"独立"。"自由"也一样，不受束缚，中国人该做什么就做什么。"进步"又怎么理解？深入地想一想，这里的"进步"不只是指一般行为表现得比别人好一点，比原来好一点。

生：我觉得"进步"可能是一种精神层面上的进步，你的思想要进步，不能被那些西方的思想蒙蔽。

生：我认为就是思想上的进步，这里应该是要纠正当时国内那些崇洋媚外的心理。

师：主要倒不是崇洋媚外，而是怕，怕帝国主义，怕西方，怕沙皇，怕日本军国主义……这里少年的"进步"指的是敢于冲破一切阻碍，跨越任何障碍，能够依据自己的国情创新、改变、发展。只有先有前面的"智""富""强"，才能达到精神上的"自由"，才有了后面的"胜于欧洲""雄于地球"。它是这样一层一层地递进的，显出少年对于中国来说是何等之重要。如果说这一段主要是在阐释少年与中国的关系，虽然重点在少年，但是已经指出了中国未来之路。

如果这一段主要在阐释这些，那么刚才同学重点探讨的第 2 段，跟这一段到底是什么关系？我刚才说应该把它改为《中国少年说》，大家似乎是又赞同又不赞同。现在重点读第 2 段，看看老师刚才的这个观点还站得住脚吗？

（生读第 2 段并提问）

师：同学读第 2 段时提出了疑问：为什么都是四字句？我们从文言文的角度来说，常见的文言文有两种，一种叫散文，一种叫韵文。散文的句式比较自由，而韵文有字数的规定，而且有一定的用韵要求，相当于诗。大家知道《诗经》吗？《诗经》的句子大多是四字的——"蒹葭苍苍，白露为霜。""关关雎鸠，在河之洲。"《诗经》是中国古典诗歌的源头之一，大多是四字句。这一段四字句也是韵文类的。所以第 2 段的文字如同诗一般。看看有没有用韵？"光""洋"……有韵文的形式，更显出诗的节奏和气势。

接下来重点看看他用的 7 个比喻，7 个喻体。哪 7 个？初升之红日，出伏流之黄河，腾渊之潜龙，啸谷之乳虎，试翼之鹰隼，等等。请大家思考这 7 个喻体的共同点是什么？

生：我觉得这 7 个喻体的共同点就是都表现了少年中国未来的光辉前景，红日刚刚升起，象征着少年中国已经在慢慢地崛起。潜伏的河流爆发出来势不可挡、浩浩荡荡，这也象征着我们中国的发展是十分迅速、势不可挡的。

师：有这个意思。

生：我觉得他描写的东西都有一个潜在的力量，比如红日，它是初升的红日，喻示民族的希望，然后刚刚出伏流的河也是初生的。

师：初升的，一切都是新的，是充满着生气的，是不是共同点？红日也好，黄河也好，这一系列喻体都是如此。刚才请大家画出了一个句子——"河出伏流"，它是什么意思？

生："河出伏流"就是力量在爆发时势不可挡。

师：那是比喻义，说说它本来的意思。

生：就是黄河流得很快。

师：怎么说？

生：应该是形容黄河从地下流出来。

师：你从哪里看出"地下"？

生：课文说是"伏流"。

师："伏流"是什么意思？"伏流"是潜伏在地底下的水流，"河出伏流"就是地底下的水流爆发出来、迸发出来，所以叫"一泻汪洋"，有汪洋之势。刚刚还请大家画了另外一个句子——"奇花初胎"，它是什么意思？

生：很珍稀的鲜花。

师：意思明白了。

生："奇花初胎"应该是绚丽多彩的花苞，这里就是指我们中国的少年，然后他又说"前途似海"，说明少年前途无量。

师："奇花"是一种花的精神，或者是花的精气神，孕于花苞中的花的精气神，它一旦开放，就叫"矞矞皇皇"，全部盛开后，那样繁荣，那样茂盛，所以叫"奇花初胎"。刚刚我们讨论了7个喻体的共同点，它们也有不同点，看看不同点又在哪里？大家也自己划划层次，看怎么把它们区分开来。

生：我觉得"红日初升，其道大光。河出伏流，一泻汪洋"应该是第一层，因为它写的是地球上的自然景观。

师：你这样的划分也有道理。你来说。

生：我觉得"潜龙腾渊……"到"鹰隼试翼……"写的都是自然界的动物。

师：从自然界的自然物，写到动物，后面不是又回到自然物了吗？我们重新来想想看。"红日初升"让人感受到的是怎样的一种气势？充满着朝气的。"河出伏流"，水流一下子喷出来，同样形成的是一种充满着朝气的气势。

生：一鸣惊人。

师：一鸣惊人是哪"一鸣"，水喷出来叫"一鸣"？这里更多指向的是少年中国之朝气，而接下来大家画的第二层里的潜龙也好，乳虎也好，鹰隼也好，你看叫百兽都害怕了，这里表现的是怎样的一种气势？

生：表现的是一种象征着少年中国的冲天气势。乳虎是刚刚出生的小老虎，以后成为森林里的大王，它一叫，所有的动物都开始害怕，所以是冲天的气势。

师：能够震慑其他动物与国家，使其都感到害怕，因此这里表现的气势是——霸气。当然，这个霸气不一定是称霸的意思，但是能够震慑到其他的动物，震慑到其他的国家，文章要体现的是这样的一种霸气。刚才已经说了，"奇花初胎"是内蕴的一种神力、精气、神气，"干将发硎，有作其芒"让我们感到什么？刚从磨刀石磨出来的宝剑的锋芒是——

生：耀眼的。

师：只看到耀眼没用，关键是耀眼带来的锋利、锐气。少年的中国，是生机勃勃的，是充满朝气的，是有着内蕴的霸气的，是有着让一切都繁盛起来的这种精气、神气的，更有着一往无前的锐气，是不是？跟第 1 段所说的三层意思，是不是统一起来了？如果说第 1 段在说少年与中国的关系，突出中国少年相对中国而言的作用，那么第 2 段说的就是有了这样的少年之后的中国是怎样一个中国。

因此，不要光看到这里用了大量的比喻，它不是并列地来举大量的喻体，而是将这些喻体分成不同的层次，让人感受到少年中国的前途似海，来日方长。更何况我们本就是"天戴其苍，地履其黄。纵有千古，横有八荒"，有那么悠久的历史，有那么辽阔的疆域，再有了中国少年，那时候的少年中国，就是前途不可量。因此我说把它改为《中国少年说》恐怕不当，它更多指向的是祖国的明天将会是怎样。当然，明天的中国能够怎样，取决于我中国的少年，因此最后一段把两者融合起来。

生："美哉，我少年中国，与天不老！壮哉，我中国少年，与国无疆！"

师：没有限制，没有穷尽，明天的中国不知是怎么样。因此我们说《少年中国说》表达了作者对中国的一种热望，对明天的中国的一种信心。我们现在有一个词叫"民族复兴"，为什么叫"复兴"？"复兴"是什么意思？

生："复兴"就是从一个挫败的地方或者是一个比较低级的地方进步，向更高的地方发展。

师：比较差的变成好的叫"复兴"，同意吗？"复"是什么意思？

生：我觉得应该是由很强的国家变成一个很弱的国家，不太强的国家。

师：这么说意思对了。曾经是很强的国家，由于种种原因衰弱了，"老大"了，被人欺负了。而今天我们要终止这一切，恢复我们曾有的辉煌。比如我们的汉朝、唐朝，甚至是清朝的康熙年间，曾经多么强大，然而由于种种原因，经济的落后、政治上的腐败……到了光绪年间，国力衰退，被人欺负。因而他实际上在做的是一个复兴梦，中华民族的复兴梦！当然，这个梦今天基本实现了，梁启超似乎是看到了很多年之后的今天的中国。

看看还有什么问题？说到这里无须再说了，如果再要说，就是说他希望看到，有这样的少年，有这样的中国，还有什么好怕的？我知道大家都背得出来，我们一起来背背看。《少年中国说》梁启超，预备背。

（生背诵全文）

师：今天学到这里，大家都已经背熟了，就不再做其他要求了，看看有哪些字可能在书写上有问题，思考一下。另外请大家看今天画出的这两个句子——"河出伏流，一泻汪洋""奇花初胎，矞矞皇皇"，想象一下河出伏流、奇花初胎的景象，用文字描绘出来，两句里面选一句，试着写写看。这节课就上到这里，下课。同学们再见。

生：老师再见。

教学阐释：

师：步老师好，我是您的"粉丝"。我想请教您，小学教材里像《少年中国说》这样的文言文其实不多，像这样长的是仅此一篇。今天这样一篇文言文，从教学的角度，应该教到何种程度？这是我一直想向您请教的。

步：小学的文言文的数量尽管不多，但现在逐步有了，而且从发展趋势来说，还会越来越多。为什么这么说？因为九年义务教育的新课标大约将在明年颁布，我相信新课标颁布之后，对传统文化的重视还会加强。

小学的文言文阅读是以读读背背为主，但读读背背不是死记硬背。因为对于 6 岁以上的孩子，更多需要的是理解信息，6 岁左右以机械记忆为主，6 岁以上，尤其是 12 岁以上，更需要理解信息。因此尽管是以读读背背为主，但是对于一些关键词句的读背还是要建立在理解的基础上。从理解的角度来说，或者从词句的积累角度来说，要掌握的量大概是多少？

按过去的说法，初中阶段要掌握的文言文常用词不少于 150 个，这是最基本的量。对小学而言，至少需要掌握最常见的 30—50 个词语。这里的理解不是去背出它的意思，不只是字典层面的理解，因为一词多义是古汉语中常见的现象，所以去死记硬背是没有价值的，要依据一定的语境来加以理解。因此这 30—50 个常用词要不断反复学习，使其成为今后文言阅读的基础。

从初中的角度来说，过去学习文言文比较常态化的做法是先熟读字词，比如先认识一下生字，而后组成词解释，然后翻译句子。现在我们提出四个"文"的合一，四个"文"就是文字、文章、文学、文化。文字既包括这个词的词义，也包括一些语法现象；文章跟篇章结构有关；文学跟背后的审美相关；文化是背后所蕴含的一些传统思想。四个"文"的合一，就要求学生在理解词的过程中，结合文章以及文学、文化。《少年中国说》这篇文章比较特殊，除了韵文之外，其他难理解的词不多。尽管它不是白话文，而是文言文，但是相对浅显，韵文里面有一些古汉语里常用的词语，学生在读的过程当中只要大体能够理解也就可以了。因此，今后如果要从评价角度、从检测的角度来说文言文要教学到什么程度，应当是不要过分在乎一词、一义，而要在语境当中去理解词语，能够依据语境解释词语在这里所包含的意思。

有些最常用的词的含义是相对固定的，比如"河"，如果没有特殊情况，就是指黄河，"江"一般就是指长江，除非在有些特殊场合，它们的含义扩大了，带有借代性，就泛指所有的江河。又比如我刚才要求学生解释"智"，在这样一个语境当中，尤其从作者所表述的语气来说，光用"聪明"来解释是不够的，学生应该有更进一步的感受与认识，而这个感受与认识应该跟作者全篇所要表达的思想情感，以及审美观、国家文化观紧密结合在一起。所以学习文言文不是一定要掌握到什么程度，我仍然认为小学阶段的文言文学习是以读读背背为主，但应当是基于理解的读读背背。

我问问大家，你们认为，当学生读这样一篇文章，除了掌握文言字词之外的主要目标是什么？读这篇文章到底要让学生获得什么？

师：我是奉贤区江山小学的老师。听步老师上这节课的时候，我发现除了指导学生理解字词，步老师还详细地分析了这两段如何分层，比如"少年智则国家智"这段中的分句是层层递进的、是分层的，第 2 段 7 个比喻的意象也是不一样的，所以教学生理解字词的同时，其实也要让学生学习文章的表达方法，这也是我们语文学习的重点之一。

师：我是刚刚工作两年的新老师。因为这篇文章属于爱国单元，所以要让学生理解爱国情怀，这一单元的目标也是要让学生能够结合一些资料，了解这篇文章与爱国相关的含义。一开始您提了个问题，学生说了说对作者的认识以及背景简介，在学文章的过程中也穿插着作者的一些思想和当时的一些历史背景。比如梁启超为什么会有这样的想法，为什么要写中国和少年之间的关系。我在思考，如何把握好资料。五年级的道法课也介绍了从 1840 年的鸦片战争开始一直到中国共产党成立的这段历史。我们要思考，学生了解了这段历史后，怎么引导他们把它带到语文课文当中，结合起来帮助更好地理解课文内容。

步：怎么运用资料来思考问题、解决问题，可以。

师：步老师，您好。听了您的课，我觉得无论是文言文还是现代文，学生的阅读策略或者是方法的习得其实也很重要。第一，在这堂课当中，您要求学生给第 1 段划分层次，并且讲清楚划分的理由，这种能力是比较重要的，也是学生应该在课堂上获得的。第二，您让学生找到第 2 段中的 7 个喻体的共同点和不同点，学生在阅读的过程中，要不断勾连前文的"智""富""强"展开思考。在我们现在的阅读课中，也经常会遇到学生对于文本中的某个字词十分敏感的情况，联系课文内容来讲清楚，是对学生阅读逻辑思维的培养。第三，质疑的能力。课一开始，您就让学生说说读了这篇文章以后有什么问题，然后将学生比较有质量的问题，以及这堂课当中可能要围绕这些问题来展开教学的内容呈现在了黑板上，之后紧扣学生的这些问题，一一回应。其中有一个地方讲到了"实疑"，就像您跟学生说的，对真正有问题的地方进行提问，这种质疑的能力，其实也是我们在教学时要强调的。这三点是我听完课后认为读这篇文章时学生要获得的以及我们要教的，谢谢您。

步：三位老师从不同角度，阐释了这堂课的主要目标。学生通过这堂课到底要收获什么，可以从以下几个方面来说。

第一，暂时忘却这是一篇文言文，所有的阅读课都要关注问题意识的培养，或者叫认知冲突的形成。这应当成为阅读教学中的常态。怎么来提问？我们的提问其实主要就是两大类，一类是"实疑"，一般的注释解决不了，除非学生看过翻译资料，有时即使看过翻译也没用，学生只知道这句子怎么翻译，还是不知道核心的东西是什么。提出问题不是让教师给他解答，教师是通过提问引发他思考怎么来解决问题。

第二点是概括，这同样应当成为常态。不只是文言文，我们读任何文章总归要对相关内容——比如主要内容、文章的中心、作者的思想情感——进行概括、归纳、提炼。怎么概括？过去在小学语文教学中更关注对文章内容的概括，到了三四年级，概括的过程中，还要考虑到语言形式的因素，关注这样的语言形式表达了怎样的内容。这些内容怎么来提炼？

比如过去学习《月光曲》，更多关注贝多芬是怎样走进农家，怎么表现出他的艺术气质和人文关怀，这是对内容的概括。但更重要的是在概括内容的基础上，首先感受，其次理解，最后分析将这些内容组织起来的思路，即行文的思路。进入六年级之后，学生的学习更多指向的是思路。不是说不要概括内容，但是重点在思路，也就是这些内容是怎么联系起来的。可以从两个角度来分析：第一是从语言形式、文章结构层次的角度来分析，理解文章的思路；第二是从作者的表达意图来分析，例如作者为什么这么说？为什么用这样一个喻体？这两个角度，一个是外在的结构形式，一个是作者内在的写作意图以及意图的展开过程。以今天这堂课为例，因为课文是在原文中节选了一部分，篇幅比较短，所以思路也相对而言更显性。因此，我用的方式是从标题入手，到底是"少年中国"还是"中国少年"？这两者的思路是不一样的。有一个学生很好，他读过全篇，已经知道了原文的大体内容。怎么来判断应该是"中国少年"还是"少年中国"？当然是要通过品析具体的语言文字，分析段与段的联系，段内的层次之间的关系，以及作者的写作意图，这是读这篇文章希望解决的问题。

当然，文言文教学一定还要提升学生的文言语感。"语感"是一个比较虚的概念，看不见摸不着，但是感受得到。怎么去提升学生的语感？在我们现代文教学的过程当中，可以通过一系列的语言形式的变换让学生产生语感。所谓的变换，包括语言的重组、语言的调整、语言的补充、语言的转换。培养文言语感，就要通过了解文言的表述形式，积累基本的语言材料，联系作者的行文思路，把握重要的词句。所以提升语感，实际上就是不断地让学生形成经验，在此基础上提升直觉思维，最后达到无意识行为。要教给学生怎么在作者的行文思路中感受具体的重要词句。比如今天接触到的虽然只是"智""富""强""独立""自由""进步"等，但是如果学生接触得多了，就会渐渐产生文言语感，形成阅读习惯。所以文言文教学目标的确定，要从行文思路的角度和语感形成的角度来重点考虑。

大家还有什么问题？

师：步老师，小学语文老师教文言文有时总觉得有点吃力，我们该怎么提高自身的文言文水平，请您给点建议。

步：作为小学教师，我们接触的文言文比较少，读过的可能已经忘了，所以出现了高级职称评审中文言文板块失分比较多的现象，是可以理解的。但是由此也的确反映出刚才周校长所说的，小学语文教师自身知识水平有待提升。我们跟学生不一样，我们接触过文言文，对文言文的一些知识也有大体了解，只是由于平时不太教，语感稍弱。因此，要提升文言文的阅读能力，而后转换为教学能力。

第一步还是需要有一定的阅读能力，至少要把初中教材中的文言文拿过来读一读。其实有不少初中的文言文跟小学的是比较接近的，比如《高山流水》。拿过来读一读的主要目的是增强语感，或者叫恢复语感。我们都读过文言文，只是长时间不读有点忘了，我们读这些文言文，是把遗忘的东西拾起来。这一步需要有一定量的积累，读得多了，再反过来看小学的教材，感受力就会不一样。

第二步，如同我对学生的要求一样，我们自己在文言阅读的过程当中，要有逻辑力。读的过程中不能只有读读背背，而需要有思考，并建立逻辑链。建立逻辑链就是将一篇课文转换为一定的问题链。思考读这篇文言文需要解决哪几个问题，而且这些问题要有内在的逻辑联系。这些问题是指除词语解释、句子翻译之外的，跟作者的行文思路、背后的文化、作品的审美有一定联系的问题。问题的数量不要太多，假设一篇文章可以转换为三个问题，这三个问题不是独立的，而是有内在逻辑关系的，比如作者是怎么来塑造这个人物的？细节在哪里？背后蕴含的思想是什么？所以，第二步就是在提升阅读能力之后，在组织课堂教学的过程中将课文转换为问题。

第三步，要打通诗文之间的界限。我们要将古诗的阅读与古文的阅读有机地融合起来。比如今天讲的《少年中国说》，跟前面所学的陆游的《示儿》，其实有相似之处。小学语文教师因为跟诗歌的接触较多，对诗歌的语感应该比文言文的更好一些，就要思考怎么通过已有的经验，在诗与文之间建立一定的联系，形成内在的勾连。在之后的学习中也往诗文打通的方向走，这样知识积累得多了，相互之间的融合研究多了，自身的审美力、逻辑思维能力也会不断发展。小学语文教师现在应该至少在这三点上花一点功夫。

（整理者：上海市上外静安外国语小学　谷　慧）

《金银岛》课堂教学实录

执教时间：2019 年 6 月 15 日

执教学校：上海市闵行区实验小学

执教年级：五年级

（师生问候毕）

师：读过这本书了，来，我们交流一下，不是考试，而是交流。我们这次读的作品名称叫《金银岛》，大家在读的过程当中，有没有想过给它起个别的名称，还可以叫什么岛？当然，要从书中找到叫这个名称的依据。有谁说说？

生：我觉得这本书还可以叫作《罪恶岛》。因为，为了岛上的这些宝藏，很多人都丢了性命，很多船都葬身海底。书中最后那句感慨，我觉得真的是能概括整本书。

师：有道理吗？他是依据内容概括出来的，他后来说的，其实是故事的主人公吉姆认为这是"万恶之岛"，所以叫"罪恶岛"，有道理。

生：我觉得这是一座"人性岛"，因为岛上的财宝能体现出人性，就是说人为了财宝，可以不顾生命，十分贪婪。

师：你从另外一个角度来说了，不只是从"罪恶"来说。"罪恶"是人性的一方面，其实它是"人心"的检测岛，不同人在这座岛面前的表现是不一样的。还有吗？在书中，它最初的名称就叫"金银岛"吗？一般来说，大家把它叫作什么岛？

生：书中叫它"骷髅岛"。

师：也就是大家一般给它的命名是"骷髅岛"。我们在读书的过程当中，有没有想过这一类问题？有与没有都没关系。刚才同学们说了那么多岛的名称，很好！我们再从各个方面想想看，想的时候要关联故事的内容。这岛一般是哪些人去的？

生：我认为大多是海盗去的。

师：那么我们姑且把它叫作"海盗岛"也可以吧。请大家回答这个问题的意思是，我们在读这样一个作品的过程当中，要进入文本，特别关注跟故事密切相关的人、事、物、地点、现象等等。如果要把这个故事讲给父母听，光告诉他们"金银岛"这个名字是不够的，最初拿到地图的时候，这个岛应该是很神秘的，而后知道它叫"罪恶岛"，而后又知道那里是有很多海盗的，而后知道有很多人去冒险，等等。总之，我们要进入文本，要对故事当中很关键的这些人、事、物、地点等等特别关注。除了关注之外，我们还应该有自己的思考，而这个思考既建立在小说内容之上，又建立在我们想象的基础上。

如果说，为《金银岛》重新命名是第一个问题，（板书：命名）现在我们已经大体知道了这个岛的情况。大家想想看，如果我们要读这样一个故事，并且很希望把这个故事讲给别人听，那么，第二个必须解决的问题是什么？一般我们在读这样一个小说或者叫故事时，需要知道什么？我们平时也读记叙文，读记叙文的时候，先要知道什么？再要知道什么？

生：我们要知道这个故事的起因、经过、结果和这个故事的主要内容。

师：正是起因、发展、结果等等构成了一个完整的故事，无论读什么，这都是需要知道的。比如我们四年级读过《赤壁之战》，是讲火烧赤壁的一个故事，总归要知道故事大体发生在什么时间、什么地点，怎么会发生的，经过、结果怎么样，是吧？依照这样一个思路，我们要把它作为阅读重点的话，这个故事的名称就不适合叫《金银岛》了。如果我们转换成讲述故事的思路，这个故事可以叫什么名称？

生：我觉得可以叫《探秘宝藏》。

师："探秘宝藏"，那么就叫"探宝"吧，蛮好。还有其他吗？刚才说了，我们读记叙文的时候，要知道时间、地点、人物以及故事的发展，那么，这些内容也应该关注吧。你们认为这个故事的核心人物是谁？

生：（齐声回答）吉姆。

师：我们就从吉姆出发。如果我把这个标题改成跟吉姆相关，（板书：吉姆）该怎么命名？

生：我认为这本书可以另外命名为《海盗的社会》。

师："海盗社会"的特质还是围绕着"金银岛"。我们刚才叫它"海盗岛"，这个"岛"扩大一点就叫"社会"嘛，还是在"金银岛"上。我是指从吉姆的角度，用"吉姆……"给它换一个名称，好吗？看看你有什么意见？

生：我觉得这本书的名字除了《金银岛》，还可以叫《吉姆与海盗的探宝之旅》。

师：蛮好的，不仅有吉姆，还有跟吉姆一起去的人。当然，一起去的不只是海盗。起这个名称也是有道理的，因为核心是他跟海盗之间的斗争，或者叫斗智斗勇。吉姆去的时候，从他个体出发，他是为了探宝吗？要吉姆把这张图拿出来之后去探宝的这艘船名称叫什么？

生："希斯帕诺拉号"。

师：好！不管是在这座岛上，还是在上岛以前，他实际上都经历了种种的险境，所以大家的思考有道理。（板书：历险记）这一类历险记的题目太多了，所以大家都不愿意再用了。

其实，故事主人公是吉姆，他要讲述这样一个故事，无非告诉大家这样一个历险的故事。这是怎样一个故事？故事的核心内容是什么？它主要的险有哪些？在岛上的历险之前是否有过危险……是不是都是我们在读这部作品的时候要思考的问题？因为今天我们只有一节课的时间，所以不在这些方面展开，但是我们要进入这部作品的话，这些都是我们应该思考的。

讲到这里，这本书还没读完，还要解决第三个问题。读记叙文也好，读故事也好，读小说也好，一些问题我们已经解决了，至于这个地点具体在什么地方，书中明确说了：不告诉你。不告诉你的原因，书中也说了，因此我们今天不讨论。有了这样的事情，有了这样一个地点，现在还缺的就是人物。讲人物的核心还是讲事，"吉姆历险"还是讲他经历的事，但是我们读故事总归要读人。（板书：人）

故事里的人很多。读一个故事，需要理一理故事当中的相关人物。我不是让大家把每个人的名字都记下来，然后排排队。关于这个"人"的问题，我们恐怕要做这样一些思考。第一，围绕着吉姆，与吉姆有关的，或者是跟吉姆的历险走向有关的，总归有两类人。第一类是——

生：好人。

师："好人"加引号，也对，这是大家的评价标准，总归是关心他、帮助他、在危急时刻救他的人，以谁为代表？

生：我觉得应该是利夫西大夫。

师：故事写了以利夫西、船长等等为代表的一类人。那么，第二类呢？

生：第二类是和吉姆他们一起去抢宝藏的人，他们的代表是西尔弗。

师：西尔弗是谁？

生：西尔弗是船上的厨师。

师：实际上他是这个故事当中的一个海盗头子，是厨师，是船长，是海盗的领袖。

我们梳理人物关系是以主要人物为中心的，然后再看跟主要人物命运的发展有关的这些人物。这是读"人"之一。之二还是跟"金银岛"有关，我们要定位在某一个人，因为在这个人身上实际上是寄托了我们阅读者对他的一种感情。读着读着，有些人越来越可恶，越来越可恨；有些人越来越可爱；有些人希望他早点消失；而有些人，哎哟，他又遇难了，叫人越来越担心他。所以，第二，我们总归要对自己担心、关注的人物，产生一点感情，或者叫评价，或者叫认识。我要讨论的是另外一种认识。我先要大家读的是作品当中的人对他的评价、对他的感情，梳理这两类人对吉姆的影响。在这个故事当中，其实，不同类的人对吉姆会有不同的评价，当然，不同之中也有共同的东西。我不是讲要读出每一个人对吉姆的评价，而是这两类人，A 类人对他的基本评价是什么，B 类人对他的基本评价又是什么，让大家去读出这两类人的评价，目的是最后得出你自己的结论。如果只是说"我蛮喜欢他，他的冒险精神我蛮赞同的"，这是不够的。

我们在读的过程当中，要知道我们的感情是怎么来的。于是就有了"人物三"。因为作品当中除了吉姆之外，至少还有医生，还有厨师，这两个人在故事的发展过程当中起了很重要的作用，所以，加上"人物三"，就有三条评价。第一条，厨师的同类人对吉姆的评价；第二条，跟厨师完全不一样的人对吉姆的评价；第三条，当然是我们对吉姆的评价。到了这里是不是把人物读完了？没有完，因为，在故事的叙述过程当中，作品当中的"我"也好，利夫西也好，对自己都有一定的评价，你还得读得出他们对自我的评价。我不是指我们每个人在读的过程当中都必须这么过一遍，但是我们在读的过程当中需要有这样的一些思考。我们平时在一篇篇课文或整本书的阅读过程中，每个人是自己读的，还是有小组合作的形式？

生：都是自己读的。

师：今天，或者从今天起，我们开展整本书阅读恐怕要采取一点小组合作的形式。因为我个人读出来的只是我个人的。比如三类人的评价当中，我可以选择一类进行交流，但是，作为一个小组的话，大概要代表我们小组把这些都说一说吧。所以我说，从今天开始，至少在整本书阅读的过程当中，要有一点小组的合作，大家觉得做得到吗？

生：做得到。

师：好，既然我们要小组合作，先不谈这个故事，我们要做的第一件事是什么？

生：分小组。

师：分小组，那当然。假设小组已经分好了，之后要做的第一件事是什么？

生：我认为得先看一看彼此的看法，比如我对一个角色的评价是什么，对方对这个角色的评价是什么。

师：对方是谁呢？我们四五个人，对方是谁？除了你以外，三四个人都是吗？

（生点头）

师：你说的是对的，这是成立小组以后要做的事情。然而，小组首先要有一个决策者或领导者吧，我们姑且就叫他组长。但请大家注意，我们整本书阅读过程当中的这个领导者——组长不是固定的，而是临时的。在读这本书的时候，他是组长，下一本书的时候，他也许不是组长。

有了组长之后，还要制订一些规章制度，比如我们在小组学习讨论过程当中规定，每个人至少发表两条意见。因为我们小组合作之后，总归要有一个最后成果的展示，所以有了制度之后，还要有一些分工。小组组长要行使权利，分配任务，最后形成小组的成果。

形成小组之后，我们的任务是什么？（板书：任务）我们可以从历险图，或者是命名，或者是对人物的评价这些方向设计任务。但是如果我们想用某一种形式，把我们小组合作学习之后所取得的一些共识展现出来，现在可以给大家假设一个任务。（板书：日记）日记，我们平时也写的。平时大家没有这样的分工，没关系，现在可以暂时就叫第一组、第二组、第三组，到时候你们可以自己调整。那么写日记，当然也跟这三个人（圈画板书上的"人")相关。

　　第一组的任务是把《金银岛》的故事压缩、重组，变成"吉姆历险日记"。历险日记当然要写跟险情相关的，险情越大，记的日记内容就越丰富。请注意，日记可不只是把事情的经过记录下来，整理事情经过的同时，还要加上一点我们自己的东西，日记里面要有一些能够表达心理的语句。（板书：心理）既要有故事，更要有心理的表达。除了吉姆，这个医生在故事中也是很重要的，而且贯串始终，我们的故事里面有没有用医生的口吻来讲这个故事的部分？

　　生：也有。

　　师：第二组可以从医生的角度，写医生的探宝日记，不一定要很长。第三个人物角度难度比较大，如果我们把他当"坏人"，就叫他"坏人"。谁呀？

　　生：西尔弗。

　　师：西尔弗的日记可是最难写的，所以这个应该叫"西尔弗海盗认识"。他不只有这一次探宝历险，他过去就有做海盗的经历。尽管说得不那么详细，但是故事里面或多或少地把它点出来了。第三组尝试写一写，要从他过去做海盗的经历开始写起，写到这一次的历险，行不行？

　　生：行。

　　师：第一组、第二组、第三组，希望大家在自己读好并经过小组讨论的基础上，尝试着完成这样的相关任务，做做看行不行？有信心吗？那么，任务完成得怎么样，留待我们明天来检验。今天我们就上到这里，下课。

　　　　　　　　　　　　　　　（整理者：上海市闵行区实验小学　刘　芸）

《鲁滨孙漂流记》课堂教学实录及教学阐释

> 执教时间：2019 年 3 月 20 日
>
> 执教学校：上海市闵行区莘城学校
>
> 执教年级：六年级

（师生问候毕）

师：这节课我们一起研讨《鲁滨孙漂流记》。为什么我在"鲁滨孙"这里要停顿一下？问一下，你们用的基本上是统一版本吧？因为我看大家手头写的体会式文章，有的使用的是"鲁滨逊"，没关系，我们先统一，就一起用"鲁滨孙"。通过走廊里的这些资料，我知道大家都认真读过书了。因此，今天我们主要是做一些交流，就我们所读的这本书，大家集体来完成一个阅读任务，就是为鲁滨孙做一个"传"。"传"知道吧？

生：知道。

师：为一个人物做一个传记，当然可以简单一点，也可以写得比较详细。那么为了完成这个传记呢，我们需要完成一些下位的任务。我相信大家在阅读之后的交流里面，一定会牵涉到这些内容。我不知道今天有哪几名同学准备交流啊。有吧？基本上都有。那么我现在就先不做规定。是不是戴老师给你们布置过了啊？那么做这个线路图的有吗？

生：有的。

师：好的，我们先来交流线路图可以吧？哪个学生做代表。

生1：今天我们第八小组给大家讲的是《鲁滨孙漂流记》的漂流线路图。首先，我们组是我做总编排及汇报，万郑做PPT及动画，王一和高天杰负责搜集资料，李佳慧和邢博雯手绘漂流线路图，这样会更生动。其中我们会有一些困难。比如我们手绘线路图，这个线路图大家看到它很简单，但是我们需要把它给画好，而且要把它画对，就非常难。我们需要一遍又一遍地翻看书，翻看资料，才可以把它给画得非常好。其间我们又需要解决一些分歧。记得有一次我们有些同学认为鲁滨孙是在去巴布亚新几内亚，也就是太平洋上的几内亚的时候乘的船，但是有些同学认为他是在去非洲的几内亚的时候乘的船。我们后来就看书，查一些资料，才发现是在去非洲几内亚的时候乘的船。接下来让我们看一个动画，是关于线路图的。让我们组的万郑同学来为大家讲解。

生2：我们的动画首先演示鲁滨孙从伦敦到加那利群岛被海盗抓去当了奴隶，然后被葡萄牙船长所救，就到巴西去开了一个种植园做生意，但是他不满足，准备到几内亚做生意，但是在途中遭遇了风暴，然后船沉了。船上很多人，但只有他一个人生存了下来，并在一个未知小岛生活了28年。后来他帮一个船长解决了船上的叛乱，又跟着船长回到了英国。

生1：下面让我们来看一下他的几次出海。第一次出海是在1651年的8月份，鲁滨孙按捺不住自己的心情，他非常想要出海，但他的父亲不同意他出海，他就从他的家乡逃出来——也不是说逃吧，就是背着他的父亲出海。但是途中遭遇了风暴，幸好他和船员都获救了，到了伦敦。我们来看一下第二次出海。第二次出海的时间我们组不太确定，想问哪名同学知道这个时间，或者可以大胆推测一下，待会儿补充。这一次出海，他结识了一位船长，船长是一个好人，他们打算去非洲做生意。第一次非常成功，他觉得前途无限，就打算再去第二次，但是第二次去就遭遇海盗，不幸落入了海盗之手。他和一个名叫休瑞的人准备去钓鱼，这时候他萌发了一个逃跑的想法，他和休瑞成功地逃跑了。划船划着划着就碰到一个葡萄牙的商船，他就跟着葡萄牙人去了巴西，去那边做生意。第三次出海是在1659年的9月1日，鲁滨孙准备去几内亚做生意，但是途中他遭到风暴的袭击，这次风暴比第一次风暴还大，连那些船员都吓到向上帝祈祷。第二天早上，他被海浪打到了一个岸上，他发现其他船员都死了，只剩他一个人。在这期间他就在岛上面生存下来，总共28年，他自力更生，自己种植——自己种小麦、葡萄……并在岛上放羊。后来他看到一艘船，这是一艘英国船，他和船长交流后知道这是艘叛乱的船，他就和朋友"星期五"，以及船长和他的几个朋友制伏了这些反叛者。1687年的7月1日，他成功回家了。不过关于荒岛的位置我们中间还存在分歧。

我们组的汇报就到这里，谢谢大家。

师：接下来是第二组，还是继续讲线路图啊？有没有不一样的？

生：有。

师：那么再上来一组。就是说线路图还有吗？做下补充。或者对刚才的表述有不同意见，做下分享。

生3：我们小组展示的也是线路图，组员有我、卢薇、陈佳妮、徐奕乔、宋玥、蔡廷玉。我负责的是记录和汇总意见，卢薇是制作PPT以及汇总，陈佳妮是制作PPT及汇报线路，宋玥和蔡廷玉是手绘路线。下面就请陈佳妮来讲鲁滨孙的漂流线路。

生4：鲁滨孙出生于英国，他从小就有个航海梦，于是他就与朋友一起去了伦敦。他在路上遇到了风暴，所以才会到达伦敦。在朋友的介绍下，他打算去非洲做生意，却在去非洲的路上遇到了海盗，开始了为期两年的奴隶生涯，最后与休瑞成功逃离。他又去巴西，离开巴西做生意的时候再遇风暴，开始他在荒岛的28年的生活。最后与船长一起获救，又回到了英国。下面是分歧点。有一些组员说，鲁滨孙去巴西海岸的途中遇到风暴，最终鲁滨孙和船长是去了巴西海岸。另外有组员认为鲁滨孙和船长遇到大风暴之后是去了巴尔巴多群岛。遇到了分歧，我们的解决方法是在书中找答案，确定他们最后是去了巴尔巴多群岛。下面请卢薇讲他的历程。

生5：鲁滨孙1632年出生在一个英国中等的富裕家庭。这个家庭有三个儿子：大儿子因为战争而死，二儿子不知所踪，而鲁滨孙是最小的一个儿子。他从小就接受了良好的教育，当然他也一直有一个航海梦。于是他在1651年与父母不告而别，踏上了他第一次的航海旅途。在出海的途中，他一共经历了两次不同等级的风暴，第一次比较小，而第二次可以说把他吓得半死。之后经过一位船长朋友的介绍，去非洲几内亚做生意，赚了一笔可观的钱，这是他一生中最顺利的一次航海了。在鲁滨孙想再次出海的时候，他不幸得了热病，而且还被海盗抓了当奴隶。在被囚禁的两年里面，他一心想着逃跑，最后，他终于抓住了一次机会，和休瑞一起逃跑。之后他又遇到了一位船长，然后就一起去了巴西。当然坏事也没有停歇，他还是逃不过命运的安排，漂到一个荒岛上，但这也是不幸中的万幸。鲁滨孙一到荒岛，他就克制了自己悲观的情绪，开始了与大自然的斗争。他把船上几乎所有可以取走的物品都取走，开始建房子、开凿山洞、建筑栅栏，他的生活变得富裕起来。之后他竟然有了牧场、种植园。这让我十分佩服。在长长的28年的小岛生活中，他遇到了忠诚的"星期五"和知恩图报的船长，也是经过这位船长的帮助，回到了自己家乡。谢谢大家。

师：然后第二个要求的点是什么？

生：人物形象。

师：先讲的是人物形象吗？有没有给荒岛命名的？

生：有。

师：我们第二个来分享关于荒岛的命名吧。哪个小组？

生6：大家好，我们是第三小组，今天我们给大家讲的是岛名与变化。我们小组一共有六个成员，我是组长，这是我们的分工：我和程乐昕负责给小岛起名字，并且按照小岛的名字的变化来排顺序，程乐昕也负责PPT

制作；李云天和冯子鉴负责通过小岛的起名来发现小岛的变化；宋孜馨和龚天玺负责画出四个不同阶段的小岛。这是我们的目录，一共有三个点：第一个是岛名的分歧，第二个是四个岛名的由来，第三个是岛名的变化体现了什么。首先，关于岛名的分歧，一开始我们是以探索的角度来命名这个小岛，但是有些成员想以鲁滨孙的心理状态来命名小岛。最后我们是以投票的形式，选择从探索角度来命名。

接下来是四个岛名的由来。第一个叫"孤独岛"。鲁滨孙初临荒岛，但是岛上只有他一个人和一些野生动物，这时他非常迷茫和无助，所以取名叫"孤独岛"，体现他的孤独。这是最初的小岛，上面什么也没有，空空如也。第二个小岛叫"未知岛"。因为他虽然在这个岛上有了工具和食物，但是开始两年他对这个岛几乎一无所知，他不知道这里有没有充足的物资，有没有危险的东西，所以我们觉得这个应该叫"未知岛"。第三个叫"探索岛"。因为这个时候他已经在岛上生活很久了，除了自己会生产食物，让自己生存下去，他也在努力地探索着这个岛，对这个岛越来越了解。最后一个叫"回忆岛"。鲁滨孙在岛上生活了大半辈子，这个岛带给他很多不同的心情，有的时候会悲伤，有的时候会很快乐，有的时候也会很绝望，这座岛也带给他很多回忆，所以叫"回忆岛"。

接下来是岛名的变化体现了什么。第一个"孤独岛"，是鲁滨孙自己一个人漂到岛上，他什么都不知道，非常孤独，这个岛名体现了他的迷茫和无助。第二个是"未知岛"，鲁滨孙虽然已经在岛上生活了几年，但是因为对这个岛不是很了解，他不知道岛有多大，岛上有没有人，这个岛名体现了他的好奇。第三个"探索岛"，鲁滨孙已经对岛很了解了，但是他有很强的好奇心，还需要继续探索，对这个岛有更多的了解，体现了他热衷于探索和乐观的精神。第四个"回忆岛"，鲁滨孙在岛上生活了28年，在岛上留下了很多美好的回忆，体现了他对美好生活的留恋和对美好生活的向往。谢谢大家。

师：有不同的吗？

生7：大家好，我们是第七小组，今天我们来给大家讲一下《鲁滨孙漂流记》的四个岛名。我们有四个点，这是我们的目录。第一个点就是我们的任务分配，两名男同学黄梓杰和康思阳从书中查找岛名的线索，毛圆怿、吴超男来讨论我们的两个问题，王启豪负责分析我们搜集到的线索，我负责总合讨论结果和线索。接下来是我们的四个岛名，我们是按照鲁滨孙的航海路线所经过的岛来命名的。

我们认为第一个岛应取名为"海盗岛"，因为书中原句有："遭到一艘从萨利来的摩尔人海盗船的袭击……船毁了……我没有跟其他人一起被押到皇宫，而是作为战利品留下来做了船长的奴隶。"这里他和海盗一起生活了两年，并作为他们的奴隶，所以这个岛应取名为"海盗岛"。第二个岛应取名为"淡水岛"。因为原文中写，他在岛上寻找水资源，恰巧遇到了一个湖泊，湖水十分清澈，可以喝。第三个岛应该是"黑人岛"。因为有黑人居住是该岛最大的特点。从原文中可以得知："他们皮肤黝黑，全身一丝不挂。"所以说我们认为第三个岛应该命名为"黑人岛"。在写第四个岛名的时候，我们出现了一点小分歧。有组员认为第四个荒岛的岛名应该突出鲁滨孙在荒岛上生活的艰辛，应该叫"艰辛岛"。有组员认为虽然鲁滨孙的生活十分艰辛，但是他很幸运的是漂流到了一个物资十分富足的岛上，才使他能生活下去，所以应该叫"富饶岛"。鲁滨孙生活艰辛，可岛上的物资又十分富裕，到底该取什么名字呢？干脆就把两个特点结合，叫"富辛岛"吧！所以我们的第四个岛就命名为"富辛岛"了。

接下来是第一个问题：命名的变化体现了什么？我们是从这几点去看的。第一点，我们从四个岛名看出了鲁滨孙的旅程是越来越困难的。第二点，鲁滨孙收获的物资越来越多。第三点，鲁滨孙的人物特点也越来越鲜明。最后一点，前面三个岛我们觉得都给最后一个岛做了一个铺垫。

接下来是问题二：这些变化是怎么来的？我们从两个方面做了分析。

第一个方面是环境。每个岛上的物资不同，每个岛的地理位置不同，每个岛的特点也不同。第二个方面是从鲁滨孙他个人来讲，他在不同岛上做的事情不同，在不同岛上的所见所闻也不同，鲁滨孙在不同岛上遇到的人物也不同。正因为这两个方面的不同，才有了岛名的变化。这就是我们讨论的主题及结果，谢谢大家。

师：命名就这样了吧。第三个是工具，哪个组啊？中间那个组先来吧。

生8：首先介绍我们组的成员和分工，我和王艺洋负责关于野人与鲁滨孙的区别的问题，谢腾汉和吴浩辰负责关于食物的问题，姚能松和李妍妮负责关于工具的问题。我们先来讲食物。食物是非常重要的。鲁滨孙所在的岛上有很多水果，比如酸橙、葡萄、柠檬，葡萄可以做成葡萄干食用。他还可以吃岛上的一些动物，比如羊、海龟。他会喝甘蔗酒、淡水。关于食物方面我们有些分歧，有同学有疑问：鲁滨孙过的是否为资产阶级生活？我们又觉得鲁滨孙吃得不好，又提出一个问题：鲁滨孙在小岛上生活得快乐吗？我们讨论的结果是鲁滨孙过的不是资产阶级的生活，鲁滨孙在小岛上吃的东西也许不符合他的口味，但也是富有营养的，能够让他生存下去。然后介绍工具。第一个是猎枪，是用来打猎的。第二个是腰刀，有的时候用来锯一些东西。第三个是陶器，用来装东西。第四个是绳索。他还会穿衣服，用望远镜来看一些事物，用钢笔和墨水来记录事物。接下来由李妍妮来介绍其他的工具。

生9：鲁滨孙在刚到荒岛的时候一无所有，幸运的是他的船也漂到了荒岛附近，在船上搜罗到了许多以后能用到的物资，比如断桨、斧头，还有铲子，这些东西都给他以后的生活带来了许多的便利。

生8：那么最后一点，是讨论鲁滨孙与野人是否相似，接下来由王艺洋做介绍。

生9：我认为鲁滨孙与野人是相似的，因为他们都是生活在野外，享受着大自然给予他们的馈赠。另外他和野人一样，都会制作工具、捕猎、搭建营地等。他们都是杂食类动物，什么都吃，且都有求生欲。而且人类也是野人进化的，野人也终将会被改造，未来的野人就像鲁滨孙那样。至于鲁滨孙与野人不相似的地方：首先，野人是很残暴的，他们常常会生吃自己的俘虏，而鲁滨孙是非常厌恶这一行为的；其次，鲁滨孙勇于尝试，他经常去探索生活当中存在的事物或是去冒险；最后一点是最明显的，鲁滨孙是接受过文化教育的，野人没有接受过文化教育。这也是我们的一个分歧，最后我们的讨论结果是认为鲁滨孙与野人有相似之处，也有不相似之处。因为鲁滨孙和野人一样都是生存在野外，享受大自然给予他们的馈赠，且都有求生欲；而鲁滨孙是一个有知识、有文化的人，也存有良知，这是他与野人之间的区别。

师：最后探讨人物形象，探讨完了我们稍微做一些交流。请下一个小组。

生10：现在由我们第五小组来介绍鲁滨孙的人物形象。先看我们小组的成员：熊璟轩负责搜索资料，徐铖喆负责扮演"星期五"，朴怡锦、顾为嘉负责做 PPT，杜佳阳负责文字的介绍，我是小组长，负责分配他们的文字稿。我们分五大点来探讨，第一个是鲁滨孙的人物形象，第二个是书中体现他顽强奋斗的语句，第三个是"星期五"的人物形象，第四个是作者简介，第五个是笛福理想中的资产阶级。

先看鲁滨孙的人物形象。鲁滨孙是主角，他非常勇于冒险，在 28 年的荒岛生活中，他一直都在努力地去追寻自己的理想生活，虽然遇到了很多的意外和不幸。他非常有责任心，遇到了一个好伙伴——"星期五"。他非常顽强，如果没有这一特点的话，他是不可能在荒岛上生活 28 年之久的。也许有同学会疑惑：28 年这么久是不是太夸张了呢？他在这 28 年中是如何生存的呢？其实鲁滨孙是有一个原型的，就是亚历山大，他也是一个英国人，跟鲁滨孙的经历十分相似。其实 28 年之久，也是作者用一个夸张的手法，来更加突出鲁滨孙这个人物的坚强意志，告诉我们重要的人生道理。我们说鲁滨孙有顽强的意志力，他面对艰难，没有退缩，顽强地去战胜困难，我们在他身上看到了坚韧不拔、勇于冒险的精神。但他真的没有很消极的一面吗？他其实当然有啊，在第一年第一次出海的时候遇到了大风暴，他非常沮丧，只会祈祷，并没有做出任何有效的行动。这让我们知道一个人的一生不可能是一帆风顺的，总会遇到一些意外与困难。每当这些意外与困难来临的时候，我们应该怀有一颗积极乐观的心去面对它们。

完成鲁滨孙形象分析后，请大家看屏幕，回顾书中的相关语句。

这么艰难的一个人的生活，难道鲁滨孙没有伙伴吗？当然有了，他有很重要的伙伴，就是"星期五"。"星期五"他知恩图报，有责任心，同时他非常坚韧不拔、朴素忠诚，是鲁滨孙的好伙伴。那么他的来历是什么呢？有一次鲁滨孙看到很多野人，来到岛上准备开人肉宴，其中一个野人的俘虏逃了出来，鲁滨孙协助他打死了两个追赶者，将他收为自己的奴隶，并且给他取名为"星期五"。

然后我们来了解作者。作者在1692年的时候破产了，他对当时的社会风气非常不满，因此写下了许多的讽刺小说，《鲁滨孙漂流记》就是他的代表作之一。

最后我们来看看他心中的资产阶级吧。笛福所处的时代，正值资本主义蓬勃发展的时期。《鲁滨孙漂流记》是笛福的代表作，它的价值首先在于成功地塑造了鲁滨孙这个崭新的人物形象。笛福塑造的鲁滨孙成了当时小资产阶级心目中的英雄人物，体现出倡导个人奋斗的社会风气。我们认为笛福心中的资产阶级应是意志坚强、积极进取的，最否定的就是萎靡不振的社会风气。

师：时间关系，小组分享就到这里，以后我们还可以多方面地来交流。刚才几个组展示了他们研读后的这种带有共性的体会，我觉得它的价值意义有这样几点。

第一个，是这样的一种小组合作的形式，这种合作的形式是有分工的，是有侧重的，而且最难能可贵的是我们在展示的过程当中，把我们的分歧点展示了出来。因为既然是一个小组合作，必然要有交流，而这个交流一定是有认知的冲突的。我们说我们的学习的过程，本身就是一个认知冲突的过程。要提醒大家思考的是，我们的认知冲突，恐怕不能光是局限于找到它本身是什么样的，给出描述性的回答。比如这个岛是什么岛，比如到底是到了哪个地理位置，这些是可以有相对统一的结论的。我们讲的认知冲突，更重要的是对人物的认识、对生存的条件个人的不同的见解。在这一块上，你在书中是找不到一个绝对的正确的答案的，但是我们在阅读过程当中要有我们个体的思考。在这个方面形成的认知冲突更有价值。没关系的，以后我们还会多次交流。这样一个合作的形式非常好。

第二个，我觉得我们是真正地进入到这本书当中去的，尽管我们只选了一个点来讲，但是这个点跟这部书是密切相关的。比如描绘这个漂流线路，你其实是在解释什么叫作"漂流"。鲁滨孙的漂流到底指的是荒岛生活，还是从他离家开始，一直到最后。他后来尽管安逸了，但是到最后其实还是在漂流，是吧？恐怕这些是需要思考的。大家对内容是非常熟悉的，但是我觉得在展示的过程当中，你必须介绍从 A 转折到 B 的核心的原因。不仅是核心原因，它跟这个人物形象、跟写这个传是什么关系，在这块上也可以再做一点事。

关于岛的命名两个组理解不一样。本来题目的意思是他漂流到的、居住了 28 年的这座岛，它的命名。刚才第一个小组是围绕着这个岛来命名的，他们给了四个概念，第一叫"孤独"，第二叫"未知"，第三叫"探索"，第四叫"回忆"。你怎么命名都没关系，因为这是你的一种阅读理解，但是我们要思考它们的次序。我们讲他的孤独感完全是在岛上生活一段时间之后逐步地产生的，是在特定的环境下的一种特定的心理。而他到了这个岛，对这个岛本身是一无所知的，是吧？所以就岛名来说一跟二是不是换下位置更好一些？他的孤独也好，他的绝望也好，是生存一段时间以后产生的一种心理。而后再转换到一种对新的东西的探求，是吧？探求以后他获得的幸福感，你们叫回忆也可以，实际上最后可以命名它为"鲁滨孙岛"吧？第二个组是认为要给在漂流过程当中遇到的几个岛命名，这样的命名当然是可以的，它跟路线是有一定的关系的。不过这跟漂流路线结合在一起的几个岛中，让他产生一种内心的感觉的，恐怕还是最后一个岛，所以本来的意图，应该是给生活了 28 年的这样一个荒岛命名。这个命名反映他生活、心理的变化，也是为后来讲生存之道、做形象分析打基础。

讲生存之道，就是，使他能够在荒岛上生活下去，并且活得很好的生存之道，到底有哪些？那工具当然是很重要的因素。所以抓住工具是好的。但我们在读的过程当中要思考几个问题：第一个，假如我是鲁滨孙，我要解决生存问题，首先要解决什么？第二个，如果他的那条船没有给他提供那么多的物资，怎么生存？我们在读的过程当中可以有自己的思考。而突出工具，你们要想到一个很重要的方面，就是鲁滨孙所用的工具，跟当地土人或者野蛮人所用的工具的区别是什么？他的生存跟土人的生存区别是什么？为什么要突出这样的区别？这是跟作者写这篇作品的目的、意图是有关系的，跟这个人物形象也是密切相关的。所以我们抓住工具是可以的，但是一定要将这两类工具作比较，要体现不同的时代，从这个方面思考。

人物形象大家讲得都很好，我也注意到大家在展示的过程当中，其实是把一些前言、序言因素也都放了进去，这当然很好。现在我们要讨论的问题是，鲁滨孙的勇敢、机智、奋发、不屈等等，当然是他的优点，也就是所谓的理想的资产阶级的形象特点，是吧？然而作者塑造这样一个人物，除了突出他的勇敢、有志、智慧等等之外，核心到底要突出他的什么？鲁滨孙之所以成为一个代表，他是一个符号，那么作者通过这个形象到底想要表现什么？比如鲁滨孙与野蛮人的争斗，结果当然是战胜野蛮人，那么战胜野蛮人的过程突出了当时的资产阶级的什么特点？比如我们一开始讲线路图，形成这个线路图的一个先决条件是鲁滨孙的个性——敢于冒险，是吧？为什么要突出这样一个敢于冒险的形象？为什么要突出他与野蛮人的斗争过程当中，对野蛮人的一种改造？为什么要突出他在这样一种生存过程当中的这样一种坚强勇敢？这个恐怕要思考，17 世纪从西方发展来说是一个什么样的特定的时期，这个时期相对于对过去的这种改造来说，它的价值是什么。在这些方面我们还需要做进一步的思考。回去再考虑。然后再想，我们的主要任务是要立传。那么这些下位的研讨跟要为鲁滨孙立传的任务到底构成什么关系？如果要为他立传，不是我们自己要立，我们要代作者来立啊，所以还是要思考作者塑造这样一个形象的目的是什么。今天就到这里，我们下次再来探讨。下课。

教学阐释：

　　一般来说，面对六年级的学生，首先要考虑怎么引导他们进入文本。进入文本不是说就把情节梳理一下，而是要帮助他们有侧重地来梳理。比如《鲁滨孙漂流记》，我们可以从线路、从岛名等相关内容切入；比如《草房子》，可以从书里面的人物关系，以及这些人物所构成的一个特定的时代背景切入；比如《童年》，可以从不同类型、不同层次的人物之间的关系，以及这种关系对"我"成长的作用、意义切入。到了七年级，除了进入文本之外，我们还要有不同的阅读方式，比如有些是需要细细地品味的，有些是需要比较快地把握住要点的，有些恐怕要有点具体的方法，比如做一些点评之类，跟我们课内的阅读会产生一点联系。到了八、九年级，我们要把它作为一个整体来考虑，在整个的阅读过程当中，要让他们调动六、七年级时的这种经验，逐步地形成自己的一些思考，运用批判性思维。到了高中阶段，要形成个体的见解，那时候的认知冲突跟现在的就不完全相同，是要有阅读的个体体验。在初中阶段，从六年级到九年级的阅读恐怕有这样一个渐进的过程。

整本书阅读依照高中的课标来说，是一个任务群。什么叫任务群？第一个，任务群下面有不同主题。第二个，有跟主题相关的情境，要思考设计什么情境。第三个，在这个情境下，核心要解决的问题是什么？有了这三个，于是形成第四个，就是读与写不只是叫结合，而是需要转换，要有从阅读转换为表达的提升，整本书阅读的过程其实就是这样的一个不断地转换的过程，不断地将知识转换为，从语文学习来说，叫语感，从课程的发展来说，叫问题的解决，形成这样的一条路径。

因此，先要知道我们读这部书的核心任务是什么。核心任务下主题与情境连在一起，就分成四个情境，明确四个情境下每一个情境要解决的核心问题及与核心问题相关的问题链。比如讲生存之道，它的核心是解决工具问题，没问题，但是不只是工具问题，有了情境、有了问题之后，回过头来还得完成这个任务，要回应这个任务，也就是立传。但是现在要一个六年级的学生独立完成一个"传"，那是有难度的。因此我们可以从一个方面或者多个方面入手。所谓的线路图核心是漂流，这个漂流是从他离开家乡算起，一直算到他年老，算35年还是算28年？不管是什么，线路设计出来之后，关键是线路的变化或者叫轨迹，这个轨迹点才是重要的。而这个轨迹点产生之后，他继续漂流，没有停止，这跟给这个人物立传是有关系的。要完成立传这个任务，就要明白比如我的主题或者情境，跟我立传要解决的问题，是个什么关系。

下面同理，还是要围绕着这个"传"来做文章，跟"传"挂钩。包括生存条件，生存条件表现出的就是文明对野蛮的改造，这叫进化，这也是这部作品很核心的东西。因此，关注工具是对的，工具是一个核心，要生存下来，这个工具很重要，但他为什么要强调他的工具的先进，当地的土人不足以和他抗衡，而且他的生存之道跟土人的生存之道不一样，土人没办法只能人吃人，他是通过工业来指导农业，这就是文明。鲁滨孙在岛上的生存办法，尤其是你最后对人物形象的概括总结，要跟你立传有关系。

因此，你不能只是提炼出这个人物具有哪些性格特点，还要知道这些性格是怎么形成的，在文中是怎么表现的，最核心的东西到底是什么。这是立传的几个方面。给学生支架，让他们知道立传的核心是要解决哪几点，再回到"传"，以及作者的创作意图，使他们真正能够完成任务，那么这一部作品应该是读完了。

（整理者：上海市闵行区七宝第二中学　田丽琴）

《朝花夕拾》课堂教学实录

授课时间： 2020 年 11 月 12 日

授课学校： 上海市洋泾菊园实验学校

授课年级： 七年级

（师生问候毕）

师：我们六年级时，从整本书阅读角度来说，应该读了不少书。比如，《童年》读过吗？《草房子》读过吗？

生：读过。

师：《鲁滨孙漂流记》读过吗？

生：读过。

师：大家知道现在的整本书阅读，它不叫课外阅读，而是我们的课内阅读，只是跟我们的一篇一篇课文不完全一样。刚才说的这些书，基本都是小说，而我们今天读的这本书跟六年级读的小说不一样，它叫《朝花夕拾》，和我刚才说的小说，可以放在一起比较吗？

生：不能，这是散文集。

师：小说是一个相对完整的故事或者是讲一个人的成长史。而散文集，当然是由很多篇目构成。大家是否知道，我们现在读的属于哪一类散文？

生：回忆性散文。

师：回忆性散文。从表达方式的角度来说，这一类我们叫作叙事类，或者叫写人记事类，或者叫记叙文一类。它是记叙文里面的回忆性的散文。除了记叙类的散文之外，还有抒情散文、议论性散文。我们今天学习的回忆性散文的阅读，要和我们的课文阅读建立联系。你读一篇篇课文，有哪些最基本的要求？第一步，总归要读过。先不管读懂没读懂，读过，大体读得通了，有些文字障碍就能解决了，这叫读过。第二步就是读懂。什么叫读懂？比如《我的伯父鲁迅先生》这篇文章，什么叫作读懂？

生：能够读出它的背景。

师：得出回忆类的内容——故事或者叫事件，找得到事件之间的联系；通过事件之间的联系，能够概括出某个人或者某些事的特点；能够读出作者想要表达的感情；有些作品里面牵涉到一些我们不太了解的知识，比如这篇文章里面所列举的有些人、有些事件，像是清国的留学生等等，要查找资料知道说的是什么——这个叫读懂。

第三步，要读出一点自己的感受。前面是了解作者，理解作者说了什么、怎么说的，现在要读出一点自己的感受。第四步，要读到能够与作者沟通。沟通，一是在读的过程当中，产生疑惑，比如：《我的伯父鲁迅先生》为什么要把过年放烟火放到文章的这里，而不放到其他地方？读出自己的疑问，对作者进行质疑。二是将自己的感受与作品当中所写的人与事进行交流。这四步是我们一篇篇课文阅读、一个单元一个单元课文阅读的最基本的要求。当然也适用于我们的整本书阅读。

我知道大家已经读了，大体完成了第一阶段：读过。也许有的同学尽管对里面的有些内容还不是很理解，但大体读过，大体进入第二阶段。我们今天的课只能说交流，这样一个交流是由第一阶段的读过，到第二阶段的大体读懂，在这个基础上加深了解，努力读出一点自己的感受，并尽可能地与作者形成一定的交流。

要读懂，要读出一点感受，第一条：任何一篇文章你一拿到它，先要知道标题的含义。比如《从百草园到三味书屋》这个标题是什么意思？当然我们今天不讨论《从百草园到三味书屋》，但是我们在学习的过程当中必须有这个思考，这是读懂的最基本的前提，也是读出你的感受来的一个抓手。我们今天读的这本书叫《朝花夕拾》，这是一部散文集。

（板书：朝花夕拾）

师：我们读这个标题的过程当中就要开始思考，当然首先是读过了，读过以后反过来思考。我这么写，实际上当中省略了一点东西，如同"小引"里面所说："朝花"，最好的应该是"带露折花，色香自然要好得多，但是我不能够"，"我"现在只能"夕拾"，经过了很长时间，不那么鲜艳，甚至有点枯萎、有点发黄了，这个时候"我"俯拾了。那么，既然它现在叫"朝花夕拾"，我们读完之后你能不能跟我解释：什么叫"朝花夕拾"？我们先不讨论啊，思考，思考你能懂就最好。我们读完之后，你要能解释：哪些"朝花"还带着那种倾向、那样的一种色彩；哪些"朝花"已经枯萎、发黄了。

我们读整本书，全程都要带着阅读的任务。我们的阅读呢，有三个目的。第一个目的，把里面的信息提取出来。比如我们读数学书，最核心的是要把关键信息提取出来，抓住核心概念，比如自然数、分数、无理数，这些是数学要提取出来、抓得住的核心概念。抓住了之后，你才能找到概念与概念之间的联系，形成定理、定式、公式。这叫提取信息。我们读很多说明类的文章，也是重在提取信息，带散文味道的、科普类的说明类文章可能不同，但如果只是读一般的说明文，比如说明电脑怎么使用的文章，核心是提取信息。阅读的第一个目的是获取信息，尤其读说明类的文章。第二个目的，获得文学体验。我们所说的许许多多的文学作品，散文、小说、诗歌、剧本，是为了获得文学体验的阅读。第三个目的，完成任务。当然这跟前两者是有一定的关联的，但有时候单纯就是为了完成任务：我读了这个，我就必须做哪一件事。比如，我不知道大家有没有关注过我们的中考题目，中考题目后面有一道叫综合学习类，就是完成任务，它给你许多材料阅读，不是要你去体验多少，而是依据这些材料知道怎么来完成这样的任务。我们今天阅读，既是为了获得文学体验，也是为了完成任务。我们的整本书的阅读，不管是小说类、散文类，还是科普类——以后我们会有《昆虫记》等科普类、通讯报道类，一方面是为了获得文学的体验，另一方面就是为了完成相应的任务。

那么我们读《朝花夕拾》，其实要完成的一个核心任务是什么呢？刚才我用了一个词，叫"解释"或者叫"阐释"。我们要解释《朝花夕拾》这个集子名，但是这个解释不等于我们平时在课文阅读过程当中的词语解释，不是这个意思，这个解释要有一个过程，所以这任务看起来是叫解释《朝花夕拾》，但是我可以使之具体化。大家用笔记一下，怎么让它具体化。

第一，比较两个题目。它发表在《莽原》上用的题名叫什么？《旧事重提》。整理成集子之后用的题名叫《朝花夕拾》。比较，就是比较《旧事重提》与《朝花夕拾》的异同，这是这个任务的一种形式：两个题目的比较。不要随便说哪个好哪个不好，你只要知道，两个题目各自的侧重点也许不一样，表述的角度不一样，思考的核心也不一样，能够比较出来，不要随便否定。

第二，这个任务可以转换的形式之二：今天阅读的我或者是我们，与写《旧事重提》时的鲁迅——我说是《旧事重提》，我没说编辑时改的《朝花夕拾》，是与发表《旧事重提》时的鲁迅——进行一次穿越时空的对话，或者与发表《朝花夕拾》时的鲁迅，做一次穿越时空的对话。当然，这对话还是来自我们对鲁迅写《旧事重提》，并集成《朝花夕拾》的一种感受，甚至可以提出一种疑惑。比如在小引里面说做的这些文章"文体大概很杂乱"，那么就可以向鲁迅讨教了：你既然把它构成一个回忆性的散文集，为什么要使文体这么杂乱呢？这个杂乱背后你到底想表达什么呢？光提问不够，还要揣测——也许你想表达的意思是什么，然后归纳。尽管他没办法回答，我们要代他回答，但这个代他回答是揣测，揣测后询问我们这种揣测对不对。

第三，我们甚至还可以转换为另外一种形式：使自己转换为——这当然是虚指——发表《朝花夕拾》时的鲁迅。这个时候的你已经不是你了，是当时的鲁迅了，但是你用的是现代信息技术。你作为鲁迅，用现代技术，来建立一个朋友圈，而后选择《朝花夕拾》里面的相关的人物，作为朋友圈里的人，然后你要告诉我们为什么选这些人建立这样一个朋友圈。

当然还可以有其他的形式，我只是举例地说，要解释《朝花夕拾》，不是像曾经词语解释那样，而是要转换成另外一种形式。这个完成以后，你还可以把"小引"里边隐含着的许多情感、隐含着的许多事实，翻译出来、挖掘出来，或者叫重新解释，解释完以后让它变成一个跟我们一般读到的序言一样的序，不要写得那么隐含。什么叫隐含呢？比如对里面的一些概念要再做解释。"小引"大家读过没有？读过了，它开头怎么说的？"我常想在纷扰中寻出一点闲静来……""纷扰"圈一圈、"闲静"圈一圈。然后"离奇""芜杂""无聊"等等，这些都是需要圈出来的，也就是说这些是需要你解释的。你要写序，你要让它显性化，现在鲁迅先生的序是隐含的、很含蓄的。那么怎么解释？你通过"小引"这条路走出来，"离奇"是什么？"芜杂"是什么？"只剩了回忆"，"回忆"是什么？还有，"螺旋"是什么螺旋？"带露折花"又是什么？当你把这些概念基本搞清楚了，那么《朝花夕拾》这个序言就可以写了，就是把"小引"变成一个新的序言，比较明确地阐释："我"为什么要编《朝花夕拾》？《朝花夕拾》包括了哪些内容？"我"对里面的人、事、物的基本感情是什么？基本态度是什么？这是我们需要完成的一个核心任务：对《朝花夕拾》进行解释。

我们可以通过多种形式来加以解释。这个里面不是一、二、三、四、五都要做，甚至还加上六、七，我们选一个做就可以了。不管选哪一个，光靠"小引"，光靠我们读过，恐怕完不成。为了完成这个任务，我们还得完成这个任务不同形式的下位任务。而下面的任务，下位任务一、下位任务二、下位任务三、下位任务四等等，是对这个任务的分解。不只是为了完成这个任务需要分解，不管是哪种形式的核心任务都需要这样。

为了完成这个任务，你还要解决什么任务？比如，我现在是在读《从百草园到三味书屋》，我要求大家回答一个问题：当时的"我"对寿镜吾先生，到底是怎样的情感态度？这是一个大问题。你当然可以有一个非常简单的概念，讨厌、喜欢、感激、尊敬。但光有这概念是没用的，你这概念怎么得到的？所以要回答这个问题，你必须有下位的问题：寿镜吾是在什么情况下出场的？寿镜吾对"我们"的感情究竟如何？态度究竟如何？他怎么来教"我们"学习的？怎么来限制"我们"的？等等等等。为了回答这个问题，你要有这个问题以下的小问题。这个任务也是。你要完成这样一个任务，那么就要有这个任务的下位任务，只有完成这些下位任务，才能最终完成这个任务。要完成的第一个任务最简单，所有的同学都应该完成。当然，我指的同学是以小组为单位的同学，小组合作学习应该成为一种常态，我看大家这么做就是一种常态，也就是我们在课堂学习过程当中，基本上是用这种形式来学习。那么谁来告诉我，小组学习，必须做的事情是什么？抛开《朝花夕拾》，一般来说，我们要构成小组合作学习，必须做到哪些？

生：团结。

师：团结，很好。这说明我这个问题的指向有问题。必须怎么样，要团结、要协作、要交流，这些都对。但是我是说必须做哪些事情。团结是一个理念。

生：必须组一个组。

师：组成一个组当然是。组成组之后，如同我们构成一个班级一样，要有合作。至少在一定阶段，每一个人做好一件事。那么既然要合作，就要选出一个组长，小组合作形式的组长，不是像班长一样做一个学期、两个学期甚至四年，不是长期的，而是临时的。就是每一次小组合作应该有一个负责人，由负责人给其他人分配任务。第一个，要有各自的任务，要有承担的角色。第二个，既然是小组合作，那么，在组长领导下，首先应该是大家个体学完之后的一种交流，而交流过程当中最核心的东西是问题：我在读的过程当中产生了哪些问题，或者我要向大家请教的是什么问题，我要跟作者讨论的是什么问题。第三个，小组应该把问题收拢来，在对所有问题进行讨论之后，形成小组的几个重要问题，比如我们每个组五六个人提出了三四个问题，要集中为一两个、两三个要解决的问题。第四个，围绕这些问题，展开小组合作式的阅读，查找资料，最后形成共识，并用某种形式把它表现出来，比如 PPT、编一个剧、写一首诗等等。最后在小组组长领导下，进行回顾、小结、反思。这个叫小组合作学习。

　　我们今天来读这样一本书，这种小组合作很重要，所以我说第一项任务比较简单，小组合作就可以完成。那么我们要做的第一步，就是要把这十篇散文里面所涉及的事情或者叫故事理出来，并给每个故事一个命题。故事包括哪些呢？我们读到过什么故事？比如《阿长与〈山海经〉》中是不是有故事啊？阿长踩死"我"的隐鼠，是不是故事？第一，就是记录"我"儿时或中青年时，尤其是现实生活当中的事。第二，通过他人的口或读到的书所了解到的故事，比如《二十四孝图》里面的母亲的故事、埋子的故事，美女蛇的故事。还有一些完全是民间传说中的故事，比如《无常》。第一件大家都需要做的事情，任务一：理出十篇散文当中所涉及的种种故事，并给每个故事定个题目。任务二与任务一是有一定的联系的，为了使我们的梳理更加具有稳定的逻辑性，我把它分解开来：既然有事情必定有人物，要能够理出十篇散文当中所写到的人物。这些人物当中有一些是需要打星号的重点人物，比如阿长就是一个重点人物，很多作品当中都涉及了。这个重点人物，既包括"我"生活当中遇到过的人物，又包括虚拟的、人格化的东西，比如无常，姑且也把他当作人。有些人物之间是有一定的关系的，那么你要在这些人物之间建立关系，比如《父亲的病》中的人物。

任务三与任务一、二也是有联系的。对这些人、事、物，作者是倾注着他的情感的，而这个情感是有变化的。比如对阿长，"我"初始阶段叫"阿长"，为什么叫"阿长"？什么时候叫"阿长"？当她把"我"的隐鼠害死了之后，"我"就叫"阿长"。而"我"一般叫她什么？"长妈妈"。当"我"叫她"阿长"的时候，"我"是对她产生厌恶了，所以当她切切察察的时候，当她给"我"做规矩的时候，当她说一些很无聊的东西的时候，当她"大"字形躺在床上的时候，"我"就叫她"阿长"，所以感情起点是讨厌。但永远讨厌吗？不是，有变化，到最后是崇敬的、怀念的，并影响"我"的行为。要把"我"对那些重点人物的情感及情感的变化过程梳理出来。

在这个梳理过程当中，我们恐怕还要做一件事。因为，故事是"我"写作的现在在讲的，讲的是 1927 年或者 1926 年、1927 年间回忆的往事，讲往事时的"我"是中年的"我"、作为作者的"我"。这不同于往事当中的两个阶段，青年阶段的"我"——我们先把三十多岁当青年，四十多岁我们才叫中年吧，从十八九岁到三十多岁整个都叫青年；还有在百草园的"我"，听阿长讲规矩的"我"、听祖母讲故事的"我"，就是儿时的"我"。因此这个情感变化过程恐怕要关注到三个"我"：一个是儿时的"我"、一个是青年时的"我"、一个是写《旧事重提》时的"我"。这三个"我"的感情，恐怕是要做一点分析的。那么最后还需要完成一个什么任务呢？核心抓住一两个、两三个人物，来表现这种情感的变化：儿时的"我"的情感的变化、青年的"我"的情感的变化以及今天的"我"的反思。比如对阿长，后来的"我"感激、敬重她，但故事当时并不如此，不过今天的"我"反过来讲这个故事的时候，不仅有着这种感激，有着这种敬重，而且有着怀念。

到第四个任务的时候就简单了：依据他所说的人、事，以及对人、事的情感,从儿时的、青年的、中年的"我"的思想的变化中梳理出,"我"对社会的、对社会中人的、对当时的各种制度,包括教育制度、礼教、政治等的认识。理出这样一条心路历程,而后完成第五个任务。

任务五,现在作者是按他发表文章的先后时间,来构成《朝花夕拾》,我们完成了前面的任务之后,可以进行顺序重组,将这些《朝花夕拾》里面的文章顺序重新编排、重新组合。每个小组请注意你重新组合的标准,要提出一个标准,发表时间作者已经做了,我们就不要做了,那我们用什么标准?比如用情感态度来分类、排序:对有些人是感激、怀念为主,对有些人"我"是要讽刺的,对有些人"我"是要深刻批判的,还有些是要反对的。我只是举例地说一种,你还可以用其他方式,比如主题相近的、内容相近的。

当我们完成了这些任务之后,回过头来看:这个任务能完成了吗?基本上能够完成了。今天我不是来给大家解释,《朝花夕拾》说了什么,而是我们一起来思考,怎么来走进《朝花夕拾》,再怎么来走出《朝花夕拾》,怎么在理解的基础上,形成一点自己的感受,并不断地与作者进行交流。当这些都完成之后,我很希望看到的是,大家的最后的成功。你可以选择一项来展示,也可以组合起来展示。读完了,这些都做好了,还有问题也可以提出来讨论。就这样,下课!

(整理人:上海市洋泾菊园实验学校　张　航　宋　颖)

《红星照耀中国》课堂教学实录及教学阐释

执教时间：2019 年 11 月 13 日

执教地点：上海市莘城学校

执教年级：八年级

（师生问候毕）

师：这本书都读过了，是吧？大家在读的过程中有没有问题？

我说的"有没有问题"有两个意思。第一个意思是我们在读的过程当中，或者是读完之后，觉得有些东西还不太懂，希望能够在这堂课上得到解决的。这个叫"实疑"，实际存在的疑问。大家这一类的问题好像不多。

第二个意思，是我们读这本书需要解决的问题，也就是我们为什么读这本书，或者读这本书我们要解决什么问题。而这往往跟我们的阅读任务是紧密地结合在一起的，也就是读这样一本书，我们应该完成哪些任务。这个大家都可以思考。

我们读一本书总归要有一点问题，这个问题我刚才说了，可以是"实疑"，也可以是需要解决的、应该掌握的问题，是吧？想想看，比如就这个标题而言，结合我们读过的内容，可以提哪些问题？

生："红星"指的是什么？它是如何照耀中国的？

师：第一个，"红星"是什么？第二个，是如何照耀的？还有吗？针对标题。

生：结果怎么样？

师：这个结果恐怕只能讲可能的情况，是吧？还有吗？为什么要？好的，红星为什么要照耀中国？怎样照耀中国？想过没有？"中国"是什么？当我们讲一个国家的时候，应该有两个概念，哪两个概念？我们初中读过一篇文章，叫《少年中国说》，考试也考过了。我们讲国家，第一个概念叫疆域、地域概念，或者叫范畴概念，这一块是你的疆域。第二个概念叫政治概念。真正的一个国家，从政治来说构成一个国家，那么这个国家就属于这个国家的所有人，是不是？人人都是主人，人民当家作主，应该是这样的。比如我们今天的中华人民共和国，就是人民当家作主的国家。

你们高中的时候会读一篇文章，其中有一个资产阶级的革命志士被抓进监狱了，他跟里面的牢头说，这大清天下是我们大家的。牢头一听，觉得他发了疯：大清怎么会是大家的？过去这个国家是谁的？皇帝、帝王，一人统治，是吧？而这里所说的"中国"特指什么？又泛指什么？这里更多的是政治相关的，不只是指疆域，不只是指中国这片土地，更多关注的是今后中国的走向。因此这个"中国"特指几几年的？1936年开始，到1937年，是吧？1936年到1937年这一段时间。那么这段时间的中国是一个什么状况？是被国民党统治，又遭受日本人的侵略。这时中国的命运如何？不知道。这本书说的就是这一段时间的中国，能不能够接受这种混乱？能不能够把日本人赶出去？然而广义的说，那是指几千年来从奴隶制到封建制到半殖民地半封建的中国，是这样吧？这个有着这样漫长的历史的中国，现在出现了问题。首先对"中国"要有一种说法。刚才说的结果如何，也就是在这个"红星"照耀下，中国将会走向何方？将会成为怎样一个国家？作者在这本书里面给出答案了吗？提过没有？这个问题难了。既给出了，又没有明确地把它表述出来，是吧？给出是从这本书的所写内容以及作者的情感倾向来看，但是没有把它显性化地表述出来。

因此，我们读这样的整本书，尤其是这一类的书，即使是带上一点观点的这样的整本书，面对这样一个标题，我们首先要做的也是推敲相关概念。同理，"红星"是什么？从你们所读的内容来看，先给出一些概念，"红星"可能指？比如，A，是什么？中国共产党，很好。B，红军，也很好。C，红军、中国共产党的领袖毛泽东，好的。D，政权，你看当时中国延安是以共产党、红军为代表的苏维埃政权，是不是？那么这个"红星"特指苏维埃，是不是？里面有没有一个篇章专门讲西北的红星？我们读的过程当中推敲标题是这么来推敲的。刚才大家说了，中国共产党也好，毛主席也好，中国红军也好，苏维埃政权也好，都可以称为"红星"。有一个修辞手法叫借代，知道吧？心里明白，讲不出来，讲不出来不要紧。比如我们讲延安，延安就可以借代为中国共产党领导的地区、政府，或者就特指中国共产党也可以，这个就叫借代。那么从红星的角度，刚才说是红军，因为红军也好，中国共产党也好，概念是相通的，是吧？红军头上的帽子叫什么？帽子上的标志是什么？红星，闪闪的红星。如果从借代的角度来说，红星就是红军，就是红军的帽子所借代的红军，当然也特指中国共产党领导的政权、军队，是这样吧？

所以我们首先要对这样一个标题，提出一些需要解决的问题。如果我们也不知道这个标题怎么理解，那么我们怎么说？所谓的懂就是从文本出发回到标题，不是我看着标题再说。而这个"照耀"是有一个过程，从局部到这里。

我们从对标题的探究开始，接下来再想想看，读这样一本书，还需要解决什么问题？比如文体。小说、散文、诗歌，这是文体吧？我们八年级是不是学过消息、通讯？这本书应该是报道吧？和报告文学还不一样，通过采访到的资料而形成的叫报道，跟通讯是有关的。既然是通讯报道，那么它的最基本的特点是什么？真实性。还有呢？时效性。还有呢？准确性好像不是它的特点吧? 真实性里面当然包含准确了, 是吧? 还有一个叫什么? 这个是需要写一写的。一个叫时效性, 一个叫真实性, 第三个我们之后来探讨。

我们今天来读这本书, 这个时效性还能体现吗? 已经不能了。但是要想一想, 从 1936 年到 1937 年, 作者发表这样的报道, 在当时来说有没有时效性? 为什么? 哪里读出来有了? 你读出时效性了吗? 从哪里读出来的? 这个时效性跟什么相关? 跟他采访的目的有关系吧? 当时不仅是世界, 而且是中国, 当然除了中国共产党及其领导的苏维埃政权地区之外, 对"红星"、对中国共产党了解吗? 有国民党对消息的封锁、造谣、歪曲、污蔑等等, 所以国内不清楚, 世界更不清楚。是这样一个报道, 让世界、让全国人民了解了——至少有所了解: 中国共产党是谁? 是干什么的? 它的目的是什么? 它对即将要开始的抗日战争的价值意义是什么? 就这个而言, 它是不是有时效性?

真实性我们主要关注什么? 我们讲报道的真实性跟我们创作小说等的真实性的区别是什么? 报道的真实性是指对客观, 尤其是细节的真实, 它的客观性, 它的资料的来源的可靠性, 它的细节表述的可信性。所以要特别关注那些细节。比如他所写的毛泽东跟我们平时所知道的, 或者是从书本上、电影里认识的毛泽东, 是不是不完全一样?

第三个特点叫导向性。作者不只是纯客观地报道一些事实, 因为他是有写的。像这样一部书的导向性, 其他导向我不说, 至少有一条是非常明确的, 大家是清楚的, 就是让全中国、全世界了解中国共产党, 是不是? 当然它的导向不只是这一条, 我们要在讨论的过程当中进一步来知道这本书的导向。

接下来需要解决的问题: 依据通讯报道的特点, 这本书是怎么来体现时效性、真实性、导向性的? 当然还有其他需要解决的问题。我们转换一种形式, 用任务式的阅读来进行接下来一段时间的探讨。希望大家读完这本书之后，完成一项任务，我把它叫作核心任务——你们手中的版本里面有没有作者的序？哪一年的？有 1938 年的，有 1968 年的，有 20 世纪 80 年代再版时的。这个任务是要你综合，当然你现在看到的只是一个序，有的大概是 1968 年的，有的是 20 世纪 80 年代的，有的是 1938 年的，不一样，没关系，以你看到的这个序言作为一个抓手，然后从网上去查找其他的序言，把它们综合起来，加上你自己读了之后的所得，重新为作者拟一个自序。这个自序里面要把这个报道的这些特点（它的时效性，它的真实性，它的导向性）结合进去，所以跟作者在这里的序言不一样。核心要解决这篇报道的时效、真实、导向三个特点的问题。要找资料，还要细细地去推敲，这本书怎么来体现它的真实性、导向性。那么要完成这样一个核心任务，我们必须细化，将这个任务分解。

核心任务下的第一个小任务：你要解决这三个特点的问题，写这样一个序，首先要对全书做一遍梳理，因此你第一件要完成的事是明确采访的路线或者叫采访的轨迹。完成这个任务，你要解决哪些问题？采访了谁？什么时候采访的？一上来就先采访谁？什么时候采访的？采访的原因，就是采访的起点在哪里？为什么要采访？

所以你要确定采访路线，第一个，采访的起点是什么？也就是第一篇章，是吧？当然你还可以换一个角度：这个起点是他要冲破国民党的封锁而去，在特定的背景下所进行的采访。第二个，这个路线一般来说当然是以时间为线索，先采访谁后采访谁，先到哪里再到哪里，地点变化跟时间相关，要弄清楚。第三个，明确采访对象，光明确采访对象不够，还要把采访对象及获得的信息构成一个完整的采访的轨迹。我了解到大家已经对思维导图非常熟了，你可以用导图、文字阐释、表格来呈现。但是有一条必须做，那就是你无论是用导图、表格，都要加上必要的说明。你光给我一些概念，没用。有了概念之后，要有必要的说明，这个说明就是阐释。你要完成这样一个序，要突出它的时效性，那么这个一定要讲，对吧？

　　除了要知道他的采访路线、采访对象、采访内容，还要加以梳理，也就是说不是重复作者在这本书里面写过的内容，而是要把作者写过的内容提炼出来。因此，第二个小任务：依据这本书的内容，对已有的标题进行调整，重组、调整篇章的标题。什么叫重组？其实我们在一篇一篇单篇阅读的过程当中，也经常会用这样的一种重组的方式。比如把一段的次序打乱重新组合，将三段的内容抽象成一个复句的形式，这叫重组。因此，这里的重组也就是不完全按照这本书的篇章顺序，可以打乱，有些还可以删除，甚至可以增加一点，重新对内容进行组织，转换成一个新的标题的形式。什么叫调整？现在的这个篇章从它的顺序的安排来说，是不是以时间为序的？基本上是以时间为序："我"先看到什么？采访到了谁？了解到了什么？是这样的，是吧？当然局部会有点变化。现在调整是要做大的调整，不再按照这样一个顺序，而主要按照人、事的顺序，你可以先写人、再写事，也可以先写事、再写人，但是你要集中，比如第一到第七篇章，以人为主，第八到第十四篇章，以事为主。这是重组、调整的第一个要求。

　　第二个要求，在重组、调整之后，你序言的标题要与《红星照耀中国》保持一致，也就是带有一点感情倾向的标题的语言表述形式，明白吧？比如写毛泽东的，你不能光说是采访毛泽东，对毛泽东要加一定的修饰、限制，要有他自己的认识。要注意的是须跟作者的观点、见解的表达或者情感的表达形式相一致。你不能就标一个"伟大的领袖毛泽东"，这个书里面至少不能显性地表达出这一点，是吧？根据他对毛泽东的一个整体的感觉，加修饰或限定性的词语。事件也一样，主要是写事的，对事情要有一个基本判断。比如他对解放区的演出宣传这一类的事情，有一个基本的态度，要依据文本内容表示。

　　第三个小任务：你的序言里面需要有一个导向性，因此你首先要对文本当中作者的情感态度有一个基本判断，从而去评说或者点评这本书的导向。

到这里完成了吗？当然从自序的角度基本完成了，但是好像还缺一点东西。也就是我们一上来探讨的问题：还需要对"红星""中国"做一点阐释。大家知道这本书的原书名叫什么吗？《西行漫记》。所以，第四个小任务：比较《红星照耀中国》这个标题跟《西行漫记》这个标题，它们有什么不同？我们不比高下，不比哪个标题更好。我们自己看看，用现在这个标题，它指向什么？这个标题的价值意义是什么？用《西行漫记》这样一个标题，它好在哪里？它的价值意义是什么？当然你再做深一步的思考的话，恐怕要想一想，为什么原来叫《西行漫记》，现在叫《红星照耀中国》？我们读完之后大概会明白一点。

注意了，这些小任务需要转化成文字，但是每个人要完成这么多任务，负担比较重，是吧？我们整本书阅读完之后，完成任务的基本方式是合作式，我们平时用不用这种操作的形式？一般是四个人还是六个人？没关系，这个按大家习惯。四到六个人构成一个小组。每个小组首先在这四项小任务里面重点完成一项，可以吗？这个任务能完成吗？要形成合作小组的成果。这个成果首先是书面文字，而后再转换成其他形式，比如做成PPT、编一个刊物等等。大家自己选择一种形式，但是书面文字稿都要完成。每个小组首先书面完成一个小任务，然后一起来思考探讨，最后要完成这个序。在小组合作的基础上，每个人都完成这个"自序"。当然你这个小组说我们的这个序差不多，可以，但是每个人要写一个。那么这个任务已经布置了，接下来就需要去做了，以小组的形式，大家都同意了，我就不讲了，需要小组分工之类的，我们就不探讨了。但是下次再汇报的时候，要告诉我，你们在这个小组学习、小组活动的过程当中，曾经产生过哪些分歧，产生过哪些认知上的冲突，这些分歧或者叫矛盾，哪些得到解决了，哪些还留着，准备怎么解决，这些你们在汇报的时候是需要讲的。

好，我今天跟大家探讨的问题主要就是这些，大家看看还有什么要解决的问题吗？另外一个形式的任务，下一次什么时候组织大家交流？三四个礼拜可以吗？什么时候需要大家交流，我们再通知。希望下一次能够看到大家的成果。这节课就上到这里了，下课。

教学阐释：

前两年我们主要研究的是关于小说的阅读，小说的阅读当然有小说阅读的规律。刚才曹老师也说了，从莘庄初级中学开始，我们读了五六本书。现在转到通讯报道，接下来还有科普类，比如《昆虫记》，大概在下学期。我觉得小说也好，报道也好，散文也好，还有相同之处。因为是整本书阅读，它首先是构成一个单元，既然是一个单元的，它必然有单元的结构，而整本书学习的方向是在往高中的任务群或者任务化的学习这个方面靠。

单元结构的构成，从内容来说，它有阅读、有写作、有活动等形式，以阅读的显著的活动形式所构成的单元结构，跟现在教材的阅读单元不完全一样，当然今后我们还是希望单元也能够往这个方向靠一靠，不一定都要这么做，至少尽量地做到有读有写。这是第一个方面。

单元结构的第二个方面，也就是这个单元分几个阶段？这几个阶段构成什么关系？比如第一阶段，就现在而言，肯定是学生自己阅读，这个时候我不知道教师给他们布置什么任务或者有学习单没有？不管怎么说，第一阶段是以学生自己读为主，自己读进去。今天算是第二阶段，第二阶段也就是在学生读的基础上的整体指导，或者叫任务状态，也就是要形成任务意识。为什么这么说呢？有些书就像《红星照耀中国》，它跟读小说味道毕竟不一样，尤其是一些难以理解的地方，也许一下子很难去把他们的兴趣提起来。而当你用任务化的形式表现之后，容易让他们进去，在进去的过程当中形成一种兴趣。比如从阅读的角度来说，数学总归没有语文有趣，但是为什么学生到最后还是喜欢数学，未必喜欢语文呢？恐怕是因为数学的目的比较明确，他们能在不断完成任务的过程当中感受乐趣。因此，这个阶段以任务化学习的这种方式，让学生能够进去，并能够抓住一些核心的东西。如果说第一阶段主要是以学生个体阅读为主的，那么第三阶段主要是要求他们将获得的东西转化成文字，并通过小组合作的形式来进行。在小组合作的这样一个过程当中，我很强调的一点就是要有认知冲突。当然认知冲突不只限于小组合作，个体阅读也应该有这样的一种认知冲突。要关注怎么在认知冲突的过程当中形成共识，保留分歧，为以后的学习做铺垫。我一直说到了八、九年级恐怕不能只是梳理情节，在梳理的过程当中要有问题意识，要问题化学习；在问题的前提下，要演绎式学习，也就是形成观点，而后阐释自己的观点；再往后走，恐怕要自己走进去，"自省式"或者叫"反省式"地阅读。因此第三阶段就是通过小组合作，形成共识。第四阶段是交流。交流之后，当然要做最后一个工作，也就是完成之后，还是要自己写一些反思的东西，要回顾与思考，并要对明天有一种展望，有一种期待。我过去是在小说阅读的过程当中，要他们完成四个任务。第一个叫回顾与思考。第二个是活动过程花絮，花絮描写。第三个是反思：觉得哪些方面可以做得更好。第四个是展望：我明天将以怎样的一种精神、一种状态、一种方式来进行新的整本书阅读。过去大概是需要完成这些任务，但这四方面的任务不是一个人完成，而是小组合作完成，要变成一个小组的东西，作为学生学习的成果。我一直强调要有成果意识，成果意识不只是学生写出一点东西，而且要把这个过程呈现出来。所以主要是四个阶段，一定要加最后一个完成阶段。这样的话是八课时左右。这个叫结构。

整本书阅读的过程，今天从教师教学的角度来说，它既不像教读课，也不像自读课。教读课教师要给学生一点知识，这个知识或者是概念的知识，或者是路径，或者是问题，教师要对学生有明确的指导。所以我说，教学以得为主，在教师指导下获得。而自读课一般来说，不再出现新的知识，而是调动、运用教读课上获得的，以及已经积累的这些知识、方法来完成自读。因此自读课教师的主要责任，恐怕是让学生进一步明确知道怎么来读。自读课，给学生一些拐杖、抓手、工具，主要还是通过学生自己的语言实践来完成。而拓展阅读，教师的主要责任是或设计任务，或引导学生自己设计任务，让他们带着明确的任务进入整本书当中去。这个任务完成的核心是过程，而不一定是积累。过程很重要。当然整本书阅读一般来说也不出现语文学习或者语文学科的概念的知识，即使有知识点也不是公开复习。因此，整本书阅读，它有它的个性特点，但是它跟教读、自读又有一定的联系。比如这是通讯，而我们八年级本来就有通讯，短篇的通讯和这样长篇的报道都可以有消息、有特写，这是从知识的角度来说。怎么运用已经获得的知识来进行这样一个阅读的实践，反过来促进学生在教材单元阅读过程当中，尤其是对人物单元的理解，因为这个通讯是人物单元，这既是知识的巩固，又是知识的运用，还是思考的深入。

所以整本书阅读要与单元有机结合起来。我不很赞成在整本书阅读的过程当中，像教读课那样，对学生做比较细致的指导。有时候你具体举一个例子时是可以给予适当指导的。比如阅读《草房子》，我以"秃鹤"作为一个例子，让学生知道怎么去梳理"秃鹤"的所有事件与他的心理之间的关系，从而梳理出他的心路历程。这个过程中，如果学生不太清楚，那么我给他们做一点指导没关系，但是不需要一个一个地这么细致地去做指导。教师的更多的责任，在于真的需要引发学生一点问题，尤其八年级的时候。我对这个问题已经说过，真的有些具体的东西不太懂，当然可以提出来，但更多的是要让学生知道有这一类东西，应该解决哪些问题。因为当学生知道了应该解决哪些问题之后，他们就知道要怎么去解决问题。更多的是这一类的问题，而这类问题如果说在整本书阅读过程当中形成概念，并转化为自觉了，那么回过头来看学生的单元学习、单篇学习，也一定会有提高。希望你们的课能有核心问题，核心任务以下有几个具体的矛盾，而后反过来促进和谐的关系，并在完成这个任务的过程当中形成并梳理一些经验。

以后转入散文的阅读，它要有一些新的东西。因为散文基本上是以单篇构成，有些单篇与单篇之间是有内在的逻辑联系的，有些单篇与单篇之间恐怕联系不那么紧密，只是作者由于种种因素把它编成一个集子。鲁迅是一个特例，因为鲁迅的思考点，散文的和小说的是不同的。在散文阅读阶段，如果把单篇构成的集子的个性特点等真的读好了，反过来对学生的散文阅读会有很大的促进。现在大家一定注意到六、七年级有大量的散文。过去都讲记叙文，现在都叫散文，散文跟记叙文概念不完全一样：记叙文阅读学习的是语言的共性、规律性、规范性；而散文是学习语言的个性，它是基于共性的个性，那么它要综合考虑共性、个性，理解两者之间的关系。而科普类的阅读，不是只为了获得科普知识、科学知识，或者科技知识，科普类的阅读是为今后高中的学术类著作的阅读打基础的。尽管它跟学术类不完全一样，但是有一点点学术类的味道，要为以后学术类阅读打基础。通过这一次的通讯报道的整本书的阅读，可以进一步去思考散文类的、科普类的整本书阅读，从不同的类别走下去。

关于问题链，刚才曹老师也说了一点。我们更多的是从教读课的角度来设计，因为我们先提出主问题，在主问题下形成一定的问题链，这个主问题更多的是集中在单篇阅读过程当中，也就是我读这样一篇文章核心要解决什么问题，那么要解决这个问题的前提是需要解决哪些问题，这是构成问题链。问题链的形式对学生阅读思路的形成是有帮助的。我们现在转换到整本书，你一定要说用问题链来串联，不是不可以。但是我们说过了，整本书阅读我们更倾向于把它作为一项任务来学习，所以叫任务化的学习方式。因此这个单元的结构的一个很显性的标志，那就是它是通过任务来实现的，而这个任务里面是要将阅读、写作、活动结合在一起。因此这里讲的任务就比过去讲的主任务还大一些，不是只回答一个问题，而是需要读完之后把它转换成一种操作形式。比如你要让学生代写一个"自序"，这是一个任务，那么完成这个任务涉及的重要因素有哪些？我今天说的是从通讯报道的个性出发，当然写"自序"的重要因素一定不只这些，还包括写作目的等，而与时效性就不是很相关。它首先有一个大的任务，读这样一本书，最后要转换成一种任务形式，而这个任务不像一个问题那样，求得一个答案马上就可以解决，这个任务的完成可以是多样的，途径是多样的，所以光靠这一本书恐怕还完成不了。占有一定的资料，甚至看一些评论的文章，这是一个任务。你要完成这个任务，还需知道你的基础在哪里，也许还需要完成什么具体的工作。这个叫任务化学习，我一再强调是读、写、活动，不可分割。而问题链的问题解决，有些通过阅读就能解决，有些通过阅读加写作能够解决。这个问题、主问题、问题链，跟核心问题及问题的分解有联系，但不完全是一个概念。教读课形成问题链，而自读课不是没有，但是不用显性的问题，而是给学生训练的东西、思考的路径，促成他们的自读。对于自读，我们更强调的是多一些用笔来思考的时间，多给学生一些时间，其实在自读课里面也局部地引进了一些任务学习的方式。

（整理者：上海市文来中学　乐佳颖）

《乡土中国》课堂教学实录

执教时间：2019 年 12 月 11 日

执教学校：上海市莘庄中学

执教年级：高一年级

（师生问候毕）

师：同学们读完《乡土中国》，有没有分组进行整理？

生：有。

师：大家是如何做的概念梳理？梳理中有没有核心概念？

生：梳理过了。

师：好，各小组进行展示。

（一）"乡土本色"小组

1. 小组在黑板上画出思维导图。

2. 学生代表阐释思维导图：

"乡土本色"有三个方面，第一是"土气"，第二是"不流动"，第三是"礼俗社会"；其中"土气"是"乡土本色"的表现，"不流动"是"土气"产生的原因，而"土气"和"不流动"又形成"礼俗社会"。"土气"的原因是农民离不了土地，靠种地谋生，所以他们的文化风俗也是崇拜土地神；"不流动"即"老根"是"不常动"的，非人口固定，"不流动"是因为他们以农为生，世代定居，因为"不流动"，所以他们"聚村而居"；"礼俗社会"就是"熟悉"的社会，无陌生人，故法律无从产生，而规矩是"习"出来的礼俗。

（二）"文字下乡"小组

1. 小组在黑板上画出思维导图。

2. 学生代表阐释思维导图：

语言分两种：一个是共同语言；一个是特殊语言，即"行话"。文字发生之初是"结绳记事"，语言中的特殊语言——行话和结绳记事结合起来，就能推出文字非必需品。第三章指出了乡土社会是一个没有文字的社会，本章前5段所说的知识有两种，一个是城里的，一个是乡下的，两种知识比较一下就可以知道智力无法用识字多少来衡量，城里人的知识的智力和乡下人非知识的智力无法相比。得出的结论是乡土社会中文字非必需品，文字下乡需要考虑到文字和语言的基础。

（三）"乡土社会的权力结构"小组

1. 小组在黑板上画出思维导图。

2. 学生代表阐释思维导图：

我们组研究的是"乡土社会的权力结构"，这个社会有三种权力：一个是不民主的横暴权力，一个是民主的同意权力，一个是教化权力。作者认为"当一个社会还没有共同接受一套规范，各种意见纷呈，求取临时解决办法的活动是政治"，"凡是被社会不成问题地加以接受的规范，是文化性的"，接下来推出的是稳定的文化，这是教化权力的基础。还有一条是"文化不稳定"，然后从"文化不稳定"推出了教化权力的缩小。上述内容形成一个整体的思路结构。

（四）"家族"小组

1. 小组在黑板上画出思维导图。

2. 学生代表阐释思维导图：

我们讲的是"家族"。社群是一切有组织的人群，作者讲差序格局的社群和团体格局中的社群是不同的，中国主要是差序格局和社会圈子。作者依据这套概念来谈中国乡土社会中的基本社群——家，这社群通常被称为"大家庭"，中国式家庭分为大家庭和小家庭，中国家庭中的家法和等级等和西洋现代社会的不同，家的结构具有复杂的性质。

（五）"礼治秩序"小组

1. 小组在黑板上画出思维导图。

2. 学生代表阐释思维导图：

我们组讲的是"礼治秩序"。人治与法治的区别：法治是靠国家层面制定的法律来维持社会秩序，人治就是礼治，是由传统来维持的，并不靠一个外在的权力来推行。礼治的特点一是人主动服礼，二是从教化中养成个人敬畏之感。礼治的缺点是在变迁很快的社会中效力无法保证，所以礼治社会并不能在变迁很快的时代中出现。

（六）"差序格局"小组

1. 小组在黑板上画出思维导图。

2. 学生代表1阐释思维导图：

我主要讲"差序格局"的问题。"差序格局"主要涉及地缘关系、亲缘关系。地缘有收缩能力，比如大城市像上海，它收缩力就比较强，小城市收缩能力就没有大城市那么好。在社会上它是以"己"为中心的，就像水纹一圈一圈推出去，你和关系与你相近的，交集就比较多，跟你关系远的交集比较少。就好像是各家自扫门前雪，不关你的事，你就不会做，事不关己高高挂起。这和"私"是相互联系的。

3. 学生代表2补充：

我继续讲"差序格局"。"差序格局"就是中国乡土社会中分出了地缘和亲缘关系，主要共同点就是它们都是相对以自我为中心的。地缘相当于一块自家的地方，可以吸纳周围的人过来，假如足够强大，这块地方的吸引力和范围就比较大，就像贾府，当贾家很强势的时候，沾亲带故的都可以接纳进来，但没落之后呢，这些亲戚朋友可能就会疏远了。然后我来给大家讲"团体格局"，书中主要写了"家庭"和"团体"两个概念。"家庭"是界限分明的团体，家中的成员就是妻子、丈夫以及未成年的孩子，它是很清楚的，假如一个朋友说带着他的家庭来拜访你，人数是很明确的。在差序格局中形成了一个"家族"的概念，这个"家"的范围是可以伸缩自如的，而不是说有特定的人数。然后说"团体"，在西洋的"团体格局"里，国家是唯一特殊的群体界限，就是说在"团体格局"中"团体"是一个很明确的概念。而中国乡土社会中的差序格局的极限是模糊不清的"天下"。由此我们可以看出，此格局没有一个特别界定的群体，即没有"团体"的概念。

（七）"无为政治"小组

1. 小组在黑板上画出思维导图。

2. 学生代表阐释思维导图：

我们组讲《乡土中国》中的政治。乡土中国、乡土社会，主要就是礼治秩序，它存在于经济格局之中。政治有人治和法治，二者是对立的，人治是不需要依靠法律的，法治，顾名思义就是需要由法律来维持的。乡土社会中的礼治是由文化传统来维持的，有了传统才会维持礼治。人治的定义就是有权力的人任凭自己的好恶来规定社会上的人和人的关系，那么这就可以看作乡土社会中的长老统治，长老统治可以推出的是教化权力，教化权力是年长的人拥有的。为什么会有教化权力存在呢？因为有文化的存在就会有教化权力存在，它不是强制发生的，并非同意权力，也非横暴权力，教化权力不是为了组织者，它是为了被教化者，同时是为了社会文化的传递。乡土社会的权力结构，它名义上是专制独裁的，但实际上是挂名无为的，这就是无为政治。

师：回忆一个多月前我们一起来探讨《乡土中国》的时候，要求大家完成的任务是什么？用这里的一个概念是"格局"，我用的概念叫"结构"——乡土中国的社会结构或叫社区结构。使用导图呈现可以，用文字表述呈现也可以，要完成这样一个结构关系，就是一个大的乡土中国的格局、国家结构的梳理，要回答：结构的最基层的是什么，往上走应该是什么。

大家共同完成了任务，将大任务分解为四个小任务：第一个，梳理出核心概念；第二个，找到概念之间的关系；第三个，乡土中国的格局以及与之相关的其他概念，与或者叫作"西洋"或者叫作"现代城市"相比较，看看两者之间的区别；第四个，用或现实的或文本的例子来阐释相关概念。那么，我们今天所展示的跟上次布置的任务之间的关系是什么？要回答这个问题，首先大家要一起来概括，做展示的共七个组，这些展示出来的内容的共同点是什么？不同点是什么？与哪些任务是相关的？谁来回答？

生：我觉得我们大体上是对这些章节的论证结构做了一些梳理，这和梳理基本概念的任务是相关的。

师：好。第一个共通之处：虽然各组是从某一篇章入手的，比如《乡土本色》《礼治秩序》《文字下乡》《差序格局》等等，但是从概念的梳理来说，涉及其他章节。比如这里他是从第八篇章《礼治秩序》开始，但是，他又联系了第四篇章的《差序格局》，联系了第十篇章的《无为政治》。从这一篇章出发，联系到其他篇章中的相关概念，这七个组在这方面是有相同之处的。从某一篇章突破，然后与整本书的核心概念建立相关联系，这是做交流的七个组的共同的优点，能够将要求的小任务一、二有机地组合在一起。而有的组比如"礼治秩序"小组的展示与小任务三有一定关系，因为他们将我们乡土中国的这样一种秩序以及对这种秩序的维护维持，跟西方的或者现代城市的秩序做了比较。我觉得这个是七个组交流的相同之处，说明我们能够读进去，而且能够以某一篇章为突破来梳理出相关的概念关系。我们知道读科学或叫学术类的著作或者作品，很重要的一条就是概念。读学术类作品，首先要抓住一些核心概念。大家能够从某一篇章的具体内容入手，找到概念之间的关系，这是好的。

但是我们要思考，我们梳理出来的东西需要有一定的逻辑联系，要有一个乡土中国的社会结构的整体框架。比如大家从这样一个图表来看，到底是礼治秩序决定差序格局呢？还是差序格局决定礼治秩序？一定要找到核心概念之间的内在联系，这样我们的思路才清晰。再比如，这里这个"私"决定了亲缘、地缘——当然书中不用"亲缘"这个概念，用的是"血缘"，意思是一样或者相近的——这样一张图让我们读出什么？由"私"决定了差序格局，由"私"决定了亲缘关系，由差序格局又决定了地缘，从这样一个图表，我们能清楚地认识到概念之间的这些关系了吗？尤其这里，既然你做了一个比较，那么其他呢？比如这个"模糊不清的'天下'"，你指的是差序格局构成的"模糊不清的'天下'"呢？还是团体格局构成的？还是团体格局与差序格局都一样？这个"模糊不清的'天下'"到底是什么？怎么会产生的？现在，按我们现代社会来说，这个"天下"清楚了吗？"天下"是什么？是世界吗？其实，所谓的"模糊不清的'天下'"，不是"天下"概念的模糊，而是"天下"责任的模糊。按照作者的观点，西方是从国出发，国而后家，家而后己，那么它是先"天下"而国吗？现在西方社会是这样的吗？比如今天美国提出"美国优先"，它是先"天下"而国吗？所谓的"模糊不清的'天下'"，指的是责任层面，不仅是我们的乡土中国，哪怕是当今社会、西方社会，这个"天下"都是模糊不清的，所以暂时可以放在一边不做讨论。

我只是说我们在这个过程当中，能够从具体概念出发梳理出其关系是好的。我们读这样一部书，一定要抓得住一些核心概念，怎么抓住核心概念？

第一，《乡土本色》里面的核心概念是什么？要看作者的研究对象，他研究的是中国基层的传统社会特具的体系，应该从这里出发。他的研究的对象是中国基层、传统社会特具的这样一个体系，而不是中国的政治，不是中国的法律，不是中国的制度，不是中国的经济，也不是基层的具体的对某一生活的描述。因此我们就要找到这样一个基层的体系。我们讲"乡土本色"体系的构成的核心就是"土"，"土"牵涉到了人与物之间的关系、人与人之间的关系，而后由人与人之间的关系引出了格局。乡土中国与现代社会或西方社会之间，可以用作比较的核心概念有哪些？这个"格局"一定是了。跟"格局"相关的可以用作比较的，还有比如刚才的秩序、地缘、权力。就格局来说，我们的格局叫"秩序"，这一块的格局就叫"团体"。权力，我们这里叫"长老权力"或者叫"教化权力"，现在大多数呈现为"同意权力"，当然冲突时呈现为"横暴权力"。我们要找得到两个用作比较的核心概念，比如格局，格局就是一个结构，社会结构，那么这个差序格局是怎么来的？怎么会形成的，跟这个有关系？又说到人与土地的关系，土地对于乡土中国的人而言，它既是赖以生存的生产资料，同时又是人心中的神，是宗教。它既是一个生产资料，又是一种宗教，因此由这样的人土关系而构成一个社会或叫一个团体、一个社区。我们要这么开始梳理。这里为什么叫"差序"呢？"差"是什么意思啊？分别，等级，分等级，分等级引出一个概念，就叫"伦"吧。我们讲到秩序的时候，我们叫礼治或者教化。那么，这个礼和伦是什么关系？礼教的下位概念是什么啊？叫道德吧？因此维持我们乡土中国的社会秩序的下位概念叫道德，上位概念叫礼教。道德，我们叫规矩，人人在生活当中自然而然形成的这样一个规矩。而西方社会用的叫法律，叫契约。我们要理出这样一个核心概念的内在的逻辑关系，这就是我说的第一个问题。

第二，大家都说了许多判断性的观点，但是，不要判断。我们读《乡土中国》，不是来评判我们的这样一个系统是好还是不好，是不是意味着西方比我们好，只是用于比较，比较两种不同的结构形态，以及依据形态而形成的关于国家的这个概念。我们不是随意地来批判我们的这样一种文化它存在的问题。首先我们要理解的是这个文化基本的形态是什么？是怎么产生的？它对生活在这个国度里的人的价值意义在哪里？应该研究的是这个，而不是随便做出评判。费先生写了本书之后，外国的记者问费先生：你这么一谈，是不是意味着中国的传统文化就会消失？中国传统文化消失之后，准备引进西方的哪些文化？费先生是这么回答的：中国的传统文化不会消失，更不会走西方的路，不会按照西方文化那一套来。我们现在需要的是两个提升，第一个叫科学精神，第二个叫文化自觉。因此，我们来读这样一部《乡土中国》，梳理出概念相互之间的关系，了解中国传统文化产生的原因，以及传统文化的主要的表现形态，是为了形成我们的文化自觉，思考我们怎么来认识这样的一个文化，怎么来发展它，怎么来提升它。

刚才大家基本上对每一篇章都做了很细的梳理，这为我们理解整本书打下了基础。但显然走到这一步不够，接下来还要完成一个整体任务，也就是这样一个结构：要抓得住这些核心概念，先把乡土中国的格局、秩序、人与人之间的关系，比如亲缘或者说血缘、地缘等梳理清楚。首先在乡土中国，血缘与地缘当时其实是有的，地缘是血缘的投影。什么叫地缘？这个区域里面人与人之间的关系就是地缘，而这个人与那个人之间本来没有关系，这个人姓张，那个人姓李，但是他们迁到了一个地方，由于处在共同的环境中，发生了一定的商业行为而产生了相互之间的关系，这个叫地缘。血缘是有着同样的血统的人们的相互关系。在乡土中国当中，血缘、地缘是同义的。而在西方社会，血缘、地缘是两个概念，血缘是亲戚关系、血统关系，地缘是人与人之间的没有血缘关系的相互关系。在过去的中国两者是一样的，后来由于战乱等，人口发生了迁移，于是血缘、地缘里面另外加了一个概念，叫籍贯，这是由新的地缘关系而产生的一个新的概念，而籍贯又跟血缘联系在一起了。总之，我们在思考这样一个结构的时候，需要抓住这些核心的概念，把它们理清楚，要建立逻辑联系。能不能回去再对全书做一个梳理？不一定要梳理所有的内容。比如以"缘"为突破、为中心：地缘、血缘是怎么形成的？那当然是由这样一个格局形成的。而维持相互关系的社会秩序是什么？道德礼教。这里恐怕还有一个很核心的概念——"家"。我们讲修身、齐家、治国、平天下，这个"齐家"的"家"是什么意思？是我们讲的"家庭"吗？不是，在传统社会里面，家庭的概念是比较弱的。我们过去讲的"家"，尤其文人讲的"家"，指的是"家族"。而西方讲的"家"，或者今天我们讲的"家"，基本是"家庭"。家庭是异姓组成的，异姓组成的婚姻关系而带来的父母子女之间的关系，构成家庭；而家族是同姓构成的，就是以男性为主导构成的这样一个"家"。在梳理过程当中要把这些概念理清楚。希望大家再梳理一遍之后，我们再找个时间来讨论，好吗？还有什么需要解决的问题吗？

生：我一开始读这本书就有一个问题：这本书是费先生在20世纪40年代的讲稿，从20世纪40年代到现在也有七十多年了，那么就今天的社会结构与关系而言，书中所讲的是不是会有变化？这种乡土性的社会，它的特点是不是正在逐渐减少或者部分消失？

师：这个我们要看到：第一，我们现在很多人所处的社会结构已经改变，比如上海，我们完全是一个城市，村落里面也许还有保留得相对完整的这样一个家族体系。第二，尽管我们现在已经不完全处于这样一种生活形态中，但是，从文化角度来说，它有传承性。我们的许许多多的，比如规矩、人与人之间的关系，或多或少地保留了传统的乡土中国的特点。其实当时中国并不完全都是书中所讲的这样一个构成，它只是研究基层的这样一个以家族为中心的村落，它是讲我们文化产生的源头，不等于说这样的形式一直维持到现在，哪怕在20世纪40年代也不完全是这样。

看看还有什么问题吧？如果没有，那么今天就到这儿了。好，下课。

（整理者：上海市莘庄中学　肖淑芳）

编后记

　　《唤醒学生的记忆》一书，蒐集整理了步根海老师 2011 年至 2022 年期间所发表的文章、讲座的讲稿，以及有代表性的课堂教学实录，涉及小、初、高三个学段，主要包括阅读教学、写作教学和整本书阅读等内容。

　　由于步根海老师的大多数文稿，是以音、视频的形式散在各处，因此，如果没有上海市教师教育学院（上海市教育委员会教学研究室）的教研员范飚、曹刚和薛峰老师的协助搜罗，以及各区语文教研员、部分中小学校老师不惮其烦的悉心整理，是断不会有此成果奉献于读者诸君的。所以，除了在书中随文标出整理者姓名外，此处，对参与此项工作的老师，再次表示诚挚的感谢。

　　文稿整理时，修正了其中的一些记忆错误；剪掉了讲稿中枝蔓的内容，使内容更紧凑；删去了口语中的冗言赘语，使行文更为简洁。同时，尽可能地保留步根海老师的言语风格，使读者读其文，想见其人。

　　限于本人的能力和精力，书中错误难免，敬请读者诸君匡正。

陈 祾

2023 年 11 月 26 日

图书在版编目（CIP）数据

唤醒学生的经验 / 陈祳主编. —— 上海：上海教育
出版社, 2024.5
（白马湖书系）
ISBN 978-7-5720-2675-1

Ⅰ.①唤… Ⅱ.①陈… Ⅲ.①语文课 – 教学研究 – 中
小学 Ⅳ.①G633.302

中国国家版本馆CIP数据核字(2024)第099963号

责任编辑　陈嘉禾　易英华
装帧设计　东合社

HUANXING XUESHENG DE JINGYAN
唤醒学生的经验——步根海语文教育论集
陈　祳　主编

出版发行　上海教育出版社有限公司
官　　网　www.seph.com.cn
地　　址　上海市闵行区号景路159弄C座
邮　　编　201101
印　　刷　启东市人民印刷有限公司
开　　本　700×1000　1/16　印张 28
字　　数　373 千字
版　　次　2024年5月第1版
印　　次　2024年5月第1次印刷
书　　号　ISBN 978-7-5720-2675-1/G·2356
定　　价　78.00 元

如发现质量问题，读者可向本社调换　电话：021-64373213